世界贸易组织法律与实务教学研究文丛

总 主 编： 杨国华（商务部条法司）
　　　　　　张晓君（西南政法大学）
执行主编： 王　衡（西南政法大学）
　　　　　　陈雨松（商务部条法司）

作者简介：

杨国华，商务部条约法律司副司长，北京大学法学博士，西南政法大学WTO案例教学研究中心名誉主任，西南政法大学兼职教授。曾任中国驻美大使馆知识产权官员，并参与中国加入WTO多双边谈判和外经贸易部WTO法律领导小组办公室工作，负责与中国有关的WTO争端解决事务，还曾负责外国对华反倾销的应诉、中外知识产权谈判与合作。主要著作有《WTO争端解决程序详解》、《中美知识产权问题概况》、《美国贸易法301条款研究》、《中美经贸关系中的法律问题》、《中国加入WTO法律问题专论》、《WTO美国钢铁保障措施案研究》、《中国与WTO争端解决机制专题研究》、*WTO Dispute Settlement Understanding: A Detailed Interpretation*、《中美知识产权问题概观》等。

廖诗评，北京师范大学法学院副教授，法学博士，中国国际法学会、中国国际经济法学会和中国世贸组织法研究会理事，主要研究方向为国际公法和国际经济法，入选中国法学会新秀100人才支持计划。

世界贸易组织法律与实务教学研究文丛

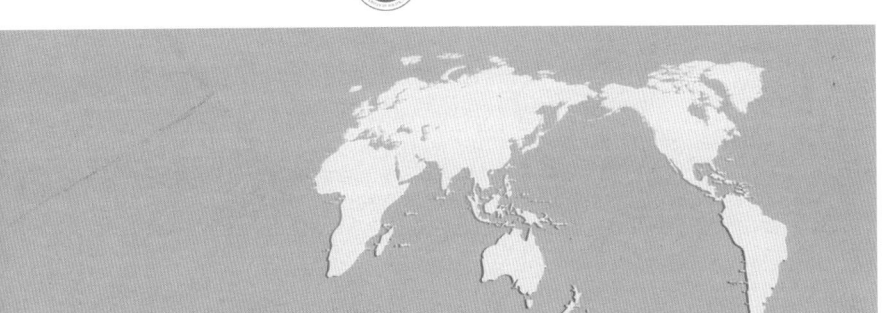

Discovering the WTO

探索WTO（二）

■ 杨国华 廖诗评/编著

总序

一座法律教学与研究的宝库

中国加入WTO十周年,给我们提供了16份争端解决裁决报告。这些报告不仅对中国与美国和欧盟等其他WTO成员之间的贸易争端作出了裁判,而且向我们展现了一系列精彩的法律分析。例如,采取"保障措施",应当如何对"未预见的发展"进行分析?《补贴与反补贴措施协定》中的"公共机构",是指"政府控制"的机构,还是"履行政府职能"的机构?对中国的产品同时采取反倾销和反补贴措施,为何要考虑"双重救济"问题?为何美国有关行政部门拨款的法案属于"卫生与植物卫生措施"?为何专家组认定欧盟单独税率的规定不符合《反倾销协定》,而上诉机构又是如何"基于不同理由"维持了专家组裁决?在针对中国产品采取"特殊保障措施"时,应当如何分析进口与产业损害之间的因果关系?再如,中国对构成整车特征零部件的税收为何属于"国内费用",而不是"普通关税"?中国知识产权法律中的刑事门槛为何没有违反《与贸易有关的知识产权协定》第61条的"商业规模"之规定?《中国加入WTO议定书》承诺中的"sound recordings",为何既包括物理形态(CD、DVD)也包括电子形态(网络音乐),而上诉机构又如何解决了一个"复杂的法律问题",即议定书承诺能否援用GATT第20条例外的问题?但在另外一个案件中,为何中国关于出口税承诺又无权援引GATT第20条例外?

在这些法律分析中,专家组和上诉机构不仅对案件事实("措施")进行了详细的描述和准确的归纳,而且对相关法律,即WTO协定的相关条款进行了明确的解释。更为重要的是,对于"法律为何适用于案件事实",裁决报告中有充分翔实的论证,常常达到几十页的篇幅!这些是真正意义上的法律分析,体现了法律的严谨和理性。

WTO中涉及中国的争端解决裁决报告,只是WTO裁决的一小部分。自1995年成立以来,WTO争端解决机构已经作出了200余份裁决报告,有更多更为精彩的法律分析。

而且,随着全球化和各国经济贸易交往的增加,WTO争端解决裁决报告的数量还在不断增加……

WTO裁决报告仿佛一座宝库,亟待法律教学和研究的挖掘。

法律教学应当使用WTO案例,因为研读这样的法律分析,学生必定会得到很好的法律训练。此外,对于中国是当事方的案件,裁决涉及中国的贸易法律和政策以及中国的经济利益,因此使用这些案件教学是饶有趣味的。对于中国并非当事方的案件,由于它们涉及国民待遇、最惠国待遇和取消数量限制等重要的国际贸易规则,覆盖了货物贸易、服务贸易和知识产权等主要的国际贸易领域,而中国作为一个贸易大国,有短期或长期的利益,因此使用这些案件教学,不会让学生有"事不关己"的"陌生感"。这也契合了国家实施卓越法律人才

教育培养计划的要求,有助于培养一批具有国际视野、通晓国际规则、能够参与国际法律事务和维护国家利益的涉外法律人才。而对于研究者,研究这些案件所涉及的国际规则和中国利益,提出对策建议,对中国法律和政策的制定以及"全球治理"的参与,都有非常重要的意义。

更为重要的是,这些裁决得到了154个WTO成员的充分尊重,按照WTO的法律程序得到了执行。法律的权威在这里得到了体现。法律是管用的,能给法律的学习者和研究者带来无穷的动力,也为我国建设法治社会提供了借鉴。

开启这座宝库的大门,只需举手之劳:钥匙就是每个人手中的鼠标,只要对着WTO官方网站轻轻一点,全部案例就会出现在屏幕上!我们这套丛书,不过是在为这座宝库做个广告。

是为序。

商务部条约法律司副司长　**杨国华**
西南政法大学国际法学院院长　**张晓君**
2012年3月31日

目 录

我们学到了什么？（代前言）/1

WTO 概述（一）/1

WTO 概述（二）/12

知识产权案（一）/25

知识产权案（二）/41

取向电工钢案（一）/60

取向电工钢案（二）/81

双重救济案（一）/97

双重救济案（二）/113

出版物案和原材料案（一）/130

出版物案和原材料案（二）/156

出版物案和原材料案（三）/175

课程结语/196

附录1
  北京师范大学法学院 WTO 法课程作业精选/212

附录2
  北京师范大学 WTO 法课程调查问卷/295

附录3
  收获——对北师大法学院 WTO 专题课调查问卷的分析/318

我们没学到什么？（代后记）/336

代前言

我们学到了什么？
——WTO案例在法学教育中的作用

杨国华

这是一门特殊的课程。上课时是同学们"大家说"，而不是传统的"同学听老师说"；讨论的是复杂的法律思维的方法，而不是简单的知识点；课前课后需要认真阅读思考，而不是等着老师上课灌输。

这是一门特殊的课程，我们有着特殊的收获。

我们学到了WTO基本知识。这些知识包括WTO的原则，WTO协议的主要内容，WTO的理念，WTO的历史，特别是"知识产权协议"、"反倾销协议"、"反补贴协议"、"关贸总协定"、"中国加入WTO议定书"中的重要条款。这些知识，有些是在课堂上通过同学们之间的讨论学到的，但更多的是通过课前课后阅读指定资料以及其他资料而学到的。我们发现，课堂讨论激发了我们课前课后学习的主动性。

我们提高了法律思维的能力。通过对中国参与的"知识产权案"、"取向电工钢案"、"双重救济案"、"出版物案"和"原材料案"的研读和讨论，我们具体地感觉到，法律思维能力包括事实归纳能力、法律解释能力以及将法律和事实联系起来的法律论证能力。特别是在法律解释方面，我们体会到了使用《维也纳条约法公约》解释WTO协议条款的精妙之处，提高了我们理解法律的能力。

我们体验了法治的精神。通过阅读WTO案例中的严谨而充分的论证，我们发现，法院判决书"讲道理"，其实是法治的重要指标；判决书让人心服口服，才能有利于当事人心甘情愿地执行，才能有利于一个社会的法治。

不仅如此，我们频繁起立发言和上台板书，锻炼了口头表达的能力；我们安静倾听和思考，培养了对他人的尊重；我们课间和课后与同学们激烈辩论，增加了对法律的兴趣。

此外，我们还发现，老师与同学之间可以如此平等！同学们有如此大的潜力！同学们之间会有如此多的启发！

我们不仅学到了WTO知识、提高了法律思维能力和体验了法治精神，我们还有如此之多的意外发现。

我们知道，一门课的容量是有限的；我们并不期待，通过一门课的学习，我们就能变成博学老练的法律家。但是我们相信，这门课所包含的知识、能力和精神，以及我们所发现的自身潜力、人际关系和法律魅力，会时时启发我们，去学好其他课程，并且当我们离开校园，走向社会，这门课上所发生的一切的一切，仍然能够给我们力量，让我们做得更好！

注:2013年春季学期,受北京师范大学法学院张桂红老师和廖诗评老师的邀请和安排,我给该校法学院大三的学生开设了"世界贸易组织法"课程,共36学时,分12次上课。课程方案附后。

本课程全部采用讨论式,课堂以学生发言为主,教师只是主持人的角色。本书即为课堂讨论实录。书中的"注",是我对课堂讨论的注释和感想。廖诗评老师全程旁听了课程,并且给每节课的课堂记录增加了页边的"批注"和最后的总评。

附:北京师范大学法学院世界贸易组织法课程方案

时间:2013年春季学期,36学时,12周,周六上午08:55—11:40
学生:法学院本科三年级,50名
课程目标:学习WTO知识,培养法律思维能力
课程形式:研讨式
学生课前阅读并讨论资料;课堂以学生发言为主,教师主持讨论
课程内容:
 第一、二周:WTO概述
 第三、四周:知识产权案
 第五、六周:取向电工钢案
 第七、八周:双重救济案
 第九、十周:出版物案
 第十一、十二周:原材料案
(备选:汽车零部件案、电子支付服务案)

附录:参考资料

一、WTO概述:(1)WTO官方出版物(另发):Understanding the WTO,10 Benefits of the World Trading System,10 Common Misunderstandings about the WTO,10 Things the WTO Can Do。(2)杨国华文章("WTO专题课阅读资料",另发)

二、知识产权案(362):(1)专家组报告中关于"刑事门槛"的部分(VII. C. Criminal Thresholds,第82~134页,第7.396~682段,另发);(2)杨国华文章(见北大法律信息网"杨国华专栏",下同):《四载精心筹备,一朝全盘皆输——知识产权案始末》、《四两拨千斤——知识产权案专家组裁决的思路》。

三、取向电工钢案(414):(1)上诉机构裁决中有关《反倾销协定》第3条第2款和《补贴与反补贴措施协定》第15条第2款要求调查机关确定怎样的"因果关系"的部分(V. Interpretation of Article 3.2 of the Anti-dumping Agreement and Article 15.2 of the SCM Agreement,第46~68页,第116~169段,另发);(2)杨国华文章:《广泛的因果关系——中国取向电工钢反补贴和反倾销案专家组裁决的思路》、《究竟是什么关系——中国取向电工钢反补贴和反倾销案上诉机构裁决的思路》。

四、双重救济案(379):(1)专家组和上诉机构报告中关于"双重救济"的部分(专家组报告:XIV. China's claims pertaining to "Double remedies",第206~208页,第14.1~6段;第220~245页,第14.46~130段;上诉机构报告:VII. Articles 10,19.3,19.4,and 32.1 of the SCM Agreement and Article VI:3 of the GATT 1994:"Double Remedies",第199~219页,第538~591段,另发);(2)杨国华文章:《认定——美国反倾销和反补贴案专家组裁决的思路》、《纠偏——美国反倾销和反补贴案上诉机构裁决的思路》。

五、出版物案(363):(1)专家组和上诉机构报告中关于"是否有权援用GATT第20条"的部分[专家组报告:VII.C.2 China's defence based on the "right to regulate trade" and Article XX(a) of the GATT 1994,第270~277页,第7.707~744段;上诉机构报告:VI. China's Defence under Article XX(a) of the GATT 1994,第91~104页,第205~233段,另发];(2)杨国华文章:《探路——出版物案专家组裁决的思路》、《技高一筹——出版物案上诉机构裁决的思路》。

六、原材料案(398):(1)专家组和上诉机构报告中关于"是否有权援用GATT第20条"的部分[专家组报告:VII.B.5(a) Whether Article XX of the GATT 1994 is available as a defence to a claim under Paragraph 11.3 of China's Accession Protocol,第50~59页,第7.110~160段;上诉机构报告:VI. Applicability of Article XX,第109~124页,第270~307段,另发];(2)杨国华文章:《规则——中国原材料出口案专家组裁决的思路》、《条约解释的局限性——以"原材料案"为例》。

七、汽车零部件案:(1)专家组报告中有关"国内税"的认定部分(VII.B. Article III of the GATT 1994,第171~221页,第7.102~276段);(2)杨国华文章:《是非——汽车零部件案专家组裁决的思路》。

八、电子支付服务案(413):专家组报告中有关中国承诺是否包括电子支付服务的部分(VII.D. China's Specific Commitments Concerning the Service at Issue,第28~61页,第7.63~207段)。

"WTO专题课"阅读资料

见北大法律信息网"杨国华专栏"以下文章:

http://article.chinalawinfo.com/Author_Page.asp? AuthorId=/49/

1.《WTO协议概述》

2.《条约解释的局限性》

3.《法律与人生》

4.《WTO是模范国际法》

5.《WTO裁决对中国法院审判的启示》

6.《用WTO的眼光看欧洲法院判决》

7.《用WTO的眼光看美国法院判决》

8.《中国参与WTO争端解决机制的历程》

9.《最好的律师》

10.《WTO 上诉机构的条约解释》(另见"用 WTO 的眼光看美国法院判决"之附件)
11.《习以为常——我们在 WTO 打官司》
12.《熟面孔——在 WTO 打官司那些人》
13.《知人论事——评 James Bacchus 的大作》
14.《苏格拉底的追问》
15.《千姿百态——风格各异的 WTO 专家组》
16.《拷问——上诉机构听证会简介》
17.《漫谈 WTO》
18.《WTO 法的魅力》(另见"WTO 裁决对中国法院审判的启示"之附件)
19.《WTO 的理念》
20.《WTO 的诞生》
21.《GATT 的起源》

WTO 概述(一)

时间:2013年3月2日　08:55—11:40
(说明:第一次课没有录音,以下发言皆为大意)

第一部分:

杨国华(以下简称"杨"):今天有二三十人上课。这是我最喜欢的课堂规模,因为这样大家可以充分讨论。

我们上课的方式可能很特殊,可能跟其他课都不一样,因为上课是讨论式的,主要是同学们发言,而老师仅仅是主持人。大家可能已经注意到了"课程方案"(即提前发给所有同学的"北京师范大学法学院WTO专题课方案",附后),看到:"课程形式:研讨式:学生课前阅读并讨论资料;课堂以学生发言为主,教师主持讨论。"同时,大家可能还注意到:"课程目标:学习WTO知识,培养法律思维能力。"希望大家在这门课上有所收获。

我们只有一条课堂纪律,就是不要交头接耳。也就是说,在别的同学发言的时候,不要在下面开小会。我知道大家肯定会有很多想法,但是大家不可以说话;可以通过"笔谈"的形式进行交流。当然,如果你有想法,想让大家知道,就请举手发言。总之,不要私下里说话,因为只有这样才能让大家听清楚公开发言的同学说的是什么。

(注:在上课过程中,我两次提醒同学不要交头接耳。后来,同学们就开始笔谈了。随后,整个课堂秩序井然。)

另外,我还想给大家一个提醒。在同学发言和讨论的时候,你可能会觉得讨论的主题没有意义,或者花费了太多的时间;你可能会觉得不耐烦。请大家耐心。讨论是我主持的,我一定会让大家讨论最有意义的话题,不仅训练大家的法律思维,而且增长大家的知识。你一开始可能不适应,但是渐渐地,你就会喜欢这种上课的方式了。

(注:这是基于我过去的课堂经验所做的一个提醒。随着讨论的进行,当近十位同学就一个主题发表观点的时候,果然有一位同学站起来发言,言语中透露了些许不耐烦。他虽然也是就这个主题发言,但是我能够听出他的弦外之音:你们翻来覆去讨论,有什么意义?[①]根据我的经验,这样的同学常常是聪明、有思想的,由于忍受不了就一个问题"没完没了"的讨论而"挺身而出"。我会鼓励这样的学生发言,甚至点名让他发言,常常只用一节课的时间,就让他成为了讨论课的"铁杆儿",不仅自己积极阅读,而且引领着讨论的方向。)

[①] 廖诗评老师批注(以下简称"廖老师批注"):这类经验感同身受。我自己读本科时也曾在竞争法讨论课上做过这种"刺头",当时的主讲老师容忍了我的"出格",但没有让我继续发表自己的观点,不过这没有影响我参与讨论的热情。我只是通过自己的经历说明,随着讨论的初步开展,肯定会有学生觉得没什么意思(当然学生不一定会表现出来),而不是说明我就是那种"聪明、有思想"的学生。

探索WTO(二)

我们第一次和第二次课是"WTO概述"。材料已经提前发给大家了,WTO的四份官方出版物:Understanding the WTO,10 Benefits of the World Trading System,10 Common Misunderstandings about the WTO,10 Things the WTO Can Do,还有我的文章。我先做一个调查:读过这些材料的同学请举手①;哪怕是读过一篇,哪怕是打开过我的网页的也行。

(注:大多数同学举手了。)

对不起,我应该换个方法调查:没有读过的同学请举手。

(注:有几个同学举手了。)

没关系。我们上的是讨论课,即使你没有提前阅读材料,在课堂上也会有所收获。

(注:我的理论是:学习是主动的,是不能强迫的。学生会很快发现,这样的课,他们需要大量的课前阅读和讨论,而这一切是他们"主动"从事的。另外,第一次上课,学生并不清楚讨论课的方式;虽然知道老师要求提前阅读,但是在别的课上,老师不也是这样要求的吗?不提前阅读,不是也照样听课吗?因此,我说"没关系",这样的宽容,以及未来课堂的讨论气氛,一定比说"你们必须②……"更能够促使他们主动学习。)

你们读了这些材料,有什么感想?谁愿意发言?举手,发言时站起来,先自报家门。大家看到我手里拿着几本书,就是那几份WTO官方出版物,是我昨天从WTO背回来的。这节课结束的时候,就送给发言最积极的同学。

(注:发言积极者获得奖励,是一个小小的技巧;这种奖励,主要是一种荣誉。另外,特别提及"我昨天从WTO背回来的",不仅表现了我对这堂课的重视,而且拉近了学生与WTO的距离——"站在我们面前的这个人,昨天就在WTO",学生们可能会这么想③。)

陈小燕: 材料像说明书,前两天国际经济法课老师讲了一些WTO的弊端,认为中国入世太早了,但这些材料讲的主要是WTO的好处。

(注:我提醒学生发言声音大一些,要让大家都听见,因为学法律的人,将来可能很多时候都要当众大声讲话的。另外,我将学生的名字写在黑板上,并且在名字后面以划"正"字的方式,计算他们发言的次数。课程结束时,主动发言的学生有十五位,其中五位学生发言三次以上。)。

杨: 谢谢。其他同学有没有感想?

(注:第一位同学发言后,我没有做任何评论。此时的课堂目的,是鼓励学生发言,让学生感受到自由发言的轻松。另外,我也需要在学生的发言中,寻找即将集中讨论的主题,因而需要几位学生的发言内容。)

---

① 廖老师批注:关于课程阅读材料,事实上我是在上个学期提前布置下去的,具体的要求也很明确。不过,学生到底能重视到什么程度,能看多少资料,我们是没有把握的,甚至是"悲观"的,凭什么学生要牺牲寒假休息的时间,看这些之前从来也没有接触的专业材料(还有很多是英文)?看材料的动力在哪里?

② 廖老师批注:总体同意授课老师的观点。但我相信有的老师如果对他/她指导的几个研究生说"你们必须看哪些哪些材料……"还是会有点用的。当然,这种方式与促使主动学习还是有一些区别的。

③ 廖老师批注:其实还有学生的满足感部分来于授课教师"商务部条法司副司长"的标签。"想想看,一个副厅级干部给我们在周六上课,而且据他说每周都要上(有时自己学校的老师也做不到这一点),他是WTO领域的专家,他对我上课的发言表示了肯定(或者鼓励甚至是赞扬),可见我还是不错的嘛……"

付凉洁:案例介绍更生动。

吴若:材料强调 WTO 的好处之一是民主性,将 WTO 与国内议会制做了一个比较,发现两者在参与主体、客体和主观、客观方面都有一些类似性。但两者的进入、退出机制不太一样,WTO 没有太多退出机制,议员可能会被选举选掉;议会绝对多数就可以通过决议,但 WTO 有些时候是一票否决制,是否合理?WTO 争端解决机制与国内法院是否一样?WTO 有没有行政功能?基于布坎南的"假定经纪人"理论,想到了上述这些。

杨:我还是第一次听到将 WTO 与议会制比较的情况①。

(注:鼓励学生的发言。)

刘豪:我感觉,WTO 常常成为贸易大国推行自己贸易政策的工具,例如 TRIPS 规定了一些知识产权的最低标准,但中国等国家可能达不到,却也签署了这些协定。事实上,中国入世的时候在知识产权立法领域开展了"大跃进"式立法运动。我感觉 WTO 中还是存在一些霸权主义。

杨:请陈小燕评论一下刘豪的观点。

(注:从四位同学的发言,我发现了讨论的主题:中国入世的利弊。因此,学生之间的讨论可以开始了。鉴于陈小燕观点的相似性,所以请她发表观点。)

陈小燕:不能说是强加。没有利益驱动,强加有什么用呢?是否加入还是取决于国家的具体情况,如果国家认为能够促进经济发展,当然好,但国家不能为了加入而加入。

杨:你开始时说过中国入世太早了。那么,中国的加入时间点到底好不好?

(注:通过追问,帮助学生澄清自己的思路。)

陈小燕:自己觉得应该挺好。原来高中老师就讲到 WTO 符合国际潮流,当时就觉得挺好,但是国际经济法的老师举了一些例子,如《农产品协议》中的一些规定,说中国并没有享有太多好处。

杨:那么,如果中国现在加入,时间点好不好?

陈小燕:可能好吧,但具体说不上来。

杨:刘豪似乎不仅认为中国加入不好,还认为 WTO 体制有些问题②。

刘豪:可以将中国加入 WTO 和公司上市类比。上市可能是好的,可以通过资本市场融资,但产权交出去了。我感觉 WTO 体制应该还是好的,但中国加入可能有被忽悠的成分,付出的代价是不是过大。

杨:是不是很多公司都想上市?

刘豪:应该说绝大多数公司想上市,但也有少部分公司从一开始就打定主意不上市。另外,我想澄清一下,国际经济法老师强调的是,中国应该加入 WTO,但越晚加入越好。

陈小燕:我和刘豪的角度可能不一样,我说的是加入的时间,刘豪认为的是好处大于坏处的时候可以加入。

---

① 廖老师批注:个人认为授课教师可以将鼓励的意思表达得更明确一些。比如说,第一次听说这样的说法,感觉很新颖,以前的学生都没有这么思考过,云云。毕竟现在这种表达方式,特别是"第一次"这个词,有的学生可能听起来会觉得言语里有些"讽刺"。

② 廖老师批注:这里主讲教师提炼出了第一组讨论问题:WTO 好不好?中国加入 WTO 好不好?

兰鑫：前两位同学的说法其实是一个意思。加入其实是主动的，有利益驱动，但加入之后发现有一些规则在约束我们，所以显得有点强加。

涂燕辉：中国加入世贸组织好与不好，我觉得现在我评论不了。因为回答这个问题的前提是我们对中国入世的国情和世贸组织都要有一个较深的认识，但是我个人对此并没有太深的了解，仅仅是看了老师给的一点材料。我就我看到的资料简单谈一下自己的感受吧。我感觉世贸组织的主要目的在于消除贸易壁垒，但由于各个国家实力不一样，这就有一个竞争优势的问题。竞争实力处于较强地位的国家加入就有利，而竞争实力较弱的国家加入就比较不利。但是，我认为加入世贸组织是迟早的事，也是世界的趋势，这和国内各省市经济发展不平衡，地方总是进行地方保护主义，而为了经济的整体发展，国家极力地消除地方保护主义的做法有点类似。

杨：这位同学的讨论前提很重要，体现了一种法律思维，就是说要先了解我国入世的具体情况①，还要了解WTO协议的内容，也就是中国加入的WTO究竟是什么内容。

（注：暗示法律思维的特征，同时将讨论引向WTO协议内容。）

其实刘豪、陈小燕两位同学的观点好像不矛盾，因为都是重复国际经济法老师上课时的观点。涂燕辉同学好像有一个自己的思路在里面。大家再顺着这个思路讨论一下吧，或者大家多提提自己的看法和思路，就不要重复老师的观点了。

曾薪燚：我认为WTO能给消费者带来好处，比如说能够低价买到外国的好产品，但其他方面未必好。事实上WTO没有想象的那么好。国际经济法老师上课时候提到，中国入世时主动放弃了农产品补贴税。我前几天看了一个关于德国的纪录片，鸟瞰德国，感觉人家的农业作业水平非常高，中国草根式农业发展如何和别人竞争呢？感觉WTO让我们生活得更便宜，是建立在牺牲其他人的利益的基础之上。

杨：是不是说有利有弊？"没有想象的那么好"是什么意思？是损人利己吗？

曾薪燚：感觉是通过合法的手段来损人利己？

杨："合法的手段来损人利己"，这个说法很有意思，也是我们学法律的人感兴趣的问题。另外，经济理性人的要求是不是就是"损人利己"？曾薪燚能不能简单表个态？

曾薪燚：还是中国加入WTO时机不对。

杨：国际经济法老师又回来了！

谭钊：可以和八十年代国企破产的情况进行一些比较。当时很多人下岗，很多人不能接受，但应该在这种挫折中成长，实质性的改变会改变人的思想和观念。中国目前的发展至少得益于加入WTO的决定，加入WTO是一种直面挫折的契机。

吴若：WTO有一种本质性质的矛盾，主权让渡和主权的矛盾，汇率是一个典型的例子。这种矛盾会不断的激化。至于加入WTO好不好，我觉得中国入世其实从某种意义上说就是用农业换工业，应该是值得的。

杨：谭钊提出了一种新的观点或者思路，姑且叫作"成长论"吧，大概的意思说入世是必须付出代价的，不如把残酷的现实一下子摆到你面前，你自己慢慢适应。吴若的论断逻辑上

---

① 廖老师批注：主讲教师在这里提出了研究具体情况的思路，为之后讲事实在法律分析中的重要性做了一些铺垫。

好像有点矛盾,前面说 WTO 有本质性的矛盾,不太好,但后面又说中国加入 WTO 是还不错的。我们刚才的讨论,主要是入世的利弊,但是好像还涉及 WTO 好不好的问题。

林璐①:我感觉各国加入 WTO 还是好的,至少能够协调各个国家的不同利益,但 WTO 的效率太低了,回合的谈判往往久拖不决。我认为对中国来说,利大于弊。之前看过美国一个学者的观点,认为中国有些产品中的知识技术含量,是超过中国的经济发展水平的,我认为这是中国加入 WTO,成为"世界加工厂"带来的。另外,加入 WTO 可能会导致产业升级,中国应该抓住这个机遇,不然"世界加工厂"的地位都不知道能不能保住。起码现在有比较大的优势,可以拓展经济规模。

杨:这里又有了一个新观点。可以通过推论,用一些标准来检验,中国加入 WTO 到底好不好。另一个角度,中国的农业垮了吗?如果垮了,是不是 WTO 导致的?这个时候其实是可以讲事实的。看看到底是狼来了,或者谈判卖国了?当年入世,我们说"狼来了","狼"是外国、外资、洋货。现在好像国际上把中国当成狼了,说我们到处在占领别人的市场。

侯日欣:以上讨论忽视了一个基础性问题,我认为要在选择立场之后才能作判断。从普通老百姓的视角来看,感觉没有什么太大变化啊②!大家还是在用最高的价格购买质量最次的产品(如苹果手机,一等品在美国本土出售,质量差的售往其他国家)。如果我们的产业格局在国际贸易的大格局中处于弱势地位,我们反而会有一种相对的被剥削感,可以看到巴西、韩国的老百姓都上街游行了。杨司长可能觉得入世好,因为您能够将自己的专业知识充分发挥。不同的身份地位可能得出不同的结论;上帝可能认为还不错,因为从全球来看贸易的确更加顺畅了,但我们不是上帝,不能以国际共产主义情怀看这个问题。

杨:第四种观点出来了,加入 WTO 好不好,看的是"你是谁"。也就是说不同身份的人可能有不同的观点。不过我没有说过加入 WTO 好,国际经济法老师好像说加入不太好。那么,你说见死不救好不好?见义勇为好不好?

侯日欣:我认为不存在一个普适的标准。之前我们鼓励要见义勇为,但现在更加提倡"见义巧为"、"见义智为"!当然,我是一个悲观现实主义者,可能观念有些消极保守。

杨:悲观现实主义,很有意思。大家看到,他对 WTO 的态度,其实反映了他的哲学观。连见义勇为和见死不救这样的事情,他都认为不能说好与不好。

刘豪:我不同意刚刚侯日欣认为加入 WTO 对中国没有影响的观点。我认为加入 WTO 对我们的影响很大,而且每天都在发生,只是我们自己没在意而已。例如中国禁止推特、脸谱,直接导致了人人、开心、新浪微博的发展。

陈小燕:比较赞同谭钊的观点,富贵险中求嘛。当时加入 WTO 的时候可能有不同的观点,有的认为加入好,有的认为不好,但是加入世贸在当时感觉有点"大跃进"。

杨:你的观点好像与开始发言时不一样了。

(注:发现学生的变化,并且让学生自己说出上课的收获。)

---

① 廖老师批注:这个学生是来选修旁听这门课程的,应该是学经济类专业的,所以她的观察角度与法科学生明显不一样。(林璐:老师,我是法学院本科的学生,和其他同学是一个班的,希望不要产生误解。)

② 廖老师批注:这时下面的同学有点小"躁动",看来明显是有些不同观点和看法在酝酿。

陈小燕：是的。我以前认为入世好，后来听了国经老师的课，觉得入世不一定好。现在听了大家的讨论，我有了不同的看法。

杨：我们就应该鼓励有自己的看法。

我们休息十分钟。我看到很多同学都有话要说，休息时大家可以畅所欲言。过一会儿我们继续讨论入世利弊的问题，看看大家还有什么新观点。

（注：课间休息①。讨论处于胶着状态，并且难以深入和扩展。此外，很多"听众"同学也有话要说。因此，这样的课间休息，是建设性的。）

第二部分：

杨：我们继续讨论。大家对入世利弊问题，有什么新的看法？

赵洋：针对刚才同学们的几种思路，我谈一下自己的观点。第一，关于成长论，我认为应该从2001年中国入世这一时间点来看，当时是有国际政治和国内政治这两大背景因素的。WTO作为一个国际经济组织，以欧美为首的发达资本主义国家自然是起着主导作用。WTO的规则也必然更多地体现这些国家的利益需求和想法。中国要想融入国际经济，并在其中发挥更大的作用，就要按人家的游戏规则参与。所以，中国必然要进行一定的妥协和让步，这就是所谓的"成长的代价"。中国刚加入WTO的时候，可能有点不太适应，不太能够运用规则，会各种问题频出。然而，随着经验的积累和实践的增多，我相信中国会在以后WTO的实践中进行一定的纠偏。第二，关于WTO对中国农业和工业的影响，农业是工业的基础，是我们日常生活必不可少的。无论加不加入WTO，该种菜还得去种菜，影响农业发展的因素是多方面的。现在农业中存在的问题，不能只归因于加入WTO是用农业换的工业，还是要用具体事实说话。对于国家工业的发展是不是加入WTO带来的，我们应该看到现在工业的发展还是以较多的资源消耗为前提的，所以不能将工业的发展只归因于加入了WTO。第三，评价WTO的利弊应该看以什么标准来衡量。比如从出口量来看，我们的出口量相比入世之前肯定是有巨幅攀升的，这与加入WTO的确有很大关系。但外国产品购买量的增加，并不必然是因为加入了WTO后好多外国品牌进入了中国，比如外国奢侈品的购买。前些天的焦点访谈刚刚探讨过，由于好多奢侈品在中国的价格偏高，许多中国人都选择了直接去国外购买。第四，关于加入WTO的利弊要看是从谁的角度、立场出发，所以，我们很有必要思考WTO的利益直接传导到了老百姓手里吗？加入WTO客观上促进了中国GDP的增长，中国GDP的确已经到了世界第二位，但是人均GDP却并不乐观，贫富差距十分严重。国富并不必然代表民富。综上，WTO带给中国的影响是复杂的，简单的利弊两分法是难以说清的。

杨：贫富差距也好，其他问题也好，是不是WTO带来的，当然需要分析。我们今天讨论的问题其实是一个现实问题，不是理论问题，因为十年过去了，我们已经看到了入世的利弊，不像十年前的猜测和担心了。有人认为应该退出WTO，有人认为有好有不好。我们讨论的问题，也是一个真实的问题，因为现在还有很多观点认为入世不一定好。大家从网上就能

---

① 廖老师批注：其实休息的原因主要是因为打下课铃了……

看到这样的观点。

这个问题还是一个很重要的问题,重要到这个课有没有必要上的程度,因为如果 WTO 不好,入世不好,我们为什么要上这门课?

现在我们不判断 WTO 到底好不好了,不讲价值判断,讲事实吧,也就是材料里面讲了那些问题。请大家谈一下这些材料的内容。还没有发言的同学优先,每个同学都要发言。

郑至言:是一套规则体系,体现了法律全球化。国家放弃部分主权,削减关税,国内法要符合 WTO 规则。WTO 不是只关注经济,还有一些人文关怀,对环境、贫富差距等也有关切。还有一些小国,在 WTO 中也有发言权。WTO 也是一个民主框架,但材料上的内容讲得非常简略,感觉不够具体。

张啸宇:有些好处能够理解,如 make life easier, more product 等,但减少生活支出这种好处,不是很好理解,主要提供的是 EU 等成员方的数据,贸易小国的情况则不明确。

房慧:材料里面说 WTO 没有告诉政府 what to do?和我的想象有差距。WTO 有一套规则,这不正好告诉政府该做什么吗?

杨:哪位同学能够回答一下这个问题?

(注:尽量让学生回答学生的问题。)

刘红磊:因为是协商达成的规则,所以不是告诉政府该做什么。

房慧:但加入的时候政府并没有参与谈判啊,只是被动接受这些由别人达成的规则。

杨:建议你们两位课后继续讨论这个问题。

(注:鼓励学生课后研讨①。)

王雅男:从最近的欧洲马肉风波,我想到,WTO 是不是商业利益优于食品安全?WTO 有没有对食品安全进行谈判,针对食品安全问题有没有相应的规则?

林璐:应该强调的是成员方有权利基于食品安全原则对进口进行限制,只要实施这些措施不要演化为贸易保护政策就行。

杨:WTO 有没有关于食品安全方面的规则?请王雅男同学课后做一个专题研究,下节课向大家汇报一下。

(注:鼓励学生独立研究。)

陈燕云:小国也是有力量的,这一点要具体分析。WTO 固然有规则制度,比较透明,大国小国都有平等进入权,但实现的结果不一定完全平等。经济实力弱的国家可能力量差一些。

吴若:达成协商一致,是不是意味着小国也有一票否决权?体现国家平等?

孙珩:我谈谈 misunderstanding 的第六点。我同意"不加入 WTO 会导致国内垄断增加,销售下降,国内岗位减少"的观点。

侯日欣:确实能提供就业机会。但就业机会的质量如何?

卢夏意:"WTO 是民主的"这一观点我基本同意。但是专家组和上诉机构的组成、磋商时间都比较长,会不会影响 WTO 民主的践行呢?

---

① 廖老师批注:鼓励课后研讨是有必要的,有没有必要把这个当成特定的作业布置给这些特定的学生?下次或者私下再听听,他们到底讨论了什么?怎么讨论的?

探索WTO(二)

邹佳旭:谈谈rule-based,not power-based。十大误解并没有消除我的疑虑,如非歧视待遇规则。个人认为非歧视待遇规则是不够的,其他国家会通过各种各样的标准限制中国的食品和其他产品进口。

杨:似乎这个班很多同学都对WTO持怀疑态度。这对于法律人来说非常重要。我们说服人,就要讲道理,拿出论据来,而不仅仅是服从。

(注:时刻强调法律的特点。)

张舒瑜:我觉得公平与国家实力是有矛盾的。WTO不能对国家的政府发号施令。

刘婷:什么是关税化?只看案例,不知道怎么解决?对WTO里的基本概念不是非常了解,理解案例有些困难。除此之外,当WTO专家组或上述机构的裁决与各国国内法冲突的时候怎么办?WTO不是超国家实体,但却起到了执法的作用。

杨:谁能回答一下"关税化"的问题?

(注:把学生的问题抛回给学生,激发他们自己的研究兴趣。另外,事实表明,一个学生的问题,在另一个学生那里就有答案。因此,讨论是在发挥学生的"集体智慧",让他们看到了自己的力量,而不是依赖于老师的帮助。)

侯日欣:关税化应该是将各种各样的保护措施以关税的形式体现出来。

赵洋:关税是具体的、公开的,所以对于各国来说贸易措施就更透明,针对这些贸易措施也能更好地进行相应的操作。

付凉洁:是的,非关税壁垒不透明,别人不知道政府会怎么样对待进口产品,或者如何设定限制,关税就好一些,毕竟谈判的结果白纸黑字摆在那里,任何人都不能视而不见。

胡秀娟:我对benefits的第七点有疑问。我觉得相关论证比较薄弱。文中观点认为发展中国家在协商中的参与越来越多,但我个人觉得争端解决机制的实践却不是这样的,貌似还是发达国家更多地进行主导。

陈燕云:不认为第七点的结果应该是公正和均等的。如果没有WTO,结果可能更加不公正。

胡秀娟:不认可这种观点,我比较的是WTO成员方之间的强弱,而不是去关注加入之前与加入之后的国家实力对比,从而认为没有WTO可能会更糟糕。

杨:胡秀娟提出的,是一个真实的问题。当前WTO成员正在热议安提瓜诉美国的一个案件(即"美国赌博案")。安提瓜是一个很小的国家,不到八万人,它在WTO起诉美国,获得了胜诉,并且可以报复美国,每年2100万美元。但是这样一个小国,如何报复美国呢?安提瓜提出设立一个网站,让全世界盗版美国的电影。然而这样的方式是否可行?是否就有可操作性?这似乎对WTO提出了一种挑战,就是小国是否的确能够在WTO中受益的问题。当然,也有一种观点认为,如果没有WTO,安提瓜连起诉的机会都没有,而现在安提瓜处于道德的制高点,就是由于WTO带来的。需要说明的是,美国并不是说不执行裁决,而是说要与安提瓜商量执行的办法,只是目前还没有找到合适的办法。

(注:适时介绍WTO的最新进展,让学生有一种身临其境的感觉①。)

---

① 廖老师批注:从实际教学情况来看,这里的介绍完全达到了主讲教师的目的。这一点从学生当时的表情就可见一斑。

张智鹏：10 benefits 第一点，就是 WTO 有利于世界和平。很政治化，似乎风马牛不相及，但实则不然。如，朝鲜和伊朗都要发展核武器，这两个国家和全球经贸的联系太少，很容易就与世隔绝了。但如果纳入多边贸易体制，制裁这两个国家就可行了，它们也不会自行其是了。

杨：贸易有利于世界和平，是一个主要的观点。欧洲经历了两次世界大战之后，人们开始认识到这一点。大家看到材料中的一个卡通，说"生意人不愿意打仗"，很有意思。

余爽：理想与现实肯定有差距。10 misunderstandings 所表达的内容，肯定是客观存在的，如果不存在，WTO 也用不着发布这个出版物做解释澄清了。①。

韩婷：谈谈 benefits 的第七点。体制内是否所有成员都是平等的？至少对于加入成员和初始成员不是平等的，规则的制定者与加入方肯定不平等。小国在解释和运用规则时相对于大国也处于劣势地位。另外，体制内和体制外的国家是否会有所不同？至少加入能让国家变成规则制定者。

杨：大家注意她提出的平等范围：成员与非成员；小成员与大成员。我觉得谈 WTO 的好处，是应该从这两个角度谈的②。

罗杨明：中国入世考虑的是整体而不是个人，只要能获得自己认为的好处，应该就是有利的。

第三部分：

杨：现在我总结一下。我们这次课的主题，是中国入世的利和弊。大家的讨论，至少提出了四种理论：一是成长论。也许中国入世早了，但是中国经济的成长，需要入世这样一个动力。二是交换论。用农业等一些行业换取工业的发展，是值得的。三是发展论。看入世的利弊，可以从中国经济是否发展了来进行推论。四是立场论。不同的人，不同的产业，看待入世的角度是不同的。我觉得这些理论都很有意思，是非对错，大家自己判断吧。

（注：在总结中，我并没有谈到我自己的观点，并不想"统一"大家的思想，而是希望能够给学生提供开放思维的角度。）

涂燕辉同学提出过一种重要的思维方法：要分析入世利弊，应该先知道 WTO 的内容。因此，我们这次课的下半场，主要是围绕 WTO 的内容进行的。

（注：以大家关心的入世利弊问题，带动了 WTO 知识的学习，并且开拓了大家思维的角度，体会了法律思维的特点。"WTO 概述"的目的得到了很好的实现。）

但是我发现，大家都是"理性人"——大家的发言，基本上都是围绕 10 Benefits of the World Trading System 和 10 Common Misunderstandings about the WTO 这两本小册子进行的，因为它们很薄，而对于一百多页的 Understanding the WTO，大家基本没有提及。因此，大家讨论虽然很热闹，但是比较浅。下一节课，我们要进行深入的讨论。请大家记一下

---

① 廖老师批注：其实我个人认为这句话倒是多少体现了法律人的思维：辩证和 critical reasoning。

② 廖老师批注：为什么应该从这两个角度谈？感觉主讲教师可以举一些简单而生动的实例来说明这个问题。

课后作业。

1. 入世的利弊。下次课一开始,我们仍然讨论入世的利弊问题,但是大家要用WTO的知识进行论证,而不是仅仅凭自己的想象。我鼓励大家查找其他资料,网上有很多资料。另外,我鼓励大家讨论,两个人的,几个人的。大家一定要多讨论。

2. 阅读Understanding the WTO。大家要重点了解WTO的基本原则和主要协议。下节课,我们会主要讨论这些内容。此外,请大家阅读我写的文章《WTO是模范国际法》。那是我的观点,我希望大家能够批评、挑战我;赞同我的意见,就不要说了。

(注:我把WTO官方出版物送给发言最多的五位同学时,交代拿到Understanding the WTO的两位同学,下节课,他们要主讲这个材料的内容!这是希望通过下次课的讨论,同学们对WTO的知识有比较全面的了解。)

3. WTO争端解决程序。请大家学习这套程序的内容。这堂课上,有同学已经大概提到了程序,但是大家要认真研究每一个细节,因为我们这门课主要讨论的就是WTO的案例,就是对这套程序的运用。

4. 食品安全问题。王雅男同学从欧洲马肉风波,想到了WTO是否有关于食品安全的规则。请王雅男同学课后研究,下节课给大家汇报一下。当然,其他同学也可以课后研究。

最后,我要提醒大家一件事情。大家知道,两周后,我们就要开始讨论案例,知识产权案中的刑事门槛问题。请大家从现在开始就研读。五十页英文啊!如果你们不提前研读,上课就一句话都说不出来了。不像这堂课,大家都能说两句。

(注:我把第一次课当成"热身赛①",让学生了解讨论课的特点,让他们在未来的课堂讨论和课前课后学习中明确方向。同时,让学生了解老师,确定一种崭新的师生关系。我相信,学生是喜欢这样的课堂的。全程听课②的廖诗评老师的点评,应该说明了这一点。)

廖诗评:

我对本次课的感想:

对于学生而言,这种方式可能是比较新鲜的,大家至少在课堂上有些机会发言,而且从实际情况看,冷场是不太需要担心的问题,学生会有些友善的争论和观点的交锋,甚至直接指出对方观点或论据的问题所在。

本次课堂上教师的引导是比较清晰的,至少让学生能够有一个机会,对自己在没有细想的情况下提出的各种观点,在教师的追问和引导下,做一些进一步的澄清,从而可以反思自己所提观点的合理性、论据的相关性以及论证的充分性。不过,可能由于是第一次课,教师"煽风点火、离间挑斗"的作风没有发挥太多,但这并没有妨碍学生之间有一些观点的交锋。

教师试图从学生天马行空的发言中,总结出其中对于所讨论问题的几种观点,并引导学

---

① 廖老师批注:其实看到这里,我倒是对下一次课有点担忧:又要让几个学生讲,还要讨论入世利弊,还要讨论争端解决程序,还要讨论"WTO是模范国际法"这篇论文。内容是不是太多了点?主讲教师经验丰富,也许能hold得住?但对学生而言能感受到多少呢?Let's wait and see.

② 廖老师批注:其实我是在辛苦地全程做记录,从下次课开始,也许我可以适当参与讨论?至少可以带个头"攻击"一下主讲教师的观点(当然这也可能导致主讲教师行使"自卫权"),带动学生们的"一哄而上"?

生进一步思考这些观点,强化自己的论证。不过,从实际情况来看,在学生没有一定知识背景,或者还没有完全阅读材料的基础上,学生此时往往可能会变成教师引导性问题的"应声虫",自觉或不自觉地按照教师的思路去得出自己的结论。

通过本次课程,学生比较直观地了解了教师的教学思路和要求,可以预期的是,下次的课堂气氛应该比本次更加活跃,教学效果肯定更好一些。

最后,有一个问题可能是需要提醒的,本次课程虽然给学生提出了一些问题,要求他们下去查资料和研究,但总体来讲,现行中国法学教育中对于学生查找资料能力的培养和训练是严重不足的,这既体现为对专业性数据库的利用不足,也体现为对大众化搜索工具利用的不充分,学生搜索资料的努力往往浅尝辄止。如,何为"非关税措施"?学生往往只是通过百度百科、维基百科等工具,简单了解其内容,很少再进一步去了解非关税措施的具体内容;又如,何为"配额"、"许可证",不同非关税措施之间有何关系?非关税措施与关税措施有何关系?等等。希望主讲教师在今后的课程中,可以通过各种实例尝试提出一些具体要求,锻炼和培养学生搜索资料和分析资料的良好习惯。

WTO 概述(二)

时间:2013 年 3 月 9 日　08:55—11:40

杨:总结一下,上节课我们讨论得很热烈,讨论了至少四个方面的内容:第一,中国加入世贸组织的利和弊。第二,WTO 的主要内容。第三,讨论了一种思考问题的方法,如在讨论入世的利和弊时,我们发展出来的四种理论:(1)成长论,即成长的代价,加入WTO 的代价;(2)交换论,如有的同学提出用农业交换工业;不论是否正确,这也是看入世利和弊的一种观点;(3)发展论,即利和弊我并不知道,但是从现在的经济发展怎么样,来推论,比如农业是不是垮掉了,这可以与交换论的观点进行一下对照;(4)立场论,即看你是谁,是站在谁的角度来看利和弊的。这四种论点,是看问题的四种角度,是我们集体讨论出来的。

〔注:总结上节课讨论,既是唤起同学们对上节课内容的回忆,为本节课的讨论做铺垫,也是对讨论内容的提炼和升华。在讨论过程中,我作为主持人,总是有很大收获。后面我坦承"我以前从来没有想到过的"。此处验证了我的"师生学习共同体"理论,即师生围绕一个主题讨论,彼此都有收获,共同成长。事实上,我发现了一个不言自明的道理:对于一个主题,几个人、十几个人,甚至几十个人的想法,肯定比一个人的想法丰富,不管这一个人(老师)是多么"专业"、"博学"。〕

第四,讨论了法律思维的角度。举两个例子:一个是要勇于质疑,自己要去独立思考。如陈小燕的想法比较有代表性,她先讲到了中学老师讲的入世的利和弊,后来讲到了国经老师讲的利和弊;经过讨论,又得出了她自己认为的利和弊。这说明她是经过自己的思考说出来的,哪怕和老师的观点一样,至少也是经过了思考。不能听了权威说什么,我们就不思考了。另一个例子是涂燕辉的观点,我认为很有价值。她认为在谈利和弊之前,至少要知道世界贸易组织是干什么的,有什么基本内容,中国入世承诺了什么,等等,然后再谈。这就是法律思维,讨论问题之前要有前提,要有事实的支撑,不能仅靠印象;印象是不可靠的,可能是别人的印象。

(注:反复强调法律思维的特点,会有暗示的效果,提高学生独立思考的能力。)

上节课的讨论很有启发性;有些观点,比如说"四论",是我以前从来没有想到过的。这是经过大家讨论得出的,我觉得非常有意义。但也有缺点,讨论不够深入,这并不是批评大家,因为大家是第一次接触 WTO,讨论不够深入也是情理之中。上节课的讨论,也确定了这节课讨论的重点。现在我们把上节课遗留下来的问题讨论一下,共有四个题目。我们先从第四个问题开始:WTO 中有没有关于食品安全的规定?请提出这个问题的王雅男同学来和大家分享一下①她课下的研究成果。

王雅男：我并没有着眼于完整介绍 WTO 关于食品安全的相关规定,而是从一个切入点进行介绍。我们知道 WTO 多边货物贸易协定中,包括了一个卫生协定,它的全称是《卫生与动植物检疫措施协定》,简称 SPS 协定。但其规范的范围比较狭窄,仅限于规范与贸易有关的食品安全问题,只是直接或间接管辖对世界贸易有影响的食品卫生方面的事项。具体从两方面可以说明它的管辖范围特别窄：第一,SPS 隶属于多边货物贸易协定,因此只管辖货物贸易中的食品安全；第二,从产生背景看,乌拉圭回合谈判首先达成的是《农产品协定》,要统一农产品的关税,在这个协定通过之后,各成员方不能再通过配额等方式来进行贸易保护,保护其本国的农产品市场。所以成员方想了另外一种办法、借口来保护本国市场,就是 GATT1994 第 20 条 b 项的例外条款——为了人类和动植物的健康和声明的安全,可以有权对进出口的产品进行限制。对此,乌拉圭回合谈判就达成了 SPS 协定。此外,乌拉圭回合谈判还达成了《技术性贸易壁垒协定》,但这个协定好像没有关于用动植物检疫措施来限制进出口的规定,所以就另外达成了 SPS 协定。最后我想强调的是,SPS 协定虽然是一个保护人类和动植物安全的协定,但它关于食品安全的规定可能和我们通常理解的国内食品安全条例有所不同,因为它的主要目的是为了限制各成员国以动植物保护为借口来提高贸易壁垒。

（注：上节课,这位同学从欧洲马肉风波,提出了"WTO 关于食品安全的相关规定"这样一个问题。经过课后的研究,她已经能够比较全面地了解这个问题,并且准确地判断："但其规范的范围比较狭窄,它仅限于规范与贸易有关的食品安全问题"。这是一个典型的学生主动学习的例子。如果上节课我当场回答她的问题,未必能有如此完整、准确。另外,我提供答案,与学生自己找到答案,效果不可同日而语——学生不仅能够记住这些知识,而且在寻找答案的过程中,训练了独立研究的能力。）

杨：有没有同学有什么问题?

（注：她讲解时,是面对同学们站立的。对于这个问题,她显然已经是个"小专家",所以我让其他同学提问,既有利于其他同学从她的研究中受益,也有利于她自己深入思考这个问题,甚至会在课后进一步研究。此后的讨论,应该能够实现这两方面的目标。不仅如此,从实际情况看,讨论大大超出了我的预计,取得了令人欣喜的效果。）

韩悦：我想补充一点。WTO 的定位是解决贸易问题以及与贸易有关的问题,关于食品卫生问题,国际上肯定存在一些组织专门管理这方面的问题,国家也签订了这方面的协议来解决相关问题。WTO 肯定不能取代这些国际组织去做这个工作,但是食品卫生问题在贸

---

① 廖老师批注：这时主讲教师要求发言的王雅男从座位上站起来,面对大家开始自己的讲述。主讲教师似乎想通过这种方式让所有学生明白,我们上的是讨论课,任何人都可以把自己研究和掌握的内容讲出来,供大家批评和分享。事实上,这个要求对于主讲的王雅男来说是很重要的。在准备要讲内容的过程中,这名学生好几次跟我交流,担心讲不好,而且据她所说,她从小到大最怕的就是在公众场合讲话,也不一定是因为怕讲不好别人会笑话,就是不习惯当众讲话的氛围。我只能通过各种方式鼓励她,毕竟人这一辈子不可能总做自己擅长的事情,做不擅长的事情才是人这一辈子主要要做的事情。学会做不擅长的事情,不就是学习的目的之一吗？从王雅男讲的实际情况来看,虽然不能说讲的多么有条理多么全面,但至少听她讲话的人绝对不会认为这是一个非常不习惯在公众场合讲话的人,这就是提高嘛。

易过程中逐渐表现出一些特点或趋势,开始影响贸易,所以WTO把它纳入了贸易考虑的范围,来进行管理。

杨:王雅男觉得韩悦的观点怎么样?

(注:此时将问题返还王雅男,有利于王雅男澄清自己的观点。)

王雅男:我认同这一观点,SPS隶属于多边货物贸易协定,它的宗旨和WTO宗旨一致,都是为了减少贸易壁垒,扩大自由贸易。

杨:其他同学对王雅男的发言有没有什么问题?

韩婷:SPS协定事实上是限制以食品安全为借口的贸易壁垒,其目的是希望消除以食品安全为借口设置的贸易壁垒。那我想知道WTO内有没有为了食品安全而限制贸易的协定?食品安全的确也是一个问题,像防止传染病的传播,WTO既要加强国家间的贸易流通,又要注意防止这种大规模的传染病的流传,我觉得必须要设置一些"门槛"。那WTO有没有这样的"门槛",对一些贸易进行限制?

(注:这个问题,是韩婷直接提给王雅男的,因为王雅男是"专家"。没有人再将"渴望"的眼光投向我,因此我鼓励同学们之间讨论的目的完全实现了。我也可以"袖手旁观",看着他们演戏了。此时,我觉得有点像船长,船只驶出港口的时候要忙乎一阵,而在船只驶入正确的航道,船长就比较逍遥了。当然,船长毕竟是船长,遇到风暴等异常情况,还是要船长出来掌握方向的。另外,当航行结束,船只驶入港口,船长又要忙乎一阵了。)

王雅男:SPS规定,各成员国可以采取与卫生有关的相关措施,但是对此是规定了条件的。比如国际标准,它强调措施应该是必要的,只有在食品安全对人体和动植物的健康构成必要的威胁时,才能进行动植物免疫的检测,除此是不能随意采取的。

杨:我理解王雅男的观点是,WTO协定是想促进贸易的,最好是达到自由贸易。但是,有时存在食品安全问题,像疯牛病、禽流感、大规模的疫病的时候,WTO允许限制贸易,但是限制贸易也是要有条件的,SPS协定就规定了相应的限制条件。那韩婷的问题是在哪里呢①?

(注:适时"现身",点拨、总结一下。)

韩婷:我的问题是,WTO有没有直接关于食品安全的,为了保护食品安全而相对限制贸易、构筑壁垒的规定?

(注:不论是没问清楚,还是没答清楚,都表明了讨论的必要性。正所谓"事不辩不明"。)

王雅男:GATT1994第20条b款就规定了国家有权在保护人类健康安全的前提下,采取贸易限制措施。我觉得这一条可以算是直接关于食品安全的,其出发点就是为了保护人类的健康。②

---

① 廖老师批注:主讲教师的这种发问虽然很简单,但在讨论课中其实是非常重要的,有利于提出问题的学生进一步明确自己的问题,提出问题的学生也可以在课后自己反思一下,当时为什么会提出这样的问题?是不是哪些知识掌握的不够全面?至少,提出问题的学生会意识到,自己提的这个问题好像不是很明确,以后应该在提问时注意。否则听问题的人听不清楚问题所在,也就很容易答非所问了。

② 廖老师批注:读到这里我们可以发现,事实上韩婷和王雅男两位同学并没有对一个明确的问题展开讨论。这里有提问不够清晰的问题,也有回答问题不够主动的问题。如果回答问题的同学能够在这个时候取代主讲教师的地位,要求提问同学对所提的问题进行进一步的澄清,那就更好了。主讲教师不妨尝试在以后的授课中提出这种要求。实现从"打死也不说"慢慢向"没有必要说"的转型。

（注：学生直接谈到了 GATT1994 第 20 条 b 款这么具体的条款，令人惊喜。我再次感到，如果是我讲授，是根本无法如此快地达到这样的深度①。）

刘婷：GATT1994 第 20 条是要求实施贸易限制措施不能有歧视性。SPS 也规定各国可以本国的实际情况采取一些特定的标准，但各国标准可能并不一样，这不就麻烦了吗，到底适用谁的标准呢？有没有统一的标准？

（注：这是另外一个问题，讨论的角度开始发散。相信同学们的思考角度也开始丰富起来。）

王雅男：SPS 好像规定了两套标准，国际标准和各个成员方自己采取的标准。国际标准是由相关国际组织制定的。我想，如果采取了国际标准，是不是成员方之间的争端就可以解决？

刘婷：如果有的国家的标准达不到其他国家的标准，比如说像一个比较不发达的国家，它要向美国出口某种食品，可是它的经济技术条件、卫生安全标准达不到美国所要求的标准，这个时候美国是否能够强行要求这个国家采取美国国内采取的那套标准呢？

杨：刘婷指的是发达国家和发展中国家吧？发达国家制定的食品卫生高标准，发展中国家达不到该怎么办？这是一个问题。

（注：适当点拨、澄清，但是也是用同学提问的口吻，而不是老师提供答案的方式。）

罗曦：国际标准是不是国际组织制定的最高标准？各国制定的标准是否应该在国际组织制定的标准水平之上？

杨：为什么各国的标准要高于国际组织的标准？如果我要提个问题，可能正好会反过来，国际组织的标准是不是一个最低标准？各国是不是可以制定比这个标准更高的标准？因为国际贸易是想把标准放低一点儿，来促进贸易。

（注：我也不知不觉参与到讨论中来。）

王雅男：刚才刘婷提到的出口问题，两个国家有贸易往来，可不可以通过两个国家签订特别协定②的方式进行？

韩悦：材料上（understanding of WTO）有一个案例可能有关，就是金枪鱼和海豚案。首先简单介绍一下这个案例，南美洲国家正常情况下是向美国出口金枪鱼的。但其捕鱼的海域有一个独特的现象：海豚是生活在金枪鱼的上层水域的。在捕金枪鱼的过程中就会把海豚捕上来，这样就危及海豚，导致其死亡或是伤害。于是美国认为这样做太不符合环境保护主义了。所以，美国就采取了一些标准，规定进口金枪鱼的前提是保护海豚，这样美国才会进口。这其实就是变相提高了进口的标准。这对于这些南美洲国家很难接受。我想这种情况就是刚才刘婷提到的情况，一些发达国家定的标准比较高，一些发展中国家可能不能达到

---

① 廖老师批注：相信在 WTO 法教学第一线的老师们可能对此会有不太一样的观点。

② 廖老师批注：主讲教师在这里没有插话，而是任由下一个同学发言了。我倒是觉得这里可以插一点话。王雅男提出，能否通过双边特别协定来解决标准不同的问题，这是学生经过思考提出来的问题（无论思考的深入与否），教师应该回应一下，或者至少可以通过同样的引导，让学生进一步明确这种观点，或者对学生提出进一步的问题，比如，签订什么协定呢？协定的内容是什么？协定会不会违反非歧视原则？这种协定 WTO 会认可吗？这些提问实际上指向的都是 GATT1994 第 24 条和多边贸易体制的关系问题，而这一问题，尤其是里面所涉及的法律问题，可能在以后的讨论中就涉及不到了。

这个标准。事实上,WTO裁决没有支持美国,原因就是这很可能提供一种危险性,即一些发达国家可以借口保护环境来变相提高门槛,实际上是贸易保护主义,这和WTO的目标是不相符的。但这并不是说直接否定发达国家制定的高标准,成员可以制定高标准,但是要有过渡措施。比如说可以给发展中国家一个时间段、过渡期来适用这个标准,以及给予它们一定的经济技术上的支持,来使其达到这个标准。

（注：学生已经开始援引案例来进行讨论！讨论进展如此之快,大大出乎我的预料！①）

杨：材料上好像还有另外一个案例。

韩悦：是的,虾龟案。大致也是说一些向美国出口虾的国家,在捕捞虾的时候,由于网口太小,会把海龟捕上来而危及海龟。也是因为环保的原因,所以美国要求这些国家在捕虾的时候采取必要的技术措施来保护海龟。但是捕虾的国家,尤其是亚洲国家,水平有限,很难实施这些技术措施。虾龟案美国也败诉了,但原因不同于金枪鱼案。并不是否定美国采取高标准,而是因为美国对亚洲国家和南美洲国家在采取措施的标准问题上,采取了不同的要求②。美国可能给了南美洲国家过渡期和技术支持,可是并没有给亚洲国家。这实际上是违反最惠国待遇,给予南美洲国家和亚洲国家标准不同。而金枪鱼案件败诉原因是美国设置高标准不能强加给其他国家。

杨：那对于设置食品安全标准问题,你的观点是?

韩悦：标准本身是没有问题的,可以设置高标准,而且高标准是符合人类健康追求的,但发达国家在设置高标准时,要给予发展中国家发展过渡和补助。

杨：韩悦刚刚讲了两个案件,两个案件关于标准问题是不一样的?

韩悦：应该是一样的。虾龟案重点在于标准不能歧视,金枪鱼案则讨论的是能不能把高标准强加给其他国家。这两个案件其实都不否认可以采取高标准。

杨：好像还是有点问题。什么是强加③? 美国用进口措施限制进口,这就是强加吗? 好像是又好像不是啊?

（注：我身不由己地跳出来,接连向学生追问。这是"苏格拉底式",通过穷追不舍澄清问题和思维。我只是在非常复杂或者非常关键的问题上,才会使用这种方法,也就是老师直接与学生对话的方法,并且方式也比较轻松温和,而不是咄咄逼人,以体现师生之间的平等。大多数情况下,我只是"煽风点火",引导同学们之间的讨论。）

刘思：我理解韩悦的观点是,除非给予平等的技术支持或是一定的过渡期,否则不能将

---

① 廖老师批注：这一点严重同意。我也没有想到学生自己主动去看了TUNA案的案情,尽管这个案件是材料上提到的,尽管学生可能只是百度百科或google了一下,但看到学生自己主动去查阅相关资料,还是很让人欣喜的。

② 廖老师批注：这是本节课最让人欣喜的地方。话糙理不糙,尽管学生的表述不够准确,但已经足够向我传达这样的信息,那就是学生对这两个案件裁决的核心区别已经清楚了,只要进一步加以引导,学生马上就能迅速的掌握GATT1994第20条的法理,至少是把第20条前言的分析方法掌握了。这不仅是WTO法律制度的基本知识,更能为学生在今后阅读原材料案和出版物案的相关裁决提供背景知识。

③ 廖老师批注：授课教师提出这个问题时我有点愣神,因为这好像脱离讨论主题了,不知道教师这个问题是针对什么样的知识点提出的。不知道学生有没有这种感觉。我感觉主讲教师似乎可以针对这个问题再做一些clarification。

自己的产品质量等各方面的标准强加给其他国家。我看到了一个 GATT 时期的案子,是美国和欧共体的荷尔蒙牛肉案。我简述一下,欧共体采取了措施限制美国荷尔蒙促生长的牛肉的进口,理由是食品安全的风险不确定。美国要求磋商,磋商不成进而要求组成专家组。但由于欧共体阻挠专家组设立,所以 GATT 没有处理。WTO 成立后,美国又将其提出。之后 WTO 作出裁决,由于荷尔蒙牛肉是否危害人的身体健康的风险是不确定的,所以判定欧共体采取反荷尔蒙牛肉的法令是不合适、不能适用的。欧共体拒绝改正,所以专家组授权美国可以进行报复。后来 WTO 进行解释,在食品安全和自由贸易之间是这样进行选择的:如果仅仅存在风险,或者说危害不是确定的,没有达到一定额度,是不能通过 WTO 来限制贸易的。但是如果达到了危害人体健康或是有确定风险时,就可以判定其败诉的。我觉得这也是韩悦所说的两个案子会有不同的结果,一个可能是风险的问题。

（注：刘思引入了另一个经典案例,而且并非我指定的阅读资料上的案例,是我完全没有想到的。大喜过望①!）

韩悦：我觉得这两个案件的区别不是关于风险的问题。

刘思：如果设立高标准是有原因的,这个高标准是可以建立、适用的。但是,如果原因不是那么明确的时候,就不可以(设立)。

杨：这就回到了王雅男的那个问题,你要限制进口是可以的,但是要有规则。这个规则是什么？限制进口的例外是什么？风险评估要有,风险是不是非常的确定。还有什么理由？

王雅男：风险需要评估,SPS 有风险评估制度。这是进行检疫的一个条件,必须要有。应该还有其他的,但我没有记住。

杨：没想到大家从基本的食品安全角度讲了这么多。总结一下：WTO 主张自由贸易,但是可以有例外,但例外本身也是有条件的,就像刚才提到的风险评估制度。对于大家的讨论,我有几点想法②：第一,没想到大家这么快就已经开始讨论案例了。第二,讨论 SPS 协定时,如果没有案例,如何来理解这个规则？只能看条文了。但我们很幸运,有案例,WTO 有 400 多个案例,有 200 多个已经判决了。给大家发的材料中,大家可能发现了,很多案件裁决都在援引其他案件,这个和我们学习中国法是不一样的,中国法院判决好像不引用案例。这也是 WTO 的一个特点。类似英美法的援引先例,尽管 WTO 自己并不承认。第三,一会儿我们要讨论 Understanding the WTO。上节课给大家布置了两个问题：一是 WTO 的基本原则是什么；二是 WTO 的主要协议有哪些。SPS 就是其中的一个协议。所以,我们通过讨论这个协议,已经开始理解 WTO 到底是一个什么性质的东西。最后,我要提醒大家的是,我们讨论了快一个小时了,才讨论了一个协定中这么一点点问题,还有那么多问题,怎么办呢？也许传统讲述的授课方式涉及的方面可能更多,但这真的有用吗？那是我的东西(知识)还是你们的东西(知识)呢？你到底能吸收掌握多少呢？所以,我希望大家能像刚才一

---

① 廖老师批注：同意、同意、完全同意。
② 廖老师批注：感觉杨司长在北师大授课的过程中,频繁地对各种思路、观点进行总结。有些时候还会加上自己的评论。在之前我所提到的杨司长的课堂上,总结倒是常有,总结里面加上自己的评论好像是没有的。AC WTO 同仁对于杨国华同志"打死也不说"的态度应该是印象深刻吧,这是不是意味着杨司长的"纯案例教学法",其实也在慢慢发生流变？

样,对待一个协议能够多角度讨论。这样比我们课上把所有协议都(蜻蜓点水般的)点一下,更有意义。关于WTO全部协议的内容,都包含在阅读材料里了,大家读了之后,自然会有一些了解,但是我们看的材料不一定都会在课堂上讨论,课堂主要是利用这样一个机会,集合大家的集体智慧。希望同学能从中受到一些启发,就像解剖麻雀来了解动物一样(麻雀虽小,五脏俱全)。

(注:这是我对近一个小时讨论的概括和提炼,让同学们明白讨论的价值。这是一场非常精彩的讨论,同学们看到了WTO的特点。)

现在休息十分钟,大家仍然可以讨论一下食品安全问题,等上课了继续说。

杨:对于食品安全问题,谁还想说两句。由于时间的原因,就不进行讨论了。

韩婷:我刚才讨论的缺陷在于忽视了WTO的宗旨,宗旨是降低贸易壁垒,就算设置标准,也是设置最高标准。刚才提到SPS协定设置标准的必要性,如何确定这个必要性,专家组如何把握这个必要性,争议双方如何去论证这个必要性,这点很重要。

杨:其实SPS协定非常典型地表达了WTO的特点,特点就是主张自由贸易——允许有例外,例外有条件。

现在我们回到上次课留下的第一个问题,入世的利和弊,基于上次的讨论和课后思考,大家还有没有什么新的看法?

林璐:我回去查了点资料,想从政治角度谈一下这个问题。我看了一篇文章:《WTO对中国政治的影响与政治转型的趋向》,这篇文章的作者是王士俊先生,他认为WTO对于中国的影响在于,使得中国政治转型的难点提前到来。我们从最近的大部制改革可以看出,政治体制应该随着经济的变化而发生改变。经济学上有个词叫作"中等收入陷阱",当一个国家的国民平均收入达到3000美元之后,就会进入这样一个陷阱,经济会对政治体制带来一定的影响。比如说一些拉美国家,它们之所以会出现一些中等收入陷阱,就是因为它们的政治体制改革没有跟上经济体制改革的步伐。中国在加入WTO的时候,已经进行了一部分的司法改革,包括新中国成立以来最大规模的法律法规清理、行政诉讼的开展。这是否体现了发达国家的一个思想——要将独立的司法审判、三权分立等理念,通过WTO传输给我们。在中国的政府权力结构方面,要怎样调整才能跟上它们的步伐,这是WTO带给我们的。中国目前经济发展迅速,但政治体制的改革没有跟上它的步伐,导致权力分配似乎出现了一个问题。我们单纯认为放权给地方让你去发展,但是权力不是单纯的加减法,不是简单的一个放权过程,这样会导致地方经济保护主义,地方政府会围绕它们的利益进行发展。这样反而会导致有寻租的空间,一些利益集团势力的扩大。长此以往,这是不利于政治体制改革,经济的进一步发展,这是一个变相的贸易保护的起头。那么,现在的大部制改革,政府就是要精简机构,让它的效率和透明度都进一步提高,寻找一种新的放权方式。这是不是就是要适应经济体制的变化?但这样的变化到底够不够,政治体制要怎么跟上经济发展的脚步。这是我非常疑惑的一个地方。而且随着中国市场进一步的自由化,最后中国会不会变成一个资本主义国家?这时候,我们的政治体制要如何坚定下去?

(注:"回去查了点资料",学生的思考更加全面和成熟了。这正是讨论课的效果之一:大家的课堂讨论激发了课后研究的兴趣。这种学习,是一种完全主动的学习,是出于人类天生好奇心的求知过程。)

杨:刚才她提到了法规清理,我全程参与了法规清理工作,商务部牵头,全国 14 个部委合作进行了两年。什么叫法规清理?中国和 WTO 的法规都很多。然而规定是不是一样呢?这就需要对照世贸协定,修改不一致的地方。有人将这称为"中国变法"。比如,进出口贸易生意是不是要外经贸部审批?还是只要成立一个公司,就能从事进出口?中国入世承诺中明确写了加入 3 年后,贸易权放开,即谁都可以做。我国 1994 年的《对外贸易法》第 9 条明确规定贸易权实行审批制,那就要改嘛,改中国法律。这是外贸方面,还有外资方面的法律,非常多。当时号称改了 2000 多份法律文件。司法审查、透明度等概念是西方带来的。另外,我们上节课讨论过地方保护主义,加入 WTO 的好处,其中之一就是防止利益集团的 lobbying(游说)。这些都是很重要的问题,可惜今天没有时间讨论了。

柳驰:我对林璐刚才的发言有一个疑问,刚才她说的前提是怕经济发展过快,政治改革跟不上经济。但会不会政治的发展其实是正常的,是经济发展有点过快?到底 WTO 带来的是政治发展跟不上经济本来应该的速度,还是经济发展大大超过了政治原本的速度?① 到底弊端在经济还是在政治?

刘思:林璐是从政治角度进行分析,我想从经济角度有针对性的说一下。当时入世时,有两个条款特别有争议:一个是确定补贴和倾销的价格、它的成本和确定成本的方法的条款;一个是特定产品过渡性保障机制条款。我认为这两个条款使中国陷入了发达国家或者说是世贸组织给我们的陷阱。因此,我的中心论点是中国入世操之过急,尤其是签订条约的时候。WTO 给中国带来了两个陷阱,一个陷阱是限制了中国的一个优势,即中国劳动力指向型产业的发展;另一个陷阱是掠夺了中国大量的资源。第二个问题很容易说清楚,举一个例子,中国以占全球 30% 的稀土资源供应了全球 70% 的稀土资源市场,这就是加入世贸组织要求贸易自由流通带来的。对第一个问题,主要是入世时签订的两条特别有争议的条款,非常限制中国劳动力指向型产业的出口。一个是确定补贴和倾销价格成本方法的规定,另一个是特定产品过渡性保障机制,我认为这两个条款限制了中国优势产业也就是劳动密集型产业的发展,是发达国家给我们设置的陷阱。我的结论就是中国入世签订这些条款可能有些操之过急了,牺牲了很多利益。

(注:"经济角度的分析",比林璐"从政治角度进行分析",显得更加符合本课程所讨论的内容,因为这涉及了中国入世承诺。这样的分析,显然也是第一次课后主动学习所得到的。)

杨:刘思说的内容又引起了我的回忆。反倾销那个条款是我参与谈判的,我一直捍卫那个条款,一直认为那个条款是好条款,这就和刘思的观点完全相反。特保那个条款我们有一个案子,轮胎特保案,这个案子已有裁决。稀土案,上周在日内瓦第一次开庭,欧盟、日本、美国起诉中国的出口限制措施,主要是出口税和出口配额。我上周带着中国代表团去应诉,所以对这两个问题我也有很多话要说②,但今天时间有限,就不展开了。但是,刘思刚才说的

---

① 廖老师批注:不管这个疑问是否有道理,这种提问方式,或者说思考问题的方式,才是法律人应有的基本素质之一(critical reasoning)。简单的说,当我们讨论 A 推出 B 时,至少还要讨论是否会有其他原因(如 C)导致 B,B 是不是同时也会导致 A,两者之间会不会是 concurrent,或者两者之间其实是没有联系的。至少在美国读过 JD 或者考过 LSAT 的同仁应该懂的……

② 廖老师批注:相信学生事实上对不展开和没有说的更感兴趣。

问题都涉及中国入世承诺,中国入世承诺是什么,以后我们的案例也会涉及这一问题。刚才刘思的论证方法我是赞同的,谈论利和弊,要举例进行论证,但她的结论我是全部反对的,这个以后有时间再进行讨论。

（注：请注意最后一句话：论证方法赞同,但是结论反对。论证方法,是法律分析的方法,即"摆事实讲道理"。我的确不同意她的结论,但我说"全部反对",也是为了夸大我们之间的差别,引起大家的兴趣。）

柳驰：我还是认为中国入世太早。无论是技术还是数量都有一个临界值,这是我个人炒股做买卖的一个经验之谈。中国在第三产业上没有竞争力,技术和数量上都太落后了,只能通过第一、第二产业增加数量来弥补。但第三产业的临界值是比较低的,金融包括高科技它都有杠杆在里面,尤其是智慧杠杆。中国的第三产业要落后其他国家20到30年,这就突破了临界值,带来的后果就是一方完败,出现赢家通吃的局面,比如在电子芯片和金融领域。所以,我觉得中国入世十年,为了避免第三产业突破临界值而出现崩盘,采取的决策是先通过第一、第二产业挣老本,通过这个老本养第三产业,最后尝试放开第三产业。但我觉得这个决策是失败的,因为第三产业说到底是人才产业,而人才已经大量的流失掉了。人才觉得第三产业放开时,我们竞争不过别人。我的结论就是中国入世过早。

（注：这位同学的发言,一定让其他同学大开眼界！）

杨：我的观点肯定是相反的,但可惜没有时间论证了,我们争取课后再讨论。现在我们讨论一下第三项作业,Understanding the WTO 的材料。

陈小燕：我主要看了前三章。我先说一下我对 WTO 的总体印象,我总是把 WTO 称为 UFO,把它看作一个怪物,是个规则堆积起来的产物。接下来简介一下前三章的基本内容,第一章是概论,包括 WTO 的原则、关贸总协定,还有乌拉圭回合谈判等。第一,书里提到了 WTO 的 5 项基本原则：非歧视、自由贸易、可预见性、公平竞争,还有鼓励经济发展；第二,介绍了关贸总协定发展的历程并对此进行了评价；第三,介绍了乌拉圭回合谈判的历程和成果。第二章是 WTO 协定的分类和内容,覆盖服务、贸易、知识产权,这里面就涉及我们刚才讨论的 SPS 协定。第三章是介绍 WTO 争端解决机制。

侯日欣：我主要讲后四章的内容。我英语水平不高,拿到这本刊印精美的读物,有点诚惶诚恐,生怕暴殄天物；虽然还有一点抵触心理,但是还是硬着头皮看了下来。第四章讲的是与贸易有关的一些问题,如区域经济体制——很多国家为了达成统一,先处理区域内部的一些事务,这种做法能够帮助 WTO 减少一些贸易壁垒。另外还有环境保护问题,WTO 在专注于贸易的同时,也会关注环境问题,我们刚才讨论的虾龟案还有海豚案就是例证。还涉及了投资、竞争、政府采购、简化贸易程序、有关电子商务这样一些贸易周边问题的解决。还有一点讨论的是劳工问题,讲到劳工标准,很人性化。其中提到了一个"竞劣"的问题——一些国家为了获得贸易上的优势而极力压低生产成本,由于技术上不占优势,所以只能采取压榨劳工的方式。尤其是在东南亚、东亚这些以自己是"世界工厂"为荣的国家,一些"血汗工厂"完全把劳工当成生产要素,我觉得这很残酷。

杨：打断一下,你对刘思刚才认为的劳动密集型产业和劳工成本的问题有何评论？

（注：发现了这位同学发言与刘思观点的相关性,顺便进行一个小的讨论,既有利于澄清观点,也可以调节一下气氛,集中同学们的注意力,不至于由于一位同学讲话时间过长而感

到枯燥。）

侯日欣：我对这个问题①的认识还是很感性的,我本人有一定的农村生活经历,接触过很多农民和生产线底层的工人,感觉他们被压榨得太多了,很为他们忧虑。

刘思：我想强调的是,各个国家都有自己的生产优势,不应该通过反倾销来限制。

杨：反倾销能够间接的提高工人工资吗?

刘思：感觉不能。企业主宁愿产品卖不出去,也要先把基本的利润挣到。

侯日欣：接着讲 Understanding of the WTO,第五章讲到"多哈回合议程",感觉这一部分很无聊。

杨：（笑）为什么感觉很无聊?

（注：课堂上鼓励讲真话,鼓励标新立异。追问这个问题,还可以调节课堂气氛。）

侯日欣：因为觉得这是很久以前的事情了,一段历史记述而已。

第六章讲到"发展中国家",这一部分让我觉得很感动,没想到这本册子里还设置了专门的一章来讲发展中国家问题。首先讲到WTO的很多协定对发达国家和发展中国家有着不同的规定,比如规定了不同过渡时期,给予发展中国家更多优惠,为了保护最不发达国家,还成立了若干专门机构,等等;但最不发达国家能够享有的相对优惠可能会越来越少。感觉WTO还是做了很多努力的,但很多成员国先天不足,自身地理、资源条件较差,在国际贸易中似乎也找不到相对优势,这是没有办法的事。第七章讲的是WTO的决策过程,我对"consensus"有疑问,WTO有150多个成员,决策方式为"一致通过",恐怕会导致效率非常低下吧,而且怎么可能使所有成员国意见一致呢?几个班级之间对今天要不要去春游还很难达成一致呢。

杨：谁能够讲讲"consensus"的问题?

（注：及时挑出一个问题,有利于同学们集中注意力听讲。）

韩婷："consensus"要求的不是所有一致通过,而是反向一致,只要不是所有成员都反对,那么这个决议就能够通过。

（注：课堂迅速陷入各种讨论）

杨：大家好像都有观点,先简单议论一下吧。

（注：听到这种闻所未闻的概念,同学们议论纷纷,我唯一的课堂纪律"不许交头接耳"②已经无济于事。看到这种情况,我索性让大家先自己议论一下。）

韩婷：我澄清一下,WTO在设立专家组、通过报告等方面采取的是反向一致,但在通过协议时,是要求全体一致的。侯日欣提到的可能是,如果要谈一个新协定,要求全体一致才能够被最终纳入WTO规则体系,这是两个问题,我刚才提到的反向一致只是争端解决机制下一个比较有特色的制度。

---

① 廖老师批注：侯日欣提出的这个问题是很重要的,在DSB打官司也讲究占领道德制高点。但侯日欣似乎没有完全针对刘思的发言来发表观点,主讲教师此时是不是应该做一点引导?

② 廖老师批注：我理解这要求是按照模拟法庭(条件反射,习惯这么想了)和律师出庭的要求做出的,是一种 professional requirement。不知道学生能不能意识到,也不知道主讲教师是不是也是部分基于这种想法提出这一要求的。

林璐：不管是在争端解决中的反向一致还是规则中的全体一致，我认为都是有弊端的，先说全体一致，就拿多哈回合来说，它持续时间最久，成果最不理想，原因可能是成员太多，谈判的议题很敏感。所以现在有一种观点认为需要对WTO这个全体一致的规则进行变革，但全体一致也正是WTO公平的体现，所以这是一个两难的抉择。感觉现在成员很愿意运用区域经济体制来解决一些问题，现在有两个观点看待区域经济和多边经济体的关系，一个观点认为是此消彼长，另一种观点认为是二者互补。其实WTO也是鼓励区域经济合作发展的，成员方先在区域内部达成协议，再去和别的国家谈，这样可能会提高效率，这是我提供的一个解决思路。① 另外，我对争端解决领域的反向一致规则也是有疑问的，这个规则会不会对执行有影响，如果胜诉方想反对这个裁决，似乎不能阻碍裁决通过，只能去上诉，但上诉太费时间了。

杨：你的信息量比较大，也都是很值得讨论的问题，但我们现在还是要回到最初的问题，什么叫consensus，什么是negative consensus？consensus是不是要求全体一致通过？决策是不是都要达到consensus？

韩悦：达不到consensus时，也可以投票的。资料上写着，有四种情况可以投票，达到四分之三或三分之二多数，也可以通过。

杨：consensus是原则，但也有例外，这又回到了我们之前讲到的WTO的特点。还有没有其他要发言的内容？

陈小燕：讲一下WTO的原则：第一项是反歧视，这项原则有两个重要规则：最惠国待遇和国民待遇，第二项是自由贸易，第三个是可预见性，第四点是促进公平竞争，第五点是鼓励经济发展。

杨：这五项原则尤其是第一项原则是公认的最重要的原则，尤其是国民待遇，涉及很多案例，希望大家下去好好看一下。WTO有哪些协议？

郑至言：GATT只关注货物，WTO还关注服务贸易和知识产权，有GATS和TRIPS。

韩悦：包括六大方面，建立WTO协定、货物贸易、知识产权、服务贸易、争端解决机制、政策审议机制。

付凉洁：WTO规则分为两大部分，第一大部分是WTO协定，第二大部分是各国的具体承诺。第一大部分又分为两个方面，第一是《建立世界贸易组织协定》，第二是一揽子多边协定。《建立世界贸易组织协定》是一项相当于宪法性的文件，规定WTO的组织和制度，不规定成员国的实体权利和义务；第二是一揽子协定，包括三个附件，第一个附件是贸易规则，第二个附件是政策审查机制，第三个附件是《谅解》，其中第一个附件下又包括三部分，货物贸易相关协定、GATS和TRIPS，货物贸易有12个相关协定，包括GATT1994、《反倾销协定》、《反补贴协定》、《农业协定》、《原产地协定》、《技术性贸易壁垒协定》、《与贸易相关的投资措施协定》、之前提到的SPS、《海关估价协定》、《进口许可协定》、《保障措施协定》、《装船前检验协定》。

杨：大家课后还是要去了解WTO的基本原则、规则体系。下面我们讨论争端解决机制

---

① 廖老师批注：这个观点是可以讨论的。区域化真的会促使达成协议的国家和别的成员谈吗？主讲教师可以从理论和实践的角度要求林璐做进一步的思考。

程序。

（注：WTO基本协议的讨论告一段落。虽然有些概括，但是随着将来案例研究的深入，同学们还会逐步加深认识。相信通过两节课的讨论，同学们对"WTO是什么"已经有大概的印象了，而对协议的深入理解，必须通过案例的研讨进行。）

胡秀娟：首先要磋商，双方最好先自己解决问题；如果解决不了，就设立专家组；随后是上诉，执行。

韩婷：磋商是必经程序。磋商解决不了才设立专家组，专家组审理问题作出报告，争端方如不同意专家组报告，进入上诉程序，上诉机构审理并作出裁决，然后就进入执行程序。在执行的时候，可能会对合理期限有异议，或对报复额度有异议，可以通过仲裁处理，一方不执行，另一方可以申请授权报复。

郑至言：上诉机构报告的通过也是自动通过的吗，也是反向一致通过吗？

韩婷：是的。

杨：谁能跟我讲讲国内民诉程序？或者民诉程序和争端解决机制程序有什么区别？

（注：与民事诉讼程序的对比，是理解WTO争端解决程序的最好方法。）

付凉洁：首先，专家组不是常设机构，上诉机构是常设机构，这和国内民诉程序不一样。其次，专家组和上诉机构审理的问题不同，专家组审理事实和法律，上诉机构只能审理法律问题，这和国内的一审二审法院审理不同；再次，争端解决机制中的执行程序和国内也有不同之处，争端解决机制中的执行程序规定，一方在不执行时，可以与另一方协商进行自愿的临时补偿，协商不成，胜诉方可以申请授权报复，这和国内程序肯定不同。

杨：你能不能再用三言两语总结一下两者的相同之处？

付凉洁：相同之处，WTO争端解决机制有专家组程序和上诉机构程序，国内民诉程序有一审程序和二审程序，都是两审终审的。

（注：争端解决程序虽然重要，但是也要结合案例讨论才能够印象深刻①，此处点到为止。）

杨：今天的课应该时间到了。还有一个最不重要的问题没有讨论，就是我的那篇文章（即《WTO是模范国际法》），多少人看了。（有很多人举手表示看过）

既然这么多人看了，看来这个问题很重要②，但是我们今天没有时间讨论了。今天讨论的第一个问题是食品安全，还有很多进一步讨论的必要；第二个是入世利弊，大家意见和第一次课相比较有强烈反弹；第三个问题是Understanding the WTO的材料，但大家对WTO协定还不是很熟悉，需要进一步了解；第四个问题是争端解决程序，讨论的不充分，主要是因为大家看材料不够深入。

---

① 廖老师批注：同意这一结论。但从本次课程提供的阅读材料来看，尽管都是具体的案例和法律推理，但我认为这不足以让学生完全对争端解决程序有一个感性和相对全面的认识。所提供的材料至少要包括一份裁决的目录，和裁决的头五或六部分内容。这些部分内容很简短，都是程序问题，而且每一个案件的头几部分内容基本相同（有的可能略有不同，如涉及DSU的additional procedure）。

② 廖老师批注：其实可以找一个AC WTO同仁来课堂上旁听，然后和学生一道公开辩论这个问题。我是一个务实主义者，WTO是不是模范国际法，对我而言是无所谓的，但大家关于这个问题的论据是非常重要和有价值的。

借此机会,我也介绍一下 Understanding the WTO 这本小册子。封面是 WTO 的大门,左边是和平女神,抱着婴儿;右边是正义女神,踩着巨蛇。第 55 页有一张照片,里面有本人,但好像不太清楚,是 2002 年中国入世第一案"美国钢铁保障措施案"时出庭期间的情形。第 77 页有一张水印照片,中国加入 WTO 签字仪式,签字的老先生是当时的外经贸部部长石广生,站着助签的是张向晨,大名鼎鼎。最后还有一张照片,是 WTO 总部。关于日内瓦,我有更多更好的照片,下节课带给大家看看。

(注:说这些"不重要的"事情,是为了增加同学们对 WTO 的亲切感。)

最后,我再次提醒大家:一定要开始阅读下节课的案例了,50 多页啊!如果不读,就没有办法讨论了。有几个同学已经开始读了?(5 个同学举手。)

(总注:这次课的总体印象,是"船只驶入正确的航道",同学们的讨论更加深入,也更加专业化。)

（付凉洁、赵洋根据课堂录音整理）

廖诗评:

本次课对我而言是有喜有忧的。喜的是对食品安全的探讨确实比较深入,尤其是这里面的讨论已经包含了部分学生课后进一步搜集资料和分析资料的研究成果。担忧的是学生似乎没有对 Understanding of WTO 等材料进行完整阅读,这对于传统的填鸭式教学法,就意味着"基础没有打好"。接下来如何,且看主讲教师的"功力"了。

就我个人而言,我还是更希望看到,在学生没有充分阅读和掌握材料的情况下,授课教师是如何通过三节课的时间,让他们切身感觉到阅读材料的重要性,至少能让诸如侯日欣那样自视英语水平不高的同学,能够"硬着头皮"去尽可能的读材料。主讲教师可以利用一切可能的机会向学生揭示 WTO 裁决相比于中国国内法裁决的不同之处(甚至是优势之处?)。希望如主讲教师所说,"船只驶入正确的航道"。但作为一个旁观者,我现在要做的仍然只是尽量旁观——既不乐观(不迷信主讲教师的经验),也不悲观,而只是旁观。

知识产权案(一)

时间:2013年3月16日 08:55—11:40

杨:(展示自己拍摄的日内瓦人文风景图)上节课提到,我要给大家看看日内瓦的美丽照片。WTO总部毗邻日内瓦湖,空气清新,风景宜人。这里的喷泉和夜景是最引人瞩目的,待到秋天,湖边的红枫叶也是值得欣赏的。在WTO总部对面的公园,可以看到漂亮的黑天鹅,白天鹅更可随处可见。

当我们提到日内瓦的自然景观,会提莱蒙湖和喷泉,而说到人文,有一个人不得不提。日内瓦有一个非常有名的人,谁知道?(无人应答)是卢梭。卢梭是日内瓦人,日内瓦湖畔有一个小小的人工岛屿"卢梭岛",这就是岛上卢梭的铜像。卢梭最有名的著作是《社会契约论》、《忏悔录》等,《社会契约论》中的第一句话是什么?哪位知道?(有同学电脑搜索,大声朗读了)对,"人是生而自由的,但却无往不在枷锁之中"。第二句话我更喜欢:"自以为是其他一切的主人的人,反而比其他一切更是奴隶。"哲学家善于运用相反的概念,例如"自由"与"枷锁","主人"与"奴隶",来表达深刻的思想。每次去日内瓦,我都要到卢梭岛去看看。另外,在离日内瓦不远的法国,还有一个名胜,就是"伏尔泰庄园";伏尔泰最后二十年就是在这里发动并领导启蒙运动的。

(注:展示风光照片,是为了增加同学们对WTO的亲近感。而借题发挥,大谈卢梭和伏尔泰,则是为了提高同学们对人文、思想的兴趣。当然,在即将进行的法律研讨之前,看看照片,谈天说地,也是一种放松。)

我一直认为,学国际法的学生应该有两个人生理想:第一个理想,要去一次瑞士,瑞士是世界上最美的国家之一。当然,去瑞士的时候要参观一下WTO总部。第二个理想,要读一个WTO案例,因为读过之后,才会知道什么是法律。这是我本人的深刻体会。我学习法律多年,也做了多年的法律工作,而只有在我读到WTO案例的时候,我才发现什么是法律。幸运的是,我们这个班要读好几个案例。

(注:提这两个理想,固然有些夸大和煽情,但是学生有去瑞士观光的想法,未必不是一件好事。此外,谈到读WTO案例,就将同学们的思绪从风光过渡到案例研讨。)

今天我们就来讨论案例,先实现一个理想。现在谁能够说一下,你们看了这个案件的感受,或者想法,说多说少,都没有关系。

(注:案例研讨,是学习的过程,不必在意学生一开始理解了多少。重要的是,大家能够把自己的想法说出来。积少成多,循序渐进。随着讨论的深入,学生的认识必然会增加。)

刘豪:案件争论的焦点是TRIPS第61条,核心是第一句话,"缔约方应规定,至少在以商业规模蓄意地假冒商标或剽窃著作权的案件中适用刑事诉讼程序和刑事处罚"。具体而言,"商业规模"这个词是争议的焦点。美国认为,中国《刑法》第217条、第218条和相关的

司法解释,在规制盗版和商标侵权行为时,没有达到对具有"商业规模"侵权行为进行惩罚的标准,存在很多达到商业规模的侵权行为没有受到刑事处罚。中国则认为其制定的"刑事门槛"已经能将具有"商业规模"的假冒商标和盗版行为纳入刑事处罚的框架当中。双方对于这个词的解释各执一词,美国把商业规模等同于牟利,中方认为对"商业规模"的理解应放到具体环境中,专家组对"商业规模"这一词首先进行了文义解释,然后放在条约本身中进行了上下文解释,并对比了"商业规模"在其他条约中的用法,最后得出的结论是美国没有完成证明责任,没有证明中国"刑事门槛"不符合 TRIPS 第 61 条的义务。我觉得美国给自己设定了一个不可能完成的证明任务。

(注:听了这位同学的发言,我心中的一块石头落地了①。虽然我们已经进行了两次课的"WTO概论",并且我也有教授本科生的经验,但是整整一学期,与大三学生研讨 WTO 案例,他们能否胜任,我心中不无疑虑。这位同学简明扼要的发言,比较完整、准确地表述了案例的主要内容,消除了我的疑虑,我们的课堂讨论可以进行下去了。此外,他的最后一句话"我觉得美国给自己设定了一个不可能完成的证明任务",是他对本案的看法,也应该是本案讨论的重点之一。但是我只是记录下来,待到讨论进入一定阶段后再提及,因为此时讨论刚刚开始,应该集中讨论基本案情,解决"是什么"这一"初级"问题,而对案件的分析,是"怎么办"的问题,属于"高级"问题。)

杨:有没有人要补充、更正或增加的?

(注:我仍然是先让学生讲,并不急于追问和讨论。待到学生大胆、放开了讲话,自然就会有足够的信息进行讨论。)

曾薪燚:刘豪有一点没有讲到,材料用了近10页来探讨中国的刑法,我看完这10页后,对中国的刑法关于知识产权犯罪的规定有一个清晰的认识,中国对侵犯知识产权罪的刑事处罚规定了三个标准,一个是牟利的标准,其次是侵权物的数量标准,最后是其他严重情节。材料不仅探讨了这三个标准,还探讨了我国刑法总论中的哪些条款可以具体适用到侵犯知识产权犯罪当中。另外我认为在这里面还有一个非常重要的问题,材料里提到了国家主权的问题,一个国家对刑法的制定以及对知识产权的保护,在其主权范畴之内,专家组也提到这是个敏感的问题。但其中存在一个关于解释的疑难问题,专家组用《维也纳条约法公约》这一国际公法习惯规则来解释我国的刑法,这是否合理?

(注:读 WTO 案例,却"对中国的刑法有一个清晰的认识",这是令人惊喜的。也许这位同学学完了刑法这门课,对中国的刑法都没有一个清醒的认识②?事实上,WTO 案例的说理方式,是浅显易懂、以理服人的,能够引起读者对法律的兴趣。此外,WTO 中国案例涉

---

① 廖老师批注:事实上,我与主讲教师有着同样的担忧,那就是担心学生在讨论案例的时候,由于准备工作不足,或者说没有读懂案件的大致案情(毕竟这是第一次读 WTO 案例,对很多学生而言恐怕也是第一次读英文案例,没有指导,总是会很困难的),而导致无法进行讨论,或者说讨论偏题。但上面这位同学的回答显然有助于减轻(而不是消除)我的这一担忧。

② 廖老师批注:不至于,不至于。我个人对北师大的刑法教学还是有信心的。

中国的政治、经济、法律制度等综合内容,深入研究能够有很多收获①。)

杨:有人要补充吗?或者和他们俩观点不一致,不认同他们所说。

刘豪:专家组并没有依据《维也纳条约法公约》对我国刑法进行解释,它只是对中国的刑法进行了阐释和说明,它的这种阐释和说明是为了对自己之后的分析进行铺垫。既然美国控诉我们的刑法没有达到 TRIPS 协定的要求,那么专家组首先要弄清我国的刑法是怎么规定的,然后才能进行后续分析。专家组在阐释中国刑法的时候,并没有把国际公约作为解释的依据,所以我觉得他的问题是不存在的。

(注:第一位发言的同学,主动解答第二位同学的问题,这是最佳的课堂讨论效果,因为这鼓励了同学们之间的相互学习。)

杨:曾薪燚,有这个问题吗?

(注:这个问题,将成为本节课上半段讨论的引线,牵扯出方方面面的问题,包括本案的关键点,学生的表达能力,对讨论课的认识,等等。且看后面纠缠不休、层层展开的讨论。)

曾薪燚:这是我看材料的时候想到的一个问题。

杨:这是一个事实问题,这个案子到底有没有用《维也纳条约法公约》解释我国刑法?

(注:学生当然应该读懂这个问题,但是这个问题本身并不重要。此处我揪住这个问题,是为了明晰两位同学所讨论的问题焦点,更是为了借一个简单的事实问题,将讨论引向深入。然而,讨论所达到的广度和深度,却是大大出乎预料的。)

韩婷:我同意刘豪的观点,专家组并没有用《维也纳条约法公约》的解释方法来解释我国刑法,事实上解释的是 TRIPS 第 61 条,特别是商业规模这个问题。

李之峣:专家组引用《维也纳条约法公约》实际上是想解释"commercial scale",而且不止引用这一国际公约,还引用了多个国际公约来解释"commercial scale"。最后得出的结论是"commercial scale"是一个比较宏观、比较虚的概念。

(注:这位同学是北外英语系大四学生,第一次旁听这门课。他在课前阅读了案例,能够站出来讲话,就大家争论的问题发表意见,实在是一件可喜的事情。这给我们提出了一个问题:WTO 案例讨论,是不是要有法律基础?从我的课堂经历看,法学院一年级新生,历史系学生,以及此时的英语系学生,都能参加我的课堂讨论。也许,只要选材适当、课堂民主,任何专业、任何年级的学生都可以体验 WTO 法的魅力。此事值得专题研究,此处暂不多谈。)

吴若:法理学上说法律本身并不是法律关系的客体,这个纠纷的标的是中国的法律符不符合 WTO 协定,WTO 的特别之处就在于它用国际法来解释国内法,用一个法律来解释另一个法律,但法理学上并没有确认法律本身可以成为法律关系之一,所以它论证的标的是什

---

① 廖老师批注:同意。其实对于有些同学而言,在准备国家司法考试过程中,也会对某一项,或者某几项国内法制度掌握的比较全面(起码法条可能是读懂了)。但考完试之后,应该也就忘记的差不多了。现行司法考试辅导班更多的是传授一些记忆的技巧,通过通俗易懂的表述、提炼或者例子让考生记住某个知识点,但通过法律推理、解释让考生掌握知识点的内容,相对还是比较少见的。从某种程度上讲,认真研读专家组和上诉机构的裁决,是可以部分达到这一目的的。学生以后也许会不记得具体案件中的案情,但应该会对条约解释方法或者专家组、上诉机构某种论证方法记忆犹新。

么,就是法律吗①?

杨:你这是提出一个问题?

吴若:对。

杨:你是仍然认为专家组用了《维也纳条约法公约》来解释中国的刑法?

(注:澄清问题,不能让讨论焦点轻易转移。这位同学提出了一个理论问题,而此处讨论的是"事实"问题。)

吴若:对,我拿它和司法审查比较了一下,司法审查是用宪法来审查其他的法律,但WTO体系里面并没有一个最高的法,那用《维也纳条约法公约》之类的国际公法来解释国内法是否合理?

杨国华:从这几个同学的发言来看,有以下两个问题:在本案中,专家组到底有没有用《维也纳条约法公约》来解释中国的刑法,这是一个事实问题;以及进一步看,如果用了,能不能够用国际法来解释国内法?

(注:适当总结,澄清问题,帮助同学们理清思路。)

刘豪:我回应一下吴若刚才的问题,专家组并不是用国际法解释国内法,它更像是在用国际条约中的标准衡量国内法是否达到国际法的要求,这个问题在材料的第102页到104页有一些解释,材料第104页7.512段中,引用了TRIPS协定的一个规定:Members shall give effect to the provisions of this Agreement. Members may, but shall not be obliged to, implement in their law more extensive protection than is required by this Agreement, provided that such protection does not contravene the provisions of this Agreement. 这句话的大意是,成员必须遵守协定的要求,且可以提供高于协议所要求的最低标准的法律保护。这就给国内法提出了一个最低标准,国内法进而成为了国际条约衡量的对象,但不是解释的对象。

(注:这位同学的观点是前后一致的,并且用案例原文进行论证。但是表达仍然不够清晰,所以讨论仍然需要继续。)

杨:你还是坚持你的观点,专家组没有用国际法解释国内法,它是去衡量。吴若,刘豪和你的观点好像不一致,你还是坚持你的观点吗?

吴若:恩。

杨:曾薪燚呢?

曾薪燚:我同意刘豪的观点,专家组在分析中国法律是不是符合TRIPS协定这个问题的时候,先用《维也纳条约法公约》来解释TRIPS协定第61条,再对比中国刑法和TRIPS协定的规定是否相符,在对比的时候,肯定要弄清楚中国的刑法都是怎么规定的,这就存在对中国法律隐性的解释。

杨:你说你同意刘豪的观点,但结论好像和刘豪不一样吧?

曾薪燚:我认为标准的衡量是建立在解释的基础上。

---

① 廖老师批注:似乎这位同学把WTO理解为一种法律关系,或者说他似乎是认为存在着一种WTO法律关系,或者说争端解决机构审查国内法是否符合WTO规则的做法反映了一种法律关系。这好像是在用国内法的思维来思考国际法中的法理学问题。当然,这在国际法研究中是不太提倡的。

杨：你的观点依然是专家组解释了中国的刑法？

刘豪：专家组是先解释，再衡量，但它在解释的时候并没有依据国际法，衡量的时候是用国际法作为依据。我想到一个生动的例子，比如说，中国规定一个东西必须要长达 10 米，国际上规定这个东西必须长达 10 英尺，现在美国控告中国这个 10 米没有达到国际法的要求。专家组为了解决这个问题，必须先查清中国的 10 米是多长，再查清国际上 10 英尺是多长，最后将这两条线画出来进行比较。因此我认为，专家组在解释"10 米"有多长的时候，是依据我们的国内法，即国内的计量标准；在阐释"10 英尺"的时候依据的是国际法，然后再进行比较。

杨：我们现在讨论的是一个事实问题：专家组到底有没有用《维也纳条约法公约》解释中国法？

（注：澄清问题，紧抓不放。）

柳驰：我认为首先要讨论的问题是什么是法律解释，法律解释是对术语、概念的适用进行解释，专家组在对术语进行解释的时候，显然使用的是一套国际标准，没有使用国内标准。这是我想说的第一个问题。第二个问题，我想对吴若提出的那个问题谈一些自己的想法，就是法律可不可以作为诉讼标的。就国内来说，法官在判案的时候，先对行为分类定性，然后再看是不是和法律相符，法官是用国内的法律判断国内某人的行为，但在 WTO 里，用国际规则衡量国内法律，那它就肯定会从自己的角度去阐释国内的法律。

（注：学生使用了"法律解释"之类的概念，令人欣喜。虽然他的表达不够清晰，却用"法律解释"这一术语，将讨论进行了理论概括。的确，我们正在进行的，是关于法律解释的讨论，尽管是独辟蹊径，从维也纳条约法公约解释刑法的角度切入的。）

杨：我觉得你的发言好像不是在直接回答我的问题，你是在说专家组在解释衡量中国的法律，而我们的问题是专家组有没有用《维也纳条约法公约》来解释中国刑法？曾薪燚你问的是这个问题吧？

曾薪燚：专家组并没有这样去解释，这是我阅读过程中想到的一个问题。

（注：原来他不是说专家组这么做了，而是他自己想象的！这与他最早发言并不一致。是同学们之间的讨论，让他理清了自己的思路。一个想象的问题，却主导了大家真实的讨论，这非常具有戏剧性。）

杨：所以你现在同意刘豪的观点？

曾薪燚：我的问题是专家组到底有没有权力去解释中国的法律？

杨：你刚才提出的可不是这个问题吧？你好像提的是一个事实问题，专家组有没有用《维也纳条约法公约》解释国内刑法？

韩悦：这是一个事实问题，如果认为专家组在本案中用国际法解释了中国的刑法，那就请持这一观点的人用本案中的事实来证明这一观点，到底哪里解释了，指出来。而且整个案子的争论点不在于国内法和国际法的关系，本案中美国提出两个诉讼请求：第一，中国的刑事门槛是不是太高了？第二，对于其他的一些考虑因素，中国的刑法有没有被纳入进来？所以，重点不在于有没有用国际法解释国内刑法，而是专家组用《维也纳条约法公约》解释 TRIPS 协定"commercial scale"，来判定美国的两个诉讼请求。所以我觉得整个讨论有点偏题。

（注：精彩的发言！这位同学显然有些不耐烦了，觉得大家在浪费时间。她说大家讨论偏了，并且指出什么是"正"的。但是如此"纠偏"的过程，不正是学习的过程吗？发现别人的偏，坚信自己的正，是一种能力，同时，告诉别人何为"正"，则是在强调本案的关键点，与别人分享自己对案例的理解。如此反复的讨论，大家对案情的了解会越来越多，共识也会越来越多。另外，此处讨论的"事实"问题，虽然是一个虚拟的问题，却是每一个同学都必须明确的问题。最后，讨论促进了同学们对案例材料的详细阅读。这位同学说"那就请持这一观点的人用本案中的事实来证明这一观点，到底哪里解释了，指出来"，以及前面同学直接引用英文原文，都证明了这一点。因此，一个并非本案重点的、"虚拟的"问题，带动了一场丰富多彩的讨论。为此，我们都可以提出"纠偏式学习法"了！）

杨：韩悦在给我们矫正方向啊。曾薪燚好像也承认事实上没有这一问题，这只是他联想出来的问题。看来这个问题已经澄清了，专家组没有用《维也纳条约法公约》解释中国刑法。

（注：我是想形成结论，达成共识，为进入下一个讨论焦点做铺垫。但是下面的讨论，还有一些反复和曲折。）

陈小燕：我同意韩悦的观点，就没有专家组用国际法解释国内法这样一个说法。

刘思：在本案中，专家组没有用国际法解释国内法。但各国的法律制度有所不同，专家组在对每个国家的法律进行解读时，肯定会用一种国际通用的解释方式①去解读，以达成国际共识。

杨：曾薪燚刚才放弃的那个问题你又提出来了呀？

刘思：我说的是第二个问题，专家组可不可以用国际法解释国内法？

杨：所以，现在对于第一个问题，专家组有没有用《维也纳条约法公约》解释国内法，大家的答案一致为no。第二问题，专家组可不可以用国际法解释国内法？你是对第二个问题进行发言，所以你的结论是？

刘思：可以。

柳驰：刘思和我是一个意思，都是讲国际共识的问题。国内公民间的共识达成了国内的法律，国家间的共识达成的是国际法。谁来判断国内法是否符合国际共识，那就是专家组。WTO的判例能够成为法律渊源，这样的情况下，专家组在审法律的同时又在造法律，这就导致专家组无论怎么解释都是合理的。

杨：这个关系表述的还是有些不清晰，国际法和国内法间的关系，是解释还是衡量还是其他的，好像还是没有表述清楚。

韩婷：第一个问题，本案中，专家组是用中国的国内法来解释中国的刑法，例如在材料里，对《刑法》第215条的解释，它用的是中国最高法和最高检的司法解释，并没有用《维也纳条约法公约》的条文。第二个问题，关于是否能用国际法来解释WTO的规则，我认为能用。可以看7.500这一段落，根据DSU3.2条，专家组可以用国际公法惯例对TRIPS进行解释，而《维也纳条约法公约》第31条、第32条已经成为国际公认的解释方法。这两条提供的是

---

① 廖老师批注：其实我个人认为，这位同学的发言不算是讨论中的曲折情节，她所提到的这个表述其实已经非常接近《维也纳条约法公约》中的解释方法了（当然有可能她自己没有意识到，或者她自己想表达的就不是这个意思）。授课教师此时倒不妨抓住这个词引导一下讨论。

一种解释方法,不是用条约本身来进行解释。

（注：这位同学的最后一句话"这两条提供的是一种解释方法,不是用条约本身来进行解释",说到了问题的关键。）

杨：那条约本身可不可以用来解释？

（注：追问。）

韩婷：这个问题我还没有想过。

刘豪：我同意韩婷的观点。如果认为能用国际法来解释国内法,那请举出例子,哪里解释了,怎样解释了。

池安琪：我同意专家组没有用国际法解释国内法,它只是在解读。我同意韩婷的观点,它是用中国的司法解释来解读中国的刑法条文。在 WTO 里,也根本不可能存在用国际法解释国内法的问题。美国提起这个诉讼,精心准备了很多年,很可能就是居心叵测,专家组在这个案件里处于很尴尬的地位,又不能触犯国家主权,又不能损害各国经济利益,只能用现在已经达成共识的规则去解释中国的法律。总的来说,不可能会有国际法解释国内法的问题。

杨：池安琪的角度已经超出了我们的问题,她实际上是在分析专家组为什么要这样做。

柳驰：(在黑板上画图阐释)我先从国内法谈起,国内法中,法官对个人行为的法律结果进行解释,然后再对国内法律进行解释,最后对二者进行比较衡量。在国际法中,专家组要对国内的法律进行解释,然后再对 WTO 规则进行解释,最后对二者进行衡量比较。这个过程是相同的,刚才提到专家组会不会对国内法进行解释,这个肯定会的,因为本案的标的就是法律本身,至于有没有用《维也纳条约法公约》进行解释,这个问题我还没有想清楚。

杨：看完有点眼花缭乱啊,柳驰你得负责任,国内法院是怎么判的,WTO 是怎么判的,有什么关系,你得在下节课说清楚,这节课好像你自己都还比较乱。

（注：鼓励同学上台板书以及课后研究。）

刘思：池安琪的发言给了我启发,专家组裁决的信服力不在于得到大家的认同,而在于有根据。根据从何而来,就是大家都认可的标准或规则,然后再进行衡量。

杨：我先总结一下,首先我们澄清了一个不存在的问题：专家组有没有用《维也纳条约法公约》来解释中国刑法？这个答案是没有。第二个问题,我觉得还没有说清楚,国际法和国内法的问题,国际法指什么？这个我们下节课继续讨论。

课间休息

（注：第一个问题已经讨论清楚,第二个问题初露端倪,此刻是休息的最佳时机。休息的时候,同学们三三两两地热议着。）

杨：我总结一下上节课的讨论情况,我有两个感想：第一,曾薪燚同学似乎"误导"了我们(笑),他到底想表达的是什么,这是一个问题。但我希望通过大家的讨论,能给大家一个教训,那就是表达要清晰。作为法律人,我们要能用最简洁的语言表达出自己的意思[①]。第

[①] 廖老师批注：同意。这也是授课教师在各类讨论课中着力多次强调的教学目的。至少从前三次讨论课的情况来看,有部分学生已经清楚了授课老师的这一要求,并且正在付出努力来达到这一要求。

二,就是其他发言的同学,你们想要表达的意思又是什么呢?大家也要注意,要把讨论的东西说清楚。这是一种能力,我们法律人要注意培养。我们在接下来的案例讨论中,就有培养这种能力的机会。同时,我们的推理能力、分析能力、论证能力也会得到锻炼。我们不光要讲清楚,还要论证清楚,让人家心服口服。我们上节课看似混乱,但是是围绕着一个问题在进行讨论,那就是专家组到底有没有用《维也纳条约法公约》来解释刑法。这个问题已经清楚了。我们进行第二个问题。柳驰同学,你先来阐明一下你的观点。

柳驰: 我自己没有什么其他的想法。但我总结一下刚才其他同学们的发言:先用《维也纳条约法公约》解释 TRIPS,再用 TRIPS 解释国内法。

杨: 这是很高明的说法啊!(笑)

(注:这位同学经过课间的讨论和思考,试图明晰大家讨论的思路。)

韩婷: 我觉得专家组用我国刑法自身的一些解释,表明自己对我国刑法的一些理解。并阐明了双方的观点,以及第三方的观点。由于我们要讨论的是,我们的刑法规定有没有违反我们加入 WTO 的承诺。所以我们要考量的是我们的规定有没有违反 WTO 的规则,与 TRIPS 第 61 条比较。要看有没有违反,首先应厘清对第 61 条的理解。在解释第 61 条的时候,需要一种解释方法。专家组就引用了《维也纳条约法公约》第 31 条、第 32 条的解释方法。解释之后,专家组作出结论,那就是美国没有提供足够的证据证明中国的刑法违反了第 61 条。这就是专家组的整个思路。

(注:"纠偏式学习法"再次显现:通过纠正别人的看法,带动对"正确"看法的研究和思考。)

杨: 韩婷同学讲了一下这个案子的脉络。我对每个案子都会写一篇有关案子思路的文章。这也是我在想的一个问题——了解案子的全貌很关键;各个法律、双方的举证等之间到底是什么关系。韩婷同学就是做了这项工作。大家同意她的观点吗?

(注:鼓励大家对案件脉络的把握。)

刘婷: 好多同学都说法律是争论的客体,我不认同这个观点。中美是 TRIPS 协定的缔约国,争论的客体应该是权利和义务,而法律只是一个工具。美国想说的是这个工具的有效性没有达到它想要的效果。而用什么来测试这个工具呢?我们需要一个测试主体和方法。专家组就是测试的主体,方法用的是《维也纳条约法公约》中规定的规则。为什么要用这个呢?我认为有几个原因:一是我看到其他案例,几乎都用到了这些规则,这已经成为了一种习惯。二是专家组为什么可以成为测试的主体,因为它可以对 WTO 的成员是否履行到了义务进行审查,它有这个职权。三是中国是《维也纳条约法公约》的缔约国,所以可以采用这个条约解释国内法。

杨: 你也是在讲这个思路。

(注:从"纠偏"到理清思路。)

罗曦: 我觉得中美双方在这个案子中,对中国刑法的理解是没有分歧的。我国通过司法解释对诸如数额标准等都已经规定的足够清楚。中美双方的分歧仅在于,TRIPS 协定里面关于"commercial scale"是如何解释的,比如我们应定个怎样的标准。双方是在对"商业规模"的解释上有分歧的。美国用自己的标准检测我们的刑法,而我们又用我们的标准来检测,所以导致了不同的结论。所以,我认为这并不是用国际法解释国内法的问题。

(注:"纠偏"继续显现。)

杨:这是她对本案核心的理解。

侯日欣:我同意罗曦的观点。我们的抗辩并不是提出了与美方不同的对于中国刑法的解释①,而是申明除了刑法之外,我们还有强大的行政力量。再者,双方对"commercial scale"有争议。

(注:"我们还有强大的行政力量",涉及了本案另一个重要问题,我记录下来,等到合适的时候使用。)

杨:所以,我们的共识就是对刑法没有分歧。但具体是对刑法里面什么东西没有分歧呢?

罗曦:对刑法规定是没有分歧的。比如刑法中规定了要怎样处罚,比较抽象。但经过司法解释,已经非常具体了,已经没有什么可以引申的了。只是由于双方规定的标准不同,所以会得出不同的结论。

杨:大家一直在用类似于"标的"的概念。但WTO更喜欢用"measure"这个词,也就是被告的东西是什么。现在这个案子被告的是刑法的规定。罗曦认为对这个没有争议,那对于它的司法解释有没有法律效力,似乎还是有争议的吧?

(注:对于司法解释的效力,专家组报告中有分析,此处提醒同学们注意。)

罗曦:我认为专家组已经认同了司法解释的法律效力。

杨:"measure"似乎有两个问题:一个是这个"门槛"到底是什么,比如多少件、多少钱,这个是清楚的。但是关于司法解释的司法效力,谁能说一下专家组是怎么论证的?

陈小燕:有两点:第一点是,1982年的宪法规定全国人大是最高的权力机关,它的常设机构是人大常委会。全国人大制定和修改基本的法律,常委会可以制定和修改其他的一些法律。第二点是,1981年常委会通过一个决议②,涉及适用法律的,由最高人民法院来解释;涉及检察工作的,由检察院解释。所以"两高"的解释是被中国法律所认可的。

韩悦:专家组把中国的相关规定翻译成英文,美国没有异议,所以并没有过多地对此进行论证。

涂燕辉:我想问的是,如果专家组对中国刑法规定本身的真实意思的理解是不对的时候,中国是不是要按专家组所持的观点去改正呢?比如,在本案中专家组对中国刑法的体系

---

① 廖老师批注:这个同学的发言至少又理清这一问题:中美双方对于中国刑法和相关司法解释的理解并没有太大的分歧。相比于之前澄清本案专家组并没有用《维也纳条约法公约》解释中国刑法的过程,理清这一问题所花的时间精力则要少多了。

② 廖老师批注:恐怕即使是国内顶尖法学院的法理学、宪法学课程,也不一定会讲到这个决议;法科学生大多会把"司法解释在中国法律体系中事实上具有法律渊源的作用"这类观点当做一个既定事实加以接受,而不会去想如何从法律角度去论证这一问题。而这一决议居然是通过阅读WTO专家组报告得出的,因为专家组在报告里分析了为什么中国的司法解释在中国的法律体系中是有实际效用的!在这里,WTO法教学对国内法教学起到了补充作用!这也进一步印证了使用WTO案例进行WTO法教学相比于使用国内案例进行国内法教学的优势所在。

在本次课后我个人与部分学生的交谈中,有学生明确提出,至少他自己发现,自己实际上并不清楚,有些似乎看起来不证自明的结论,是如何得出的。相信这种在课堂上的认识,会多少指导这类学生在今后的学习和研究过程中,更关注法律推理,甚至养成质疑既定事实或者观点的思维方式。

进行了一个梳理,最终得出的结论是刑法总则的相关规定,例如犯罪预备、犯罪中止、共同犯罪等可以适用于刑法分则。如果他最终得出的结论是不能适用呢?这时中国是否要根据专家组的观点去修改法律呢?当然在本案中,专家组的理解是正确的,虽然他们认为中国提出犯罪预备、犯罪中止、共同犯罪等都只能证明对于达到刑事门槛的半成品、零件、合作作案等进行了规制,但不能证明中国对达到了商业规模而在刑事门槛之下的侵权行为进行了规制。也就是说,刑法总则的相关规定适用的前提仍然是这个行为完成以后能达到刑事门槛,只不过现在还处于犯罪预备或犯罪中止的阶段。

杨:这个可以说是一个假想的问题。

(注:这个假想的问题,与前面那个"虚拟"问题一样,又成为本次讨论的亮点。不仅如此,这个问题与前一个问题相比,更有理论性,值得深入研讨,成为下次课的讨论点。)

李之峣:我觉得不存在这个问题。因为专家组会在处理案件的过程中,与中国进行交流,告知它的观点。中国如果不同意,会和专家组说明。那专家组就会进行修改。

杨:李之峣认为这个问题是不存在的。但涂燕辉的观点是说,对于中国法律的理解,可能有中国、美国、专家组三种不同的理解,如果是这种情况,应该怎么办呢?

涂燕辉:也就是说,如果专家组按照它对中国法律的理解而作出裁决,中国是否要依据专家组的理解来修改我们的法律?

杨:我们先不讨论法律修改的问题。先假设一下,如果将来中国法院审理与专家组曾经作出理解的中国法律有关的案件时,中国法院是否要按照WTO的理解来审理该案呢?如果是一个刑事案件,辩护人能否依据专家组对该法律的理解而进行辩护呢?有没有可能出现这种情况呢?那这就不是一个虚拟的问题了,这是完全有可能出现的问题。

(注:借题发挥,点明这个问题的重要性。)

柳驰:我觉得理解本身要做细分。比如对于"刑事门槛"数量的理解,中国认为500件算严重,美国可能认为100件算严重,而专家组可能认为2500件算严重。这是对"什么是严重"的理解。那"严重本身又是什么",这也需要理解。可能我的观点有些绕。

(注:这位同学自己也觉得没有表达清楚。)

杨:谁能举个具体的例子?

韩悦:我没有具体例子。只是想对我们的讨论提出一些建议。第一,我觉得我们不应该凭空的设计出自己的一套理论体系,再以各种理由加以支持。这样太抽象,又容易引到一些其他问题上。讨论应当有裁决中的材料加以支持。第二,我觉得涂燕辉提出了案件之外引申的一个问题,很有意义。但是我们基于目前看的50多页的材料是很难回答的。我们不如把这个问题留到下节课,给大家一些时间课下先进行一下研究,有一定准备之后,再讨论。这样更有效率,也更有效果。

(注:这就是前面已经表现出"不耐烦"的那位同学。不耐烦的同学,大多是聪明的同学,觉得自己已经想清楚了,别人还在喋喋不休,有点耐不住性子了。但她的两个观点非常明确。她的第二个"建议",表明她已经能够把握讨论的脉搏,甚至自己都能主持讨论了!所以

我表示了充分的赞赏①。）

杨：好，那这个讨论就先到这儿，涂燕辉提出的问题就是我们的课后作业。我再重复一下问题：如果专家组对《刑法》的理解与中国的主张不一致，中国法院在今后的审判实践中，是否要按照专家组的理解来审理案件？请大家课后了解。这是一个很复杂的问题。这涉及多角度的考虑，是一个很抽象很复杂的问题。我没有答案，我目前看到的文章中，也没有对这个问题的讨论。最起码这里涉及了国际法在国内法的效力问题；WTO的判决本身是不是国际法②。哪个同学可以再复述一下我的问题？

韩悦：当WTO对中国的国内法有一个理解的时候，国内又有一个针对这个国内法的案件起诉。那么，当国内的法院对这一法律的理解与WTO对这一条约的理解存在不一致的时候，那么这个矛盾怎么协调。

杨：看来，不同的人有不同的理解。谁再来说一下？

（注：这是一个很有趣的测试。我说过的话，别人复述的时候，会差别很大。）

刘豪：如果专家组对中国刑法的理解与中国自己的理解不同，那么专家组的理解产生怎样的效力，国内法上的效力是怎样的，以及国际法上的效力是怎样的。

杨：你看，刘豪说的和韩悦说的也不一样。看来我表达不够清晰，这对我也是一个训练（笑）。那我再重复一下我的作业题目：假设这个案子里面，专家组对中国刑法的某一条款的理解和中国在这个案子里面对这个法律的理解不一样，将来中国的法院在审判案件适用到这个条款的时候，是不是要用专家组的观点？

我们回到刚才的问题上来：中国的司法解释有没有法律约束力？感觉大家刚才把论证过程说得太简单了。谁能再补充一下？讲一下专家组论证的完整过程。

韩婷：首先，中国在1982年宪法中有如下规定：全国人大是国家的最高权力机构，全国人大常委会是其常设机关，并且全国人大及其常委会是国家的立法机关。人大具有制定和修改法律的职能，可以制定和修改基本法，例如刑法。全国人大常委会可以制定和修改其他法律。它指出，在1981年，全国人大常委会作了一个关于解释法律工作的规定和草案，其中，它赋予了法院和检察院在面对自己工作中碰到的一些问题时，具有对相关法律进行解释的权力。然后，它分别对法院和检察院进行了说明。法院方面，1997年法院制定了对法律进行解释的规则，2007年3月又制定了新的法律，取代了之前1997年的规则。检察院方面，2006年制定的新法律取代了1996年制定的关于法律解释的规定。专家组进而说道，由

---

① 廖老师批注：同意授课教师对这种"不耐烦"的宽容和积极评价。事实上，以我个人观点来看，一开始的讨论就纠结与解释问题，一点都不奇怪，我甚至认为曾薪燚一开始提出的那个问题虽然有假想成分，但随着不断纠偏，不断修正，这个问题有可能演化为一些非常重要的WTO法理论和实践问题，甚至是国际法理论和实践问题。首先，专家组在本案中有没有用VCLT解释中国刑法？第二，专家组在本案中有没有用国际法来解释中国国内法？第三，专家组事实上有没有解释中国的国内法？用的是什么解释方法和手段？这对中国的国内法有没有影响？第四，专家组有没有权力来解释中国的国内法？第五，国际性争端解决机构能否用国际法规则来解释国内法？国内法院能否用国际法规则来解释国内法？

② 廖老师批注：DSB裁决的国内实施问题，不仅是一个理论问题，而且现在也已经成为一个具有实践意义的问题。欧盟在这方面的实践似乎走得比较远，其不仅涉及了DSB裁决在成员方内部实施的问题，还涉及对受DSB裁决影响的企业进行补偿的问题。

于法院和检察院在法律运用中存在问题时,具有解释的权力,也就是人大赋予的权力。所以说提到的2007年和2006年的司法解释是具有法律约束力的。中国持有这种观点,美国也是。所以专家组指出是具有约束力的。

杨:有谁要补充一下?

李之岘:首先,常委会有立法权。其次,有立法权的常委会出了一个法律,说最高法院和检察院有权力解释法律。再次,最高法院自己说自己的解释是有效的。然后,最高检也说自己的解释是有效的。所以,两个文件是有效的。得出结论,司法解释是有效的。我认为是这样的一个逻辑。

胡秀娟:我认为这个问题分为两个思路:一个是国内对于司法解释效力的认可;另一个是美国完全承认中国司法解释的效力。这就等于说案件双方都承认司法解释的效力,那专家组就认为没有必要再讨论了。在对司法解释的国内效力的论证过程中,第一,人大是具有立法权的。第二,人大常委会赋予最高院和最高检进行司法解释的权力。第三,最高院出了一些司法解释,自己的司法解释是有效力的。第四,最高检也出司法解释,说自己的解释是有司法效力的。这就是整个过程。

杨国华:你说得更具体了。我们讨论到现在,讲的还是第二大问题——可否用国际法律解释国内法律。司法解释的效力,是从这个问题延伸出来的,课后我们还可以接着讨论。最高法院和最高检察院的司法解释是不是具有法律效力,我们可能从来没有考虑过这个问题,而看看专家组的论证,是很有趣的。

我们今天讨论的第一个问题是WTO专家组有没有用《维也纳条约法公约》解释中国的刑法,大家对此的意见都已达成一致。第二个问题,是不是可以用国际法来解释国内法,这里纠缠了很多问题。从中我们延伸出来了第三个小问题,在本案中,专家组是怎样论证中国的刑法是有怎样的"刑事门槛"。我们接着又讨论了第四个问题,就是我们刚才假想的,如果专家组对《刑法》的理解与中国的主张不一致,中国法院在今后的审判实践中,是否要按照专家组的理解来审理案件。

(注:适时总结,整理思路,集中问题。)

除此之外,还有两个问题,大家可能忽略了,我却认为很重要,第一是刘豪发言中提到的"行政力量很强大",我想请他谈论一下这个问题。

(注:前面的储备,此刻使用了。)

刘豪:美国认为,中国的"刑事门槛"制定的过高,致使很多侵权行为得不到刑法的规制。我们提出的主要抗辩理由是,我们在刑法之外有非常强大的行政力量,可以弥补这样一个空白。

杨:专家组是什么意见?

刘豪:应该是承认中国提到的这一点。

杨:我想请大家讨论一下这个问题,因为这点是我们在办这个案子时,非常重要的一个抗辩点。因为,我们无法否认我们是有"门槛"的。我们怎么办?我们的辩护策略是什么?关于这一点,专家组是怎么裁决的?谁愿意说一下?(没有人发言)看来没有人看清楚这一点,那就变成我们下节课的一个作业,我们节约时间。

还有一个问题,是刘豪说的一句话,他说"专家组的结论说美国没有证明中国的'刑事门槛'违反了TRIPS第61条,这其实是美国在这个案子中不可能完成的任务",这句话是什么意思？什么是"不可能完成的任务"？

（注：这是另外一个前面的储备。）

刘豪：美国的任务是，证明中国的"刑事门槛"没有达到"商业规模"的规定。我联想到在反垄断法领域也存在着如何证明一个公司占有"市场支配地位"的过程。这时候，我们往往需要从该公司的市场份额、销售货物的数量，以及相关市场上竞争的激烈程度等方面进行努力。所以，美国大概要论证以下问题：中国目前的著作权、商标权等侵权现状如何，中国目前的刑事司法实践对于侵权行为的规制现状如何，等等。为证明这些问题，美国需要进行大量的实证调研，这在实践中是很难完成的。

杨：大家有没有像刘豪一样想过这个问题。美国这么高明的国家，怎么就没有证明呢？

侯日欣：我非常赞同刘豪的观点。美国要证明，必须在中国抽样。找一个中立的、权威的机构到中国抽样几个城市、几个行业，来看到底侵权达到一个什么样的程度。然后出具一个权威的评估报告，提交给WTO。但中国当局是不会允许我们的诉讼相对方在我们主权范围内，搜寻对我们不利的证据，所以这是一个不可能完成的任务。

赵洋：我们在开始讨论争论点时，其实忽略了一个问题——对TRIPS第41条第1款的解释，这恰恰涉及了我们正在讨论的这个问题。我先把本条的中文翻译给大家念一下："缔约方应保证其国内法律能够提供如本部分所规定的执法程序，以便对侵犯本协议所述知识产权的任何行为采取有效的制止措施，包括制止侵权的及时法律救济和防止进一步侵权的法律救济。这些程序的应用方式应不至于构成对合法贸易的障碍，并且能为防止滥用提供保障。"这一条对刑事措施进行了具体规定。它希望你能及时地采取措施对侵权进行有效制止。而本条的第5款又有这样一个规定："应该理解的是，本协议的这一部分并没有规定这样的义务，即为施行知识产权而建立一个不同于实施一般法律的司法系统，也不影响缔约方施行一般法律的权力。这一部分中的任何规定都没有产生有关知识产权的施行和一般法律施行之间的资源分配的义务。"TRIPS规定这条，其实是对发达国家和发展中国家不同的知识产权保护水平进行了考虑。它是允许保护水平差异的存在，即中国在其境内是可以进行它认为合理的实践，只要符合TRIPS第61条规定的最低标准就可以了，而不用符合美国等国家的最高标准。正是基于TRIPS本身的规定，所以美国很难证明。而专家组在不停地论证要考虑当事国本国的具体制度的独特性和所处环境的特殊性，进行综合审查，这些都使美国证明非常困难，更何况还有在具体收集证据时，有来自中国国内的障碍。

杨：基于上面同学们的讨论，我们再往下深入一步：如果美国要证明中国违反了第61条，应该怎样证明？

陈小燕：刘豪的意思是，美国首先要证明侵权现象很严重，严重到了不符合第61条规定的程度。它要用实证的手段，进行调查调研，但我认为美国不用这么做"地毯式"的调查，不用证明现实严重到了什么程度，只要证明要达到中国"刑事门槛"现实中是很难做到的。那么这个"门槛"就不适合了，应该设置的更低一点，让更多的犯罪行为能够被容纳进去。

刘豪：我不同意陈小燕"美国不用进行地毯式调查"的观点。首先，实证调研在操作上是可行的，目前的部分咨询调查类公司已经能够做到这些。其次也是必要的，美国应当证明中国目前存在一定数量的侵权行为，其达到了"商业规模"，但没有达到中国的"刑事门槛"。

涂燕辉：我先说这个问题，然后再说说行政处罚的问题。我认为美国并不需要进行大规模的调查。美国只需找出一个例外就行,即某个行为达到了第61条规定的商业规模,但是在中国却没有把它纳入刑法,就可以了。事实上专家组认为这是很容易办到的。比如说,针对在中国的一个侵权产品,经过调研后证明其侵权情况已达到了61条规定的商业规模,但在中国这种行为却没有受到刑法的规制,就达到了证明标准。我认为举出一个这样的例子就足够了。

杨: 专家组说了吗?

涂燕辉: 提到了。

杨: 在什么地方说"证明很简单"?

(注:让学生自己寻找专家组报告中的相关内容,以加强对这个问题的讨论。)

涂燕辉: 的确是讲了,但我现在暂时找不到。

杨: 那你一会儿找到后随时提出来。对行政处罚你有什么观点?

涂燕辉: 在本案中国很重要的一个抗辩理由就是中国不仅有刑法,还有行政处罚。对在刑事门槛之下的侵犯知识产权的行为我们并不是不管了,而是通过行政处罚来规制。而美国则认为TRIPS第61条要求的措施是刑事处罚措施,不管你有什么行政处罚,这都不符合相应的规定,行政处罚并不能作为刑事处罚的替代措施。专家组则认为中国确实有行政处罚,可以对侵权行为进行诸如罚款、没收财产等处罚,并不是对所有的"刑事门槛"之下的侵犯知识产权的行为不进行处罚。但各方都没有进一步争论(argue)中国的行政处罚措施到底能不能真正符合第61条的规定,所以专家组也就不再论证这个问题了。相关内容在7.476~7.478三段里面。

柳驰: 我觉得刚才陈小燕他们争论的问题有点偏。美国不用把所有的都排查,只要找出一个例外,比如某条法律连这种侵权行为都管不了,那么就可以说这个法律规定是有问题的。具体论证中国的门槛在哪里,中国的人均收入是多少,侵权事件的发生率是多少,可以有很多方法,而且这些数据中国应该是公开的。还有,我想知道专家组到底是怎么判案的,当时他们到底是怎么想的。

杨: 专家组是怎么想的,我们是无法查证了,但是这个问题是经常有人问的。不是有一本叫《法官如何思维》吗?这是很有意思的一个领域。还有人问到,专家组这三个人是怎么选出来的。这些问题,我们找时间都会进行探讨。

曾薪燚: 刚才谈到行政处罚的时候,中国有一个非常有利的理由,就是行政处罚两次以上的,可以依照刑法进行处罚。我来回答另一个问题,如果我站在美国的角度,我首先看中国的刑法总论,总论说犯罪未遂和犯罪预备都是有可能会受到处罚的。但是,从中国的司法解释来看,它是以结果来衡量是否侵害知识产权,也就是说,犯罪预备和犯罪未遂的处罚已经被忽视掉了。

杨: 的确,犯罪预备和犯罪未遂在本案中也有所涉及,也是一个问题。

(注:对于"不重要"的问题一带而过,以便集中时间讨论"重要"问题。)

刘思: 刚才涂燕辉说的那个问题,专家组确实说美国要找到一些证据是容易的,在7.630段。主要是说,美国所提供的证据不能证明它自己的主张。但是,有些证据是美国非常容易得到的,可以证明当时市场和价格的关系。涂燕辉你找的也是这一段吗?你再确认一下。还有谁想要补充?

侯日欣：关于行政规制方面我想补充一点。中美在这一点上的分歧体现了两国司法理念的差异。中国有一套完整且强大的行政处罚体系，并有相关法律法规支持，比如《治安管理处罚法》，公安部门经常以此为依据来处罚大量的一般性违法行为；在此之上还有《刑法》，一个行为的社会危害性严重到达到"刑事门槛"后就用《刑法》来规制。但美国认为中国通过《治安管理处罚法》规制的行为也应该视为犯罪，不论其严重程度是否达到"刑事门槛"。美国的"刑事门槛"非常低，一个简单的交通违章行为都视为犯罪，所以美国很难理解中国的行政处罚这一做法的地位与价值。

涂燕辉：我找到了，就是 7.630 段。原文是这样的："There is no indication that probative evidence on this point would be difficult to obtain."接下来，就举了一些例子，说美国可以怎样证明。对于行政处罚，我认为专家组是考虑到了这个问题的，只不过他们认为中国和美国对中国的行政处罚能否也满足第 61 条的相关规定都没有争论（议），所以专家组也就不再进行这方面的论证了。

（注：此处有一个插曲。这位同学找到了相应段落，但是不好意思向大家朗读英文。此时，我鼓励她朗读，并且提醒大家：我们的阅读材料就是英文的，鼓励大家直接使用英文原文。WTO 案例课堂讨论，主要使用中文，这有利于学生的表达。但是对于案例中的内容，应该鼓励学生直接读出原文，这样会更为准确，同时也有利于口语水平的提高。）

杨：刚才我们讨论了两个点。一个是中国的行政处罚抗辩，一个是美国难以证明的问题。我们今天先讨论到这里。最后，我布置一下这次课的作业：（1）对第 7.630 段理解。①专家组是怎么论证美国证明并不是困难的；②如果证明并不困难，那么美国应该如何证明。对于这个问题我想提出一点，本案美国并没有上诉。如果证明是不困难的，那美国为什么不上诉呢？（2）行政处罚的问题，中国是怎么抗辩的，专家组是怎么裁决的。（3）请柳驰下次给我们解释一下你在黑板上所画图示的含义。（4）如果专家组对《刑法》的理解与中国的主张不一致，中国法院在今后的审判实践中，是否要按照专家组的理解来审理案件。（5）请解释一下专家组是怎么解释"commercial scale"的，这是本案的核心。（6）专家组是怎么说美国没有证明的。

最后，我给大家写一句话，（板书）"美国没有证明'刑事门槛'符合 commercial scale"。关于刑事门槛，包含两个问题：一是门槛是什么，二是法律有没有约束力的问题，我们今天已经讨论过了。这个案件的核心，就是这么一句话：（1）"刑事门槛"是什么，这是 measure；（2）commercial scale 是什么，这是 legal basis；（3）美国没有证明，这是 reasoning。这是最核心的三个问题。

（注：作业布置和一句话总结，都是帮助学生理清思路，同时也是试图将第二次讨论集中到"重要"问题上。说明："重要"和"不重要"加上引号，是因为我认为，学生提出的问题，都是重要的问题，并不存在所谓不重要的问题，只是从案例重点的角度看，不得不有所取舍而已。）

（付凉洁、赵洋根据课堂录音整理）

廖诗评：

对本次讨论课最大的体会，甚至说最大的收获在于，讨论课上所涉及的讨论内容与讲授

式教学所涉及的讲授内容显然是有所不同的。在本次讨论课上,学生并没有就案件的事实和背景问题进行过多的讨论,如没有对中国刑法相关规定的含义进行讨论,而是在讨论一开始就涉及了解释问题。而在讲授式的教学过程中,如果讲授这一案例,授课教师肯定会把重点放在案件事实之上。这两者并不存在孰优孰劣之分,但至少讨论式教学能够让学生尽可能地自己去研究探索,进行自主学习。当然,讲授式教学并不是完全不能做到这一点,这需要以授课教师无比巨大的前期投入为保障。

除上述体会之外,我个人还感觉到,授课教师没有特别地向学生强调对专家组裁决进行细致研读的重要性,特别是要研读到什么程度。我个人感觉,对于学生所阅读的第一个WTO案例,是应该对核心段落进行逐字逐句的反复阅读,甚至是要进行句子语法结构分析的。从这个意义上说,准备国际性模拟法庭竞赛的过程其实是讨论式教学的"加强版",至少参赛学生对于案件事实的每一句话,都是要进行反复的阅读和分析的,这既培养的是一种解读和解释事实的能力,也培养的是一种认真负责的学习态度。希望授课教师能在今后的讨论课中,以专家组或上诉机构报告中某一句话或某一段话作为具体例子,强调仔细阅读的重要性。

知识产权案(二)

时间:2013 年 3 月 23 日   08:55—11:40

杨:上节课留了几个作业,我们先从作业开始。柳驰,你先给大家讲讲法律解释的问题。

(注:上节课,这位同学上台板书,试图说明本案专家组裁决的思路,但是没有讲得很清楚,因此让他课后准备。对于一些认真思考的学生,应当特别鼓励,同时对其他同学也有示范作用。此外,学生自己之间讲解和答问,也真正实现了学生为主体的教学理念。)

柳驰:(在黑板上演示)我用数学里的函数思维讲一下。函数就是一套规则或者一种算法,比如 $f(x)=x+1, f(2x)=2x+1$。正常国内的司法解释也是类似于函数这样的东西。假设这个圆圈是法官,这个方块是某个人,这个东西是国家的立法机构。它制定了一套法律,大概是这个样子,就是这么一团。然后这是一个人的行为。人可能会从事很多行为,比如吐了一口痰,把一个人的钱抢走了,欠债不还。法官要通过自己的想法(类似于一个漏斗)给这种行为定性,比如说是债权关系,还是所有权,是不是刑事案件。定性之后,开始有了一个法律的形状,就类似于一个漏斗。然后,法官通过这个漏斗,把这些法律过滤出来,得出这么一点。漏斗的作用就是,法官用法律语言将行为解释成一个具体的框架,看适用什么法律。法官最后得出来结论,或者说判决。这是第一种"解释"。但是法律解释不是这个。法律解释或者说是司法解释,是这群云——可能很抽象,那国家的立法机关和司法机关会把这个云解释成一个有模有样的东西。比如说,(画的)一个小人只有脑袋,然后司法机关把这个人的身子描绘出来,司法解释就是给这个人穿了件衣服。这(漏斗和穿衣服)是两种解释。第一种解释,是把散乱的行为格式化①。第二种解释是让法律与生活链接上,让抽象的法条落实到具体的事情上,相当于 $f(x)=x+1$,这是国内,即 $f(x)=$ 国内。而 $f(2x)=$ International law,在这个案子中就是 WTO。本案中,美国认为中国制定的刑事门槛太低了,中国说我们有相应的行政措施规制门槛以下的行为。这很抽象。国内的法官只做两件事情:一是定性,二是判决。而 WTO 专家组做了三件事情:一是把问题具体化,二是根据具体化的东西做成漏斗,三是经过漏斗筛选而作出判决。

杨:这次讲的思路好像比上节课要清楚一些了。我是这么理解的,他讲的问题是,什么是法律解释,或者法官怎么做法律解释。柳驰在讲的时候用到了函数,我觉得很兴奋,现在法律研究都鼓励跨学科研究,有经济学研究、数学研究、文学研究、伦理学研究、哲学研究。大家提问吧。

(注:这位学生的思考角度的确令人欣喜,应当大加鼓励。同时,让其他学生提问,实现学生之间的互动。)

---

① 廖老师批注:这里似乎模糊地表达的是一个类似于"识别"的制度,先把各种各样的行为法律类型化,再去找适用的法律,进行法律解释。只不过实践中识别往往和管辖权问题是密不可分的。

林璐：使用了 f(x) 和 f(2x)，这个 x 是不变的。这是不是意味着国内和国际层面的解释是一样的？

柳驰：我觉得不太一样。在国际层面，好像专家组在审案件的同时，把法律解释的工作一并做了。

（注：学生之间的互动，是澄清问题，提升思维能力的过程。）

林璐：漏斗到底是从事实提取出来规则，还是从法律中进行提取？

柳驰：这是两部分。是先把事实处理一下，变成漏斗；再用漏斗把法律过滤，挑出能用的法律规则①。

林璐：但我理解中的"法律解释"是对具体的条文进行解释。

柳驰：这是两个解释，一个是把事实变成法律，但这又是不够的，所以需要第二步——对法律进行解释。

刘豪：我想提出两点批评意见②。第一，f(x)=x+1 是一个数学模型。为什么要引用数学模型分析法律问题？优势在于，通过设置数学模型，可以很精准地刻画我们的现实生活。现实是很复杂的，我们用数学模型将现实的冗杂细节进行筛除，留下核心的部分，再用数学模型来刻画。但是在你这里，我并没有看到你用数学模型分析这个问题的优越性在哪儿。如果将函数删掉，留下所讲的其他部分，我没有看到有任何不同。你的核心观点设计一个漏斗筛东西的比喻，这个与数学模型似乎没有太大关系，且漏斗的理论早已有之。第二，感觉你刚才总结的模型，与我看到的专案组判决相差太远。你太抽象了，走得太远，以至于找不到回家的路（笑）。专家组在分析这个法律问题的时候，它的推理是复杂而又精妙的。它采用了多种分析方法，包括文意解释、上下文解释、由大小前提得出结论等。你试图用简单的理论来概括，这是不是显得有些太过抽象化、理论化，以至于对我们分析问题没有太多的帮助。

柳驰：首先，回应一下这个函数到底有什么用。主要是用来对比的。而且我不是刻意地用这个函数，只是用它的逻辑，帮助我们理解。因为罗素说数学就是抽象的逻辑。所以，不管什么，逻辑都应该适用。第二，你提出的问题是专家组怎么解释，而我讲的是解释的流程。这是两个不同的问题。

付凉洁：我用我自己的理解总结一下柳驰同学的观点：国内法官审理案件时，第一步是做事实上的认定；第二步将法律适用到这个事实上继而作出一个判决。而国际上的司法机构，就像 WTO 专家组在作一个裁决的时候，第一步也是先做事实认定，只不过它要认定的事实是一个法律，一个国内法；第二步是对 WTO 规则做出法律解释；第三步是把法律解释适用到这个事实里面。所以，你的意思是国内法院的审理是两步，而国际法院是三步，国内

---

① 廖老师批注：讲到这里我似乎有点理解这位同学的大致思路了。只不过这样的过程有时可能在审判实践中颠倒过来。法官有时会先验地决定了法律适用问题，再用这个框架去套事实，对于"套不进去"的事实，有可能法就"视而不见"了。

② 廖老师批注：这种针锋相对但又不失风度的争论是我最乐意看到的。现在的学生至少比十几年前的学生"早熟"，如果不给出一个特定的场域或者背景，设定一定规则，进行一定的引导，辅以一定的绩效，是很难进行公开辩论的。可惜的是，两个同学所辩论的这个问题过于抽象，两个人的表达也都还需要进一步完善的地方，这直接的后果是其他的同学不太好插话了。

法院没有法律解释的那一步。

柳驰：我基本同意。大陆法系法官是没有解释权的。但 WTO 的解释步骤顺序需要颠倒一下，就是第一步和第二步，也就是说法律解释和事实认定的步骤可能会倒过来。因为专家组如果不先对 WTO 的规则解释清楚，它是无法往下进行的。

杨：看来付凉洁的解释和柳驰的意思最接近。在此，我也想提一个问题。刚才柳驰似乎提到了一个说法，立法者的解释和法官的解释是不一样的。这是个很有意思的问题，也是一个非常有意义的问题。我们在学习第一个案件的时候，就把这个问题抽象出来了。当然抽象的是不是很成功，这是另外一个问题。试图抽象出一个解释的方法①，一个案子是怎么判的。我特别鼓励大家这样做。建议柳驰下去以后把想法成文，题目自拟，写出来之后给大家看一下，我们提提意见，完善后我们找一家杂志发表！我研究 WTO 也有一段时间了，但我们在讨论专家组的判决思路时，是没有人用过函数、画图这种模式来解释思路的，感觉很新颖。大家想一下，当你们自己当律师或者法官的时候，面临案件的时候，应该怎么入手，解释法律，解释事实，怎样把法律适用这个事实。

（注：这位同学的板书以及答问，表明他的思考正在系统化，值得写成一篇论文。课间休息时，我还鼓励他说：本科阶段的研究兴趣点，很有可能成为一生的研究重点。处于这个年龄阶段的人，创造力旺盛，并且没有思想负担，很有可能为一生的事业打下基础，老师应该积极鼓励他们。）

杨：第二个作业。这个问题是由刘豪引出来的。美国在本案中是不是提出了一个不可能完成的证明任务？但有的同学说这是可能的，并在专家组的报告中找到了证据，在 7.630。到底怎么样呢？谁来告诉我，为什么专家组说这是可能的？或者说还有谁认为是不可能的？

刘豪：我觉得专家组说的可能是取证的问题。这个地方我没有读得太清楚，在专家组看来似乎是可以证明的，但实践中会面临各种困难。

杨：谁先讲一讲 7.630 的大概意思？

（注：此时开始研究具体段落。在上一节课对案情大致了解的基础上，这一节课的重点，是仔细研究专家组报告中的一些具体内容。这有利于学生对专家组报告的准确理解，同时随着讨论的发展，学生们开始体会到"WTO 法的魅力"——我在多种场合宣扬的一个概念。）

韩婷：7.630 这一段其实是专家组用很委婉的方式说明美国事实上没有证明中国的刑法事实上违反了 TRIPS 第 61 条的规定，并不是说它认为就很容易。我们可以看到，前面在解释 commercial scale 的时候，它说这是一个相对的概念，所谓的典型的、普通的商业活动的范围和程度，是一个非常灵活的概念。在不同的市场，针对不同的产品的时候，是有不同的标准的。我觉得对这么一个标准，美国想要证明，其实是相当困难的。这里专家组只是用非常委婉的语气告诉美国没有采取正确的方式。但事实上，本身这个问题是有难度的。

杨：那你能不能给大家讲讲大意？

---

① 廖老师批注：尽管在接下来的课堂讨论中，大家似乎并没有对这个问题做过多的讨论，但主讲教师终于提到解释方法了！

（注：引导学生回到文本。）

韩婷：7.630 说，事实上我们可以发现，有许多具体的关于中国的价格和市场的信息，是可以被获得的。尤其是在美国各种的展览上，以及一些文件中、任天堂的代表的信中，它提供了一些资源。但是这里又有一个转折，609 的注释就说美国在这种情况下并没有提供相应的证据。美国其实也没有非常明显的困难，在提供中国的一个司法解释的翻译。总体的意思说，专家组认为美国可以通过一些其他的途径，来证明中国在一些具体的市场问题、价格问题上，是违反相关规定的，但美国没有举出相关证据来证明。我觉得专家组用了委婉的说法，事实上还是很难证明。

杨：那你的意思是说这实际上是一种委婉的说法。

（注：引导学生进一步清晰地思考这个问题。）

柳驰：专家组说的是，这些资料都很容易获得，但美国没有给专家组，既然如此，专家组是不会找美国要的。这是两个层面，一个是从程序上来说，你可以给我但没给我；但从事实上来说，即使你给我了，证明也困难。

杨：所以说这是两个角度。没给我是一回事儿，给了我以后能不能证明，是另外一回事儿。但 7.630 到底说的是什么？

（注：总结学生的思路，同时不断提醒学生回到文本。）

郑至言：这应该联系到前文。因为前文说的是，美国提供一些各大报刊、媒体对中国知识产权侵权的一些报道。在 7.628 中专家组认为，美国提供这些报道只是一个 general statement or random pieces of information. 我觉得专家组是希望美国提出的不是新闻媒体报道这样的证据，而是更确切的、有证明力的证据，证明中国在电影电视市场、价格方面的侵权行为。

杨：你把 7.628 引入，你理解 7.628 和 7.630 是不太一样的。

（注：学生提到前面的段落，这是令人欣喜的。后来的讨论证明，要想准确理解这个问题，必须前后几段一起阅读理解。对于学生来说，这应该是一个很好的提示。相信在今后的讨论中，他们会自觉地使用"上下文"的理解方法①。）

郑至言：专家组先提出了它们的一些报道，然后在 7.629 段专家组把这些给否决了，说这个证据是不充分的。专家组继续说，其实美国证明应该是不困难的，但是美国却用了这样一种方法证明。专家组认为美国可以用另一种方法证明，more specific information on prices and markets in China is contained in various US exhibits，或者是在中国的游戏、娱乐、电影这方面找。

杨：郑至言说的这点很重要。我们研究 7.630 段不能只看这一段，还应看看它的前后文。7.628 说美国提供的这些（证据）太泛泛了，这是不够的。7.630 是说什么才是够的，是这样的逻辑吧？那我们关键来看 7.630 的理解。刚才柳驰在总结韩婷的发言时，似乎是在

---

① 廖老师批注：这个例子比较生动和直接地说明，学生通过自主学习的出来的结论和方法（上下文解释）也许不够准确（因为上下文显然远远不止于报告的前后几个段落，而且这种上下文也不同于 VCLT 中所指的上下文），但相比于讲授式的方法，可能让学生印象更加深刻，促使其在课后进行进一步的主动探索。

讲两个概念：一个是到底给没给，另一个是给了以后会怎么样。但7.630是不是关于这两个概念呢？

曾薪燚：7.630是说，美国要举出具体的数字，是非常简单的。它并没有说美国举出这些数字之后，以此来证明中国违反条约的义务是简单的。

杨：大家注意听，这在柳驰总结韩婷的发言上又进了一步。你的意思是说，7.630这一段没有说证明的义务就很简单，只是说取得数据很简单。

（注：密切跟踪学生讨论的方向和进展，适时进行强调和总结。）

曾薪燚：对。它没有说这个证据证明中国没有违反（义务）。

杨：这些证据在哪里？

（注：提醒学生回到文本。）

曾薪燚：就在这一段，关于中国的价格信息报告、电影及家庭娱乐方面等。结合前面，可以看出它前述列举的所有证据都来自于新闻媒体的报道，（新闻媒体的报道）没有什么法律效力，而且官方不太认可其效力。（材料中）专家组就觉得之前所举出来的证据并没有具体地说明（中国没有违反义务的问题），并且这些证据中存在着随机性和不典型性。所以，专家组希望美国可以给它提供更多的具体的证据。事实上美国没有提供更多的具体的证据，专家组就说，其实美国要举出这些具体的证据是很简单的，但它并没有说举出证据之后，会是什么样的结果。

杨：曾薪燚进一步讲，美国其实可以提供，但是没有提供。谁还想针对这个问题再发言？7.630到底说了什么？

付凉洁：我觉得专家组的态度是，美国列举了很多事实材料，问题在于它没有把这些事实材料和自己的法律诉求联系起来。专家组认为控方有两个义务：第一个是要举证，提供事实或证据；第二个是要把这些证据或事实和你的法律诉求、条约的义务相联系起来。美国的问题就在于没有践行第二个义务，没有把诸如价格、市场这些信息与中国的商业规模违反TRIPS第61条的义务相联系起来。

杨：这似乎是另一个作业要解决的问题——美国为什么没有证据。

（注：提醒讨论的焦点。）

胡秀娟：我结合7.628、7.629、7.630这三段来说。7.628集中讲的是美国列举一些媒体报道，是从英美国家获得的资源。7.629说的是获得的这些资料是不足以证明中国的典型情况的，即7.629的最后一句话。7.630则要求应该从中国媒体上获取这些资源，这种要求实际上并没有那么困难，而且更有证明力。它认为从外国媒体获得的资源都是二手信息，是外国的评价。

杨：她认为7.630是说从中国媒体上获得资源，依据在哪里？

（注：这位同学的理解有误，因此这里使用"纠偏法"，让其他同学纠正这位同学的看法，从而走向准确的理解。）

柳驰：这个问题分两个层面：美国有没有拿出东西？拿的是什么东西？在前面的段落中，专家组认为美国拿出东西了，但报纸的文章是泛泛而谈，而本来可以用诸如任天堂等资料的。

（注：这位同学反复发言，既是在解释自己的思路，也是在帮助其他同学理解。）

赵洋：7.630 的数据是来自于美国自己提交的意见。在下面的脚注①，说的是 United States' first written submission。我理解的是美国一开始提交的第一份书面意见是有这些证据的，但美国在进行这一步骤答辩的时候，反而没有引用这些数据。所以专家组就认为，先前美国已经提过这些数据，为什么在这里不再展示一下呢？

杨：所以 7.631 紧接着就说，美国没有提这些数据，但是专家组不能帮你提供这些数据。

赵洋：是的。7.631 也说道，美国不能光提供证据而不对它进行论证、提供论据。所以，美国相当于既没有把它以前提到的数据放到这儿，也没有进行论证。这就是美国问题的所在。

杨：这个问题看似非常简单，就是 7.630 的理解问题，到底说了什么。但大家的观点却有很多，角度都不一样。还有很多同学没有说 exhibits 是什么意思，有人说是"展览"。但 exhibits 好像不是这个意思。大家再看一下。这里又涉及到底是中国的证据，还是外国的证据。这里面很复杂，有好几步。我们先休息一下，下节课继续讨论。

课间休息

（注：讨论范围足够广泛，并且进入胶着状态时，适时休息，让同学们调整一下思路。）

杨：谁再来说说 7.630 说了什么？还有什么要补充一下？

郑至言：首先，exhibits 是证据的意思。"on this point"这个词组也很重要，这肯定与之前阐述的观点是有联系的。我同意赵洋的看法。专家组希望听到的是美国之前提交的关于中国的一些市场或价格方面更加具体化的信息，尤其是那些中国的电影院和家庭影院上面播放出的侵犯美国知识产权的信息。有些报道上面还提到了中国的司法裁判书，专家组希望美国不是仅仅提到媒体上说的内容，还要提出来具体的司法裁判书。专家组总体的意思是说，美国提供的证据是不够的，希望看到一些更官方的证据。但美国没有提出来，所以专家组要推翻这些证据。

侯日欣：7.629 段中专家组质疑说，美国所援引的文章到底有多大的可信度，即证据的分量如何？专家组认为是不够的。接下来，假设即使可信度没有问题，这些文章也不足以证明在中国侵权问题是常态。而在 7.630 段中，专家组说美国本来可以提供一些证据来补充，比如美国之前所示的证据等，但是美国并没有提出实质性的材料，而且美国也没有提供中国法院判决的英文翻译，尽管这点看起来有些吹毛求疵。

胡秀娟：我结合 7.628～7.631 的内容谈谈。在 7.630 里面，赵洋的观点是正确的，侧重点不在于是中国的报道还是外国的报道。7.628 分两点，第一点说它引用的传媒的证据过于概括，要么就是过于零散，证明力不是很好。第二点说资料来源于英美国家的渠道，而不是中国的权威媒体报道，所以证明力不太够。7.630 中讲到，其实美国已经在 written submission 中提出了一些关于中国价格的具体信息，但却没有在这里引用。在 7.631 中说，

---

① 廖老师批注：这位同学提到了 Panel Report 的脚注。AC WTO 同仁们应该都清楚，专家组和上诉机构报告中的脚注其实传达了很多信息，也是某种意义上的"上下文"。授课教师可以在此强调一下脚注对于我们理解报告的作用，进一步说明仔细阅读报告的重要性，以及这种仔细阅读需要达到什么样的程度。

且不论美国引用这些的证明力怎么样,美国并没有引用,所以专家组也不会主动去引用这些。因此,总的来说,美国的证明力是不够的。

(注:经过短暂的休息,大家的思路显然更加清晰了。)

杨: 这个问题我们先讨论到这儿。到底7.630讲的是什么意思,是我们今天讨论的一个很小的重点。我本以为很简单,但我们却讨论了这么多,把7.628~7.631都讨论进来了,其实我们就是想理解是mission impossible还是possible这个问题。但是,我想提醒大家注意,作为一个法官来说,他的思维方式是什么。7.628~7.631这四段就很典型地代表了法官应该怎么去思维,表现了法官严谨的思维。我总结一下同学们的观点。7.628说的是美国提供的证据太泛泛了。7.629说的是这些泛泛的证据的可信度和分量是有问题的。可谓环环相扣。接下来7.629则是说即使证据是可信的,专家组也认为这些证据是不够的,不足以来证明条约义务,不是很典型很常规的。这是第三环。从7.630开始,又进入另外一个逻辑,再往后推,专家组说其实并不是美国不能提供这样的证据。这很高明。其实法官说到7.628、7.629就可以结束了,但是法官的高明之处在于给大家指点迷津。

我觉得只有在WTO里面,法官才会这么做。任何国家的法官是不会管这个问题的。7.630段是最有代表性的WTO的裁决。WTO是解决争端的,专家组不是想裁决了这个案子就行了,而是想将来给大家提供一些指导。法官的智慧不仅仅在于解释法律和事实,把法律适用于事实,而在于指点迷津。更高明之处就在于这儿。其实美国是可以找到这些证据的,尤其是在它提供的证据目录里还提到了一些证据,但是美国没有用这些证据。另外,美国提到文章中提到了中国的司法判决,但美国没有提供中文本。这是两层意思:一是美国提供了一些东西;二是美国在证据里面提到了中国的判决,这可能很有用,但美国没有提供中文翻译。

7.631在我们中国人看起来非常巧妙,但我了解英美法系的法官里面,这(种做法)其实不稀奇。不稀奇的意思是什么呢?我们想想法官的职责是什么,是不是说你没有提供翻译,法官就帮你翻译,然后从中得出结论——证明了中国的刑事门槛和commercial scale是对应的,是达到了商业规模,应该受到处罚的,中国应该输。但法官是不能做出这一步的,法官的职责不是帮当事方搜集证据,没有提供的,法官就不能用。所以我们要反思,过去中国的法官判案,法官调查取证,法官自己取证然后作判决。这里法官发现美国的exhibits中是有大量数据是可以用的,但法官不能这么做。所以这几段典型地代表了法官的思维。我认为法官就应该这样思维。

WTO法官这里其实做了一件它本可以不做的事情,就在7.630段。大家去看霍尔姆斯、马歇尔等这些美国大法官,去看英国的大法官丹宁勋爵的书。他们很多都在讲法官的创造性。也许法官造法走得有些太远了,但这里面法官的智慧,还是可以有的。大家想想如果没有7.630段,到7.629段专家组的分析就结束了,这也是无可厚非的,但你不会觉得是回味久长。我希望大家将来做法官的时候,能够记得这四段。我们借题发挥,先说到这里。但是讨论的问题到底是什么,是mission possible还是impossible,刘豪总结一下。

(注:此处我借题发挥、大发感慨,完全是兴之所至、情不自禁。与同学们一起的思考和讨论,再次让我自己感受到了"WTO法的魅力"——那种严谨的法律思维。相信同学们也

受益匪浅①。)

刘豪：我觉得还是mission impossible。专家组在这里主要想强调，美国提出的证据不能证明论点。如果真的站在美国的立场上，美国仍然是无法完成这个证明任务的。首先，是不是只要举出一个反例——已经达到商业规模的侵权行为但是没有受到中国的刑事处罚，就可以证明中国没有达到TRIPS第61条的条约义务。我认为是不恰当的。因为如果只需要一个反例就可以证明的话，那美国也无法达到这个要求。其次，如果真的站在美国的立场来证明，我们看看专家组的报告，它用很大篇幅证明商业规模是一个相对的、非常具有弹性的、需要放在相关的环境中来考察的典型性和常规性的概念。在我看来，这需要出具一个全面、系统的报告书来考察什么是典型的和常规的，怎样才能算作达到了一定的比例，进而称得上是"商业规模"。这需要大量的研究论证，包括大量数据。我认为这无论是在理论上还是实践上，都是极其困难的。

杨：这个问题我们就不展开了，这是刘豪最初提出来的问题，他刚才也做了一个总结。另外，刘豪刚才的发言也给了我们两点启示：第一，美国为什么没有用这些事实材料？它傻吗？第二，也是更重要的，美国在本案中为什么没有上诉？这给我们提出来一个问号，是不是真的impossible？我想大家可以进一步去讨论这个问题。这个问题就讨论到这儿吧，也是一个没有解决的问题。

（注：我们讨论了很多问题，但是还有很多问题没有涉及。这种意犹未尽的感觉，应该给同学们制造了一种悬念。也许这样一种结局，才是真正回味久长的。）

下面开始第三个作业：侯日欣提出来的中国在本案中的一个抗辩，行政处罚能够达到惩治侵权行为的效果，在刑事门槛之下不存在"safe harbor"的问题。我们讨论一下这个问题。

侯日欣：在本案7.476～7.478段中讲到了中国的行政处罚。7.476段是说中国非常巧妙地将法官的注意力转移到了行政处罚上，并辩称在中国任何规模的知识产权侵权行为都会受到行政制裁。美国认为，只有刑事程序和处罚才能满足TRIPS的要求，行政手段是达不到条约要求的。专家组则认为，行政手段在刑事门槛之下，刑事门槛没有创造"安全港"。后面还没有细看。

杨：你先坐下再细看一下这三段，谁看了这三段？

（注：再次回到文本。对文本的仔细阅读，成为本节课的主要特色。在案例研讨中，第一次课的定位，可以是泛泛而谈、大体把握，因为学生们的阅读可能停留在表面上，而第二次课的重点，应该是字斟句酌、挖地三尺，因为同学们已经从课后作业中，明确了研读的重点，能够比较深入了。）

赵洋：这三段主要是讲中国让专家组关注刑法体系之外的行政执法。中国称在其国内，任何规模的侵权都要受到行政处罚的制约，公共安全机构可能更关注刑事门槛之上的侵权，而著作权和商业性质的行政机构则更关注小规模的侵权。而美国认为只有刑事程序和处罚才能够满足TRIPS第61条所规定的义务，行政执法不能代替刑事执法。专家组认为，行政执法对刑事门槛之下的侵权行为的规制是有效的，并没有在刑事门槛之下为侵权行为建立

---

① 廖老师批注：我的判断是，学生的受益应该还是在感性层面。如果要加深这种认识，恐怕还要通过对其他案例进行讨论来进行。

避风港,且恰恰是行政执法解决了刑事门槛之下的小规模侵权问题。这是我的理解。

杨:还没有说完,"however"后面的?

赵洋:争端任何一方都没有对行政执法符合 TRIPS 第 61 条刑事程序和处罚的义务提出争论,所以专家组认为都没有提出异议,就不考虑这一问题了。

杨:我问你一个问题,7.477 段说"只有刑事程序和处罚才能够满足 TRIPS 第 61 条所规定的义务",美国为什么这么说呢,它的理由是什么?

(注:直接引导学生思考文字背后的含义。)

赵洋:它的理由可能是认为行政处罚的力度比较小,没有达到刑事程序和处罚的严重程度。但在刑法里有一个原则"罪责刑相适应",既然是很小的一个侵权,也没有必要用刑事手段去解决,行政程序规制的是一些小规模的侵权行为,这和侵权的规模以及严重程度是相符合的。

涂燕辉:美国这样说是因为 TRIPS 第 61 条规定的是各成员应规定"刑事诉讼程序"和"刑事处罚",至少要对以商业规模蓄意地假冒商标或剽窃著作权的案件适用。所以只有刑事程序和处罚才能满足这一义务的要求。行政处罚不是刑事处罚,无论怎样都不符合条约的规定。

杨:大家不要忘了 TRIPS 第 61 条的法条,我们讨论半天就是在讨论这个条文啊。赵洋,你给大家念一下第 61 条是怎么规定的。

(注:提醒学生回到文本①。)

赵洋:Members shall provide for criminal procedures and penalties to be applied at least in case of wilful trademark counterfeiting or copyright piracy on a commercial scale.

杨:这个条文时刻不能忘啊。赵洋你要不要重新说一遍我刚才问你的问题?

赵洋:第 61 条后面规定的是:适用的法律补救措施应包括足以起到威慑作用的监禁或罚款,其处罚程度应与对具有相应严重性的罪行实施法律补救措施的处罚程度相一致。美国可能就是基于条文的规定,认为只有刑事程序才能满足条约义务。但从条文也应看到"具有相应严重性"这一规定,这说明处罚还是有一个程度性的问题,中国的抗辩点就认为,它用行政手段规制的侵权行为所达到的严重程度,还不需要用刑事手段来制裁。

杨:我还是回到我的问题上,我的问题是非常小的一个点:7.477 段中美国说 only criminal procedures and penalties can fulfill the obligations in Article 61 of the TRIPS Agreement. Administrative enforcement is not a substitute for criminal enforcement. 这两句话,美国为什么这么说?大家注意,美国没有论证它的这一观点,好像这就是一个很明确很明显的结论。

(注:此处的强调,仍然是想暗示学生们准确理解第 61 条中的"criminal"一词,因为此处的讨论,仅仅是关于刑事处罚的,但是学生们的讨论似乎有些摇摆。)

---

① 廖老师批注:主讲教师多次提醒学生注意文本的规定,这是十分重要的。但是,光看文本本身,学生能主动发掘出来多少问题?文本的具体措辞应该怎么解释?已经有了那些解释?恐怕这些问题很难通过看文本来解决。建议主讲教师在今后授课的过程中,可以结合讲授的内容,介绍一些辅助性的资料。如,可以适当演示和介绍一下 analytical index 的查找方法和作用。

刘豪：我觉得它们讨论的焦点在于，那些在刑事门槛以下的侵权行为应该怎么处理。中国对这一问题的回应是有行政处罚来规制，美国认为行政处罚不是第61条的要求，专家组认为无论是中国还是美国，都没有证明中国的刑事门槛没有达到第61条的要求。

杨：你这个说的是7.478段的最后一句话吧？

涂燕辉：中国认为其并不是对非商业规模侵权行为就不管了，刑事门槛之上的侵权行为由刑事手段规制，刑事门槛之下的侵权行为由行政手段来规制。而美国则认为刑事门槛之下的，由行政处罚的一部分侵权行为其实已经达到了商业规模，必须用刑事手段才能解决，而中国却用了行政手段，这是不能替代的。专家组认为中国对刑事门槛之下的侵权行为没有建造避风港，但是两方都没有证明行政处罚是否满足了第61条规定的刑事要求，所以对这一问题不予考虑。

杨：这好像和刘豪讲的不太一样，"不考虑了"而不是说"没有证明"。

（注：抓住两个同学表达之间的差异，有利于他们澄清观点。）

刘豪：其实就是因为双方都没有证明中国的行政处罚是不是满足了第61条的要求，所以专家组就不考虑了。

杨：是没有证明吗？用的是哪一个词？

刘豪：argue。

杨：argue 是证明吗？

（注：咬文嚼字。）

刘豪：哦，不是证明，而是没有继续往下争论。

杨：不是没有证明，而是没有 argue。那没有 argue 什么呢？中方 argue 了呀，7.476 不是都在 argue 吗？

刘豪：argue 的不是行政措施能够达到第61条的要求。

杨：那 argue 的是什么呢？

刘豪：可能是这个问题之前的一个问题，中国和美国都可以再进一步论证，但双方都没有继续，专家组就不考虑了。

杨：这是 impossible mission 吗？

刘豪：这个我估计也是 impossible mission。

杨：为什么呢？你再想一下吧。

（注：与前面"美国没有证明"问题的呼应，也许都是 mission impossible.）

侯日欣：我觉得第61条和中美双方的抗辩完全是风马牛不相及的。第61条表达了这样一个意思：对于故意的以及具有商业规模的侵权行为必须匹配刑事程序和处罚。美国所说的是第61条要求的是刑事处罚的义务，这没有问题。中国所说的是对没有达到商业规模的行为，我们匹配的是行政处罚。这三方的观点其实不矛盾。

（注：刑事是刑事，行政是行政。这位同学已经把握问题的关键了①。）

---

① 廖老师批注：其实到目前为止，我还是没有理解，为什么学生会在这个问题的讨论上出现摇摆或者偏差？是授课教师引导不明确，还是学生没有仔细看材料？好像都不是。姑且把这里的问题作为流水生产线所生产的产品中的随机"残次品"来对待吧。

杨：那最后专家组是怎么说的？侯日欣你坐下再想一下这个问题吧。

（注：提醒回到文本。这位同学开始低头看这个段落，所以给他一点时间。）

柳驰：第61条前两句话，第一句是说对于知识产权的侵权行为，必须上刑。第二句话是说必须有坐牢或罚款等配套的处罚措施。这是两个部分，第一部分要求成员必须将侵权行为入刑，第二部分是说要对侵权有补救措施。美国是在说中国的刑事门槛太高了，所以没有达到"commercial scale"的要求。中国抗辩称我们有行政处罚。然后美国突然冒出一句行政处罚不能代替刑事处罚，很没头没脑的一句话。

杨：那专家组怎么说？

柳驰：专家组说双方都没有提到不是刑事处罚的那一部分是不是满足第61条的规定。

杨：最后一句话："however, neither party to the dispute argue that administrative enforcement may fulfil the obligations on criminal procedures and remedies set out in Article 61 of the TRIPS Agreement. Therefore, the Panel does not consider this issue further."专家组这句话说的是什么？

（注：我主动朗读文本，仍然是提醒回到文本。）

柳驰：就是美国说我们刑事门槛太高，满足不了条约要求，中国说我们有行政手段，美国说行政手段不能代替刑事处罚，但美国没说为什么，中国也没说为什么，专家组就说如果你想论证中国的刑事门槛太高，你得论证两件事：第一，刑事入刑门槛确实高，没达到条约要求；第二，补偿的机制不够。假设把中国的刑事门槛比作一条线，美国说你这个线不能太低，但没有说为什么低，中国也说我们这个线够高，但也没说为什么够高，专家组就认为双方都没有针对这个线段进行讨论，那就不考虑这个问题了。

涂燕辉：第61条规定的是各成员应该对侵权行为规定刑事程序和处罚，中国现在提出了行政处罚。那么中国就应证明行政处罚"实质上"已经满足了条约规定的刑事处罚要求，而美国则是按条约的文义要求，认为必须是刑法里面规定的刑事处罚才能符合条约要求，行政处罚不管多么严格都不符合条约的要求。

罗曦：正如我上节课说的那样，我认为中方和美方最根本的分歧点还是在"commercial scale"的解释上。美方认为中方的刑事门槛高于条约要求的"commercial scale"，但中方认为自己定的标准是适合的。这是中方和美方之间认知的差距，美国认为中国将其纳入了行政处罚。所以我认为这是基础问题，如果没有把"commercial scale"解释清楚，也就没有办法继续讨论这个问题。

刘豪：我注意到报告7.478段倒数第二句，可以重点关注一下这几个词"may fufil the obligations on criminal procedures and remedies"。可以看出专家组更关注的是刑事程序和救济，无论是专家组还是TRIPS第61条，都不关心你的行政法是怎么规定的，只关心你的刑事程序和救济达到了什么要求，所以双方对行政程序再怎么辩论，都不是专家组关心的事项。

杨：因为第61条是刑事程序的要求，所以行政程序是不相关的？

（注：点题。）

刘豪：恩，对。

赵洋：因为美国本身没有行政处罚，所以它就很奇怪中国在刑事处罚之外还有这么一套行政处罚的体系,这也是它为什么在 7.477 段会这么说。

杨:你怎么猜出来美国是因为没有行政程序才这么说的?

(注:提醒回到文本,区分文本中的内容和其他内容。)

赵洋:在以前的学习中,就知道美国的违法行为都是由法院审理处罚的,而不能由行政机关政府进行处罚,这是美国司法体系的特点。

杨:这是你的推论?报告中似乎没有这么说。

赵洋:恩,是。

侯日欣:这个问题有四方面的观点,第一个是条约怎么说,第二是中方怎么说,第三是美方怎么说,第四是专家组怎么说。首先来看条约怎么说,第 61 条在什么情况下才得以适用,两个条件:第一,故意的侵权;第二,达到商业规模的侵权,这两个条件只要同时满足,就必须匹配刑事程序,行政的和民事的制裁程序通通不行。中方提出,我们认为达到商业规模的侵权行为,都对其进行了刑事处罚,没有达到商业规模的,进行了行政处罚。美方提出的是,没有达到商业规模的,可能在美国不进行处罚,但达到商业规模的,一定要进行刑事处罚。问题就在于两方对于商业规模的理解不一样,这也是后面专家组重点论证的一个问题。专家组最后得出的结论是,行政处罚有没有符合第 61 条的规定,不在考虑范围内。

(注:这位同学在仔细阅读文本后,有了更为全面的认识。)

韩婷:我认为中方的辩论点在于 TRIPS 第 41.1 条的规定:"各成员应保证其国内法律能够提供如本部分所规定的施行程序,以便对侵犯本协议所述知识产权的任何行为采取有效的制止措施,包括制止侵权的及时法律救济和防止进一步侵权的法律救济。这些程序的应用方式应不至于构成对合法贸易的障碍,并且能为防止滥用提供保障。"TRIPS 协定的宗旨是希望成员方能保护知识产权,不管侵权程度达到多少,都要有一个有效的措施制止。为什么我们会讨论刑事门槛,是因为我们担心如果把这个门槛定得太高,很多轻微的侵权行为都会得到一个避风港,那中方的辩论点就在于我即使将刑事门槛定得很高,也不会产生避风港,并且我的行政处罚符合整个治理的目的和宗旨。中方事实上避开刑事门槛的问题,换了一个角度来讨论这个问题。

杨:我们的裁决也谈到了第 41 条,但第 41 条的第 1 款没有专门说刑事的问题,没有提到 criminal。我觉得韩婷的提法其实在讨论一个更深刻的问题,就是中国为什么会提出行政执法的抗辩,在试图理解中方的答辩思路。因为刑事门槛这个问题在中国已经是很清楚的,所以在抗辩策略上引向了 "administrative enforcement",这个依据就在第 41 条。但是本案争论的焦点是第 61 条,你怎么用第 41 条抗辩?当然,这能帮助大家理解这三段的讨论背景。现在还是要讨论一下 7.478 段专家组是怎么说的?

(注:有放有收,集中讨论重点。)

柳驰:7.477 段中提到 only criminal procedures and penalties can fulfil the obligations in Article 61 of the TRIPS Agreement. 7.478 段提到 neither party to the dispute argue that administrative enforcement may fulfil the obligations on criminal procedures and remedies set out in Article 61 of the TRIPS Agreement. 美国说的是种类和 TRIPS 协议相匹配的,专家组是讲你们谁也没说另一个种类是否和这个 obligation 相匹配。

(注:同学们已经习惯大段引用英文原文。)

杨:你的意思是反正你们都没说,那我就不管了,是吧?那我们刚才说了半天,中国说的是什么呢?中国也没有说,对于行政处罚,中国其实也没有说这就是刑事处罚,是第61条的criminal procedures。中国说的是我有行政处罚。

我总结一下,看起来非常简单的一个讨论,我上节课已经说过了,这是中方非常重大的一个抗辩点,但是没有成功。我理解的7.478段是这个意思:你们双方都没有说行政处罚就是刑事处罚,但第61条规定的是刑事处罚,大家注意,专家组在这里其实很巧妙的,它在这里没有像7.630段那样论证是或不是。

有两点要提醒大家注意,第一,7.438段中的脚注453"contrast Brazil's third party written submission",巴西是第三方,它支持哪一方,它在argue什么?这也是我刚注意到的,回去还需要查一下。第二,"neither party to the dispute argue that administrative enforcement may fulfil the obligations on criminal procedures and remedies set out in Article 61 of the TRIPS Agreement",大家注意这儿是neither party,细想一下,中方是愿意argue的,但美方会吗,美方不会吧,这句话是怎么理解的,课后大家可以讨论一下。

(注:再次提及"WTO法的魅力"。另外,坦白地承认自己刚刚注意到脚注中巴西的观点。这是第一次提及脚注①,希望提醒同学们全面阅读专家组报告,不要有所遗漏。)

刘豪:我猜测巴西在提交第三方意见的时候,可能想帮助中国,可能在试图证明行政处罚在某种意义上达到了第61条的要求,但巴西这个观点被专家组否定了,所以"neither party"可能指的是中国和巴西双方,这是我猜测的。

杨:不知道大家同意他的观点吗?我会找到这个巴西的written submission发给大家,看看巴西怎么论证的,这个我也没有看,也是刚刚才注意到的。

(注:说party指巴西,估计很多同学不会同意,但是时间有限,就不展开讨论了。另外,课后我找出巴西的材料发给大家,并且建议大家自己讨论一下。)

现在我们讨论第三个作业,就是上节课遗留的一个问题:假设专家组对中国刑法体系的理解和中国自己的理解不一致,那中国的法院在碰到类似案件时需要遵循专家组的理解吗?我觉得这是一个非常深的理论问题。

柳驰:我还是用那个函数来说明这个问题,WTO有权力让各成员国修改自己的法律,问题是如果专家组和中国解释不一样,中国要不要修改自己的法律,因为中国法院要适用什么法律,是根据中国的法律和司法解释来决定的。如果专家组的解释和中国的解释不一致,如果不想接受处罚的话,理论上中国必须要修改自己的法律。

付凉洁:我想说两点②,第一,在我国,还没有法院遵循WTO规则或裁决审理案件的法律依据,刑事方面,我国法院审理案件的法律依据是我们的国内法,也就是说,除非我国已将专家组的理解转化为国内法,否则我国法院是不会依据它的理解审理案件的;第二,对争端

---

① 廖老师批注:参见本书第46页批注的内容。批注者在做批注的时候显然没有参照"上下文"啊。也许至少这种疏漏能够表明,诸如强调脚注这类问题,属于授课中的枝节问题,属于"种类物",就算在此处没有提到,在其他地方还是很有机会提到的。

② 廖老师批注:其实这位同学关于这个问题的知识储备是比较丰富的,只是可惜没有用准确的语言完全表达出来。对于这类情况,授课教师可以在让其他同学进行若干发言之后,再让这类知识储备相对比较丰富,但是一开始却没有准确表达自己意思的同学重新做一遍阐述。

方产生法律约束力的是专家组或上诉机构的裁决,而专家组在本案中对于我国刑法体系的理解只是法律推断,是 legal reasoning 的部分,不是裁决,所以对我国应该不产生法律约束力。

杨:(在黑板上演示)我们假想一下,假如对于"情节严重"这个术语,我国国内法律的解释为 A,专家组的解释为 B,现在的问题是国内法院可不可以用 B,怎么用?

(注:适当板书,明确讨论焦点。)

涂燕辉:这个问题是我上节课提出来的,所以我下去查了一些资料。我当时的问题是专家组对国内法律解释的效力问题,它是有权解释还是无权解释?解释不一致之后中国怎么办?这个解释不仅限于"情节严重"等词语的解释,也包括其他的文义或体系上的解释。我认为首先需要看的是专家组有没有进行过这样的解释,我查了一下专家组以前审理的案件,发现专家组对待国内法律都是很谨慎的,一般是将国内法律视为事实问题,不会进行法律分析。但是,在欧共体荷尔蒙案中,专家组裁决中有这样一句话:"专家组对事实的裁定不属于法律解释和法律结论,原则上不属于上诉机构的审查范围,但一个事实是否符合条约的要求是一个法律问题。"也就是说"将国内法作为一个事实问题或证据审查"与"国内法是否符合条约的要求"这两个问题是不一样的。而后一个问题作为法律问题可以进行审查,换言之,国内法在某些时候是可能受到专家组的解释的。后来在印度专利案中,印度就曾抗辩专家组没有将印度法律作为一项事实问题,而是作为一个法律解释问题,印度认为专家组这种积极主动的态度和之前其对待国内法谨小慎微的态度构成鲜明对比。而专家组认为在国际法庭上,有很多种方式对待国内法,包括作为事实证据或作为国家实践的证据,也包括作为符合国内法义务的证据。也就是说专家组可以对国内法进行审查。但是在这个案件中,专家组只提到它可以对国内法进行审查,但审查的范围和界限是什么没有说明。而在美国 301 条款案件中,专家组引用了印度专利案的裁决:"印度专利案中,在审查印度法律是否和 WTO 法律一致的时候,有必要对印度的国内法进行审查。"所以在该案中,专家组也可以将美国法 301 条款作为一个事实问题进行审查。但是专家组此时并没有主动去解释,而是说争端各方都可以提出对 301 条款的理解,然后专家组作为客观中立一方基于各方提出的证据作出裁决。也就是说,专家组仍没有主动地解释国内法,而只是由各方提供解释,自己居中裁决。而在本案中,专家组对我国国内法的解释,包括我国刑法什么时候颁布的,总则是什么,分则是什么,总则能不能适用到分则等问题,没有听取各方的意见,而是自己直接审查,然后作出一个解释。所以我认为专家组其实通过一系列案例发展在逐步的扩权,对国内法的干涉、解释越来越多,虽然没有明说,但实质上就是在对国内法进行解释。在厘清了专家组确实可能对国内法进行相关的解释后,下一个问题便是专家组这种解释的效力是什么?对国内法进行解释是一国主权范围内的事,专家组其实是没有权力对国内法律进行解释的。至少在我国,有权解释的只有司法解释和立法解释。那么专家组的解释是什么?如果不是有权解释而是作为学理解释的话,是不是意味着中国对于其中认为其解释不对的地方的裁决就可以不予履行?综上,我认为专家组在面对国内法的解释时,自己不应主动解释,因为其解释对国内法本身的影响并不清楚,甚至可能侵犯一国的国家主权。而正确的做法是,由该国提供其本国的解释,专家组只需基于这个解释去审查其是否符不符合条约的义务即可。如果审查的结果是符合条约义务,那么由另一方提供相应的反面证据。如果不符合,该国也可以根据条约的要求修改自己的法律,而不存在对裁决不服的情形。

杨: 涂燕辉的发言提出了很多问题,我的理解至少有三个方面:第一,WTO的若干案例是怎么裁决的?第二,她认为专家组不应该去解释国内法;第三,即使解释了,该怎么办?我们现在要讨论的是第三点,就是如果它做了,该怎么办的问题。假设专家组对"情节严重"作出一个解释和中方的解释不一致,该怎么办?

(注:这位同学显然在课后进行了专题研究,有了广泛而深入的理解。)

涂燕辉: 我觉得就目前来讲,不可能出现这样一个问题。因为这样明显就是对国内法作出解释,而专家组对国内法的态度是谨小慎微的,所以目前不会出现这样的情况。

杨: 但你在美国301条款案中也提到了过去就曾有过这样的讨论。国内法律的问题是事实问题,那专家组就需要对这一事实问题进行解释,它该不该这么做,这个我们姑且先同意你的观点,不该这么做。我们现在要讨论的是如果它真的这么做了,该怎么办?

柳驰: 法官能不能直接用专家组作出的解释取决于各国法律体系制度。假设一个国家的法官可以用他认为的任何可以说得通的道理去判案子的话,那他就可以用专家组作出的解释。但中国的情况是,法官只能依据本国的法律和司法解释去判案。

杨: 如果我是律师,我就主张"情节严重"应该按专家组作出的解释来理解,但是你作为法官,认为不能引用这一解释。你的理由是什么?

(注:涉及法律渊源问题。)

柳驰: 要想引用这一解释,那也要等它被中国的立法机关认可为国内法,或国内法律允许能直接引用这一解释来判案,否则引用都是无效的。

涂燕辉: 专家组的裁决本身不具有判例效力,只能说具有准司法效力,它在国际层面都不具有判例效力,更不用说其在国内的法律效力了。

杨: 这个问题我们上节课在说它是一个假想问题的时候,就说这问题可能真是一个理论问题,最起码要考虑国际法和国内法的适用,WTO的裁决是不是判例,在国内的效力如何?我们每个人的讨论也都会或多或少涉及这几个问题,涂燕辉更是从WTO案例,引出了更多问题进行讨论。刚才柳驰的观点是认为我就听我爹妈的,你们谁我都不听,这可能是大多数人的观点,但事实是不是就是这样的?还需要进行论证。

我再说一个题外话,如果你是律师,我是法官,你发现"情节严重"如果按B来解释,对你的当事人有好处,你想用它,但你知道法官是不会用它的,你怎么能让法官最后用它?

(注:这是一个随意的问题,是为了使学生得到"解脱",即想用又不能用的问题。)

侯日欣: 中国法律规定有些情况下可以直接援引国际条约或惯例,或者有些贸易纠纷可以直接援引WTO规则,如果没有这个前提,我认为只能保障当事人合法程序了。

杨: 我们国内法有规定一些情况,国际条约、惯例优先,当然,这还涉及一个问题,专家组这个解释是不是属于国际条约,我们这又好像回到了第一个问题啊。

我要是律师,我特别想用这个B的解释,那我在辩论的时候就只字不提WTO的事,我直接将专家组的解释变为我的解释,答辩的时候就直接说"对于这个条款,我是这样理解的……"。我认为这样可能胜算会大一些,这样法官也不用考虑国际法、国内法、先例、条约优先等问题,可能还会认为我的想法比起A会更全面一些。这只是我的一个小心机啊。

(注:雕虫小技,是为了调节气氛。)

侯日欣：我觉得这个问题抽象出来是这样的——在中国的司法体系中,法官能够适用的法律渊源都有哪些?宪法能否直接应用于司法尚有争议,法律、行政法规、地方性法规、立法解释和司法解释以及国际条约应该是没有争议吧,《民法通则》里有规定,签订国际条约的,国际条约优先。但是这里面并没有说明依据国际条约对国内法作的解释能不能作为法源。

杨：但你刚刚说国际条约优先是吧?

侯日欣：是国际条约优先,不是依据国际条约对国内法作的解释优先。没有这样的规定,一般来说是不能用的。我认为没有任何一个法官敢担此风险作这样一个裁决。我还想说一个问题,就是我们在加入WTO的时候,对主权做出了多少让渡,又做出了哪些保留?我记得是对行政法、刑法之类的公法都提出了保留。

韩婷：我想对最开始的那个问题谈一些看法,就是WTO解释的效力如何?WTO的解释其实只对争端当事国具有约束力,那我们作为律师的话,肯定不能将它作为一种有效力的解释来使用,如果想要援引的话,使用老师刚才提到的那种方法,作为自己的观点来使用,可能会更有效一些。我想说的第二点是,我们在入世时,就承诺过我们的法规不能和WTO的条款有冲突,法官没有义务用WTO给出的法律解释去裁案,但是我觉得他作为一个法律实践者,应该会考虑这个问题,会考虑他的解释和国际条约的解释有没有冲突,会考虑到B的解释,但不是将B作为一个有效的解释去适用。

付凉洁：我主要想对涂燕辉刚才提出的第二个问题进行回应,她刚才说的第二个问题是:专家组无权对一国国内法进行解释。她也列举了几个WTO的案例,印度专利案、美国301案等都是为了说明专家组和上诉机构是将国内法作为事实问题进行审理的。既然是作为事实问题审查,那就存在一个审查的标准,这在DSU第11条①已有规定:专家组应对审议的事项作出客观评估。这说明专家组对国内法审查的标准是客观评估,既然是客观评估,就不会只听取任何一方的观点,而是会听取各方观点后,作出一个客观的裁定,这就很可能出现专家组对国内法的解释和该国国内的解释不一致的结果。

涂燕辉：可是为什么要让它来做这个评估呢?我自己的法律只有我自己才能解释。

付凉洁：专家组的这个权力来源于我们在加入WTO时的授权,这在《建立WTO协定》第16.4条②中已有规定:每一成员应保证其法律、法规和行政程序与所附各协定对其规定的义务相一致。这说明我们在加入WTO的时候,已经做出了一些主权上的让渡,专家组和上诉机构能够审理国内法的依据正是来源于此。

涂燕辉：所以它作出的解释就是有效的解释?那国内的解释就必须按照它的解释来进行是吗?

付凉洁：不是说国内必须遵循它的解释,只是它有权进行这个解释。国内不一定就必须遵循呀,对WTO作出的裁决,国家还有选择不执行的余地呢。

杨：这个问题你们俩课下可以接着辩论啊,付凉洁引用了《建立WTO协定》第16.4条,这就是我为什么要求大家都要准备条约文本,第16.4条是专家组可以来解释国内法的一个法源,她刚才还引用了DSU中专家组的 objective assessment,这又是另外一个法源。

---

① 廖老师批注:上下文!
② 廖老师批注:上下文!又见上下文!

(注：适时谈及其他条款，扩大学生们的视野，并且让同学们开始习惯 WTO 各项协定之间的关系。)

涂燕辉：我想讨论一下老师你刚才提到的那个问题，就是律师如果想用专家组的解释，把它变为自己的理解去阐释，我觉得这个方法挺好的。但是这样进行的前提是我们国内还不存在一个权威的解释，只有在这个问题还含糊不清时候，法官才可能去听取各方的理解。

杨：涂燕辉又进一步发现了问题，专家组作出 B 的解释，国内的解释我们刚才把它具体化为 A，其实国内还有很多种解释，法院面临的解释可以有很多种，有原告的、被告的、司法解释的，可能法官也看过专家组这个解释，而且倾向于这个解释。这个问题我们就先讨论到这，这是一个非常有意思的问题。专家组有一个解释，法院要不要用这个解释，这似乎是一个可以写论文的题目，当然，写论文的前提是要把各个概念都弄清楚。我觉得这个讨论非常好。

(注：在第一次课初步讨论的基础上，进行了深入、广泛、精彩的讨论。)

这节课我们是先请柳驰给我们讲了一下法律解释的问题，我希望柳驰能把这个问题写成一篇文章发表，我觉得非常有价值。第二个我们讨论 mission impossible 的问题，7.630 段提到的问题，我觉得这个讨论也是非常好的，非常深入，以至于现在还没有结论。第三个讨论的问题是中国关于 administrative enforcement 的抗辩，很有意思。第四个就是刚刚讨论的问题，这个问题里面交织了很多理论问题，大家回忆一下涂燕辉刚才讲的很多案例，非常有意义的一个探讨。

我们还有两个大的题目，一个就是 commercial scale 是怎么论证出来的，第二个是美国为什么没有证明？这两个问题是本案最关键的两个问题，我们虽没有正面讨论，但大家回想一下，从第一节课的讨论到现在，还有没有人对这两个问题不知道的？我不相信。我们无时无刻不在讨论这两个问题，在讨论刑事门槛的时候，在讨论 mission impossible 的时候，可以说我们采取的是"农村包围城市"的战略，我想大家对这个问题都已经比较清楚了。我认为我们这个讨论还是很成功的，大家对这 50 页裁决的认识不仅全面，而且深入。而且我们讨论的问题都是真问题。

(注：经过两次课的讨论，通过"纠偏"和"农村包围城市"等方法，本案的主要问题，学生们应该已经十分清楚了。不仅如此，讨论的范围之广泛，内容之深入，理论之高深，方式之变幻，是我始料未及的。这两次课，充分体现了讨论式教学法的优点：知识掌握牢固，能力提高显著；课堂生动活泼，课后研讨热烈。师生互动，教学相长，真正实现了"师生学习共同体"。就我个人而言，主持这样的讨论，是一种极大的精神享受。)

第一节课后的时候，廖老师和我说我们在课上讨论的一个问题，他和韩立余老师讨论近一年了。现在请廖老师说一下他们讨论的问题吧。

(注：此处，我请廖老师发言，是"借力发力"，而廖老师的介绍，则是给讨论课锦上添花。主管老师也认可这些讨论的价值，一定会让同学们大受鼓舞。)

廖：简单讲一下吧。我记得之前的课堂上，曾薪燊假想出来一个问题，认为专家组根据 VCLT 解释了中国的刑法，但他提出的这个问题所蕴含的理论问题我认为是非常重要的，那就是，一个国际性的机构能否用国际性的规则来解释国内法？我把它分解为 5 个层面的问题：第一，在本案，专家组有没有用《维也纳条约法公约》来解释中国刑法的规定？第二，专

家组有没有用除《维也纳条约法公约》之外其他的一些国际法规则作为解释中国的刑法工具？第三，如果以上两个问题的答案为否，专家组只是阐释或者分析了中国的国内法，这种所谓的分析是不是事实上解释了中国的国内法？专家组是否可能并不认同中国自己所提出的对国内法的理解（因为当事方可能做一些对自己有利的解释）？第四，这个国际性的机构，无论是准司法还是司法性质，有没有权力去进行这样的解释？第五，在所有的国际司法机构里，不管是 WTO 还是其他的，法院在作裁决的时候，是不是真的像它在上诉机构所说的那样，它是将国内法作为一个事实问题在看待？是不是像它说得这么公正、超然？当然，我们不妨再从另一个维度思考一下国际法和国内法在法律解释问题上的关系——国内法院可不可以在审判中用国际法规则作为自己解释国内法规则的 arguments？或者说可不可以用国际性的裁决（裁决结论或推理过程）来作为解释国内法的 arguments？按照这个思路思考下去，刚才柳驰提的那个问题就非常重要，把国际法的东西拿到国内用，那国内法体系就必须要认可它，它到底是作为什么样的法源在发挥作用？除此之外，DSB 的裁决到底能不能在国内适用，如果能够适用，那应该采取什么样的方式适用？直接适用似乎看起来是不行的，但是欧盟法院有案子就是讲这个问题，它讲到 DSB 的 recommendation 可以直接适用，注意是 recommendation，只是最后的结论，不是案件的 legal reasoning。

对 DS362 的讨论，我还不能发表结论说是成功还是不成功，因为有很多地方我下去还要思考。但是我非常赞同这个课以 DS362 来开始，是因为这个案件向我们完整地揭示了一套国际性的规则，原来可以和我们的国内法规则，而且是一套大家基本都听说过的国内法规则有如此紧密的联系①。即使没有上过法律课的同学，也知道中国有一部法律叫《刑法》，也会听说过知识产权犯罪，从这个意义上讲，WTO 和我们的日常生活，和我们的国内法息息相关，这也是我觉得相较于其他的国际法规则，WTO 的强大生命力所在。

（付凉洁、赵洋根据课堂录音整理）

廖诗评： DS362 的讨论算是告一段落了。正如我在课后所说的，我对于课堂讨论是否充分、成功，其实并没有明确的判断。也许如杨司所说，我自己的内心对学生的门槛和要求有些偏高。是的，我老是想着，为什么在这里主讲教师没有借题发挥，讲讲 VCLT 的解释方法？没有讲讲分析索引的作用？现在想想，之所以有这些想法，还是传统的讲授式习惯使然，总觉得要把很多知识、背景一股脑地告诉学生（当然我能做到成体系地告诉学生）。而讨论式的教学，是让学生尽量成为主动的学习主体，对于以上这些问题或者知识点，应该由学生在纠偏、澄清、反思和交锋中自己慢慢体会或者提出。也许有些问题，在 DS362 中没有提到，但在 DS363 或者其他案件的讨论中也许就会（或者是一定就会？）提到；也许有些问题在 DS362 中的某个地方不会提到，却在该案中其他部分的讨论中就会提到。该来的总会来嘛。暂时只能想到这些，继续关注中……

---

① 廖老师批注：除了 WTO 法，我还教授传统的国际公法。我可以把国际公法的规则讲的天花乱坠，甚至栩栩如生，但是学生只要提一个问题，我就会觉得很难回答——这些规则和我们日常生活有什么关系？这也是我发表这些言论的部分背景。

值得一提的是，我的同事张桂红老师也全程旁听了本次讨论课。作为一位有二十多年授课经验和经历的教师，她在课后主张，年青老师都应该来旁听几次这样的讨论课。这至少说明了，即使在年青老师中，采取讨论式授课方式的实践可能也并不多见。不过我倒是希望，能有多几位像张桂红老师这样拥有丰富授课经验的教师，能够旁听这样的讨论课，尤其是就主讲教师的授课方法、模式提出批评性意见，甚至是进行公开辩论。

取向电工钢案(一)

时间:2013 年 3 月 30 日　08:55—11:40

杨:大家收到巴西的第三方书面陈述了么,我给大家找到后由廖老师给大家转发的,大家看了之后是不是觉得还挺有趣的,它的角度跟我们上节课讨论的角度还是有点区别的。仅供参考,大家要是觉得巴西的这个观点中有什么值得借鉴的,可以自己去讨论一下,这节课不能再讨论了。我们上节课提到的,中美双方都没有 argue 这个点,但是巴西 argue 了这个点,它的角度到底是什么样一个角度,它到底说了什么,大家自己看一下。

(注:意犹未尽、言犹未尽,应该成为讨论课的特色;同学们经过讨论,发现了更多的问题和更多的思路,从而对这个案例充满了探索的兴趣;这样的效果,比形成一致的结论更为重要。)

这节课我们来讨论第二个案例,不知道大家看了这个案例之后感觉跟第一个案例有什么区别。谁愿意来先说说这个案例的情况,这只有二十页,比较短,而上次的有五十页。谁来说一下,我知道大家都看了。李之峣先来给大家讲一讲,李之峣是北外四年级的英语系的学生,他之前来过一次,大家听听他讲。

(注:第一个发言者,往往需要点名。虽然很多同学都课前阅读了,但是大家都谦虚地不愿首先"冒泡"。随着讨论的进行,主动发言的同学会越来越多,因为听了其他同学的发言,自己也一定"有话要说"。此外,点名的技巧,在于观察同学们的眼神。当我问"谁发言"的时候,敢于正视我的同学,一定是愿意发言的,点名不过是给他/她一个首先发言的借口而已。)

李之峣:我觉得这个案子大致说的是,中方对美国的一个产品采取了反倾销的措施,美方随后向 WTO 进行了起诉,中方最后对 WTO 的这个结论又进行了上诉。中方意见是,专家组对《反倾销协议》第 3 条第 2 款规定的理解,以及《补贴与反补贴措施协议》(《SCM 协议》)第 15 条第 2 款内容的理解有误。中方认为这两条中没有规定调查机构有义务对这个产品和其对相关市场的损害之间的关系进行证明,上诉机构通过对整个第 3 条和第 15 条的架构和在具体内容中对"consider"一词的解读,对 consider 这个影响的解读,以及对 context 和条约目标的解读,论证了调查机构有义务对产品和它对相关市场的损害间的关系进行证明。所以最后的结论是中方的观点不成立。

(注:简明扼要的介绍。应当鼓励同学们用简单的语言讲述复杂的事情,因为这是一种提纲挈领的能力。我在以下的点评中,就公开肯定了这种方法。)

杨:李之峣给大家做了一个非常简单的介绍,我建议大家课间休息的时候找李之峣聊一聊,不仅聊这个案子,而且聊一聊他是怎么样考取美国顶尖的法学院,他没有学过法律,他是英语专业的,大家抓紧机会跟他聊一聊。

(注:这是调节气氛,也是借力发力——借外校学生的力量激励本班学生。)

但是大家现在先别想这个问题,先想一想这个案子的事,刚刚李之峣讲了一下这个案子的基本情况,我是比较主张一开始介绍的时候要非常简洁,给出大概的一个思路,但是一会儿讨论的时候要字斟句酌,一个字一个字地看。谁愿意对李之峣刚刚的这个介绍进行补充,或者纠正的,或者有另外一种说法的?

(注:补充、纠正、另述,是惯常的启示方法,引导其他同学发言。)

韩悦:我是想补充一下他讲的内容。中国和专家组的分歧在于3.2条和15.2条的因果关系上。中国认为,只要证明这种进口产品产生了price depression这种现象就可以了,并不要证明进口产品和损害之间的因果关系,而专家组认为要考虑这种因果关系。但是对于这种因果关系的程度,专家组用了"show"和"demonstrate"这两个词。中国就对这个问题进行了上诉,上诉机构认为是应当考虑这种因果关系的,但是考虑的程度不应当是"show"或者"demonstrate",针对3.2条,应当是"exam"或者"consider",就是需要考察一下但并不需要达到"demonstrate"的程度,纵观第3条,只有在3.5条的规定中才需要达到"demonstrate"的要求。

(注:这位同学在课堂发言中,多次显示出抓住要点的能力,脱颖而出,成为讨论的中坚力量。事实上,课堂讨论的过程,不仅是学生培养能力的过程,也是学生展现自己能力的过程,并且能够启发和帮助其他同学共同提高。可以想象,在课间和课后的讨论中,这样的同学必定会成为核心人物,别人和自己都会得到提高。)

杨:你是强调了一下上诉机构认为应当达到哪种程度对吧?

(注:点出本案例的核心点。)

韩悦:对,首先上诉机构认为是应当考虑这种因果关系的,仅仅证明价格下降或者价格抑制这种现象的存在是不够的。但就3.2条来说,并不要求进行全面完善的证明,不要求达到3.5条中的这种证明程度。

杨:韩悦其实是强调了李之峣介绍当中的一点,她认为这是一个重点。其他同学还有没有想法,讲一讲你的体会。

曾薪燚:我看的是这个案子的中文版,是杨老师写的两篇文章。

杨:我写的材料可是不可靠的啊,那只是参考用的,我们讨论的是英文版。

(注:这位同学①显然没有按照要求进行课前阅读,但是我采取了宽容的态度。我的观点是:学习是每个学生自己的事情,教师无法勉强;讨论式课堂给学生创造了良好的学习条件,如果学生不能抓住这样的机会,损失的也是学生自己。另外,正如我在第一节课上所说,讨论式课堂,即使课前没有看任何资料,也会有所收获,因为某个法律问题,经过反复讨论,"听众"也能够知道个大概,并且参与到讨论中来。最后,我相信,这样的课堂,在众多同学发言如火如荼的情况下,没有充分准备的学生会感到一种压力,会为下一节课的讨论尽力准

---

① 廖老师批注:AC WTO同仁在教学中应该感觉到,每一届或者每一个班上的学生中,总有那么几个人有着执着的"出国梦"(大多是到那个叫America的free country去),这个同学也属于其中之一,目前已经成功申请下学期去曼彻斯特大学交流一学期。对于这样的同学,我觉得应该多多鼓励他们到国外从事国际法而不是英美法的学习。这些同学往往外语水平很高,逻辑推理能力比较强,学习比较刻苦。我印象中有很多这样类似的学生,我给他/她们写了推荐信,甚至帮助联系学校,他们学成回国后,大多数是在律所工作,但从事的多为并购、企业公司、金融证券等方面的法务工作,鲜有从事WTO法律事务工作的。至少这对于我们培养自己的WTO律师和其他法律人才是不利的。

备。事实上,在这样的学生讨论主导的课堂上,教师越是宽容,可能学生越会努力——老师不"管",所以他们要自己管自己。值得提及的是,这位同学主动发言,却坦陈自己没有看英文原文,可以看出这种课堂民主、宽容的气氛——只要有想法,就可以不揣浅陋地说出来。只有在这样的宽松气氛中,学生的创造力和想象力才能够得到最大限度的发挥。)

曾薪燚:我也看了一点英文版材料前面的内容,我觉得他们讲的和我看的内容不太一样。第一,在初审的时候专家组确实认定了中国的调查机关没有尽到责任,比如说要证明进口和价格大幅下降之间的因果关系。但中国不承认这种责任,中国认为只要指出事实就可以了,不需要证明因果关系。第二点,中国依据WTO的规定,有两种途径可以来证明,第一种是可以证明进口引起了价格的大幅度下降;第二个途径就是来证明进口导致了国内产品数量的大幅度变化。美国对于这个国内产品数量变化是这样证明的,中国在这段时间因为工业发展比较迅速导致国内的生产量不断增多,导致了库存的量不断提升,所以觉得进口和国内的产品滞销不存在因果关系。再看进口影响价格变化,在材料中能看到中国确实证明了进口引起了价格的变化,但是这种变化是只在2008年中的几个月有价格的下降。之前取向电工钢的价格一直是上涨的,只在那几个月有所下降,美国认为这个价格的下降是与中国进行了对取向电工钢的调查有关,所以它要求中国证明取向电工钢的价格下降不是因为中方采取的调查引起的,中方据此提出了一系列的数据,但这些数据又不完整,因为中方认为这些数据是保密的数据。

(注:其实这位同学关注到了前两位同学没有提及的问题,为进一步讨论提供了很好的补充。)

杨:你说你看的和李之峣和韩悦看的不一样。

曾薪燚:可能我看的是一审的,而要求看的是上诉的。

杨:我这两个中文的材料是补充性的,是帮助大家阅读的。这里我们讨论的是之前布置的上诉机构的裁决,当然根据曾薪燚刚才讲的,要么是我写的不对,要么是曾薪燚理解我写的内容不对,不过我也不知道。他主要看的是我的文章,我们今天还是来讨论这个上诉机构的报告,如果大家觉得我写的不对,欢迎大家指出来,我先留下一个伏笔,不要认为我说的就是对的。那怎么办呢,刚才曾薪燚讲他看的跟前面那两位同学说的不一样,一种可能是他看的是我写的中文版,比较简洁,二是可能他看的是专家组的裁决。

(注:这一段是我的真诚表白。我是真心希望同学们能够指出我那两篇文章中存在的问题的。在主持课堂讨论的过程中,我多次发现同学们观点中的闪光之处,对我的研究和思考提供了新的角度。教学相长的证据,在讨论式课堂上俯拾皆是。)

林璐:我想趁大家没有讲深入之前,就我看的资料提几个问题,但是不知道这几个问题是不是对的。第一就是我看到中国的《反倾销条例》,它说针对反倾销采取调查的,应该是外经贸部,但为什么在上诉状中的主体是商务部呢?(这时有同学提醒,由于当时的部委改革,外经贸部和经贸部已经合并为商务部,这时主讲教师提示同学不能交头接耳,要公开发表意见。)

杨:大家已经有答案了?没事,接着说。

林璐:第二个就是关于在国内提出一个反倾销反补贴调查的主体。在《反倾销条例》中说,只要是在中国能代表国内产业的企业都可以。在本案中,提出这种调查的两个企业都是国有企业,而且从商务部的反倾销反补贴调查书中,可以看到它们的取向电工钢产品占据了中国100%的市场份额。而且中国钢铁产业的现状还是国有企业居多,这样的情况下,由他们提起这种有反自由贸易性质(基于厦门大学刘勇教授在《WTO〈反倾销协定〉研究》一书中认为倾销无害的观点)的反倾销反补贴调查,是不是有一种政府色彩在里面,或者说这种行为能不能很好地反映这种市场现状呢?第三个问题,我看完这个上诉机构报告之后发现,为什么我们国家在论证不需要证明有因果关系的时候,它和专家组采取的好像都是文义解释的方法,中国认为不需要论证因果关系,是因为它认为"effect"是一个名词而不是动词。而上诉机构也是从句意的角度来看,而且后面还有针对我们国家提出的effect和effective是否一样进行的讨论,我就是想问为什么要这么麻烦,而不直接反向证明说价格下降和进口之间有关系,而要花很多功夫来证明他们两个之间没有关系,这难道说要证明他们两个之间存在因果关系是很困难的么?还是有什么别的原因?因为就从钢铁产业的产量报告来看,确实是因为我们国家钢铁产业的国际竞争力不够,所以造成了产量过剩,加上有些新工艺我们没有掌握,导致原材料利用率低,是不是有多重因素都导致了进口和价格之间的关系没有办法证明。这些就是我的问题,另外,如果我们可以证明,是不是因为我们没有办法证明这个显著下降,那么他们所说的显著的标准是什么?

杨:林璐提了三个问题,但在她提出这三个问题之前,她先说了一句"在我们进行深入讨论之前",她很有经验,知道我们之后的讨论会很深入,因为这点问题我们要讨论两节课呢。根据以前的经验我们肯定会越挖越深对吧。

(注:讨论越来越深入,正是讨论式课堂的特点。此处强调这一点,是对同学们的提醒。)

在我们深入讨论之前,她提出的这些问题听起来像是外围的问题,有谁来试着解答一下。柳驰先来吧,就第一个问题,刚刚你忍不住要回答的。第一个问题是什么?

柳驰:这个问题应该是2003年机构改革时,外经贸部变成了商务部。

(注:同学们之间相互学习的典型例子。)

林璐:我看到《中华人民共和国反倾销条例》中写的,负责相关调查的是外经贸部,而上诉机构报告中的主体是中国商务部。刚刚他告诉我了,我已经知道了,是我太孤陋寡闻了。

杨:哈哈,请坐。这个跟我是特别相关的,因为我原来就是在外经贸部,2003年机构改革之后就变成了商务部。那个时候只是改名而已。这个问题好像很清楚很容易就回答了。那第二个问题呢,谁来回答一下?这听起来是一个外围的问题,但确实是一个很好的角度。

涂燕辉:我觉得林璐第二个问题是在说"中国为什么不在商务部决定中就直接证明这个因果关系",是吧?

杨:那是第三个问题,你说第三个问题也行。

涂燕辉:这个主要是对条约的解释问题。中国作出的解释是针对商务部作出的"反倾销反补贴的决定"来进行的。商务部作出的进行双反的决定中,首先是根据第2款确定"价格究竟降低了多少、损害有多大",然后才根据第5款,确定这些损害和进口之间的因果关系。而美国主张的是,中国根据第2款分别确定损害时,就应当作出这种因果关系的分析,但中国却没有,所以美国就针对商务部的这个决定提起了诉讼。而中国认为在这点上专家组的裁决不正确,所以才又提起上诉。所以根据这个事件发展的时间顺序,中国肯定是要主张商务部的决定是符合条约的,因此中国才会进行这样辩护(解释),而不是再重新采用另外一种方式直接来证明这种因果关系,然后再作出一个决定。

(注:如此提出的问题,如此开始的讨论,以及解答同学对案情的准确把握,都使我始料未及,也暗暗欣喜。随后的讨论,就沿着这个思路进行下去了,并且看似一个问题,却将本案所有的关键问题,甚至一些扩展的问题,都带出来了。阅读课堂记录的此刻,我仿佛看见一根细线,穿挂着大大小小的蚂蚱。此外,在此前的讨论中,这位同学也表现突出,能够准确把握问题,并且提出新的思考角度。)

杨:林璐听清楚了吗?

林璐:我还不太明白。

涂燕辉:就是说商务部这个决定①是先作出来的,然后才有现在的争端解决。在争端解决中我们肯定要主张我们商务部的决定是符合条约的,而不可能在争端解决程序中再来证明这种因果关系的存在。

(注:这位同学进一步明确了自己的观点。)

杨:林璐听清楚了么?可以站起来跟她讨论一下。

林璐:我就是很疑惑,中国到底认不认为我们需要证明这个因果关系,中国有没有做出什么报告来说明这种因果关系是什么。

(注:从这位同学的发言看,她还没有完全理解。讨论使得模棱两可的想法无处可藏。)

涂燕辉:我认为,中国在作出对美国的产品采取反倾销反补贴措施决定中,肯定没有进行这种因果关系的分析。但是在争端解决中,中国却一定要对当时商务部的决定进行辩护,主张这个决定是符合条约规定的,所以要向着商务部决定的内容去解释。

林璐:那就是说我们在作决定的时候,并没有进行因果关系的分析?

涂燕辉:中国的思路是在第2款中只需要分析损害存在,只有到了第5款的时候才应当分析因果关系。而专家组的意思是,你在第2款确定价格降低的时候就应该分析哪些是因为进口而造成的价格降低。

杨:你们两个可以先坐一下,大家有谁能弄明白她们的分歧是在哪。好像林璐没有理解涂燕辉说的,涂燕辉好像理解了林璐说的,她们两个到底在说些什么问题?

(注:让"旁观者"发言,以澄清问题。让学生们解决自己的问题,教师不可轻易介入。)

罗曦:林璐认为我们没有证明价格降低和进口之间的关系,而涂燕辉说的是在第3.2条根据条约文义的解释我们是不需要证明这种因果关系的,到了3.5条才需要证明这种因果关系。但是,专家组在报告中要求我们在分析3.2条的时候就要作出因果关系的分析,我们对专家组的这种认定是不赞同的,所以提出了上诉。

杨:所以她们争论的点是什么?

罗曦:林璐认为我们商务部在作决定的时候是没有证明这种因果关系的,但其实是有

---

① 廖老师批注:"系争措施"或者"争议措施"的概念,授课教师可以在此再强调一下。DS414 和 DS362 这两次讨论,争议措施正好一个是 as such 一个是 as applied。主讲教师不妨在这里扩展一下,讲讲 WTO 审查对象和中国国内行政诉讼审查对象的区别,这种区别对于学生而言,可能是形成 WTO 是"模范国际法"的一个噱头——毕竟 WTO 审查对象是包括国内立法,这和国内把立法作为抽象行政行为排除在审查范围之外的做法是有区别的。当然,也可以在下一个案件的讨论中提到这些,DS379 毕竟也是一个典型的例子。

的,只是在步骤上的问题。

林璐:我刚刚其实理解了涂燕辉的意思,我就是想问她,在3.5条我们有没有作出这种因果关系的解释。如果有的话为什么不看我们在3.5条时的解释,而一定要强制我们在3.2条的时候就作出对因果关系的说明。

杨:涂燕辉再接着说。

涂燕辉:这应该属于下一个问题了。如果严格按照逻辑分析的话,不管是前面考虑这种因果关系还是后面考虑,最终等到的结果应该是一样的。但是为什么不同的考虑顺序会对最终应进行反倾销、反补贴的损害产生如此大的影响呢?我觉得可能是因为,中国首先只是根据3.2条确定了整体损害的大小,既有价格的损害,也有数量的损害,而不论这损害是否都是由进口导致的。然后再根据3.5条来分析这个整体的损害和进口之间的因果关系。而专家组则认为中国在根据3.2条分析损害大小的时候,就应该考虑哪一部分损害是由进口造成的,哪些不是由进口导致的,缩小损害的范围。然后根据3.5条进一步分析这一部分的损害与进口之间的因果关系,同时进行非归因性分析。其实按道理来讲这两种不同的分析方法得出的结论应该是一致的,但实际我觉得用第一种方法分析出来的损害结果肯定是要比后面这种方法得出的损害范围要大的。

罗曦:涂燕辉说的是在分析的时候我们把很多因素都考虑进去了,而专家组认为我们只应该考虑由进口带来的那部分损害,而不能考虑这么多因素带来的影响。

涂燕辉:就是第二种方法首先就把损害的范围缩小了一点。

杨:先稍等一下,我感觉她们三个人说的是三个问题,没说到一块儿去。涂燕辉讲的这个思路就很深入了,在往3.5和3.2条关系上面引了。她说的好像就是另外一个角度。现在我就想请林璐再来讲一下你的问题到底是什么问题。

(注:回到初始问题,集中讨论点。)

涂燕辉:其实她开始的那个问题已经不是她第二次说的这个问题了。

杨:对,我似乎听到林璐这个问题第一次表述和第二次表述的不一样。

(注:两次表述不一样,说明这位同学的思路正在清晰化。)

涂燕辉:她开始的问题是说如果要分析因果关系,为什么不在第2款就直接分析损害与进口之间的因果关系,而一定要解释这么多。

杨:对,这是第一次说的问题。后来呢?

涂燕辉:后来变成了,是在3.2条分析还是在3.5条分析因果关系,结果是不是一样的?

杨:我也听到了,所以我要林璐再来说一下她的问题到底是什么问题。

林璐:其实我想说我们一直都不想证明3.2条要求有这样的因果关系,但是这个到了3.5条就是必须要证明的,那为什么不在3.2条就直接进行证明呢?还是说我们要排除掉其他不需要的因素?可是我觉得这只是我们自己的想法,我认为中国就是想把进口之外的因素排除掉,而在上诉机构的报告中却反而是要求我们进行全面的考虑,这里有这样一句话。

杨:在哪里?

林璐:在133段,131好像也有,就是当你考虑它与其他不同的时候,并没有削减调查主体应该考虑的事情。在第131段"while the consideration of a matter is to be distinguished

from the definitive determination of that matter",虽然说这个事情可能跟进口和价格有些不同,但是调查主体应该考虑的事情不能因此被削减掉。

(注:从对案件大致思路的讨论,自然进入对具体段落的讨论。)

杨:你再说一下,是哪一段哪一句?

林璐:131 段。

杨:哪一句开始的?

林璐:第一句就开始了,头两句。上诉机构认为不管其他因素和这个问题有多大关系,你都应该进行全面的考虑,因为你的责任就是进行 consideration,而不是作出最终的决定。实际上,其实也不能够单单从进口量的增加而判断出对它价格的影响,所以我们为什么不在 3.2 的时候就作出因果关系的考虑。

杨:这好像就回到第一个问题了是吧。林璐我们先来澄清一下你的问题,131 段的这两句很长,这两句话是什么意思。

林璐:我觉得这两句话就是说,即使调查机构要考虑的事情和最终得出的结果没有太大关系,但是调查机构要考虑的问题的范围是没有缩减的,要进行全方位的考虑。

杨:我们先说简单的,就这两句话的理解大家有没有和林璐的理解是不一样的?

付凉洁:这两句话的意思是说调查机构不用去作出最终的决定,只需要去 consider,但是该考察的事项还是得考察,包括这个因果关系。

(注:"旁观者"主动发言。)

杨:不用什么?

付凉洁:就是说这个证明的程度,只用去 consider,不用作出最终的决定。虽然不用作出最终决定,但是该 consider 的东西还是要去 consider。

杨:这好像说得比较清楚了。不用作最终决定,该 consider 的还是要去 consider,那么该 consider 些什么?

付凉洁:因果关系,进口和价格影响的因果关系。

杨:在哪个地方?

付凉洁:131 段第二句话"which includes" whether the effect of "the subject imports is to depress prices or prevent price increases to a significant degree"。

杨:前半句我们听懂了,虽然不用作最终决定,这半句我们听懂了。但是该 consider 的东西还是要去 consider,该 consider 的是什么呢? 就是 3.2 和 15.2,包括这个引号里面的。林璐理解的是这个么?

林璐:但是我觉得"which includes"包括了因果关系还包括了其他的一些因素。

杨:对,这应该是没有问题,包括了 3.2 和 15.2 还有其他一些问题。但是这"which includes"只是把这一条说出来了。

林璐:所以我就是针对这一段,才产生疑问。这里说要对大范围的、包含了各种因素的事项进行考虑,到了 3.5 条你再深入针对价格和进口之间的关系进行分析。那么你在 3.2 条的时候就可以把各种对价格下降有关的因素都列举出来,然后到了 3.5 条再进行深入分析。可是中国的思路是说在 3.2 条的时候就把除了进口以外的其他因素都去掉,然后到了 3.5 条再来进行价格和进口的因果关系分析。

杨：我现在听清楚了林璐的思路。你的思路好像是这样的,调查机关商务部为什么在调查的时候不去 consider,明明 3.2 说了为什么不做?这是第一。第二个,为什么你不现在先做着这个方面,等到 3.5 的时候还涉及这些的话再做深入的研究。可能 3.5 的范围更广,还有其他的呢,把这个 3.2 也包括了,所以她在后面提问的时候把 3.5 也提出来了,我理解你的问题是这样的么?这样就清楚了。这时候应该再让涂燕辉说一下,你刚刚发现她的问题前后不一致,那现在你觉得应该怎么来回答她这两个问题。第一个是为什么商务部没有做 3.2 的分析,按照要求来 consider,就是刚刚付凉洁说的这些。这个问题你的回答是什么样的?

涂燕辉：我没有看商务部的裁决,但是我觉得商务部可能认为,在 3.2 项下并不需要考虑价格和进口之间的联系。认为在 3.2 项下只需考虑价格降低了多少,还有其他的损害有多大。在 3.5 项下才需要分析这些全部损害和进口之间的关系。但是专家组认为在 3.2 款下就应当分别分析价格下低、数量减少与进口之间的因果关系。换言之,在 3.2 款确定国内价格下跌的损害幅度时,这个下降的损害幅度就应与进口之间有一定联系,减少的数量也是如此。而在第 3.5 款再进一步分析整体的损害与进口之间的因果关系。

杨：为什么商务部不做分析,而是在这个案子中进行"狡辩",为自己辩护。涂燕辉的回答是说商务部因为当时调查的时候它认为不需要做,而现在这个问题为什么出来了呢?是因为美国说根据 3.2 你需要做。这个时候商务部只能说我不需要做,因为当时我没有做,我当时理解 3.2 的是不需要做的呀。但这个案子裁出来后是说应该要做,那可能将来上诉就得做了。涂燕辉是这样的一个思路吧,林璐觉得这个问题回答清楚了没有。

(注:适当总结,帮助学生理清思路。)

林璐：嗯。

杨：大概清楚了。关于这个讨论,我觉得我们下面还会接着深入到 3.5 条去,还有没有其他同学要发言的。

韩悦：林璐最初的问题是为什么中国对关于 3.2 条和 15.2 条的裁决采取这样一个辩护思路,就是把 3.2 解读为不需要证明这样一个因果关系,而不是采取另外一个思路,直接查一下它们之间存在因果关系就行了。涂燕辉对这个问题的回答是说,要考虑这个问题发生的时间顺序。是中国商务部先针对美国的这个产品作出了一个决定后,美国才针对这个问题把争端提到了专家组,那么中国必然要对已经作出的这个决定来进行一种辩护。就是对已经发生的事情尽量去圆场,就是证明我们作出的这个决定是符合 3.2 条的,怎么证明它是符合 3.2 条的呢?就是对 3.2 作一个解读。这大概就是涂燕辉的意思,而林璐开始的时候说她明白了涂燕辉的意思,而额外提出了一个问题,就是针对这个 3.5 条,反正都要分析因果关系,在 3.5 条分析了之后为什么专家组不采取综合的考虑,而非要我们在 3.2 条就考虑这种因果关系,这是林璐的第二个问题。对于这个问题的回答,其实在上诉机构的报告中有。决定损害实际上就是一个逻辑上的渐进的过程,最终还是要达到 3.5 条中要求的那种因果关系,要达到这种因果关系必须对 3.2 和 3.4 条进行全面分析。实际上对 3.2 和 3.4 条的分析是得出 3.5 条分析结论的基础,对 3.2 条的分析就是对进口产品和价格之间因果关系的分析,这是林璐的第二个问题。然后她们又讨论到了老师您刚刚说的那两个问题上。

（注：显然这位同学觉得我的总结"不过瘾"，还想用自己的语言总结一下思路。）

杨：韩悦刚刚讲的好像是更加完整的，连3.4条都出来了，大家再好好想想跟你们自己的理解是否一样。

（注：坦率承认学生的总结"更加完整"。）

陈小燕：其实刚刚林璐好像有提到这样一个点，即中国要把影响价格的各种因素都列举出来，最后再一个个排除出去。实际上，这个点应该是专家组对我们调查机构的建议，即中国应该把能够证明进口与价格下降无关的因素排除出去。但是中方认为在证明3.2条的时候就应该要把所有的点都列举出来，而不需要排除，我认为林璐在说这一点时说反了。

（注：听了几位同学的反复讨论，更多的同学"有话要说"。）

杨：我们再来数数林璐刚刚提出了几个问题，第一，是外经贸部和商务部的问题，这个问题很容易解决，这是一个事实问题。第二个问题，为什么商务部不去直接考虑因果关系，这里也澄清了，就是当时做调查的时候就没有考虑这些。

这里我要给大家说一下我的理解，我们选这个案子的一个主要原因是，3.2条之前在WTO中没有被解释过，这里上诉机构是一个创造①。WTO这些年来反倾销的案子非常多，几乎所有的反倾销条款都被用遍了，只有3.2条没有被用过，恰恰就在我们中国这个案子中用了，所以上诉机构就在这里建立了一个先例；不，我不能用"先例"这个词，就是在这解释过了。将来其他的案件，包括中国商务部、美国商务部和国际贸易委员会、欧盟的欧委会调查的时候都要看这个案例，在写反倾销裁决的时候，要考虑这个问题。所以这也回答了林璐为什么之前调查机关没有考虑，因为之前它觉得我们没有这个义务，但经过这个案子就比较明确了。

（注：此处的长篇大论，是告诉同学们所讨论问题的重要性。）

刚刚我为什么不敢说先例呢，WTO说我们没有先例制的，但事实上可能是有的。你明明知道这里有个案子裁过了3.2条中consider是什么意思，那你在调查的时候说，我还是不考虑，那别人告你，你是不是还是输啊，所以说这个是不是先例呢，这个是很有意思的。关于这个问题我们不妨简单一点，就是为什么中国不去抗辩。这一点大家还有没有发言的，有没有觉得不太清楚的，我估计曾薪燚也不太清楚，因为他只看到我那个简洁的介绍是不会看到这一点的（笑）。

李之岐：我觉得刚才的讨论，事实上已经澄清了我们商务部在3.2条这个环节没有做相关的调查，那么它在3.5条有没有做过相关的调查呢？我想问的是它在上诉的时候重点讲3.2这个点的目的是什么，是不是就为了圆场？就是因为之前没有做过证明，现在它需要把自己的行为合理化，所以要上诉说你们理解错了。这是它主攻3.2条的目的么？

杨：大家有没有想过这个问题呢？你们这个师兄还是很厉害的，讨论完了他突然提出来

---

① 廖老师批注：其实我一直对DSB尤其是上诉机构"司法造法"的提法有着自己的保留意见。上诉机构到底造了什么法？有什么原来没有的规则被上诉机构创造出来了？似乎没有，有的不过是解释而已，原来的条文，原来的义务，原来的平衡不是还在那里嘛。否则上诉机构就违反DSU3.2条了。而我们讲的"司法造法"这个概念，恰恰创造新的法律规则，尤其是在英美法系国家，stare decisis本身就赋予了判例以法律渊源的作用，说司法机构造法一点都不奇怪。

这是不是一种圆场，是不是在打官司的时候可能觉得虽然当时没有做，但是这个时候也觉得应该去做，但是不得不替自己辩护。

李之峣：这是一个意思，另外一个意思就是我想知道主攻这一点的目的是什么？

杨：就是为什么要上诉？

李之峣：上诉是没问题，但是上诉的时候为什么要专门讨论这个问题，我们刚刚假设它在3.5环节证明了这个因果关系问题，它到底证明了么？如果它没有证明，那么它主攻3.2这一点是不够的，即便在这一点胜诉了，那我们在3.5依然没有证明，最终对这个案子的结果是没有影响的。

杨：大家听到了么，我们刚刚已经提到了3.2和3.5之间的关系，3.2条到3.4条再到3.5条这是一个过程。李之峣的第一个问题是说3.5条到底分析了这个关系了没有。

李之峣：就是中方到底分析了这个关系没有，3.5条肯定是要求了的。

杨：中方事实上分析了没有，我们的这份裁决中有没有写？3.5条的内容显然不属于我们这二十页的，我们这二十页似乎没有提到3.5条的问题，我们暂且先把这留作一个问题吧。这好像不属于我们这二十页中的内容，但是大家的逻辑中是涉及了的，我们把它当作一个问题课后来查一查，这个报告里面关于3.5这部分是怎么裁的，因为大家的讨论涉及了很多这部分的内容。

付凉洁：我想说一说3.2条和3.5条之间的关系，这两条都是要证明因果关系，但是这两条中的因果还是不太一样的。3.2条中的"因"是进口，"果"是价格影响；3.5条中的"因"是进口，"果"是国内产业的损害，所以这个"果"是不一样的，虽然国内产业损害可能也涉及价格影响方面，但是就刚刚李之峣提的这个问题来讲，我觉得我们国家在3.5条中肯定证明了因果关系的，但这种因果关系是进口和国内产业损害之间的，单拎出来进口和价格影响之间的关系它就不一定证明了，要不然美国也不会单诉这一条了。

杨：我觉得这里的问题是关于3.2条和3.5条之间的关系的，感觉上3.5条是要包括3.2条，3.5条是不是范围要大一点。

付凉洁：3.5条的范围肯定是比3.2条大，它不仅要考虑3.2条提到的价格影响的问题，还要考虑3.4条提到的问题，因为3.5条最终要确定的是进口对国内产业的损害，3.4条就规定了对国内产业损害的考察还需要考虑到利益、产量、市场份额、资金流动以及工资、筹集资金的能力等因素，3.4条中列举了四条，但这也不是详尽的列举。

杨：这个问题，我觉得思路上首先得看3.5是什么，不然我们没有办法对比。3.2条中我们似乎知道了要考虑的是什么，刚刚付凉洁和韩悦都提到了3.4条，而3.4条是什么，3.5条是什么，这几者之间是什么关系，是3.5条要包括3.2条和3.4条么？这样逻辑上就有一个问题了，就是李之峣提到的究竟有没有分析3.5条，是不是分析了3.5条就自然的包括了3.2条和3.4条，为什么还要单独分析3.2条。我希望大家来看一看3.4条和3.5条，然后再来看3.2条，不然大家没有办法进行下面的讨论，我们先休息一下。

（注：总结并且提醒大家回到文本。休息时间，同学们可以仔细阅读文本。事实上，每次休息的时候，同学们都在三三两两地热议着。此处我有一个想法：应该延长"休息"的时间，以便学生之间进行充分讨论——课间的讨论，同学们的收获可能会很大。）

杨：我有一个建议，谁能先跟我们介绍一下，这几款到底是干什么的？

赵洋：第3条损害的确定 3.1 就GATT 1994第6条而言,对损害的确定应依据肯定性证据,并应包括对下述内容的客观审查:(a)倾销进口产品的数量和倾销进口产品对国内市场同类产品价格的影响,及(b)这些进口产品随之对此类产品国内生产者产生的影响。

3.2 关于倾销进口产品的数量,调查主管机关应考虑倾销进口产品的绝对数量或相对于进口成员中生产或消费的数量是否大幅增加。关于倾销产品进口对价格的影响,调查主管机关应考虑与进口成员同类产品的价格相比,倾销进口产品是否大幅削低价格,或此类进口产品的影响是否是大幅压低价格,或是否是在很大程度上抑制在其他情况下本应发生的价格增加。这些因素中的一个或多个均未必能够给予决定性的指导。

3.4 关于倾销进口产品对国内产业影响的审查应包括对影响产业状况的所有有关经济因素和指标的评估,包括销售、利润、产量、市场份额、生产力、投资收益或设备利用率实际和潜在的下降;影响国内价格的因素;倾销幅度大小;对现金流动、库存、就业、工资、增长、筹措资金或投资能力的实际和潜在的消极影响。该清单不是详尽无遗的,这些因素中的一个或多个均未必能够给予决定性的指导。

3.5 必须证明通过按第2款和第4款所列的影响,倾销进口产品正在造成属本协定范围内的损害。证明倾销进口产品与对国内产业损害之间存在因果关系应以审查主管机关得到的所有有关证据为依据。主管机关还应审查除倾销进口产品外的、同时正在损害国内产业的任何已知因素,且这些其他因素造成的损害不得归因于倾销进口产品。在这方面可能有关的因素特别包括未以倾销价格销售的进口产品的数量和价格、需求的减少或消费模式的变化、外国与国内生产者的限制贸易的做法及它们之间的竞争、技术发展以及国内产业的出口实绩和生产率。

杨：赵洋你能不能用自己的话给大家讲一讲这四款说的是什么,它们之间的关系是什么?

(注:让学生用自己的语言表达条款的含义。)

赵洋：我觉得第1款就是总括性地提出了它的具体要求,第2款和第4款是它提出要着重进行证明的,第5款是说除了第2款和第4款之外还要进行证明的相关因素。

杨：除了赵洋讲的之外,大家有没有什么补充的?主要讲的什么?它们之间的关系?

(注:这是开始了第二轮讨论,集中在条款的理解,而且扩大了讨论的范围,即从3.2扩大到了其他条款。对条款的讨论,跳出了此前讨论的圈子,让同学们从全局的角度去看待3.2的问题。)

赵洋：我要补充一下,就是第5款的第一句"必须证明通过按第2款和第4款所列的影响,倾销进口产品正在造成属本协定范围内的损害。"我刚刚看了一下英文的原版,我觉得这句话的意思是在整个的证明中,3.2条和3.4条是必须要经过的步骤。

杨：对,好像在我们的裁决中也提到了这样的关系。

赵洋：所以我觉得这也能解释专家组为什么要求必须在3.2条中做这一步,而不是说你只需要在3.5条中进行证明,或者到3.5条中再来论证。必须经过了3.2条和3.4条才能到达3.5条这一步,而不能忽略3.2条和3.4条直接拿3.5条来说明。我觉得这就是专家组的理由。

杨：除了这个之外还有谁愿意来说一说的,咱们现在先谈条款,然后再来说裁决是怎么回事。

（注：强调这一轮讨论与上一轮讨论的区别。）

池安琪：英文的材料里面说，3.2条是要论证进口产品和国内同类产品价格的关系，3.4条是要论证国内工业状况，3.5条才是要来证明进口产品和国内工业的损害，当要通过3.5条来论证对国内产业的损害的时候，就要先论证国内的产业状况是怎样的，然后再通过3.2条论证进口产品对于国内产品价格的影响是怎样的，最后再去综合一下得出结论。

杨：这是你的理解，那3.1条呢？

池安琪：这里没有关于3.1条的吧。

杨：你是说上诉机构中没有提到3.1条的内容吗？

池安琪：我好像没有看到。

杨：有谁能指出在哪儿有提到的？

（注：学生互相帮助。）

郑至言：126段。

杨：池安琪也看一下126段。为什么要提第1款？大家先看看第126段。首先池安琪你先看一看，它这里确实是提到了3.1的是吧。

赵洋：上诉机构发现3.1条是一个首要的条款，它提出了成员关于损害认定的根本的实质的义务，并在随后的段落中进行了更加详细的阐述。它提出这种证据必须是肯定的、客观的、可信的、可证实的，就是提出了对证据质量的要求，而且要求调查机关的调查要符合基本的诚实信用和基本公正原则。3.1条是一种总括性的规定，3.2条和3.4条都是对它进一步的详细阐述。

韩悦：3.1条到3.5条都是服务于第3条的，说的都是损害的确定，但是各有侧重。我同意师姐的观点，3.1条是一种总括性的规定，它提出在确定损害的时候要考虑两个基本的原则，一个是积极证据，另一个是客观审查。这种积极证据和客观审查所针对的就是3.1条中包含的a、b项。3.2条我的理解就是承接3.1条中的a项来的，当你在考察影响的时候你应该怎么做，其中具体的规定上诉机构已经说明了。3.2条侧重的是进口产品本身对国内产品价格的影响，3.4条侧重的是进口产品以外的其他因素对国内工业的影响，具体列举了一些要考虑的因素。3.5条其实是得出了一个相对确定的最终答案，这个答案是建立在3.2条和3.4条的基础之上的。同时3.5条提出了一个重要的概念"非归因性"，要确定这个损害是由进口产品造成的而不是其他因素造成的。所以从3.1条到3.5条实际上是逻辑上的一种渐进过程，3.5条得出的最终结论必然离不开3.2条和3.4条的规定，而3.2条和3.4条分析的要求要遵循3.1条提出的两个原则。

杨：韩悦讲了这几个条款之间的关系，大家对于韩悦讲的内容有什么补充的，提问也可以，涂燕辉你是有问题吗？还是有不同的意见？

涂燕辉：不是，我觉得第4款说的是进口产品对国内产业除了价格之外的影响，比如说其他冲击的后续影响，而不是说进口产品之外的一些因素对价格的影响。

杨：韩悦，她说的是什么意思？

韩悦：涂燕辉说的是我对3.4的理解是不对的，我说的是进口产品以外的其他因素的影响，涂燕辉说的是，还是针对于进口产品这一个因素，考察进口产品对产业的其他影响。"其

他"这个定语的位置不同。

杨：你觉得到底应该如何理解？你再看一下，看完再跟我们说一说。

韩悦：我再看看。

（注：其他同学的发言，促进了这位同学的思考。）

杨：大家注意看韩悦说的这个，先说3.1和3.2，好像是很准确的，3.1有个括号a和b，a说的是volume，不对，a说的是volume和effect，3.2就说了volume和effect，3.4好像说的是b，也就是the consequent impact，我不知道理解的对不对，你再看一下，柳驰，你说。

柳驰：我认为刚才对3.1的解读是不对的。我仔细看了一下，关于3.1的解读有两个，第一个是the volume of subject imports；b是domestic products；针对的是市场中的主要生产，所以3.4里面sales，import等都是对domestic而言的。

杨：那你是说韩悦说的不对，还是谁的不对？

柳驰：它指的不是整个外围因素。

杨：现在就是3.1的b项，韩悦好像也同意你跟涂燕辉发现的问题。韩悦你再详细看看第3.4条，之后再给我们讲一下自己的理解。刚才经韩悦的梳理，似乎现在的情况是这样的：3.1是有a和b，a里面有两个问题，一个是volume，一个是effect，那么这两个因素在3.2里面说了，接着说b是the consequent impact，3.4说的就是the consequent impact，是否是这样？就是具体化了，那么3.5呢？是不是就跟刚刚大家讲的一样，把3.1、3.2和3.4包括进来了？再细看一下。柳驰你说一下对3.5条的理解吧，你是说3.3也有关吗？

柳驰：我想问3.3到底规定了什么。

杨：他问3.3是什么。大家可以说一下。

付凉洁：我不是说3.3，我想说的是3.5条。3.2和3.4都在说进口产品对国内的产量和价格的影响，或者对国内产业的影响，到了3.5是说对国内产业损害的原因考察，不仅要考虑进口产品的因素，还要考虑除了进口产品以外的其他因素，像国内需求减少、消费模式变化等对国内产业是否也造成损害，也就是3.5的后半句话所提到的。

杨：首先你是不是认为3.5的第一句话把3.2和3.4都概括了？有没有？

付凉洁：差不多是这个意思，但是那个证明程度得是demonstrate，不是consider。

杨：那3.5和3.1的关系呢？我们感觉是3.1覆盖了3.2和3.4，然后你说3.5的第一句话也覆盖了3.2和3.4。

付凉洁：3.1讲的是一个总体性的原则，即证明要建立在肯定性的证据和客观审查之上，这个原则也适用于3.4条。

杨：我能不能这么理解：大家都承认3.1是个总体性原则，上诉机构也是这么说的，叫overarching provision，那么我们发现，a和b，3.2和3.4也概括了，那么3.5呢，当然a和b也可以说是肯定性证据和客观审查的部分，既然是总体性原则，3.2归到a里面，3.4归到b里面，那么3.5归到哪个地方呢？

胡秀娟：我基本同意他们前几个的概括，我试图用图解来说明一下这几个条款之间的关系。

（注：这位同学开始上台板书。主动走上讲台板书，已经成为家常便饭。我是鼓励学生这样做的，因为这锻炼了学生的表达能力。）

我把3.1理解成两个部分,第一部分是整个3.1～3.5的基本原则,基本原则就是肯定性证据和客观审查;第二部分就是内容,又分成三小点,第一点是volume,第二点是价格影响,第三点就是后续影响;接下来所有的理论都要包括这三个部分,即3.1是原则。3.2很明显讲的是价格和进口产品之间的影响,3.2用了一个词:inquiry,调查,即调查他们之间的影响。3.4用的词是examine,examine subject imports和所有经济因素的影响,要证明进口对中国经济的影响就要证明进口对所有经济因素的影响。All这个词很关键,另一方面,我们要证明depression or suppression这两种现象,从外观上看,它造成这两种现象:depression和suppression,从内在上讲,要看它对所有经济因素造成的影响。此时,3.5就像一个集合。到3.5的时候有一个补充,第一,从外观上证明,第二,从内在上证明。这里是对所有经济因素的影响,还排除了非归因性因素的影响,其中我们把所有经济因素的影响分解成是对产业的影响,这里是进口之外的其他因素对产业的影响。最后得出3.5的结论即injury的组成,整个论证过程都包含前面提到的三个内容:volume,effect还有consequent effect,通过两个部分证明,一个是正面证明,还有一个是反面证明排除其他因素的影响,最后,这整个证明过程都应该遵循一个原则:就是肯定性证据和客观审查。

杨:有没有谁想提出问题的?她画了一个图,试图解释这几条之间的关系,有没有人想提问或纠正。没有了?肯定有。

(注:鼓励其他同学"挑战"。)

赵洋:我对3.5的"非归因于"因素的问题有些疑问,条文表述是这样的:"主管机关还应该审查除倾销进口产品外的同时,不再损害国内产业的任何已知因素,且这些其他因素造成的损害不得归因于倾销进口产品。"这个条文的意思是否是要列出对除这个因素之外的损害国内产业的因素进行证明,而不是将这些因素排除出去?就是要证明除了倾销价格之外的因素也对这个损害造成了影响,不知是不是这个意思。

胡秀娟:我的理解是:列举出我们可能设想到的我们之前认为对产业造成影响,但被排除出去的部分。

赵洋:按照咱们的正常逻辑,造成国内产业损害的就是因为倾销而不是别的其他因素,但是这个逻辑好像是反过来说的,它的意思好像是必须得说一下造成国内产业损害的因素除了倾销因素,还有其他因素。我的想法和你一样,应该按照正常逻辑来说,但条文好像是逆着正常逻辑来的。

杨:大家觉得赵洋提出来的这个"咱们"指的是谁啊?

赵洋:论证这个问题时,我们说的肯定是造成损害就是因为倾销,没有其他因素,但从文本意思上好像是逆着来的,是说造成国内产业损害的有进口倾销的因素,还有其他因素。

付凉洁:我尝试解答一下赵洋的疑惑,她疑惑的是3.5条规定对于国内产业的损害,不仅要考虑进口产品的影响,还要考虑除进口产品以外的其他因素。

杨:(打断)那四个同学不要议论,有问题等一下可以站起来说。

(注:不要交头接耳,有想法可以笔谈,这个课堂纪律已经得到了很好的遵守。但是仍然需要在适当的时候进行提醒。)

付凉洁:该规定的意思是,国内调查机关不需要证明只有进口造成了国内产业的损害,其他影响因素也可以存在,也需要对其进行考查,而且应该把进口和其他因素对国内产业造成的影响区分开来分析。

杨：在胡秀娟回到位置上之前其他同学是否还有问题要问，或者纠正，好像是很复杂，你们都开始在下面讨论了，这个问题好像是有点绕，还有没有同学想表达一下自己的理解？没有，那你就先回去吧。我们一开始是说这节课讨论的就是文本这几条之间的关系，反反复复地看，刚刚胡秀娟给我们画了个图，还有没有人想讲讲1.2.4.5之间的关系？韩悦，你说。

韩悦：我想纠正一下自己对于3.4的理解。我和涂燕辉的意思其实是一个意思，我比较3.2和3.4之间的关系，我现在的理解是：3.2说的是进口产品对价格之间的因果关系，3.4要求考虑进口产品对国内产业造成损害的时候，不能仅仅考虑价格影响，还要考虑其他因素。与进口产品相关的其他因素，这些因素在后面已经有所列举。

杨：如果看到3.1条的规定，难道你的意思是说b项的范围大于a项吗？

韩悦：我刚刚的意思不是对两者范围的一种比较，只是想说明3.4说了什么。

杨：你刚刚说3.4是对产业，对吧，还是回到最开始你的那个分类，就是3.1的a和b是不是对应3.2和3.4？3.2说的是a里面的volume和effect，b对应的是impact和industry这个概念。现在你讲到3.4的时候有没有新的表达？你的叙述给我的感觉似乎是说不是范围大小的问题，角度不一样。

（注：此时此刻，我已经情不自禁地参与到讨论中去了。）

韩悦：对啊，3.2和3.4讨论的不是一个问题。

杨：是两个问题，不是大小的关系，对吗？按照你们的意思，按照上诉机构的逻辑是overarching，应该归到3.1里面。

韩悦：我认为虽然是overarching，但3.5不一定非要归到3.1的某一句话里面，只不过是在分析3.5时也要考虑肯定性证据和客观审查而已。

柳驰：我基本赞成韩悦的理解。我觉得这四个条款没有太多的逻辑关系，主要就是并列。四个条款就说了四个方面，一是量如何，二是对价格波动的影响，三是对行业的影响，四是有无其他因素。但是有几个比较细的问题，第一个问题：3.1(a)中的and到底意味着什么，在量上和引起价格波动上，这两者到底是什么关系。第二个问题：3.5的倒数第四行，和前面的讨论没什么关系，就是想问这些例子的效力是什么？

杨：好，这是另外一个问题，先说刚刚柳驰说的四个条款是并列的关系？

柳驰：是3.2、3.4和3.5，不包括3.1。

杨：那刚刚韩悦说的3.5没有跟3.1对应，你同意吗？

柳驰：其实可以这样分，3.1、3.2、3.4可以分为一组，3.5是补充的一组，不能说是总结，倒不如说是承上启下的作用，前三款说的是检验，后者指的是除了前面所提到的，后面其他的因素也要检验，后面归结出来的因素与前三款的因素是完全排除的。所以应该分成两大块。

杨：你这么说的依据或者说证据在哪里？上诉机构报告的126段你是怎么理解的？你看126段的第一句话，是怎么说的？上诉机构好像不是这么说的。你跟上诉机构的观点不一样？

柳驰：好像是的。

杨：跟他不一样也没关系，柳驰提出这一问题，可能本身就说明这一问题是有争议的。

刚才几位同学都认为3.1是总括的条款,似乎和上诉机构在126段中的理解是一样的,但这带来一个问题:3.5与3.1的关系是什么?3.2和3.4很明显是来自3.1里面的a和b项,除此之外,柳驰提出3.1、3.2、3.4是并列的,那3.5呢?柳驰好像还提到了一个小问题,3.1(a)里面的and是什么意思,递进关系还是并列关系?

(注:鼓励对上诉机构裁决的质疑。)

柳驰:量是多少和量造成了价格上的波动。

杨:你问的是3.1(a)里and前后两者的关系是吗?

柳驰:我是想问这两个有一个因果关系即可,还是要两个,才会造成价格的波动。

侯日欣:我补充一下。我的英文水平很一般,但这也能带来一个好处,就是我总把报告的意思理解得很简单。在我看来,3.1起到一个总则的作用,两个方面作用,一是设定一个大原则,如何检验;二是引出下文,所以3.2和3.4分别对应a和b,这应该是没有问题的。有很多因素可以对市场和价格造成损害,a项中进口产品的倾销是其中一个,还有其他诸多因素,不一一列举,从逻辑上来说3.2和3.4合在一起就是周延的,即找到了所有可能影响市场价格的因素,只是我们单单讨论倾销,所以把3.2单独拎出来,我们要consider。3.5用了一个also,将前后分为两部分,前一部分要求demonstrate,与之前的consider用词不同,其实是提出了更高的要求,然后回到3.4,需要检验其他因素。所以根据我的理解是3.1的a和b分别对应3.2和3.4,而3.5中用一个also分成两部分分别呼应3.2和3.4,提出了更进一步的要求,从consider变成了demonstrate,原来的examination还是examination。

杨:你的意思是3.5是3.2和3.4的更进一步?

侯日欣:对,以also为界,提出了比3.2和3.4更高的要求。

(注:这位同学发现了also这个转折的词汇,令人欣喜。对这个字的关注,几乎主导了随后的所有讨论。)

杨:这是一种新的提法,一开始我们是想找3.5和3.1的对应关系,这可能还没人找,现在侯日欣提出来3.5是3.2和3.4的递进,大家观点如何?

柳驰:also这个词用得很好,我认为also前面的内容应该是承上启下的作用,我还是觉得这几个条款之间的关系有点奇怪,这些条文到底是怎么讨论出来的。很显然,also的后面部分是确定一个新原则,如果3.1真的是overarching,为什么一开始没有提出来呢。法律条文一般是第一证明有罪,分两部分,第二,排除合理怀疑,但为什么also后面的内容不放在3.1?所以,根据以上的分析,我觉得3.5不是总括,而是和3.2、3.4并列的。

杨:你是从"also"这个词开始,also前面的两块并列衔接上了?

柳驰:我觉得只是为了让大家阅读通顺,没有实际意义。

杨:说点题外话。这个案件上诉机构开庭的时候,开了两天,一共17个小时,就在讨论这几个条款之间的关系。上诉机构三个人,还有中美双方第三方,大概屋子里有五六十个人,我给大家讲一下当时的场景,当时我们坐下面,上诉机构三个人坐上面,把条文都显示在电子屏幕上,比如好几个地方有consider,这里有show,这里有demonstrate,这里有determine,这里有effect,上诉机构就反复问中美双方,要其回答consider等各个词是什么意思,两天都是这样,基本上都在争论这些词的意思,有点像咬文嚼字。这里是effect,这里是impact,条约解释设了一个框框,假定条约每个词都有不同的意思,而不可能一样,哪怕是缔结条约的时候写错了,也要解释成不一样的。不能把 consider 说成是 show,每个词的程度差别在何处,我之所以告诉大家当时开庭的场景,是因为今天就是在模拟那个时候的场景。最后才得出结果。第3.2条也是第一次在 DSB 中提到,之前是没有解释过的。我想告诉大家花如此多的时间不是没有意义的,而是很有意义的一件事,况且还没有当时时间那么长。现在我们讨论的条款之间的关系,是条约解释里非常非常重要的内容,就一条,题目是 determination,后面一堆 consider,show 是什么意思。还有开庭的时候每个人必须有英文原文,不停地看,还有其他相关的条文,刚刚柳驰和侯日欣都发现了 also,是个转折,所以我们现在这个场景是非常重要的场景,再接着说。无论柳驰的观点如何,他有没有论证,感觉他的理解肯定跟上诉机构还有其他同学的理解不太一样。

(注:此处的长篇大论,是再次强调讨论这个问题的重要性,因为我担心有些同学对这样的咬文嚼字不耐烦。事实上,此处的讨论,大家都变成了语言学家,与上诉机构的讨论十分相像。)

柳驰:我还是画个图吧。

杨:我们鼓励大家对这种说不清楚的问题上来画图。下面还有一个案子更要求大家画图,不画图很难说清楚。

柳驰:其实是一个非常简单的问题。also 应该怎么样?应该是这样的,关键是它不是 also,这写的 1,2,3 这是 1,2,4,但就像侯日欣说的,also 这个词加了一层圈,圈内的可以,圈外的不行,3.5 是这个圈,确实包含了 3.1、3.2、3.4 条的意思,这里面没有任何的 overarching。3.5 则更像是一个圈,3.5 确实有提到 also 前面的内容。

杨:大家有没有什么问题,到现在为止只有柳驰一人提出跟我们不同的观点,就是对3.1的理解。那对 126 段,你认为上诉机构在这里用的词是不准确的?因为它用了 overarching。

柳驰:是的。

杨:我们鼓励大家对上诉机构的观点提出质疑,他们不是圣人,肯定有考虑不到的地方。大家对柳驰讲的有没有什么问题?肯定应该是有问题的,他的观点和前面四五位都不一样,不过柳驰好像没有论证他的观点,只对 also 这一个词他讲了一下自己的论证。

柳驰:3.4在3.1中有反映,3.5却没有在3.1中有反映?还有,如果3.5真的是3.1的一部分,那么3.2、3.4和3.5都在3.1中有反映。

涂燕辉:我认为侯日欣的理解应该是正确的。他的意思大概可以分为两部分,一是 consider 只是考虑损害包括哪些方面,而3.5则是讲应该进一步证明损害与进口之间的因果关系。二是 Also 后面的一部分是对前一部分的进一步说明,也就是说在考虑因果关系时不仅要从正面直接证明这种因果关系,还要从反面排除其他因素。所以,我认为3.5是对3.1、3.2和3.4整体的递进,即证明因果关系。

杨:你认为是递进,那还同意 overarching 吗?

涂燕辉:同意。3.1是3.2和3.4的一个总括,3.2和3.4是3.1的具体规定,而3.5是对3.2、3.4的递进。

柳驰:不管排除还是递进,都是这个圈。

涂燕辉:你的意思是说,3.5的范围不仅包括进口产品产生的影响还有其他因素产生的影响,应该在3.1中就规定出所有因素都审查,是这意思吗?但是我觉得第3条就是规定损害的确定包括哪些方面,再进一步看这些损害是否是由进口导致的,然后看其他因素是否也会导致这种损害,进而排除其他因素所造成的损害。

柳驰:按照你刚刚的逻辑,三款应该是并列的。

涂燕辉:不是,3.5是递进的。

侯日欣:被逼无奈,我也得上来画个图。

(注:已经是第三位同学上台画图。)

杨:下节课有一个新的阅读资料,中国商务部的裁决,到时候发给大家看。不知道条款之间是什么关系就不好调查,商务部就错在对3.2的理解不对,如果对3.5的理解再不对,那人家告你你还能赢吗?

侯日欣:3.1有个总则的内容,a项如何证明呢,就找3.2,这相当于细则,b就找3.4,但是3.2用的动词是consider,3.4用的是examination,而3.5的结构发挥的作用是以also为界,之前说的是不仅要consider还要determination,后面的动词没有换,所以3.5的作用是将3.2和3.4的要求更进一步。

杨:3.5的范围大不大于其他的条款?还是只是递进了?

侯日欣:程度上是递进了,但范围上还是一样的吧。

杨:大家看侯日欣画的图基本上反映他的思路了。大家有什么问题?

付凉洁:我觉得他的理解有些错误。3.5后面的那个also examine不是对应3.4的examine。3.5的also examine考虑的是除进口以外其他对国内产业造成损害的因素,但是3.4的examine讲的是进口产品对国内产业的影响。这两个部分需要考查的事项完全不一样。

柳驰:有个很简单的质证方法,从两个角度出发,一是逻辑上有无包含,二是顺序能否对调。3.1是看什么,3.2和3.4是怎么看。可以先把影响产业波动所有的因素分析一遍,画一条线或一个圈,再看真正和倾销补贴有关的是哪些,就可以得出结论。递进有前后,overarching有包含,而从我划的图来看,没有包含也没有前后关系,有交叉的就是3.5前半部分。所以总体来说还是并列的关系。

杨:柳驰试图用逻辑的方法进行论证,不能没有论证就说不同意上诉机构的说法,上诉机构都是论证出来的。

陈小燕:我有两点想法,一是3.5的前半段是按照时间或者说从易到难(证明难度)的顺序来排的,而非归因因素比较难证明,所以排到了最后,先是肯定性的分析,最后才是排除性的证据。二是柳驰画的图指的是3.5是最外围的一个,跟1,2,4是绝对性分裂的关系。但事实上根据3.5的also后半部分的规定因素应该和3.2、3.4规定的因素是有交叉关系的,而不是绝对的排除。

柳驰:我觉得不是交叉,换一个词,叫作"承上启下"。

杨:我们还是回到这个问题,谈谈这些不同条款之间的关系。

赵洋:3.1还是overarching,3.1和3.5还是有照应的。大家应该注意几个关键词,一个是3.1的involve,还有就是3.5的shall,also和any known factors,它们是有照应关系的。Involve是"包含"的意思,表明a和b是需要审查的,那么关于3.2和3.4对应3.1的a

和b是没有疑问的。但involve并不意味着审查就只包含a和b这两项,还有其他因素。若是已知的其他因素,则要证明,这是shall和also的意思;若是未知的其他因素,那这个证明也就不需要提出来了。所以我认为3.5是在3.1的涵盖之中的。

杨:不同意柳驰的再说一下,最后涂燕辉再说一下,这个问题我们就不说了①。

柳驰:她说的一个是照应,还有一个是involve。这四个始终贯彻一个思想,关于involve,如果是包括,显然要包括全部,但是3.1显然没有包括3.5。

赵洋:之所以叫shall involve,就是因为除了a,b,还有其他。a和b是在证明过程中必须证明的,而其他因素若是除了a和b以外已知的因素,则需要说明;否则就不用说明,因为是未知的嘛。所以3.1还是涵盖了3.5所说的内容。

杨:你是不是要强调"involve"这个词,involve是包括但是还没有说完的意思。此时3.5就与3.1呼应了。

赵洋:所以文中才经常出现expressly这个词。

杨:赵洋是把3.1中involve这个动词与3.5中also后的examine any known factors连在一起,这确实是一种论证方法,确实名词在那里,这和柳驰的逻辑论证不一样。这完全是基于文本,是比较可靠的一种论证方法,当然,成立与否再说。

涂燕辉:我还是不太同意柳驰的理解,我认为3.1是规定确定损害应审查哪些方面。3.1规定了损害的确定应包括a和b,3.2进一步具体了a,3.4进一步具体了b。而3.5则是规定应进一步证明损害与进口之间的因果关系。那么如何证明这种因果关系呢?一方面是直接从正面证明损害是由进口导致的,另一方面是从反面证明那些不是由进口导致的,即有其他因素造成的损害。正反两方面结合起来证明进口与损害之间的因果关系,总之二者的核心都在于损害的确定。

杨:你现在有点质疑专家组和上诉机构?给调查机关的义务更高了?好像有点节外生枝,柳驰最后再发一下言,这个问题我们就结束了。

(注:适可而止的讨论。)

柳驰:我还是画个图吧,还是用数学的方法。我首先还是想说,这个条文的制定是有问题的,3.1的overarching是一个括号,3.2是a,3.4是b,3.5是c,怎么去论证呢,(a+b)−c,然后侯日欣说是also,是递进,数学上是可以互换的,哪怕不是减c,是乘c.也是可以互换的,有个问题在于involve,括号应该画到另个地方。不管括号是哪种括法,质证结果是一样的,但是鉴于制定文本的技术问题,一个是递进,一个是并列,从技术上来讲,并不是很明确到底括在哪里。

杨:没有时间详细讨论这个问题了,感觉这个案子好像纯粹是个条约解释的问题。我们看到了查字典、上下文的解释方法,当然还没有看到目的与宗旨的解释方法,还有WTO进

---

① 廖老师批注:柳驰是课堂讨论的中坚力量,但他的发言也经常会引起大家的不同意见。对于他个人而言,需要着重关注的可能是自己的口头表达方式和表达效果,如何让大家在短时间内基本了解或者听懂自己的不同观点?特别是考虑到有的时候这种不同观点往往角度比较新颖,甚至别的人都不认为这是一个问题。授课教师在这方面其实已经狠下功夫了,不断地利用自己的引导和同学的观点,给他进一步阐述和明确自己观点的机会。有的时候,那些看起来和我们思路观点不同的人,其实未必与我们是那么的与众不同,这完全有可能是因为他缺乏一些表达和沟通的机会,从而陷入一定程度的"恶性循环"。

行法律解释的一个基本原则,那就是每一个词都是有含义的(有效解释)。有时候明明条文制定的时候大家谈判中有些模糊,裁决者心里面也在恨呐,但是不能这么说,只能说每句话都是有含义的,最后条约解释的结果不能使某个词没有意义。也许起草者逻辑上真的有问题,但我们应用的时候只能说是有效的。我们这节课的讨论真的很抽象,这是在WTO的解释中很典型的一种解释方法,3.2增加的到底是什么义务,中国提出是因果关系分析,那么3.5呢,两个条款不能重复,否则违反条约解释的宗旨,上诉机构解释的就是这个问题。双方的所有观点都要解决,这就是讲道理。我们很幸运,已经有答案了,但是上诉机构当时是没有答案的,我们的讨论也可以超出上诉机构的讨论,柳驰和侯日欣虽然角度不一样,但是和上诉机构的解释还是有点差别的。柳驰更明显,但是论证成立与否要大家去研究。这是我的总结。我觉得还是需要大家课后仔细阅读。

(注:总结,点出了条约解释的方法。这节课的讨论,从对裁决的理解,到相关条款的解读,都大大超出了我本人此前研究的范围。我几乎是参加了同学们的讨论。从讨论中,我发现了自己此前研究中存在的问题和缺陷,成为我课后继续研究的动力,也促成了我布置课后作业的思路。事实上,下课后,我独自重读了这些条款,并且查阅了商务部裁决中的相关段落,为第二次课的讨论做了一些准备。)

第一个作业:第3.1 3.2 3.4 3.5之间的关系。特别是柳驰,如果你要推翻上诉机构的论证,就得花大力气分析。

今天一上午就讨论了你提出的问题之中的一个问题。

第二个作业其实就是林璐说的第二个问题。是什么问题?林璐再说一遍。

林璐:《中华人民共和国反倾销条例》规定是国内企业代表国内产业提起反倾销调查,但我对"非市场经济国家"的国有企业能不能提起反倾销调查存在疑惑,在这样的主体前提下,会不会在调查时对国内价格产生影响?

杨:大家可以下课之后再问问林璐的问题。这是扩展阅读很重要的一个问题。

第三个作业是,什么是反倾销?很简单的一个问题。

第四个作业是:什么是反补贴?大家不要忘了,这个案子还包括《反补贴协定》15.2条呢。我们说了半天还都是说的《反倾销协定》里面的内容。

第五个作业,读一下商务部关于取向电工案件的裁决。我课后给大家发,下节课要讨论。在这个裁决里面,中国商务部对3.2和3.4等条款是怎么理解的。通读,重点是读跟我们讨论内容相关的部分。

第六个作业,上诉机构报告159段,倒数第4行中"explanatory force"这个词,还有154段第6行。

付凉洁:这个词第一次出现的其实应该是在136段,倒数第二行 that is …

杨:是的。我现在的问题是,这个词是哪里来的,什么意思?我认为这是个关键词。

(卢夏意、孙珩根据课堂录音整理)

廖诗评:

第二个讨论的案件是DS414,这个案子的上诉机构报告我没有看过,趁着这两次讨论,

我浏览了一下,感觉不是很好,很多问题很模糊,还需要进一步阅读。从这个角度来说,这个案件的第一次讨论课是基本成功的,无论从讨论的方向,还是讨论的深度,均是如此。不足之处,恐怕还是学生暂时没有深刻体会到认真研读材料和法条对于讨论的重要性,好在这一点还可以通过以后的课程不断强化。

我个人认为,把DS414作为第二个讨论的案例是比较合适的。第一个案例是DS362,涉案措施有很多,我们主要讨论的是中国《刑法》的规定(立法),第二个案例的案情要简单得多,涉案措施不过就是商务部的一个裁定(行政行为或措施,而且是个具体行政行为)。两相对比,聪明的学生应该能够体会到DSB审理中"系争措施"一词的范围,因为这两个案件涉及的措施明显是as such 和 as applied 的区别。进一步思考,还能够发现WTO审查成员方措施的范围,其实比我们国内法院审查行政机关行为的范围,要大得多,而且前者还有类似于英美法系中"司法审查"的影子,这无疑也是争端解决机制强调rule-orientation的一个表征,至少从这个角度来看,一个国际性的争端解决机制,尽管是各方妥协所达成的结果,但好像比我们国内的法治建设(尤其是考虑到法院对政府的方式)还走得更远一些。按照课程安排,下一个要讨论的案例是DS379,是一个可以"让我们high 一下"(成钢同志语)的案例,如果稍加引导,学生恐怕就会问,为什么我们在DS379里面,只告了as applied而没有告as such,这样的讨论,有可能就把WTO的实体规则和程序规则结合起来了。想到这里,不由得多了几份期待。

取向电工钢案(二)

时间:2013年4月6日　08:55—11:40

杨:今天的课对大家来讲是一个考验,本来是放假时间①,而且外面天气这么好,大家愿意牺牲休息时间来上课,大家的这种精神是值得肯定的,而且我认为来上课是值得的。今天可以早点下课,下课之后大家可以去踏踏青,晒晒太阳。

(注:这次课只有十几位同学参加。我想,清明节放假,加上外面春光明媚,不少同学春游去了,这可能是一些同学缺课的主要原因。其实,此前也有同学缺课的情况,感冒生病或者这样那样的事情,可能都是原因。

关于学生是否来上课,我的基本观点是:这是需要他们自己掂量的事情,因为他们已经是成年人了,能够做出理性的判断。从理性的角度看,在自由选择的情况下,是否在周六的上午去上某位老师的课,受到很多因素的影响,而生病、有事、睡懒觉、出去玩等,都可能成为"不去上课"的原因。但是天平的另一边,即"去上课"的因素,则是这门课的价值,即是不是值得去上这门课,或者说缺一节课是否有损失。如果掂量的结果,是不值得去上课,或者无所谓,那么理性的选择,当然是缺课,去做其他事情。因此,学生是否来上课,尽管可能有多个原因,但是至关重要的一个原因,应该是上课的价值。如果学生认为上课有价值、有收获,自然会克服困难,千方百计地来上课,尽管仍然会出现实在不能来上课的客观情况。

如此看来,要想吸引学生来上课,最为重要的是提升课堂的价值②,要让他们有一种缺课就很可惜的感觉。我认为,任何强迫学生上课的方式,包括点名和与成绩挂钩等,都是不可取的,因为对于成年人来说,"管得住人管不住心";他们完全可以做到身在课堂,心在天涯。这样的学生出勤率高,除了能够满足教师的虚荣心之外,别无用处。此外,如果把这些年轻人关在一个没有价值的课堂上,无异于"谋财害命"!这还不如他们睡懒觉和出去踏青呢。

基于这种想法,我才有上课开始时那几句感想。假期、周末、春天,在如此特别的时候,仍然有十几位同学出席,并且还有一位同学头一天晚上乘飞机从家乡赶回来,我已经很感动了。还有,平时上课发言积极的同学,大多数都在,我更加感到安慰。他们自愿放弃其他的事情,来上我的课,那么我就应该让这门课更有价值。我现时起意,让同学们围坐在一起,实现了我的"圆桌式讨论"。事实证明,这节课的讨论非常精彩。此外,相信这种师生"促膝谈

---

① 廖老师批注:本次课的上课时间本来是清明节假期,但上次课结束后授课教师征求了一下学生的意见,遂还是决定在假期继续上课。学生有不少请假的,但也有匆匆回家祭扫然后坐飞机赶回来上课的。

② 廖老师批注:相信位于教学一线的教师对于这个观点应该都是赞同的。但既然如此,为什么各个大学还要比较严格地(至少名义上比较严格)去考核上课出勤率呢?这里面除了管理者的立场之外,其实也有部分考虑到学生的心理。如果不通过平时成绩或者其他方式将不太来上课的和经常来上课的同学进行区分,后者可能会心理有些不平衡:凭什么他/她老不来上课,考试分数也不低(或者仍然很高?)

心"的气氛,也会让同学们感到亲切。在平等、亲切、温暖的气氛中,与同学们一起探讨WTO的真谛,恰恰是我的最高理想!希望这次来上课的同学们,看到很多同学没有来,不会觉得自己吃亏了。相反,我倒是希望没有出席的同学听说了这次"圆桌式"的精彩讨论之后,会后悔自己没有来。)

上节课我们留了六个作业,上次我们讨论了两节课第3条1、2、4、5款之间的关系。我坦率地跟大家讲,我之前办这个案子的时候考虑的都没有上节课这么复杂。还有就是昨天廖老师给我写邮件,说听我们上节课的讨论他也觉得有些地方有点晕(笑)。这说明我们讨论的真的是很细了!这节课我们再花一点点时间,大家讲一讲经过课后的阅读你认为第1、2、4、5款之间的关系是什么。

(注:与上节课的衔接,看看学生课后阅读和思考的状况。另外,坦率承认老师的收获,是对学生的肯定和鼓励。)

柳驰:上节课大家都是根据这四条来讲的,但是没有人把这四条放在一个整体中去看,所以我觉得这样讨论是不完整的,后来我找来了整个第三条①,它总共包含八款,最后一款没有实质性内容。我们来看3.6条和3.7条,3.6条说的是要把商品的范围进行界定,3.7条开始说"a determination of a threat of material injury shall be based on facts and not merely on allegation, conjecture or remote possibility",后面又说"the authorities should consider, inter alia, such factors as",之后列举了几个,后面的这些factors与前面提到的factors不尽相同但也有重叠的部分。这就有一个启示:如果前面真的是有一个overarching,那为什么后面又还要这么写?上节课有个观点是说,3.1条是一个principal。可是如果它不能很好地统括全局的话,为什么要把它放在第一条,我觉得这样不合理。还有一点,我得去画图。(开始画图)我完善一下我的理论,这个法条中的statement实际上是分为两个步骤,实际的操作是无论什么样的商品进口,只要是不高于国内商品价格,都会对国内产业造成损害。所以其实只要是进口就会有损害,至于损害多少,这个是由price等一些因素来判定的,但这还不足以确定损害是多少,因为原点没有找到。比如国内厂商原来是b,因为进口而成为a了,这是3.2条和3.4条的内容,而3.5条是把原点给出来了。假设这个是原点的话,这其实没有多大损害,但是如果损害真的特别大,比如到这儿,那这个市场就完了,我就要开始征收这个反倾销税。大概就是这样一个步骤。这两步其实是分开的,一个是单纯的损失,另一个是损失的环境,像domestic industry这其实不是环境而是损失的一部分,但是当考虑到整个市场时这些才是环境。无论从商业上还是从逻辑上这两步都是独立的,但这两步又是可以互换的。但在3.1条中却没有提到这条,所以3.1条不能是overarching。然后我又查了一下overarching的定义,我觉得这个词整个是有问题的。韦氏词典里面对overarching的解释中用了一个词"or",如果3.1是overarching的话,这里的or却没有包含3.5条also后面的部分,所以从词上来说也是不准确的。还有一点,also是并列的意思,or是转折的意思,连词不仅可以连接句子还可以连接两个不同的意群,用also表示这两个意思是并列的。

杨:我们这节课时间有限不能再去讨论了。柳驰的发言是跟他上节课的立场是一致的,

---

① 廖老师批注:学生通过自主学习在讲context的范围逐步扩大。

他认为 overarching 这个词用得不准确,他的思路也更加清晰,上节课他只是提出来并没有展开论述,这节课看起来他是充分论证了自己的结论。他用了两种方法来论证,第一点值得提的是,他看到 3.6 条去了,我们一开始就说到了第 3 条的 1、2、4、5 款,他说要结合整个条文来理解,我认为这是一个非常重要的思路。大家不要认为我们只讨论 1、2、4、5 款就可以只看这几条,context 是非常重要的,这有助于大家的理解。还有一点大家要注意,他在查字典,大家也看到了 WTO 经常使用这种方法,这很关键,我想这个案子给我们的启示大概也在这儿。今天我们没有时间来论证柳驰说的到底对不对了,其实这个问题是很有意义的,我只是提醒大家注意这种方法,如果我们经过这个案子都能像柳驰这样从两个角度,一个是 context 一个是 ordinary meaning,来进行论证,这就是非常有意义的了。大家可以在课间休息的时候来挑战一下柳驰的观点,那我们再回到这个问题上来,就是第 1、2、4、5 款的关系。

(注:为这位同学的发言"点睛"。学生的进步是令人欣喜的。)

韩悦:我还是基本上同意上诉机构的观点的,柳驰说这不是 overarching 而是并列的关系,那如果是并列关系的话,对于没有被"包括"在内而是被"并列"在外的内容,你认为在进行"非归因性"分析的时候还要不要基于客观性和积极证据的原则来进行展开呢?

柳驰:这是两个意思,我认为这是法条本身的问题,当然这么说有点不合适,一般来说没有人挑战法条的。

杨:暂停一下,柳驰,虽然我觉得很有意义,但是还是希望我们不要花很多时间讨论和上节课一样的问题。韩悦提的这个问题我希望你们两个课下来交流一下。

(注:维持讨论的秩序。)

韩悦有没有什么新的要陈述的观点。

韩悦:我先听听别人的吧。

曾薪燚:我同意柳驰的观点,这里面没有 overarching 的关系。单从第 1、2、4 款看,它们的用词不同,3.1 条责任的范围更严格,而 3.2 条、3.4 条责任范围的用词是相对松散,我们考察一部法律如果是 overarching 的话,它的规定肯定非常宽松,而在它分则中的规定肯定是非常严。我觉得这里它不符合一般总则的规定,因为一般总则的规定很宽泛,它要能够把所有的东西都包含在里面,这里 3.2 条和 3.4 条可以视为调查机构的一种操作细则,比如说我看到了 3.1 条但我不知道该怎么做,那我再来考察 3.2 条和 3.4 条,然后得出一个结论。但是如果这么来分析的话,第 5 款和第 1 款也是矛盾的,因为第 5 款用的是 demonstrate,跟第 1 款的用词不太一样,而且第 5 款也不是调查机构本身的责任,它是不是第三方一种抗辩的事由?

杨:好,大家就陈述到这里吧,因为时间的关系今天就不辩论了,留给大家课后去交流。我也陈述一下,我回去也特别想了一下,上节课的讨论只有柳驰非常明确地提出 overarching 是不对的,虽然没有论证。我回去也看了,我觉得可以打一个问号吧,这个问号是给上诉机构的,也有给柳驰的,不知道有没有第三种可能性。

大家来看材料 126 段,"overarching provision that sets forth a Member's fundamental, substantive obligation with respect to the injury determination",大家注意这个 set forth,set forth 几乎就是一个 determine,大家同意吧。大家再来看后半句"informs the more detailed obligations in succeeding paragraphs",大家注意 informs 和 set forth 是不一样的,我觉得 informs 几乎就是 indicate 或者说是 show,大家再注意脚注这里的 informs 是在"泰国H型钢案"中用的,我们这个案子中上诉机构只是引用了那个案子的裁决。我在想的问题是,这里用的 informs 和 set forth 还是很讲究的,什么意思呢?如果 set forth 的要求比较高,informs 的要求比较低的话,那么我理解的上诉机构这里 overarching 的概念可能还是对的。我倾向于从这两个词中来理解 overarching,所以我提出了一个和上诉机构、和柳驰都不一样的第三种理解,对于第一条是笼统的在说 obligation,这一点大家没有问题,大家现在质疑的是3.4条和3.5条有没有被包括的问题。我们看3.1条和3.5条的关系,如果说3.1条 informs 3.5条,这个说法大家好像不太容易去反对,因为这只是 indicate,是 show。我只是把我自己的想法拿出来给大家分享。

(注:这番议论,完全是受到了学生们讨论的启发。)

最后我要说一点,我们在我们的课堂上能够对上诉机构的用词进行质疑,我是觉得很骄傲的。我上次跟大家讲了,当时开庭的17个小时我们就在研究那几个字,上诉机构显然已经深思熟虑了。大家看我写的文章中也有一篇叫《拷问》,讲这个问题,整个已经讲得特别的细了。即便是这样我们依然能对上诉机构的说法进行怀疑,尽管怀疑的不一定对,但我们是有权进行怀疑的。就像上次给大家留"explanatory force"那个作业,我就要给大家分享我的质疑。

(注:始终鼓励学生的质疑精神。)

韩悦:我现在也不是想说到底哪个观点对哪个观点不对,也不是想说这个 overarching 到底是一个什么样的包含关系,我就是想说一下刚刚突然想到的一些想法,就是我们在解释3.1条到3.5条之间关系的目的到底是什么,我们为什么要提出各种解释各种划分的方法?无非就是想给以后的实践在确定损害方面有一个明确的指导,这是最关键的,就是把条文中一些不清楚有争议的地方解释清楚之后,以后碰到这些问题时能够比较明晰。所以我想应该是冲着这样一种目的进行解释的,刚刚我在想柳驰硬生生地把它解释为一种并列的关系,目的到底是什么呢?实际上,上诉机构的解释只是提供一个分析的过程,就是首先要基于3.1条的这两个原则,然后要走3.2条、3.4条、3.5条这种步骤,而且一般来讲这种客观审查和积极证据的要求是要贯穿整个过程的,这是肯定的,我就是不明白一定要把它拆成并列关系的目的在哪里,就仅仅是为了证明它是并列关系而说它是并列关系吗?

杨:我知道柳驰有很多话要说,最后再说一句吧。

柳驰:第一,我有强烈的对逻辑不合理的探究欲望。第二,如果我最后探究出来的结果表明上诉机构是错的,那么有两种情况,第一是上诉机构的逻辑有错误,第二适用本身有错误。第一种好说,但如果是裁量本身有错误那就意味着法条有错误。这很正常,国内的法条都可以被质疑,那么 WTO 的法条为什么不可以被质疑。所以如果我最后的结论是法条有错误,那么就修改法律,我觉得这反而是好事。

杨:好,不辩论了。这个问题我们就到这儿了,大家对这个问题的讨论已经很详细了,也引起了我和廖老师的思考。

我们来讨论第二个作业,就是 explanatory force 的问题。我先来跟大家说一下为什么要提出这个问题。不是说我有现成的答案不告诉大家,不是这样的。曾薪燚看到我写的那篇文章"究竟是什么关系",就是写的这部分。为什么要写这篇文章?其实也是为了整理自己的思路,但是到最后我只写出来了上诉机构认为是什么,有些问题我也一直没有解决,借这个机会跟大家讨论一下。

我给大家读一下我写的这部分:也就是说,调查机关应当考虑进口与国内产品价格之间的关系,以便于理解进口是否解释了国内价格压低或抑制的出现。从这个结论看,调查机关的义务是:仅仅"考虑"(consider)是不够的;这种"考虑"还要有一定效果。换句话说,中国认为调查机关不需要确立进口与价格影响之间的任何关系是不对的。而专家组认为调查机关需要就二者作出一个"最终决定"(a definitive determination),也是不对的。上诉机构似乎是说:调查机关的义务,是从"考虑"走向"最终决定"之间的状态,也就是这种"考虑"应当有利于作出"最终决定"。这只是我的理解,我的问题要回到136段。付凉洁提到的136段第一次提到 explanatory force。我提出问题的原因是我认为这个词是上诉机构造出来的,怎么造出来的?

柳驰: 我先说这个是怎么造出来的,因为中国没有解释中间的因果关系,那上诉机构就说,你既然没有解释,我就用一个说明你需要做什么的词来告诉你应该做什么,这可能跟思维的惯性有关,就是既然你做的是不对的,我就用一个相反的词来告诉你什么是对的,没什么特别的,这个词就是针对中国而来的。第二个这到底有什么关系,我用一个比喻可能不太恰当,就是一个男的和一个女的在一起看对眼儿了,上诉机构的意思是不需要你们两个是结婚还是订婚,但是你们两个需要以结婚为目的来谈恋爱。这里 demonstrate 可能就是结婚或者订婚,而 consider 一般就是"我觉得他不错",上诉机构的想法是"不对,这里的 consider 不仅仅是你觉得不错,而是需要你以 demonstrate 为目的来谈恋爱"。

(注:绝妙的比喻,形象地表达了我试图描述的那种过渡状态。)

杨: 这个比喻好像很有意思,我主张大家用生活中的例子来解释法律问题。下节课我们讨论"双重救济"的时候更加鼓励大家用生活中的例子。过去我参加另外一个讨论课时,我遇到过很多次同学们用生活中的例子来解释法律问题。

(注:用众所周知的生活实例表达艰深晦涩的法律问题,实在应该成为法学院学生着力培养的一种能力。)

大家是接着他的说,还是来回答这个问题,我再来重复一下我的问题,就是这个词是怎么来的?

付凉洁: 我上次提出来这个词的时候我也是很纳闷,不知道这个词是怎么突然之间就蹦出来了。

杨: 这也是我的心理感受,当时在大家纠结 show、demonstrate、consider 是什么的时候,这个词就出来了。

付凉洁: 我后来查了一下,我觉得这会不会是美国或者专家组提出来的。但是我在专家组报告中找了一下,没找到这个词。我不知道美国的意见中是不是有提到过这个词。我觉得这个词不应该是生造出来的,应该是有一个过程的,在解释条文中慢慢推论出来的。如果说专家组或者第三方的文件中都没有提到过这个词的话,我就会觉得它很突兀。

柳驰: 我查了一下字典中这个词的解释,在韦伯的解释中有一种 intended 的意思在里面,就是意图。我理解的意图就是"以结婚为目的"。

付凉洁：我们现在讨论的不是它是什么意思，而是它是怎么突然用在这里的。

柳驰：因为专家组在这里正好论述的就是中国做了什么没做什么，中国认为这里的 consider 是不以结婚为目的的谈恋爱，而专家组认为不对，这是以结婚为目的的谈恋爱。那这个目的在哪儿体现呢，就是在最后它用了这个词来体现。

韩悦：我说两点，第一点就是我同意柳驰的观点，这里没有什么特别的意图。第二点就是我觉得这个词在这里也没有特别的突兀。整个 136 段都在说被调查的产品和价格下降及价格抑制之间应当有这样一个因果关系，所以最后在总结的时候就说了 explanatory，这个词的词根就是解释说明，所以我认为还是跟上文有一定的关系的。

杨：韩悦的意思是说这个词是从上文自然的承接下来的，那其他同学有没有什么不同意见？

柳驰：我刚刚做了一下逆向思考，先来看看 explain 这个词，explain 第一次出现是在 23 段中。我觉得 explanatory 是不是根据已有的抗辩或者判决造出来的。对于 explanatory 到底是怎么造出来的，我认为有两种可能，一种就可能真的是水到渠成；还有一种可能就是从心理方面来讲，就是大家一直在说 explain，那我就造一个 explanatory 出来。

杨：大家对 explanatory 的来历还有没有什么看法？

赵洋：这里的意思应该是，调查机关的考虑应该有助于上诉机构作出一个决定。在 136 段提到的这两点，"whether there has been a significant price undercutting"和"whether the effect of such [dumped or subsidized] imports"，字典中对这个 force 的解释就经常包含了 influence 或者是 effect 这样的词，这就可以说明为什么最后会出现 force 这样的词。而至于 explanatory，是因为专家组认为你所考虑的问题，是要对其最终的决定有一个助推力，即要起到解释和说明的作用。我觉得 explanatory force 这个词就是这么来的。

杨：经过讨论之后我也来澄清我自己一些想法。这里面有两个问题，第一个，这里面究竟是什么关系？先不说这个词，单单就这种因果关系，似乎大家都是认可的，我们觉得上诉机构认定的还是要分析，怎么说到这儿的？就是 136 段倒数第二句"The language of Articles 3.2 and 15.2 thus expressly links significant price depression and suppression with subject imports, and contemplates an inquiry into the relationship between two variables, namely, subject imports and domestic prices."到这里大家好像还是同意的。第二个，就是我提出的问题了，为什么要用这个词，我过去是把这两个问题混在一起了。大家看下面它又说了"More specifically"，它觉得说到刚刚那句话还不够具体，所以它又加了"More specifically"，之后这个词就跳出来了。所以我们能不能分开来讲，倒数第二句话中写的关系我们是同意的，然后我们现在就可以集中来讨论这个词是否准确了。它在这里用这个词是想表达倒数第二句话的意思，但是它到底是否准确呢？

（注：澄清所讨论的问题。客观地说，当我布置作业"explanatory force 从哪里来"的时候，我是没有想到这种"实质内容"和"形式用语"之分的。是这场讨论帮助我澄清了自己的问题。）

赵洋：我想补充一下我刚刚的观点。首先我查了一下字典中这个词的意思，用中文来讲就是调查当局去做什么是有一个行政权力的考量因素在里面的，是有一种权威性的意味的，所以在这儿用 force 这个词是更加准确的，force 不仅有 effect 的意思而且有权威性的意思。

（注：查字典已经成为习惯性方法了。）

柳驰：我还是用一种非法学的方法。我认为这个词的使用有这么一些考虑：在这之前一直都在讨论 explain 的这个问题，所以这里就出现了这个词；或者说这也是学者的一种通病，就是不断的想要把一些东西抽象化。Explanatory force 这个词之所以出现，我认为是在写这份报告的时候，上诉机构发现有这么一种东西是有共通性的，它就把这种共通性抽象出来了。

杨：用词是一种形式上的东西，但大家对这里所说的关系是没有异议的。这给了我一个很重要的启示，第一，上诉机构如果只说到倒数第二句可不可以？它是不是已经非常明确了，只是没有用这样一个名词来概括它？

赵洋：我觉得把这两个词连在一起的意思是，单单知道它们是有关系的还不够，还要作出进一步的分析，这种分析要对最终的决定有推动力的，也就是说到底有没有这样的一个影响是要有直接的证据。

杨：赵洋回答了我的第一个问题。第二，给我提供了一个思考：上诉机构有没有权力来创造一个词①？

（注：水到渠成地引出一个重大问题：法官的权限是什么。）

柳驰：我觉得它有权。这可能跟我上上周画的那个图有关，WTO 实际上是一边在裁判一边在造法，所以我觉得它有权来做这个事情。我的感觉是，一开始什么国际条约都没有，也不能这么说，就是一开始国际法是从个人的学说②出来的，这些人一边用现成的学说和法条来解释，一边又会形成新的学说，既然学说能够成为国际法的渊源，那么为什么这种新的解释不能成为国际法的渊源呢？

付凉洁：可是我记得 DSU 中规定，上诉机构是没有这种权力的。它的解释不能增加或减少成员的权利或义务。

杨：在 DSU 的哪个地方？

付凉洁：好像是 DSU 的一个具体条款，想不起来了。

柳驰：这个问题要分开来看，就是它有可能造法，但是究竟最后会不会被采纳这是以后的事情。创造的这个词有没有法律效力是由其他因素来决定的，但是这个词能不能被创造就是另外一回事，一个词能不能被创造完全取决于学理上说不说得通。

吕效竹：我觉得法官在审判的时候他需要用一些词来解释，但创造的这个词如果有偏向性是不是就不可以了。

---

① 廖老师批注：这个问题我当时听起来是觉得有点模糊的。似乎这个问题是要引导大家讨论上诉机构的解释权限问题，或者进一步说，是上诉机构的权力边界问题。但仔细想好像又不是，上诉机构每每提出一个新词，都会涉及权力边界的问题吗？当然不是。但无论如何，随后进行的讨论事实上说的还是上诉机构的解释权问题。

② 廖老师批注：恐怕很多教授国际法的老师听到这个观点都会有些惊讶，但这确实是符合历史事实的。否则《国际法院规约》第 38 条就不会把"权威最高公法学家学说"法院在审理案件时所要适用的补充性法律渊源了。这个观点从一个大三学生嘴里说出来是很令人振奋的，倒不是因为这表明学生对国际法规则的理解有多深，而是因为有时学生的知识面、理解能力确实会超出我们的想象，甚至超出我们做学生时的认识水平。

柳驰：我觉得还是要分开。跟有无偏向性无关，比如说，如果在法官的判决中或者解释法条中用了一个谁都不知道的词，我认为这个是有问题的，因为就像刚刚说的它创设了新的权利义务，但是仅仅从逻辑结构上来说，如果他认为用一个概括性的词，在逻辑推理上有更好的作用，我觉得是可以的。

吕效竹：也就是说这里创造出的词并不是法官在创造新的权利义务，而只是对这个现象的陈述的概括而已。

柳驰：(又画图了…这次是被要求画图的)。

杨：柳驰在画图的时候付凉洁来说一下，刚刚提到的在 DSU 的什么地方？

付凉洁：DSU3.2条的最后一句是这么规定："争端解决机构的各项建议和裁决不能增加或减少各有关协议所规定的权利和义务。"

柳驰：我说说我画的图吧，一个是圆形，一个是三角形，权利义务不是通过它们的形状来表示的，而是通过它们的面积来表示的，问题是这些权利义务是很散乱的，形状决定的是结构。法官不可以在"面积"造词，但法官可以在权利义务的内部造词。我抽象一下，如果法官造词的影响是把面积大小改变了，这种词是肯定不行的，但如果是把结构更清晰化，这时就没有问题了。

杨：这就不是创造而是解释了，没有增加或减少成员的权利义务，没有改变法律。只是解释了这个法律。

柳驰：重点在于它是什么解释，或者说它解释的效果是什么，是一种逻辑上的概括。我觉得从法条上来讲，这并不导致增加或减少权利义务。就是说只要权利义务不变，如何来组合它是没有问题的。

廖：你画的这个图本身就暗示了一种逻辑上的概括，圆形和三角形之间的关系可以理解为一种包含，但三角形之间的关系也可能是一种排斥，一种非此即彼的两分法。但无论如何这种概括都是一种解释。

（注：冷眼旁观的廖老师，情不自禁地加入了讨论。）

杨：我再澄清一下我们讨论的这个问题：上诉机构到底有没有权来使用这个词。

（注：收拢讨论的主题。）

韩悦：首先，我不认为 explanatory force 是一个创造，相反我觉得这里使用这个词是比较合理的。就是在分析了因果关系之后，用这样一个词来概括一下是不突兀的。第二，在这个基础上，既然它不是一个创造，也就不存在对权利义务的增加或减少。它反而使得对条约的解读变得更加清晰，这使成员方以后遇到这个条约时能更加明确。最后，吕效竹提出的偏向性问题我也不同意，作为一种对条约的解释应该不存在偏向性问题。

杨：这跟你的第一点是一致的。

吕效竹：刚刚我说的偏向性的问题，不是针对这里说的，而是针对柳驰的问题说的。这句话里面"More specifically"带有一种递进的关系，这句话是进行更深入的解释，所以不会带有任何偏向性，而只是进行一个更详细的概括。

杨：你的意思是说这里其实是没有偏向性的，因为用了 More specifically，所以是一种递进的关系。这个听起来是有点让人怀疑的，难道说它用了 More specifically，就一定没有偏向性的么？

吕效竹：它只是为了让大家对上面的理解更加深刻而已。

柳驰：我们刚才讨论的问题是上诉机构有没有权力，我们判断的标准是，如果上诉机构创设了新的权利义务的话，它肯定是没有这个权力的。问题在于，这个法条本身有没有这个权利义务是由上诉机构说了算的①。举个例子，这就相当于别人认为我唱歌是跑调的，但是我说不，因为这个曲子就是我创作的，只有在我说跑调时才跑调。或者我再抽象一点，就是上诉机构可以随便说这个法条有什么权利义务，只要你驳不倒它，那么它就是对的，它想怎么说都可以。

杨：大家觉不觉得这还是挺有意思的。大家想一下，上诉机构有没有权，上诉机构到底有什么权？作为法官，解释法律但不能创造法律，这一点大家是没有异议的。但是什么叫创造？什么叫解释？假设它不能用这样的词，那么它有权用什么样的词？什么是它有权做的？大家再回到126段上，上诉机构有没有权用overarching这个词，它用了之后有没有改变第3条？或者说，有没有增加或减少调查当局的权利义务？紧接着上诉机构有没有权用informs，它用得对么？

这个问题是很有意思的，法官不能造法只能解释适用法律，但是它如果一个新词都不能用，该怎么解释法律？大家注意上诉机构和专家组的报告，有一个特点，它在最大的限度内在不停地重复条文的含义，这体现出法官的谨慎。这样有一个很大的好处就是很安全，没有增加减少权利义务；最大的坏处就是说了半天还是云山雾罩的，还是那些词在不停地排列组合。我认为，如果136段只停留在倒数第二句那里，我们会更晕的，其实我们也是很想让它多说一点，但是当它多说了一点之后，我们就开始怀疑了。我们讨论的问题其实就是法官的界限究竟在哪里，特别是在英美法系国家，它们的审判其实就是这样一个过程。大家知道，英美法系的法官要遵循先例，也会有一个法官说我不遵循先例，因为本案和以前的案子情况不一样。法官是否遵循先例，这听起来是很重要的问题，但可能最终的决定权还是在法官那里。

（注：点睛。经过这种实例讨论，相信同学们会开始重新思考法官的权限、"遵循先例"等基本的法律问题。我认为，这是一场非常有价值的讨论。）

侯日欣：explanatory force是一个名词，这个名词是法官用来描摹自己的心理状态的，他总是要说话的，所以必须找一个代号来表达自己的想法，名词其实就是一种代号。（拿起面前的水杯）就像我说这是一个杯子那它就是一个杯子，如果千百年前人们发明这个东西的时候叫它电脑，那我今天就叫它电脑了，代号而已。而且不是法官自己要来找这个代号的，而是当事人双方有分歧的时候来找他，让他作出解释，他就只能找一个自认为比较贴切的代号来表达他的心理状态。我个人觉得这个词用得还是不错的。

杨：这是我提出的第二个考虑。第三个是它用了这个词之后它有没有必要再对这个词来解释解释？付凉洁的那个心理状态跟我是很像的，就是感觉在读报告读到这里的时候突然就出现了这个词，一个新词，它有没有必要来解释一下这个词？

---

① 廖老师批注：这涉及了争端解决机制的改革问题，特别是对上诉机构的监督问题。这不仅是很深的理论问题，而且也是实践中关注的问题，因为在DSU改革谈判实践中不同的成员方反复在各种场合都提出了"谁来监督上诉机构"这一疑问。学生的这个论断或者说问题，可谓一针见血。

赵洋：我个人认为是没有必要的，就像柳驰说的一样，法官不是在造法而是在解释法，这里用 explanatory 是合适的，至于 force，这个词放在英美语系中他们知道这个词含有 effect 之类的含义的，这就不需要来解释了。

陈小燕：我同意赵洋的观点，这个词可能在英美法系中或者是根据之前的文章中已经有了对它自身的限制，但如果它在这里进行更具体的解释，就可能会出现"解释的越多，出现的漏洞就越多"的情况，如果不解释或者比较含糊的话，就可以以不变应万变，到时候看对方怎么来攻击就怎样来守就行了。以上是我的观点。

曾薪燚：我也同意赵洋的观点，没有必要在这里解释了，前面已经论述了这个关系是什么样的，前面就是对这个词的一个解释，这个词就是对之前内容的一种概括，这个词完全可以用 it 之类的词来代替。法官为什么要用这个词呢，就是法官想要用一个简单的词来代替这种复杂的关系，避免文章过于冗长。这个词也给以后的法官一个自由裁量的空间，可以针对这个词进行进一步的解释，还可以就这个案子中的因果关系进行进一步的细致化描述。

刘豪：我赞成曾薪燚的观点，这里给出了一个概念，"概念"对于讨论问题最大的好处就是对语义的约束。这样，便于我们在讨论到一个概念的时候可以唤起我们对一些东西的共同联想和认识，这样我们才能进一步讨论问题。讨论问题前需要明晰一个概念，在提出一个代词性的概念时，如果在前面就已经把这个代词的内涵和外延界定得比较清楚，就没有必要再解释了。

韩婷：我觉得也是不需要解释，第一，它就是一个概念，就是把之前讨论的那些内容涵盖在里面，它的目的是为了以后讨论的简明性。第二就是，假设如果需要对这个词进行解释的话，我们可能就离原来的这个条文越来越远。就相当于，原来的这个条文的含义是 a，然后为了初步解释这个条文而产生了 b，如果将来再对 b 进行解释产生 c 的话，这个 c 就会离 a 更远，而且根本不知道这种解释什么时候是穷尽。所以我觉得做到 b 这一步的时候就已经可以了。

杨：大家先休息一下，这部分的讨论还是很关键的，大家课间的时候可以拓展一下，如果你是调查机关的话，以后你看到 explanatory force 的时候，你是不是就知道了要怎么做？

（注：从"explanatory force"开始的这场讨论，步步推进，广泛而深入。查字典、看上下文等"条约解释的方法"，同学们已经能够熟练运用了。不仅如此，讨论还涉及了法官权限和遵循先例等法理学问题。研究这个英文短语，是我布置给大家的作业，但是我却从大家的讨论中澄清了思路，并且想到了更多的问题。因此，这样的讨论，对于我来说，是一种精神享受。这个成功讨论的实例说明，老师可以提出问题，特别是老师认为关键的一些问题，但是讨论的主体仍然是学生。师生围绕某个问题的讨论，成为"教学相长"的典型案例。）

杨：我们现在讨论的问题其实是个现实的问题，这个案件现在进入了执行阶段。我们也在和商务部公平贸易局的同事们商量，这个案件该如何执行？而在下一个要讨论的案件中，也就是 DS379 中，上诉机构认为反补贴调查中要考虑反倾销的问题。对此美国明确提出上诉机构是越权了，因为美国不知道上诉机构是怎么提出这个问题的，说这些在文本中没有规定啊。关于这个案例，国内外有很多学者都在研究，为什么在考虑反补贴的同时要考虑反倾销？怎么办，柳驰你说一下。

（注：问题的现实性和真实性，是热烈讨论之源。）

柳驰：有没有这么一种可能,有的词本身是没有办法解释的,相当于计算机程序的源代码,做菜的原材料,是不可解释的,就像在读德系哲学著作时,经常会遇到一个词不知道意思,就要查黑格尔词典,但是查完了也未必能知道意思。就如其他学科可以用逻辑学来解释,但是逻辑学就没办法解释了。就好比有的东西没有上下文,只能把整个球面勾勒出来才能解释。所以,explanatory force 这个词就是整个论证,是一个代号。

杨：这是柳驰的观点,现在还是要集中在第四个问题,调查机关即公平局、产损局,应该怎么做?可能大家很难知道这个,那再想想。说到这里才是一个现实的问题,刚才我们谈的都是理论问题。

上节课留下来的第三个作业,是商务部的裁定。我们先讲讲裁决的结构和大致内容,再讲跟案例相关的细节部分,谁说说里面的内容?

赵洋：我把裁定的大小标题都已经列出来了,大的包括八个部分,第一是调查的程序,分别讲立案;倾销及倾销幅度的调查;补贴及补贴金额的调查;产业损害及损害程度调查。这个我认为还是按照 3.1 和 3.2 所列的分别进行调查。第二是被调查产品;第三是中国国内同类产品和中国国内取向性硅电钢产业;第四是倾销和倾销幅度,具体第一部分把正常价值、出口价格及价格调整的认定根据不同公司罗列出来,第二部分是价格比较,第三部分是倾销幅度;第五是产业损害和损害程度,该部分叙述比较详细;第六是因果关系;第七是关于产业损害调查的其他事项;第八是最终调查结论,该部分和 3.5 吻合,是一个结论。

杨：我想我们这样问问题可能会比较合适:读完这些裁定后,对其中与第 3 条无关的内容,大家有什么看法或者想法?

(注:我相信,同学们读了这份长达 100 页的文件,一定有很多意外收获,所以先让大家谈谈本案例之外的问题。但是我没有想到的是,会有同学形成以下的印象!)

柳驰：我感觉这份裁定跟 WTO 的裁决不是在一个水平线上。比如说像"调查机关经调查认定"这样的措辞,在 WTO 裁决中肯定会讲清楚:是调查了什么,怎么调查的。这个裁决看似很规范,但是其实很发散。

杨：这是我感到比较意外的一点。

韩悦：我觉得这个裁决在说理论证方面不够详细,特别是在因果关系部分。

(注:听到这两位同学的一致印象,我感动得几乎流泪了!才讨论了两个案例,同学们的眼界就提高了,已经知道什么才是好的法律判决书了。这表明了同学们法律思维能力的提高。我欣慰地想:我们的讨论课是有实效的。)

柳驰：刚想到一点,可能与法律无关。之前讨论课中我们好像说到过与中国外贸有关的问题,而在商务部这份裁定中,我们调查的对象不是俄罗斯就是美国,感觉我们国内产业的技术好像不行啊。中国贸易的特点,是通过第二产业来带动第三产业一定的技术增长,这种战略执行起来风险很大。原因有二:一方面,靠第一、二产业它们来带动,用它们创造的利润来做基础,这时外国的因素就会显得很强大;另一方面,第三产业不行,就是生产同样的产品,价格却比别人高,出口的时候却还要面临别国的反倾销,就将面临淘汰。

杨：我们鼓励这种与讨论不直接相关的理解。还有没有观点?如果没有,我们就讨论一下里面和我们这个案件相关的部分。与 3.2 有关的内容在哪里?与 3.5 相关的内容在哪里?

柳驰:从33页开始和3.2还有3.4相关。然后90页,我读的是裁决的大概框架,可能说得不准确。

杨:是吗?大家仔细看一下。

付凉洁:应该是80页吧。是"因果关系"大标题项下的内容。

赵洋:从76页开始,应该是产业损害和损害程度大标题下的。

杨:我们看可能在哪部分可以找到和第3条相关的内容,从76页开始,前面应该没有相关的。现在的问题是3.1、3.2、3.4和3.5分别对应哪一部分。

柳驰:80页的标题(三),被调查产品进口价格及其对中国国内同类产品价格的影响,对应3.2,还有3.1。我看到的绝大部分裁决,包括美国、中国、欧盟,只要是和商务有关的,必定会有关于价格的部分。

杨:有没有法律依据呢?调查机关有没有法律依据?调查机关应该是只有在有了法律依据才会这样做吧。现在我们讨论的是事实问题。这份裁决里面的内容,对应于《反倾销协定》第3条的哪些内容啊。76页到95页,哪些可能是对应3.1、3.2、3.4和3.5的。

韩悦:3.1、3.2和3.4主要看第五部分——产业损害和损害程度,还有下面的(一)累计评估的适当性,这一部分主要论证了采取累计评估这种方法是合理的,同时反驳了被调查公司企业提出的意见,我觉得这和3.1有点关系,符合积极证据和客观审查的要求。80页的(二)部分,也就是关于被调查产品进口量及所占中国国内市场份额的内容,这主要对应的是3.2,分析的是被调查产品进口数量的问题。至于(三),也就是被调查产品进口价格及其对中国国内同类产品价格的影响,以及关于进口价格的分析,我觉得这有因果关系的影子,因为这里谈到了进口价格对中国同类进口产品价格的影响。(四)部分的内容是关于国内产业相关经济因素和指标的评估,对应的似乎是3.4。

杨:我们先讨论一下,韩悦说的这部分内容准确吗,也就是说她说的商务部裁定里的内容是不是对应于这些条款。

柳驰:我还要补充一点,裁定的论证过程可能不是3.2,而是3.7里面的内容。

杨:那我们看看实质性的问题。现在先说3.2,3.5我们先不说。如果没有事先细看,要想找到这份裁定对应的问题,恐怕有点难。上节课我说的就是特别研究和案例相关的部分。不过我们在课堂上恐怕也没有时间讨论这个问题了。我们可以课下看。

那我先说说这部分应该特别注意的问题,还有我的评论。首先,可以推断的是,在这份裁定里面,是不会有关于3.2的分析的,或者如果有,也不会到explanatory force的程度。否则这份裁决也不会被告了。第二,大家有没有看到上诉机构报告169段之后的内容,说的是什么?前面第五大部分,就是上诉机构的裁决的另一部分,讲的可能是法律的适用,后面就是中国商务部的分析,而结论在90页的第232段,我们看最后3行,是说中国的做法不符合3.1和3.2,这个过程是分析出来的。我们还发现一个问题,裁定中第五部分关于产业损害和损害程度,得出的结论是说中国的做法不符合相关规定,中国对此上诉,然后上诉机构进行审理,看专家组分析的正确与否,最后上诉机构维持了专家组的裁决。所以大家要想理解第五部分,一要看上诉机构报告的第五大部分,二要看专家组裁决。在裁定的第五大部分没有分析的前提下,专家组和上诉机构是否能从现有资料中得出结论,这就又涉及专家组和上诉机构的权限界限的问题。大家只有在读了裁定的第五部分,读了专家组和上诉机构的报告的相关部分后,最后才能得出结论,中国商务部调查局在作最后裁定时为什么没有符合3.1和3.2。我把我的思路讲清楚了,从上节课到这节课,我们都在讨论 legal obligation 是什么,这完全是法律解释,现在我们讨论 as applied,即关于适用的问题,用这套标准来审查商务部的这个裁决。对此上诉机构最后维持了专家组的裁决,这是案件的整体框架。这是一个真实的案例,相当于一个活教材,很有意思,大家有兴趣可以把相关内容写成毕业论文。

第三点,据我了解,这个裁定是中国所有行政机关作出的最为详尽的行政决定。毫不夸张地说,这与我国任何一个法院的判决比都毫不逊色,但是和 WTO 的裁定比就不行了。这份裁定比任何一份行政处罚决定书、行政裁决决定书或者行政复议决定书,都要详尽,不仅如此,我问最高人民法院的法官朋友,你们法院的判决书写得有这么详细吗,答案当然是否定的,但是即便如此,这和 WTO 的裁决还是没办法比较。

第四点,我要提醒大家,商务部的公平局调查局在调查时依据的不是 WTO 的《反倾销协定》,而是中国的《反倾销条例》和《反补贴条例》。但我们通篇讨论的都是 WTO《反倾销协定》,根本没有谈到中国的国内法。既然我们商务部的裁决有问题,是不是意味着他们作出裁决的依据——我们的国内法——是有问题的?大家看到调查局裁定的 83 页的(四),提到"根据《反倾销条例》第八条和《反补贴条例》第八条及《反倾销产业损害调查规定》第七条,《反补贴产业损害调查规定》第六条等规定,调查机关对被调查产品影响中国国内产业的相关经济因素和指标进行了调查",这表明商务部是按照中国的国内法来进行裁定的。这里提到了三个法律文件,我们想想,中国的《反倾销条例》和《反补贴条例》,以及 WTO 的《反倾销协定》和《反补贴协定》这几者是什么关系?现在需要执行这个裁决,是否会出现修改《反倾销条例》和《反补贴条例》的可能?从整个 WTO 裁决的内容来看,似乎美国没有告中国《反倾销条例》和《反补贴条例》,而只是告取向电工钢个案,我希望大家能把这个缘由理清晰。若其与 3.2 条没有区别,就不存在违反条例的问题,问题在于调查机关在理解和适用条例的时候应该按照 explanatory force 来理解。这一系列问题希望大家澄清一下。

(注:适当总结和扩展。事实上,这个案例中,可以讨论的点很多,但是课堂时间是有限的。课堂讨论,能够就一些点深入进行,就可以了,不必面面俱到;对于其他一些重要问题,教师可以点到为止,给同学们提供一些课后阅读和思考的思路。)

陈小燕:中国的裁定为什么不直接说国内的《反倾销条例》和《反补贴条例》违反了 WTO 的《反倾销协定》和《反补贴协定》呢,或者说 WTO 在本案中为什么不直接说中国的《反倾销条例》和《反补贴条例》违反了 WTO 的《反倾销协定》和《反补贴协定》? 我认为法院本身就不该为国家的行为做主,只能判定国家的行为是否是反倾销行为,而不能对法律是否违反了国际法进行判定。类比一下欧洲人权法院,好比说法院可以判定国家作出某个决定的行为违反了某个条约,而不会说该决定的内容本身与条约相抵触,这是不可能的。所以我得出的结论就是不应该存在这样的裁定,在 WTO 中是不可能告《反倾销协定》和《反补贴协定》这种法律本身的。

柳驰:我这里想说的问题刚刚可能已经讨论过。现在讨论的问题是 WTO 的解释能否和国内法相符,我不知道 WTO 的规则是否遵循不告不理原则,如果是的话,那么这份商务部的裁决和中国的法律就是两个不同的标的,如果美国没有提到《反倾销协定》和《反补贴协定》,那么肯定就是没有告它们,但我的观点和陈小燕不同,我觉得能告中国的法律。在

DS362中,中国的刑法都能被告,这个肯定也可以告。

付凉洁:陈小燕的意思是说法律不能作为被诉事项,我想说的是法律肯定可以作为被诉事项,这在知识产权案中已有体现。如果被诉的是成员方的国内立法,那么这就是一个 as such claim。WTO争端解决机构除了受理成员方的具体行政行为(as applied claim)之外,还可以受理关于各成员国的法律文件的合规性问题。之所以这么说,是因为《建立世界贸易组织协定》明确规定,成员方的法律必须和WTO协议相一致,这是成员方的基本义务。

陈小燕:我的问题是为什么需要直接告法律呢?我认为如果成员国法律和WTO协议不一致,完全可以以国家行为进行诉讼,国家行为和国内法律有关,既然国家行为不符合WTO协议,那么缔约国的国内立法机关可以更改国内法律使其一致的。

(注:很有意思的问题:法律是否可以告。这样的讨论,澄清了国内行政法中所谓的"抽象行政行为"和"具体行政行为"。)

柳驰:我想到一个点,就是和国家履行责任和义务的方式有关系。比如说美国大选,如何保证选出来的法律和我是一致的,并不是用投票的方式选出法律,而是通过制定法律的行为来实现。陈小燕的意思是法律最后体现在执行法律的行为上,只能通过两种方式,一种是改法律,还有一种是改行为,而如果一直保留该法律,就一直存在和WTO协议不相一致的情况。这感觉还和国家主权和立法权有关系,不知道能否一直否决,直到作出更改为止,还是只能改一次。

杨:根据《建立世界贸易组织协定》的规定,成员国的法律是必须和WTO协议相一致的,那么就不存在你说的其中一种情况了。

柳驰:那违反义务的时候如何来填补责任,每天都会有违反义务的事情发生,关键是如何规制,这是另一个思考角度。其实法条本身是没有错的,那么在违反法条时就要去纠正,纠正的方法是改法条还是其他办法。

杨:刚才付凉洁提到了一个概念"as such"还有"as applied","as such"是法律条文本身,对比一下中国的《反倾销条例》和WTO的《反倾销协定》,发现中国的某个条款和3.2条不一致,那么对方就可以告我们了,这就是"as such"。"as applied"就是具体运用条款的时候,该履行的义务没有履行,我们这个案子就是适用的问题,这个可以直接回答陈小燕的问题,这和国内的行政诉讼是不同,在外国的行政诉讼中,应该也是可以告法律的,比如违宪审查制度。但现在的问题是,如果法律本身不违反WTO协定,那么法律的适用措施怎么会违反WTO协定呢?这种问题是怎么出现的?

赵洋:是不是商务部本身对于国内条例的理解就有问题。可能中国在制定《反倾销条例》的时候把WTO的《反倾销协定》的条款照搬过来,但是理解的时候出现了问题。

韩悦:《反倾销条例》和《反补贴条例》直接照搬了《反倾销协定》和《反补贴协定》的中译本,《反倾销条例》第八条下面的(1)、(2)、(3)直接就是《反倾销协定》的3.2条,条文是直接挪用的,但是理解上可能会出现偏差。

杨:这个问题很有意思,条文没问题,但是调查机关在适用条文出现了问题。其实这里面还有可以进一步讨论的问题。在国内行政诉讼法体系中,是有可能这么做的。比如说,一个美国公司在中国针对商务部的裁定提出行政诉讼,在北京市二中院处理,这时法院应该怎么办?法院明明知道有《反倾销协定》,但这个协定在国际法院是不能直接适用的,行政诉讼就可能面临这个问题。美国的代理人可能只字不提WTO规则,但就把类似于explanatory force的解释主张提出来,用来说明商务部该考虑的因素没有考虑,至少是没有考虑到该考虑的程度,这怎么办?这相当于提了两个问题,一个是国内行政法体系怎么应对,一个是国际法规则怎么适用,据我了解,还没有人考虑过这个问题,大家可以深挖一下,作为学期论文等。我们当时办这个案子的时候,也就是到此为止了,没有深想,但其实美国的出口商是可以采取进一步措施的。因此,大家还要读商务部的裁定,还要看专家组是如何分析和裁决的。

(注:拓展讨论。这个角度的思考,也是我在这堂课上的收获之一。)

杨:我们还有几个作业。比如说什么是反倾销、反补贴?我们就不讨论了。若我来教授什么是反倾销、反补贴,我不会讲这两个词的概念①,我会让你们直接看商务部的裁定,看了裁定直接就涉及到法律条文了。裁定的第五大部分提到了《反倾销条例》和《反补贴条例》的第7.8条,而大家看看76页,则提到了累计评估的适当性,再到80页第(2)部分,这部分内容中就没有列法律依据,再看第(3)部分,这是与我们的讨论关系最要紧的部分,好像也没有列法律依据,到第(4)部分才列出法律依据,所以在看这份裁决的时候,对于什么是反倾销,什么是反补贴,我们自然而然就懂了。

(注:借题发挥,顺便谈一下我的"从实际出发"的教学理念。在我看来,法学是实践的科学,案例比比皆是;甚至一些所谓的法理学问题,也都可以用案例来解决。使用案例的课堂,法律才能够"活"起来。②)

说到这里,我再提一个问题,可能跟下一节课的案件有关——怎么能够把反倾销和反补贴一起进行调查?这是怎么回事?DS379我们告美国最后获得胜诉,这对于我们在WTO的争端解决的实践而言,是很有里程碑意义的一个案子。以至于上诉机构判完之后,美国说上诉机构越权了。最后一个问题,请大家记下来,我们为什么在DS379里面的核心问题——double remedies——在DS414案中没有涉及?大家最好带着这个问题去看下节课的材料。

(注:第二次故意提及"双重救济"问题,为下一节课讨论做铺垫,吊起同学们的胃口。另外,这两个案件的确有相关性,都是关于"双反"的,相信这样的铺垫有利于同学们对下一个案件的阅读和理解。)

(孙珩、卢夏意根据课堂录音整理)

廖诗评:
　　DS414所涉及的措施技术性比较强,而且较之DS362,案件中专家组和上诉机构的文义分析更加显得"咬文嚼字",以至于我读这个案子的时候总在想,I服了You,上诉机构你还

---

① 廖老师批注:赞同。有些概念是可以这么处理的,哪怕是在讲授式的课堂教学中,也是可以这么处理的。

② 廖老师批注:至于这个案例是不是DSB的裁决,或者是不是成员方国内有关贸易问题的裁决,我倒觉得不一定。从教学的角度来讲,将知识点讲清楚,是不一定要用案例的,有时用事例就可以。

能再"咬文嚼字"一些吗(事实上我知道这是可能的)?!尽管如此,这两次讨论课上,感觉学生的表达能力是有明显提高的,起码没有出现诸如 DS362 讨论时,有的同学发完言后,自己也知道自己说得很混乱,或者自己都不知道在说什么的情况。进一步看,通过讨论中国商务部一个行政裁定的 WTO 合规性问题,不仅梳理了《反倾销条例》和《反倾销协定》之间的关系,而且还涉及了 as such claim 和 as applied claim 这类实践性的问题,这充分表明,授课时完全可以不拘泥于教材或者学科的体系,因为知识之间的联系本来就是无处不在的。但值得注意的是,虽然 DS414 的讨论比 DS362 更加规范(这与学生已经部分或基本清楚讨论课的要求有关),但参与讨论的人相比于 DS362 是减少了,尤其是多次发言的学生数量在减少,这固然也有上课到课率的问题,但也有值得我们进一步总结的问题。有的同学课后就反映说,其实自己也看材料了,但就是没有办法参与到讨论之中去,感觉无从下手(口)。这个问题先提出来,权当一个提醒,看看接下来授课教师如何应对。

双重救济案(一)

时间:2013 年 4 月 13 日[①]　08:55—11:40

杨:上节课我给大家做了个广告,说到今天我们要讨论的案件是一个比较经典的案件。这次的材料比较多,有专家组报告,也有上诉机构报告,技术性比较强。按照我们一直以来的讨论习惯,还是让同学们先讲一下这个案子的大概情况,泛泛的谈一谈。

(注:说明本案的重要性,引起大家的关注。另外,上课程序已成定式,同学们知道他们才是主要讲话者。)

(没有人发言)看来我们每次讨论课的时候都有一个现象,那就是大家都不愿意第一个发言,不愿意首先冒泡,这个我倒是能够理解。没有关系,反正只要有人发言之后大家的发言都是很踊跃的,而且我现在基本上能叫出各位同学的名字了,我可以点人发言。

(注:其实这个时候,若干同学已经在用眼神"举手"了。因此,点名并非强人所难,而是给第一个发言者一个理由。)

林璐你谈谈吧。

(注:正当我要点名的时候,这位同学举手了。这位同学上台板书——同学们对于上台板书,已经习以为常了。在她上台板书的时候,我戏称:上一个案例的两次课讨论,都是围绕她提出的两个问题所展开的! 大家笑,不知心中作何感想。大家花了六个小时讨论的问题,却是来自身边的同学! 我希望这样的现象能够产生一种激励作用[②],鼓励所有同学勤学多思。)

林璐:我先跟大家分享一下我的看法。其实我开始的时候真的没有看懂,为什么会产生双重救济的问题? 于是我去研究了一下,我还是来画个图演示一下。双重救济的产生,首先是反倾销幅度计算的时候出了问题。如果产品存在出口补贴,倾销幅度就是正常价值减去出口价格;但如果产品存在出口补贴和国内补贴,就有两种计算方法,分为市场经济国家和非市场经济国家,这就比较复杂——如果使用非市场经济国家方法(NME),倾销幅度的计算方法跟市场经济国家的算法是一样的,但这个时候正常价值的确定就会采用替代国价格了,这个大家都知道。

(注:当这位同学提出要给大家讲讲"为什么会产生双重救济的问题"的时候,我心中感

[①] 廖老师批注:除了授课教师和我本人之外,中国人民大学的韩立余老师和政法大学的史晓丽老师也赶来课堂旁听了本次授课。这样,本次课就有三位专家组指示成员名单中的中国籍专家,正好可以开庭了……

[②] 廖老师批注:希望是如此。最近三次课林璐基本上都是在一开始就发言了,尤其是上节课,她提出的问题所涉及的内容成为了讨论的主线。但我不是很确定,大家会不会想到,课上所讨论的问题真的来自于身边的同学? 至少有些同学是觉得提出的问题不够"准确"的。如果是这样觉得的同学,也许他们就不会太多感受到这个问题了。

到一丝欣慰,因为这是本案的一个关键问题,而且有同学认为自己看懂了这个颇为复杂的问题。本案的讨论,必定是要围绕这个问题展开的,而我们已经非常幸运,因为第一个发言的同学就提出了这个问题。)

我有几个问题。第一个问题就是,为什么WTO只是在GATT1994第6.5条规定了市场经济国家的相关问题,而没有涉及其他的情形,是立法的时候有遗漏了吗?

第二个问题,美国自《1930年关税法》之后,好像不是很鼓励双重救济的做法,双重救济案中的中国当事人,中国天津的某个公司从2009年以来一直在美国国内进行诉讼,要求取消这种做法,美国法院好像也支持,但美国为什么还继续这样做呢?

第三个问题,中国在签署《入世议定书》时,承诺我们暂时适用非市场经济国家的相关规定,这是不是对我们的出口贸易带来了一些影响呢?

第四个问题,裁决中引用了第17.6条,但是我觉得这个条款好像有点矛盾。

杨:我有点担心,我们的讨论是不是又像上节课一样,陷入林璐所提出这些问题的圈子之中(笑)。第一个发言的同学总是有这种优势,就是为我们的讨论来定调。

(注:借题发挥,赞扬第一位同学的发言,同时鼓励大家积极发言。)

她有四个问题,这四个问题我们暂且先不谈。但是先来看她一开始讲的那部分,双重救济是怎么产生的,这是本案中很重要的一个部分。大家有没有觉得她讲得不对,或者认为她讲得不清楚?有没有同学觉得还可以补充的?林璐认为她弄明白了,就是这个图,大家怎么看。

(注:这位同学提出了很有价值的四个问题,但是此时的讨论,应该解决"为什么会产生双重救济的问题"。由于集中讨论重要问题的需要,不得不牺牲"次要问题",但是,在随后的讨论中,却自然涉及了这位同学提出的问题。在可能的情况下,一定要鼓励而不是忽视提问。)

刘豪:她讲的有些地方我没有听懂。

杨:那你得问她。

(注:在老师的主持下,同学们之间互相讨论,互相学习,这应该成为课堂学习最为主要的一种方式。对于"主讲"的同学来说,同学们的提问,有利于自己澄清观点;而对于"提问"的同学来说,同学们的讲解,有利于自己的学习和思考。这样的课堂讨论,能够使得优秀的学生更加优秀,而其他同学(包括没有发言的同学)也能不断进步。因此,学生为主的课堂讨论模式,是能够兼顾所有同学水平和需求的教学模式①。)

刘豪:她前面所讲的是,在一般情况下,倾销幅度=正常价格-出口价格,这点我听懂了,还有在存在出口补贴时不能适用双重救济,这点我也听懂了。然后,她讲到了第二种情况,也就是既有出口补贴又有国内补贴的时候,适用非市场经济方法时会产生双重救济,我不知道这是怎么产生的。

林璐:在既有出口补贴又有国内补贴的情况下,产品的出口价格和正常价值都会下降,

---

① 廖老师批注:其实兼顾所有同学的水平和需求,讲授式的教学方法很难做到,讨论式的教学方法同样很难做到。也许两者在实现这个目标上有个程度差异,但我还是觉得这个差异即使有,也是不明显的。

就不会出现倾销幅度增大的情况,这就可能相当于正常的倾销幅度。

刘豪:国内补贴一定会引起产品正常价值下降吗?即使下降,两个价格都下降,然后相减得出的倾销幅度还是一个正确的倾销幅度么?

林璐:倾销幅度不是一个确实数字,只是一个幅度。我是这样理解的,不知道对不对。我之前也有想过这个问题,但是我觉得这种思路应该是对的。

刘豪:我好像听懂了。

杨:但林璐自己最后好像不是很清楚自己对不对了,你听懂了就来给大家讲一讲。

(注:复述其他同学的讲话,是非常有效的学习方式,既可以检验自己理解的准确性,也可以帮助"主讲"同学发现问题。同时,这样的反复讨论,有利于所有同学进一步澄清这个关键的问题。因此,复述也是让讨论继续进行的一种方式。)

刘豪:我理解了她的逻辑,但是这种结论我觉得不一定对吧?我认为,倾销幅度主要应该是根据它的成本来计算。倾销是一种商业行为,是指以一种低于自己成本的价格来销售货物的行为。这种行为排挤对手,独占市场,最后的目的是抬高价格牟取暴利。而补贴是一种政府行为,所以补贴的计算应该从它实际获得的政府补贴的多少来计算。然而这往往是很难证实的,所以才通过正常价值减去出口价格这种方式来换算。

杨:林璐你觉得是这样吗?

林璐:好像不太一样。

(注:预期的、精彩的效果出现了。)

我的重点在于,在计算倾销幅度的过程中会存在两种补贴,出口补贴和国内补贴。这些补贴是否存在,以及采用市场经济还是非市场经济的计算方法,都会影响到计算倾销幅度的结果。刘豪所说的这个可能比较深入吧。

(注:"刘豪所说的这个可能比较深入吧",这句话说明,其他同学的发言虽然没有与自己的发言完全一致,但是却从中受到了启发。)

杨:这种情况已经在我们的课堂上反复出现了。一个同学认为她讲清楚了,然后别的同学说没有听清楚;或者有的同学说听清楚了,然后第一个同学又说,自己说的不是后面这个同学所说的意思。

(注:总结课堂讨论的特点,同时鼓励更多同学发言。)

付凉洁:我不清楚为什么要把第二种情况限定在既存在出口补贴又存在国内补贴的情况下,如果只存在国内补贴,难道不会影响出口价格吗?我还是在黑板上写出来吧。

(注:同学们上台板书已经是家常便饭。)

林璐刚开始说的是出口补贴,认为出口补贴会降低出口价格;然后说到了国内补贴,她说国内补贴既会影响到出口价格又会影响到国内市场价格。我们来看这个公式:倾销幅度=(国内销售价格-出口价格)/出口价格。如果只有出口补贴,那就只有出口价格下降,倾销幅度会增加。如果存在国内补贴,那国内销售价格和出口价格都会下降,继而倾销幅度不会有什么变化。所以这就是为什么在GATT1994第6.5条中只对出口补贴作出了禁止"双重救济"的规定,因为在正常情况下,国内补贴是不会影响倾销幅度的。

杨:你是在回答林璐的第一个问题吗?

(注:这是老师并不忽视"次要"问题的一个例子。)

付凉洁：是的。我就是想再说一下，不需要非得假设既存在出口补贴又存在国内补贴的情况，只有出口补贴存在的情况下也可以说明这个问题。

杨：林璐你认为付凉洁回答了你的第一个问题么？

林璐：既存在出口补贴又存在国内补贴的情况应该是我自己总结的，我大概听懂了。但是我没有觉得她是在回答我的问题。

杨：可我觉得她是在回答你的问题，要不你再把你的问题重复一下吧。

林璐：我的问题是，为什么在 6.5 条中规定了存在出口补贴时不能同时使用反补贴和反倾销措施，而没有规定存在国内补贴时的情形。立法者在立法的时候应该能够预料到会存在这种同时实施反补贴和反倾销行为的情况，但为什么没有作出规定？

（注：不管是这位同学最初没有表达清楚，还是我没有听清楚，这样的讨论和澄清都是非常有意义的。另外，此时我明确表示自己不一定听清楚了这个问题，是刻意将自己放在同学们平等的位置上，是要明确告诉同学们：老师未必就有多高明。）

付凉洁：我们可以看一下专家组报告 14.85 段，这一段应该能回答这个问题。这一段中提到，《SCM 协定》的前身是《东京回合补贴守则》[①]，《补贴守则》中就已经考虑过这个问题了，它规定在非市场经济国家情况下，禁止双反，两项救济措施不能同时适用。但是到了《SCM》协定中，这种规定没有了，为什么《SCM 协定》没有考虑这个问题呢？第一，当时没有一个成员国有这种对非市场经济国家适用反补贴税的实践；第二，美国作为征收反补贴税最多的成员国，在乌拉圭回合谈判之初对这个问题的态度明确，它不会对非市场经济国家的进口产品适用反补贴税；第三，美国后来态度有所转变，对非市场经济国家中有市场导向的进口产品开始征收反补贴税。这段话的意思就是说在当时的情况下，没有对非市场经济国家征收反补贴税的实践，所以条文就没有对这个问题直接进行规制。

杨：这好像回答了这个问题，但我还是不敢轻易进入具体问题的讨论。专家组和上诉机构对相关问题的理解好像有分歧，为什么 6.5 只说出口补贴？是不是说既然禁止的情况已经说了，没说的可能就不禁止？这个我们待会儿再讨论。我们还是回到双重救济是怎么产生的这个问题上吧。刚刚其实付凉洁列出的这个表，似乎提供了一种更简单的方式，来说明这个问题是怎么产生的。

（注：虽然肯定这一轮讨论的重要性，但是对于双重救济产生的原因这个关键问题，仍然没有讨论透，因此不能轻易离开。另外，我也相信，对于这三个同学的轮番讨论，其他同学也一定"有话要说"。）

罗曦：我有两个疑问，像刚才林璐说的既存在出口补贴又存在国内补贴时，计算出来的倾销幅度和原来应该是一样的，但是如果这两个补贴的程度不一样的话，这样算出来的倾销幅度是不是也是有差别的？还有一个就是，如她刚刚说的，如果在非市场经济国家中采用了

[①] 廖老师批注：听到这里的时候我就在想，如果是我在主持讨论，可能就会马上追问《东京回合补贴守则》和《SCM 协定》的关系，尤其是前者在条约解释中的地位问题。但此时大家并没有讨论这个问题。不过，在随后的讨论中，授课教师提到了这方面的问题，并引起了讨论。但仔细想来，由于还没有了解学生的思路，更没有了解讨论的进度，这类问题似乎放在后面讨论会比较合适。看来主持讨论课对于教师的重要要求之一，就是要耐心，不急于打断学生的论述，或者不急于主导讨论的进程。

第三方国家的价格就会导致双重救济。但是在专家组和上诉机构报告中也提到,适用了第三方国家的替代价格是不是就必然会产生双重救济这一问题?专家组与上诉机构的分析中好像并不是这么说的。

杨:你的第二个问题是不是就在纠正林璐的观点,第一个问题才是一个问题?

(注:澄清问题。)

林璐:罗曦提出的第二个问题也是我一直想问的,第一个问题我在回答刘豪的时候也讲了,在实际情况中这两种补贴是有可能会不一样的。但是我只是想提供给大家一个思路,如果存在这两种补贴,究竟会导致算出来的倾销幅度和它实际的倾销幅度有什么样的关系,这是一个值得思考的问题。关于第二个问题我也很想问,因为我感觉,在我们论证是否存在双重救济的时候,我们一直都是在论证一种可能性。美国一直也希望由我们来承担这种举证责任,而我们也是希望由美国来承担关于确实不存在这种情况的举证责任。所以双方一直都是在讨论这种可能性,而后来上诉机构也是基于这种可能性,才推翻了专家组的结论,所以我一直也是很疑惑的。

杨:好像你们关于第二个问题的理解是一样的,上诉机构用了一个什么词形容这个问题,谁来找一下?

郑至言:应该是 likely。上诉机构报告 200 页,541 段,最后一行。

(注:这位同学并未参加此前的讨论,但是显然一直在认真听。从她能够迅速、精确找到这个关键词来看,她的阅读是相当仔细的。因此,她没有举牌发言,并不表明她没有想法。事实上,很多沉默的学生都是很有想法的,只是他们不习惯在大庭广众之下发言[①]而已。此外,这种一会儿这个同学发言、一会儿那个同学发言的情形,能够有效集中"听众"的注意力,使得他们的思路保持活跃的状态。我相信,在这样的讨论课堂上,每一位同学都有收获。甚至对于那些并未在课前阅读资料的同学,这样反反复复的"双重救济是怎么产生的"讨论,也能够使他们略知一二[②]了。我还坚信,一学期参加这样的课堂,多多少少都会在课前阅读一些资料,课后进行一些讨论,因为来自同学们讨论的"纠结"太多、太强烈了,任何人都会想一想、说两句。)

杨:好。这一点林璐和罗曦是没有分歧的,但是林璐提出了更进一步的分析,为什么就这种可能性争论不休。罗曦的第一个问题被解决了么?罗曦再来说一下你的第一个问题是什么?

罗曦:刚刚听她说的是,如果既存在出口补贴又存在国内补贴的话,算出来的倾销幅度应该是和真正的倾销幅度是一样的。我就产生了一个疑问,如果出口补贴和国内补贴的程度不一样的话,算出来的倾销幅度是不是也有误差?

杨:我认为这个问题听起来似乎是一个进一步的问题,但好像也能归结为双重救济如何产生的问题。

柳驰:我们来看一下实践中的情况吧。

---

① 廖老师批注:讨论式的教学如何促使这些学生习惯,或者说开始在大庭广众之下发言?或者授课教师对于这种类型的学生有何对策?

② 廖老师批注:持一定程度的保留意见。

（注：这位同学也上台板书了。）

补贴分为生产者补贴和出口补贴。假设一个国家的人民不太喜欢吃胡萝卜，之前大家都不种胡萝卜，所以胡萝卜的价格是3块钱。后来政府却觉得胡萝卜对健康有益而对它进行补贴，国内的价格变成了2块钱，这中间政府给补贴了1块钱，国际市场的胡萝卜价格则是2.5元，这两块钱的胡萝卜出口到国际市场可能会加上1毛钱的税，所以相减就会有4毛钱，这4毛钱对进口国国内市场造成了损害，但这个补贴到底是多少？换句话说，国内补贴并不是在出口的时候才降低价格，而是在国内就已经把价格降下来了。出口补贴是什么呢，原来是3块钱，出口的时候价格被压下来了，压到2.5元或者是2元。我讲清楚了么？

杨：柳驰的这个问法很好啊，这是美国式的，他问的是"我讲清楚了没有"？而不是"你们听明白了没有"？同样的意思，但表达很谦虚。他讲明白了么？

（注：调侃，调节气氛。）

柳驰：换句话说，如果说倾销的损害结果是低于国内的市价多少钱再乘以数量，实际上政府补贴的结果是没有倾销这么弱的，因为补贴是降低了国内的市价，所以已经降下的市价如果和外部的市价相比较，就算有差额也不能算是倾销。

杨：我听柳驰讲，他是在讲一个补贴的概念。政府拿了两块钱，那应该用反补贴，但是在反倾销这一块会不会有体现。然后在讲国内补贴的时候似乎是不存在反倾销问题的。

柳驰：其实我还想提个问题，不是关于双重救济，而是关于公共机构的。我觉得专家组犯了一个非常奇怪的错误，将控股等同于公共机构，我奇怪的不是它的推理过程，而是为什么专家组会犯这种错误。说得通俗点就是，专家组当时是哪根筋搭错了才会犯这种错误。

杨：他说的好像是公共机构的问题，我没有布置这个问题的讨论，但似乎大家都知道他在说什么，这个很奇怪啊。这个问题是一个更加厉害的问题，大家要是有兴趣我们可以另外加课来讨论这个问题。

（注：我的确很惊讶，同学们的阅读，已经超出了我的指定范围。这个案件涉及多个法律问题，但是我们讨论的，只是其中一个问题。我虽然指定了讨论范围，但是给学生提供的，却是整个案例，因此就有同学阅读"超范围"。这样的同学，阅读的能力和课前的准备，可能超出了大多数同学，而这种讨论式课堂，连这种超常同学都能兼顾：他们有一个场所展现他们的超常。不仅如此，他们还能够为其他同学提供更加宽阔的视野。）

但是我们今天还是来讨论双重救济的问题，这个问题也非常重要。大家还是思考这样一个问题：补贴归补贴，但是在计算倾销的时候会不会涉及补贴的问题？大家先不要跳跃到别的地方去，先来说一说双重救济究竟是怎么产生的。

涂燕辉：在刚刚柳驰的讲述中我们可以知道，补贴分为出口补贴和国内补贴两种。在只有出口补贴的情况下，国内的正常价值没有受到补贴的影响因而没有变化，但是出口价格由于受到出口补贴的影响而降低了。因此在计算倾销幅度的时候，由于正常价格没变而出口价格受到出口补贴的影响降低，计算出的倾销幅度变大了。增大的这部分倾销幅度其实就是那部分出口补贴的金额或影响。而在征收反补贴税的时候已经把补贴的金额或影响给征回来了，双重救济就体现在这里，即补贴的金额被征收或救济了两次。然而在只有国内补贴的情况下，正常价格和出口价格由于受到国内补贴的影响，二者是同步降低的，所以计算出的倾销幅度里面是没有包含补贴金额或影响的。所以这时根据倾销幅度征收的反倾销税并没有包含反补贴税征收的内容,因而两种税的同时征收并没有造成双重救济。

杨:我觉得你的叙述似乎是在讲付凉洁在黑板上写的内容,就是为什么国内补贴不会出现双重救济而出口补贴时会出现这种情况,所以6.5条里面要对此明确禁止。

涂燕辉:在只有国内补贴的情况下,如果按正常的方法计算的话确实不会出现双重救济,但是本案中恰恰是以第三方的替代价格作为正常价值来计算的,第三方的替代价格并没有受到国内补贴的影响,所以它的价格也不会与出口价格同步降低,这样所计算出来的倾销幅度仍然变大了,而增大的这部分幅度就是受到反补贴救济的那一部分。如果在基于这个增大的倾销幅度征收反倾销税就导致了双重救济。

杨:但为什么是likely?你理解的likely是这个意思吗?

(注:大家对这个词的理解有分歧,这是我始料未及的。因此,随后的讨论,就是试图澄清这个问题。)

涂燕辉:这其实是另一个问题,中国主张会产生双重救济的前提是"国内补贴一定会导致出口价格的降低",而美国质疑的就是这一点,即国内的补贴一定会导致出口价格的降低吗?美国甚至还找出了反例,即有时候国内补贴不一定会导致出口价格的降低。专家组则认为,在不考虑其他因素的影响的情况下,给予一项国内补贴,很难想象这个补贴对出口价格一点影响都没有?所以专家组认为,补贴必然会导致出口价格的降低,但是降低的幅度大小并不确定。

杨:这是你理解的likely的意思对吧?涂燕辉理解的likely,给我的感觉是必然会出现的,只是多少和程度上有差别。

涂燕辉:专家组的意思是如果排除其他所有因素的话,给这个产业一项补贴,很难想象它不会对出口价格造成影响。

杨:你的依据在哪里?在哪一段?你先来找一找。

付凉洁:我想用一个例子说明一下双重救济是怎么产生的:假如我要出口一个杯子,这个杯子的正常价格是10块钱,现在国内给了我一个补贴,补贴数额是5块钱,这个杯子的国内价格就变成5块钱。在出口的时候我再降2块钱,出口价格为3块钱。从5块钱变成3块钱,中间我倾销了2块钱对吧。整个出口销售中,既存在倾销行为也存在补贴行为,现在美国就开始对我们征收反倾销和反补贴税,它征收反倾销税的计算起点是正常价格也就是10块钱,从10块钱到最后的3块钱,它是对这个7块钱征收了反倾销税。在征收反补贴税时,它是对这个5块钱的补贴额进行征收的。这就有一个问题了,美国对这个5块钱的补贴额实际上征收了两次税。

杨:你还是去演示一下吧,不然大家会绕进去的。

(注:鼓励上台板书。)

付凉洁:这里的10块钱是一个正常的价格,这5块钱是国内的销售价格,这3块钱是出口价格。我们一共有两个行为,从10块钱到5块钱是国内的补贴行为,从5块钱到3块钱是我们倾销的2块钱。美国在对我们征收反倾销税的时候,它没有用我们国内的5块钱来算,而是用正常价格10块钱来算的,所以它是对7块钱征收了反倾销税,而不是2块钱。征收反补贴税的时候,是对我们5块钱的补贴额征收的。实际上,在这两次征税中,5块钱的补贴额被重复计算了两次,这就是"双重救济"。

杨：她讲明白没有？刚才付凉洁写的是公式，现在则用的是例子。那双重救济是不是一定会产生？刚刚涂燕辉在给我们讲的时候，给我们的感觉是它一定会产生，只是幅度大小的问题。

付凉洁：我也觉得一定会产生。

刘思：我也演示一下。

（注：这是本次课第四位同学上台板书。）

但我的字不是很好看，大家多包涵。还是借用一下林璐的那个公式：

正常价格－出口价格＝倾销幅度

1	0	0
0	0	0
0	1	1
1	1	1

我用1来代表它有补贴，用0代表它没有补贴，就会出现4种排列组合。第一种情况，存在国内补贴但不存在出口补贴，这个时候它是没有倾销幅度的，因为正常价格等于出口价格。第二种，正常价格和出口价格都不存在补贴，它们之间还是没有差额，所以倾销幅度还是0。第三种，正常价格没有补贴，出口价格有补贴，结果就是出口价格会低于正常价格，存在倾销幅度。最后一种，正常价格和出口价格都有补贴，那么出口价格还是低于正常价格的，存在倾销幅度，在这种情况下，对于市场经济国家而言，进口国既要对出口价格征收反补贴税，又要对正常价格和出口价格的差额，即倾销幅度征反倾销税，那必然会导致双重征税。

当我们取消上表的国内补贴，即把上表出口国正常价格的1都换成0，带入上表之后，即使没有出口补贴（第一种和第二种情况），正常价格也会高于出口价格，出现倾销幅度，我说明白了么？就是说，用非市场价格计算的时候，正常价格是外国的国内价格，相当于国内没有补贴时的价格，但它的出口价格是国内有补贴时的价格，所以它用的这个正常价格是必然高于出口价格的，我说明白了么？

（注：这种方法很新颖，但是同学们的沉默却是一个巨大的挑战。）

我好像没有说明白。假如说正常价格为a，在第一种情况下，正常价格由于补贴而成为a－，而它的出口价格由于受到市场价格的影响也变成了a－，二者相减就是没有倾销幅度的。这个我说清楚了吧。第二种情况，正常价格和出口价格都没有补贴的情况下，二者价格都还是a，所以也是没有倾销幅度的。第三种，正常价格没有补贴是a，出口价格有了补贴变成a－，所以有倾销的。

涂燕辉：我想纠正一下刘思的一个说法。按照她这样的假设，那么计算出来的倾销幅度其实仅仅是指受到补贴影响的那部分倾销幅度。但是为什么要这么计算倾销幅度呢？倾销幅度本身并不是由补贴造成的，而我们只需证明在计算倾销幅度的时候，计算出来的倾销幅度中已经包含了补贴的影响，而补贴的影响在反补贴税的征收中已经消除了就行了。

刘思：就像刚刚柳驰说的，这个正常价格不是进口国的国内价格，而是出口国国内市场的价格。

杨：好，刘思先回来，我建议一会儿再想一想这个计算是如何进行的。双重救济是怎么产生的，一开始林璐给我们讲的内容引发了后来大家所开始进行的讨论，讨论的时候大家是不是觉得还是很复杂。刘思根据她的理解讲完之后,大家有可能认为她的想法不对,或者说也许是对的,但是需要她继续澄清她的想法。

我要跟大家说一个事情,我跟一个搞反倾销的资深律师谈到过这个问题,他从事反倾销业务已经20多年了。我给他看了专家组和上诉机构的报告,他也晕了。他说这是怎么产生的呢?直到最近他还在研究这个事情。当然他更苦恼的是,怎么样用通俗的语言跟大家讲清楚这个事。

(注:花絮,借此强调大家是在讨论一个真实、复杂的问题。讨论进行至此,我是担心同学们会有不耐烦情绪①的,而这样的花絮,有利于同学们决定思考和讨论下去,刨根问底,不至水落石出誓不罢休。)

在下一位同学发言之前,我们还是先看看专家组报告中的第14.75段,我还是想先跟大家讨论一下这个 likely 的问题。大家先把这段看完,我们再讨论。这里面有四个斜体字,这四个斜体字使得问题更加复杂,非常重要。在这个地方我请大家再讨论一个问题,你是怎么理解 likely 的?第二点,我刚才提到的那个律师,他经过很长时间思考,好像刚开始有点明白双重救济在非市场经济条件下是有可能产生的,并且正在开始计算的时候,我又给他看了上诉机构201页543段的最后一句话,好像市场经济国家方法的适用也可能产生双重救济问题,看到这里又把他给弄晕了。这究竟是怎么回事?我们先休息一下,然后再来讨论。今天我们休息十五分钟,因为我知道大家都有很多话要说。

(注:抛出两个"重磅炸弹"。事实表明,课间休息的时候,同学们三三两两讨论的十分热烈,连听课的几位外校老师也讨论起来!这印证了我此前的一个论断:参加这样的讨论课,谁都会"有话要说"。此外,对于如此专业的问题,至此已经有七位同学反复讨论,主导了课堂的进程,这的确是一个可喜的现象。学生的用功,学生的能力,学生的进步,都让我对这门课充满了信心。)

杨:我们接着讨论,大家是怎么理解 likely 这个问题的,双重救济是怎么产生的?

柳驰:价格计算是一个数学问题,所以我还是用数学方法。倾销幅度的问题,其实也就是一个国家遭到倾销的损害,这个幅度该怎么计算呢?就是这个公式:$\triangle x$ 是国内市场的价格,国内市价减去出口价,这就有一个问题了,国内市价是怎么算的?国内市价可能是由政府补贴引起的,也有可能是由企业引起的,然后进口国就对此征收了一个税。

杨:无论你的思路是什么,我的问题是,上诉机构在543段中提出了市场经济计算方法也可能产生双重救济,而你觉得,是否采用市场经济方法其实是没有影响的。

柳驰:是的,无论行为如何,是一定会产生双重救济的。若按国际市价计算,可能是不存在双重救济的问题的。假如国内价格等同国际价格,都是10块,同时存在倾销和补贴,倾销额等于国际价格减去实际出口价格,或是补贴价格减去实际出口价格,补贴的定义表明,征收反补贴税的时候,就是用普遍价格减去因为补贴造成国内损害的价格。

杨:那你对 likely 是怎么理解的?

柳驰:我觉得不存在这个 likely。

---

① 廖老师批注:其实很多本科生对于不真实的法律问题,或者说没有在实践中体现出来的法律理论问题,还是很有兴趣去钻研的。

阎聪：我有一个问题，就是付凉洁列的公式，关于10块、5块和3块的解释，她确定的反倾销是7，反补贴是5，我觉得是不太准确的。她提到对正常价格补贴了5块，相当于国内价格是5块，正常价格的10减去出口价格的3是反倾销的7，在WTO法律框架下没有这种计算方法。中国是非市场经济国家，只能拿替代国价格当作正常价格减去出口价格，计算出倾销幅度，如果10是替代国价格，那么为什么国内价格加上国内补贴额正好是替代国价格呢，为什么就能确定替代国价格是10呢？这是没有必然联系的。她是拿另一个国家的价格10减去这个国家的补贴额5得出国内价格5，我理解的likely是，这个10应该是不确定的。正常价格可能是8、12，也有可能低于国内价格，比如说4.95，若是低于5，就完全没有双重救济的影响，若是8，双重救济就只有3这个数额，就不是complete。

（注：这位同学是随史晓丽老师一同旁听本节课程的中国政法大学一年级研究生，此时也"有话要说"。）

付凉洁：我理解他的意思，他说的其实是美国提出的一个观点，即替代国价格不一定比国内销售价格高，在比国内价格低的情况下就不存在双重救济的问题。他解释的是likely的问题。这个数字的列举只是为了大概性地说明"双重救济"的产生，当然还会存在具体的争论点，像他提到的替代国价格比国内价格还低的情况。

杨：因为时间问题，这个问题就先讨论到此，我相信很多同学还是困惑双重救济是如何产生的，有的可能越听越清楚，也有的可能越听越糊涂，这个问题大家还是需要细看，特别是上诉机构报告543段的最后一句，看了以后，要深入思考。还有谁愿意说一下，只陈述，不辩论。

涂燕辉：我认为这里双重救济产生的关键不在于第三国价格①，第三国价格可能比国内价格低，也可能比国内价格高，但这都不会影响双重救济的产生。关键在于计算非市场经济国家的倾销幅度时，该公式已经变成了替代国的成本减去出口价格。我们要考虑的不是第三国替代国与本国正常价格的大小比较，而是考虑到底存不存在双重救济，即"补贴的影响有没有计算在倾销幅度之内"。（只要出口价格由于受到补贴影响而降低，而替代价格没有受到补贴影响，那么计算出的倾销幅度就肯定包含了补贴造成的影响，即存在双重救济。无论第三国价格比国内价格低还是高）在本案中之所以用替代国价格计算倾销幅度是因为中国是非市场经济国家，而不是因为受到补贴才用非市场经济国家方法。（即只要在非市场经济计算方法之下，只要有补贴，双重救济就会产生，不论第三国价格的大小。）

柳驰：我再提一个问题。无论是专家组或者上诉机构，是不是都把这个问题考虑得太简单了。市场是处于动态平衡之中的，无论是补贴或者倾销，所造成的损害一定会反馈到国内市场之中，在计算损害的时候什么不考虑这些因素呢？

杨：大家不要忘了这一点，我们试图用一种最简单最直接的方法来讲一个问题，所以会用到一些公式，但这些公式如果加入新的变量，可能就会有问题了。我们现在在描述双重救济，但也许会有新的问题产生。这不是一个理论问题而是一个现实问题。美国在这个案件

---

① 廖老师批注：尽管授课教师要求只陈述不辩论，但这位同学的发言事实将辩论揉进了陈述之中，再一起展现出了自己的能力——能够对不同同学所提出的观点在短时间内进行概括、总结，并在此基础之上，提出自己指向性很强的相关意见。

中败诉,所以它要回去重新作出裁决,对损害和税额进行重新计算,但美国重新计算的结果,比原来的税率还高。

蒋林:我想指出一点,替代国的价格不是直接拿来减去国内出口价格,而是以替代国价格为基础算出一个结构性的正常价格。在专家组报告 14.2 列出,美国商务部按照三个步骤,找到了替代国价格,还要乘以所用到的中国国内的因素。在 14.55 段里,假设用替代国价格来计算,这降低了最后算出来的出口价,比如补贴后降低了所用的因素,或者降低了整体结构上的价格,所以我理解 likely 是一种程度。上诉机构报告的 541 段提到,双重救济只是一种形式上的名称,只是在征税时用了反倾销和反补贴的方法进行了双重的计算。543 段最后一句话提到,双重救济会在市场经济国家和非市场经济国家产生的原因,是因为反倾销用的方法是替代国的计算方法。

(注:这位同学也是中国政法大学的一年级研究生。)

杨:我们关于这个问题的讨论暂时告一段落。现在我们讨论一下案件中的另外一个重大问题。谁能讲一下。

(注:此处我并没有直接说"另外一个重大问题"是什么,但是以下发言的同学自然就知道要讨论这个问题了。这再次证明了同学们的课前阅读。)

韩悦:确定双重救济是第一步,随后重要的问题是,双重救济是不是符合 WTO 规则。专家组的看法比较有意思。中国提出,美国的这种做法不符合《SCM 协定》第 19.3 和 19.4,专家组则认为这些条款不是关于双重救济的规定,但上诉机构显然不同意这个观点。

(注:如此简明的表述!三言两语,将我们的讨论转向另外一个主题,相信她的提纲挈领、直奔主题的能力,会对其他同学起到示范作用。这位同学过去一直是积极发言者,但是奇怪的是,她为何没有参与此前对于"双重救济如何产生"的热烈讨论?)

杨:下面进入大家的重述、补充或者更正环节。假定双重救济产生了,是否违法?这个"法"是什么?专家组和上诉机构是怎么解释这个法律的。

蒋林:我来说说吧。专家组和上诉机构裁定是否符合《SCM 协定》第 19.3 和 19.4 时主要是考虑 appropriate amount 这个术语。专家组的理解是,19.4 条规定只要反补贴数额不超过条文确定的补贴数额,美国也认为其没有超过该数额,所以就是合法的。而上诉机构分析的是,虽然协定 19.4 条规定只要不超过就不违法,而且美国确实也没有超过,但是如果仅仅不超过就不违法的话,19.3 条的 appropriate amount 这个术语就没有存在的必要了。基于此,上诉机构认为条文对双重救济是有规定的。

曾薪燚:我谈谈 GATT1994 第 6.5 条规定的问题,这条明确规定,针对出口补贴的情况是禁止双重补贴的,美国的其中一个抗辩理由是把出口补贴作为双重补贴的例外,还有一个是根据《东京回合补贴守则》第 15 条,规定对于来自非市场经济国家的进口所造成的损害只能征收反补贴税或反倾销税,不过这个条款在 WTO 法的演变过程中被删除了。因此美国才认为,可以同时对非市场经济国家征收反补贴税和反倾销税。其次,美国还针对《中国入世议定书》的规定提出抗辩,按照议定书中的规定,中国是非市场经济国家,但议定书没有明确表示其他国家是否可以对中国同时征收反倾销税和反补贴税,我觉得中国在这里可能就算是默认了,同意被同时征收反倾销税和反补贴税。我最后提一个问题,在专家组报告 14.85 段,中国引用了美国国内法的判例和美国在乌拉圭回合中作出的承诺,美国也援引了

《中国入世议定书》,这些内容有没有法律效力呢?

杨: 大家就先花一点时间,看看14.85段的内容。曾薪燚也进一步明确一下你的问题。

曾薪燚: 在14.85段中,中国列举了美国在乌拉圭回合谈判中作出的一些承诺,即美国对哪些国家在什么情况下不进行双重征税,以及美国在国内法上的判例,其次还有美国认为中国在《中国入世议定书》中没有反对其他国家对其进行征税,我就想问这三个文件的效力。

杨: 这个问题好像有点抽象,不是简单从14.85里面看到的吧。

涂燕辉: 在《东京回合补贴守则》里面确实明确规定了不能同时征收反倾销税和反补贴税,而在乌拉圭回合谈判中则没有这个条款,这是否意味着此时就可以进行双重救济?美国认为是允许的,而中国认为不能这样理解,理由是在乌拉圭回合中没有纳入这条规定,是因为当时双重救济的行为并不普遍,而且美国作为最大的贸易国也从来没这样做过,所以没必要规定。但是上诉机构并没有详细解释这个问题,他们只是讲"省略"是有特殊含义的。"双重救济"与"同时征收反倾销税与反补贴税"二者的范围并不相同,不能说"允许了同时征双反税"就是允许了"双重救济"。

杨: 现在我们要讨论一个比较关键的问题。东京回合谈判中所制定的守则,好像原来是有的,但是在乌拉圭回合没有了,怎么看待这个问题?

(注:这位同学的表达不是很清晰,但是提到了一个关键的法律问题①,因此我将大家的讨论引向这个问题。)

付凉洁: 我想问问曾薪燚,你质疑《东京回合守则》的效力,是指专家组和上诉机构在裁决时能否考虑该守则吗?

曾薪燚: 不是。我问的是现在东京回合守则中的相关条款消失了,那能否进行双重征税?

付凉洁: 我的理解是,《东京回合补贴守则》中提到了不能对非市场经济国家实施双反,专家组将这个守则的相关条款作为19.4的上下文来解释。而上诉机构认为,专家组对《补贴守则》的解释是机械的反向推理,且认为《东京回合补贴守则》不能作为19.4的上下文来解释,最多算《维也纳条约法公约》第32条规定的补充解释资料,只能在条文意思确定后作为补充资料来起作用,不能单独作为起决定意义的解释资料而被使用。

郑至言: 我大部分赞同师姐的观点,上诉机构认为,《东京回合反补贴守则》是一个旧的规定,《SCM协定》中已经没有规定双重救济的问题,所以不能支持中国的诉求即双重救济违反了《SCM协定》第19.4条。

杨: 付凉洁,你怎么理解呢?

付凉洁: 专家组的意思是,在解释19.4时将《东京回合反补贴守则》当作上下文来解释,该守则以前规定了对非市场经济国家禁止双反,而现在的WTO法则没有规定双重救济问题,专家组就认为无规定就是不禁止,如果想要规制这个问题那就应该在条文中写出来呀,现在没写就是没有要禁止的意思。

(注:这位同学是研究生,而且硕士论文也准备研究这个案例所涉及的法律问题,因此她在

---

① 廖老师批注:其实我个人认为,这个法律问题是一个非常难的国际法理论问题:国际法上未做出明文规定,到底意味着禁止还是允许?事实上这个问题可能在不同的国际法领域中有着不同的答案,而且还取决于国际法规则发生作用的场域。不过,在WTO法律体系中,这个问题则相对要简单一些。

课堂上完全是一个小老师的作用。即使如此,在讨论前一个案例时,她还是坦然承认课前阅读要更花功夫才行。事实上,这样的讨论,会让大家产生学无止境的感觉。围绕一个法律问题,有如此深入、如此广泛的讨论,会让所有人都兴奋起来。我作为主持者,已经多次在课堂记录的评注中表达了这种感觉。因此,教学相长,在这样的讨论课上,是名副其实、每时每刻的。)

郑至言:我不是这个意思,中国认为双重救济违反了WTO的相关规定,专家组需要中国证明19.4到底有没有规制双重救济问题,而19.4又没有说双反措施可以同时存在,而只是规定了反补贴,所以专家组认为,中国没有证明双重救济违反了19.4的规定。

杨:我们现在的问题非常集中,那就是对条约的解释遇到了一个问题。作为《SCM协定》前身的反补贴守则,对于非市场经济国家是有规定的,但现在的《SCM协定》没有这个规定了,在对条约进行解释的时候,应该怎么处理这个问题呢?

林璐:我感觉看完之后好像不是很懂。专家组好像是在说,看不出来反补贴和反倾销是不能同时适用的,上诉机构则认为,不能通过GATT1994第6.5条反推出19.3和19.4。

(注:这位同学坦然承认自己没有看懂。这样的态度,能够激发自认为"看懂"了的同学的热情。经过几番讨论,大家的认识会不断深入。)

杨:大家在讨论的时候好像也注意到了这一点,DS414也是涉及双反问题。似乎双反是可以做的,但如果出现double remedies或者double counting,好像就是有问题的。为什么在DS414里面没有出现双重救济的问题?

(注:提及上一个案例,提示学习的延续性。)

曾薪燚:双反和双重救济是两个问题,双反是一个行为,即对一物体同时征收反倾销和反补贴税,而双重救济是该行为导致的后果。DS414的前提是,中国商务部的裁定是不合理的,因此WTO主要是在讨论这个裁定,而不是double remedies。

杨:现在我们还是提出这个问题,为什么在DS414中没有出现双重救济问题?这似乎是个很难的问题,大家能回答吗?如果不能回答,我们就把这个问题再留到下次讨论。我们还是回到前面的条约解释问题。

涂燕辉:专家组对这个问题的理解是,以前"有这样的规定"就代表缔约国其实已经考虑到了可能产生双重救济这一问题,而现在"没有这样的规定"就代表缔约国已经允许了双重救济。而上诉机构对这个问题的理解则是,以前"有这样规定"是明确规定不能同时采取双反措施,现在"没有这样的规定"则代表可以同时采取双反措施,但并不能代表就允许进行双重救济。

阎聪:专家组按照《维也纳条约法公约》第31条,把《东京回合反补贴守则》当作19.3和19.4的上下文来解释,而上诉机构则认为,此时不能适用31条,只能适用32条,即把《东京回合反补贴守则》当作补充资料解释。其实守则的规定不代表推理,而只是19.3和19.4的解释方法和工具而已。

杨:这位同学的解释和涂燕辉好像有点不同,我的问题是,专家组和上诉机构分别如何理解守则,涂燕辉的意思好像是说,核心是双反和双重救济的问题,而阎聪好像是说,这是上下文和《维也纳条约法公约》第32条内容的问题。

涂燕辉:我们看一下580和581段,这里讲的是反向推理的问题,重点在580段的后面部分。以前有这样的条款而现在没有这样条款不能说明就是允许了双重救济。"不能进行

双重救济"的范围比"不能同时进行反倾销和反补贴"的范围要小,现在这个条款没有了,意思可能只是允许了"不再禁止两种措施的同时使用"这个大范围的禁止事项,但不一定就是允许了可以进行双重救济。

阎聪:我觉得专家组和上诉机构的观点对我和刚才那位同学所提到的内容都有反映,无论是当作解释方法来用,还是解释以后如何推理的问题,都是如此。在这两方面,上诉机构和专家组的意见都是相反的,专家组的意见是可以作为"context",上诉机构认为不是"context",是一个补充解释。

杨:这样说得恐怕更为全面一些了。核心是后一方面,关于"context"只是一个归类的形式问题。

郑至言:我觉得在 VCLT 第 31 条关于"上下文"的框架下,如果反补贴守则是不允许进行双重救济,而《SCM 协定》没有说这个问题,那么按照上下文解释,后一个规定就是默认了允许双重救济。而上诉机构认为这不是按照《维也纳条约法公约》第 31 条来的,而是按照第 32 条规定来的,是把守则当成解释的补充资料在用,即旧规定是对新规定的一个补充,那就不能认为新规定是默认了允许双重救济。就是说,没有规定不意味着不允许双重救济。

阎聪:我认为上诉机构对于解释方法的理解和不支持反向推理的观点,都是很重要的。只有在解释之后才让反对反向推理的意见有用,在上诉机构报告第 581 段中只提出不支持反向推理,不能解释出《SCM 协定》就禁止双重救济。专家组的反向推理是说,在《SCM 协定》中没有这项规定就代表 WTO 允许双重救济,上诉机构反对这种反向推理,但不能因此就得出禁止双重救济的结论,只能把《东京回合补贴守则》相关条款当作补充解释资料。因为补充解释是验证上下文解释的一种工具,之所以列为补充解释,是因为上诉机构在上文中已经很好地解释了《SCM 协定》19.3 条的含义,即禁止双重救济。之后按照补充解释发现,反向推理是错的,所以整个解释体系是合理的。如果只是因为它反对了反向推理解释,就认为不允许双重救济,这种观点在上诉机构报告中是没有体现出来的。

杨:从你的发言我听出一点意思,首先是归类,其次是如何理解 omission 的含义。我认为一个是形式问题,一个是实质问题,我觉得形式问题不重要,但你好像觉得重要。如果归在 context,就无法避免此问题,如果归在 supplementary means 下,就可以不用考虑。但 581 还是说了很多,说明 WTO 的一贯作风就是讲道理。大家看 580,第 4 行开始是一个递进,管的只是双反问题,而不是双重救济问题,再接着说 in particular 又一次递进,解释 omission 如何理解,论证得很充分。

(注:我也在讨论中澄清了自己的认识。)

杨:这个问题似乎已经讨论完了①,我问大家一个问题,大家同意将守则归类为

---

① 廖老师批注:上面讨论的仍然是条约解释的问题。这次授课教师给北师大本科生全程讲授的 WTO 法,通篇都涉及条约解释的问题。到目前为止,学生在讨论是都能"像模像样"地识别文义解释、上下文解释、目的与宗旨解释甚至是补充资料解释等方法的运用。但是我的疑问是,学生真正理解了这几种解释方法之间的关系吗?真正理解了某种解释方法的含义吗?(比如说什么是"上下文")这就要回到《维也纳条约法公约》第 31、32 条的条文上了。但直到目前为止,授课教师还没有要求学生去仔细读这两个条款,也没有对照这些条款解释其各自的含义,如,什么是"一并缔结的其他条约"?什么是"嗣后缔结的解释协议"?等等。在此仅提出这一问题,供授课教师参考。

"supplementary means"吗？可能要看579段了,这个问题我们留到下节课吧。我们还剩一点时间,我想对几个平时经常发言的同学提几个问题:还是这个问题,《东京回合反补贴守则》是有非市场经济的问题,而《SCM协定》则没有,针对这个问题,上诉机构和专家组分别如何理解？

（注：以下我点名发言的几位同学,都是平时课堂发言很积极的,不知这次为什么没有主动发言。我点名他们发言,也是对他们平时表现的认可,同时暗示其他同学：老师是喜欢课堂发言的同学的。）

韩婷：专家组的报告中提到了《东京回合反补贴守则》到乌拉圭回合时删减了双重救济的内容,认为删减了就是允许双重救济,但上诉机构是持反对意见的,认为即使删除了该条款,也并不意味着就是允许,因为上诉机构还考虑了其他原因,包括在实践中很少存在这种情况,基于这些原因不能简单推理出来删减就是允许双重救济。

陈小燕：我跟他们的观点差不多,但看专家组报告时有点好奇,在公共机构问题中为什么专家组会给人一种站在美国一方立场而非中立的感觉：比如,关于双重救济问题,在确定产生双重救济的情况下,即使最终专家组提到这可能是一种不平衡的义务等,但最终仍没有评价双重救济是否合理;关于《东京回合反补贴守则》,专家组好像秉着"法不禁止即自由"的原则,把双重救济和双反看作一个东西,即在法律没有明确规定禁止双重救济和双反情况下,只要造成的损害不超过GATT1994第6.5条规定的上限,那就认为是允许的。这令人觉得有点荒谬。

杨：你提出了一个角度问题,专家组为什么这样做,这其实也是我们的一个困惑。存在的措施可能是不合理,但合法与否法律没有规定,但是专家组为什么会支持这种观点？

侯日欣：这可能是一个立法理念的问题,在贸易谈判过程中,我们不应该局限于达成书面协定,不应该太刻板地去理解。这些协定都是大家谈判谈出来的,是妥协、调和、折中的结果,不是一个像大陆法系国家的法律,如中国的刑法、司法解释等,这些都是非常明确的,有即有,没有就不能以此为依据进行裁判。二者的适用方式不一样,我觉得也和法官的地位有关,专家组的成员们可能比较保守,会按照一个既有的成文法来解释,而上诉机构作为终审机构,更倾向于创造性地运用法律。

杨：这也是一个有意思的角度。这个案子的裁决出来后引起全世界的讨论,美国认为上诉机构越权,上两节课我们一直在讨论越权的问题。

赵洋：我有时候也会从侯日欣的那个角度考虑问题,比如专家组的组成,专家组成员是双方指定,那在推荐的时候肯定挑选对自己有利的。并且,在我们以前分析讨论过的案例中,专家组并非对所有问题的论述都完美无缺,还是有瑕疵存在的,所以我们不能太迷信专家组的解释,要敢于质疑专家组的观点。

杨：我现在布置下节课的几个作业：(1)为什么DS414没有出现双重救济问题；(2)关于《东京回合反补贴守则》原来有关于双重救济的规定,而现在法律规则里却没有的问题,你们对579段上诉机构把《反补贴守则》归为"supplementary means"的看法是什么；(3)GATT1994的6.5只提出口补贴,专家组和上诉机构是如何理解这个问题的；(4)19.3中的ordinary meaning,上诉机构是如何解释出来的,从反补贴问题中解释出反倾销问题的逻辑过程是什么；(5)下节课开始时还希望有人说说双重救济是如何产生的。

（注：作业"5"是对课堂讨论的深入和扩展，因为这个问题实在很关键，希望每个同学都能理解，而其他作业是老师"高屋建瓴"的指点。）

（卢夏意、孙珩根据课堂录音整理）

廖诗评：本节课讨论的案件，是我个人认为对中国经济体制改革影响最大的一个案件，也是我个人一直以来在关注的案件。正是基于这种考虑，在案件裁决刚公布的时候，我就布置了一个研究生去阅读专家组和上诉机构报告，后来又布置她去阅读了美国商务部的新裁定，并要求她以新裁定的WTO合规性作为论文选题。之所以这样做，是因为我认为这个案件本身所涉及的问题太过于复杂，不是专家组和上诉机构几百页的报告就能解释和解决的。但从本节课讨论的情况来看，还是很让人满意的：学生基本上把握了双重救济的产生原因，只是对于市场经济国家出口产品是否会面临双重救济的问题，还拿不太准。之所以有让人满意的效果，除了授课教师的引导和学生积极阅读材料的因素之外，付凉洁和中国政法大学的两位研究生同学在其中也起到了不容忽视的作用。不过，本次讨论课的过程提到了《维也纳条约法公约》第31条和第32条的理解问题，这使得我突然意识到，其实我们在讨论任何案例的时候，都没有专门抽出一点时间对条约解释方法本身进行讨论。就我个人目前所看到的研究成果而言，目前国内很多WTO学者（包括国际公法学者），对这个问题的理解，似乎并不是那么准确，这表明我们似乎更有必要在今后的课程讨论中多少涉及这个问题。

双重救济案(二)

时间[①]:2013 年 4 月 20 日 8:55—11:40

杨:上节课我们留了几个问题,本来打算一开始先让大家随意选择哪个问题先讨论的,但我今天来到课堂时发现,柳驰已经在黑板上写了一大串数学公式,看来我们已经没有选择了,只有先谈"双重救济是如何产生的"这个问题了。我发现,现在我们的课已经完全脱离传统的模式了,大家变得很主动,课后的准备做得也很充分了。虽然柳驰的数学很好,但是我相信,写这些公式也是需要课下大量的思考才能进行的。

(注:上课之前,这位同学已经在黑板上写下了很多数学公式。我并没有布置这位同学做准备,而且这位同学在上一节课的发言中,已经非常积极地发言和板书讲解他对这个问题的理解了。后来我了解到,在上课前几天,这位同学一直在苦思冥想,试图用数学公式表达这个问题。如此主动的学习,如此主动的板书,可能只有在这种民主的、最大限度发挥学生潜力的讨论式课堂上才能够出现吧!我为此感到十分欣慰。)

我不知道柳驰能不能给大家讲清楚,但是如果在 WTO 的报告和裁决中,能够引用一些简单的公式来讲双重救济的问题的话,可能会更加清楚。然而在专家组和上诉机构的报告中,以前都是倾向于文字描述,用公式和图片的很少,但最近在关于中国的"x 射线安检设备案"中,专家组用了几张图片,一下就使问题变得很形象、很清楚了。

(注:借题发挥,鼓励学生的创造性思维。)

柳驰:先说一下。我这个是阶段性成果,大家还是不要抱太大的期待。

利润(Profit)=价格(Price)-成本(Cost)

价格=利润+成本

设原价格=P,关税税率=a,最终被征税价格=P',国内补贴=P1,倾销幅度=P2

则有:补贴后价格=P-P1,倾销价格=P-P2,补贴且倾销的价格=P-P1-P2

正常情况下征税额=aP'=aP

对补贴/倾销产品按正常税率征税额 aP'=a[P-(P1/P2)]=aP-a(P1/P2)

换言之,补贴或倾销会造成对该产品应征税款的减少。

如果补贴+倾销,则此时 aP'=a(P-P1-P2)=aP-aP1-aP2

补贴+倾销造成的损失=aP1+aP2

本案双反中实际征税:

对补贴征税弥补的损失=aP1

对倾销征税弥补的损失=aP1+P2

[①] 廖老师批注:继上节课之后,韩立余老师又一次来到课堂旁听,并且在课后发表了自己的一些看法。

双反最终弥补的损失＝2aP1＋P2＞aP1＋aP2——公式 K

故为重复计算。

本案中的 Necessary 问题:即是否一定造成重复计算?

假设没有重复计算,由式 K:

令 2aP1＋P2＝aP1＋P2

解得 P1＝0

由于 P1 为国内补贴价格,与替代价格无关。

涂燕辉:我只是想补充一下,不会产生双重救济的情况有两种。第一种就是你说的,如果没有补贴,自然就不会收反补贴税,这个时候就肯定没有双重救济。第二种是,如果用非市场经济方法算出来的倾销幅度是零及以下的话,这时候不征倾销税,即使存在双重计算也不会导致双重救济。

柳驰:脑子有点乱,我好像没有太听明白。

杨:看来大致讲完了,大家有没有什么问题?有问题就举牌子。柳驰,你自己来主持讨论吧①,你来组织大家提问。

韩悦:其实我和柳驰在课前已经部分地进行过讨论。像柳驰刚刚说的,这是一个纯数学公式,从数学逻辑上来看,似乎应该是可以自圆其说的。但是我想说的是,市场是一个很复杂的东西,里面有很多经济和其他因素的影响,而你从这几十页的材料中抽象出这样一个纯数学的计算方法,这本身是否恰当呢?你的这套公式能不能反映真实的情况?

杨:你觉得可以么?

(注:这是苏格拉底式的追问。)

韩悦:我认为是不行的。因为用纯数学的方式来解释这种现象的话,首先需要有大量的数字来支持,或者要对市场有一个全面的分析,这只是我的一种想法,我也不是太懂经济学。但是我觉得只用单纯的、简单的概括出的几个公式来进行分析,不能说不对,但是肯定有不恰当的地方。

杨:那你认为这几十页材料中的什么地方没有在这里反映出来?

(注:这是苏格拉底式的追问。)

韩悦:其实我也没有具体的什么想法,我只是对这种方法表达一下我自己的观点。

柳驰:这个公式其实还应该扩展一下,之前我也说了这只是一个阶段性的成果,还应该有发展。用这种方式来分析其实是有一个非常好的地方,那就是这种方法能精确地反映这种价格问题到底出现在哪儿,这就像你说的,它可能不是完全符合市场情况的,但是完全符合市场情况的公式是不存在的。打个比方,就像央行的行长,他也不可能制定出十全十美的政策,但是他用的也是类似于这种公式的工具。所以我认为这种方法是有它的合理性的。关于这个公式其实还有一种情况,国家补贴并不是用来降低成本,而是用来提高利润的。

(注:这位同学试图说明数学公式的简化与经济现实的复杂之间的关系。)

---

① 廖老师批注:本以为这是授课教师随意的安排,但这堂课结束之后,授课教师做出了非常大胆的一项安排,即下节课让一位全程听课且参与讨论的大三本科生代替自己的学生,主持 DS363 和原材料案的讨论!

杨：我听了他讲的内容之后，我特别想这节课我们干脆仍然讨论双重救济的计算问题算了，因为这个问题确实值得讨论。但是，我们还有其他好多问题要讨论，比如说法律解释问题。

不过我现在先就这个问题给出我的几个评论。首先，我提一个问题，假如将来大家做了法官或者律师，碰到这种反倾销的案件，你可能会说，这是计算的问题，我不管，这应该由经济学家来计算，这是一种可能性；第二种，如果你是反倾销的律师，你可能只会管法律的方面，而请经济师到你的团队里来帮你算这些数学问题。但是，由于这个东西你根本不会算，那你怎么样去做一个合格的律师？这真的是一个实务方面很重要的问题，将来你碰到的很可能几乎都是经济类的案件，如果你不懂，即便有人帮你计算出来了，你也没有办法和他进行讨论。这里的这个问题可能还不算是很高深的，因为柳驰在围绕一个很简单的问题进行分析。如果大家还是没有很清楚双重救济究竟是怎么产生的，还是有必要来研究一下柳驰的这个公式。柳驰课后再重新整理一下这个公式，并且要用文字表述出来，以此作为我们这节课一开始的课堂记录。

（注：借题发挥，鼓励学生学习多个学科的知识，对社会科学和自然科学保持开放的心态。法律人面对的是复杂的社会，对人类一切知识都不应当是陌生的。）

第二个评论：我有一个朋友，也是处理反倾销案件的，但不是上次课我提到的那个律师啊。这节课他本来是要来的，他每天就在算这个倾销的幅度。中国的企业到国外应诉的时候要请律师，特别是在进口国调查机关已经算出来了倾销幅度的时候，律师就要去抗辩，要去推翻他们的计算，那这个时候，光靠文字表述是不够的，是一定要进行计算的。我觉得他今天没有来是很遗憾的，这节课的讨论我觉得也会给他带来很多启发。

（注：拉一些权威来印证同学们讨论议题的重要性，能够增加同学们的自信心。）

第三点，大家先不说能不能看懂柳驰列的这张表，大家先理解一下柳驰的思路，他是在论证双重救济是怎么产生的，但在这中间，他也提到了很多问题。首先，他在讲为什么要进行反倾销，柳驰在这个问题上一带而过，但是我觉得我们可以讨论一下，我们为什么要反倾销呢？第二，他讲正常的倾销和补贴是怎么产生的。怎么样才能把算了两遍的补贴变成一遍？虽然他在讲公式，但是他也在一点点地讲这些问题。总的来说，我是非常肯定柳驰的这种方式。我们学法律的人首先不能故步自封，不能只管法律的问题，这就是为什么在国外，尤其在美国，本科是没有法律专业的，这种安排是有它的道理的，如果没有别的学科的支持，学法律是学不好的。所以学法律的人不能没有别的学科作为基础。

（注：此处长篇大论、借题发挥，是因为想特别肯定这位同学的表现，并且鼓励其他同学进行思考和效仿。此外，我虽然大概能够听懂这位同学的发言，但是我是绝对不可能列出这样复杂的数学公式的。因此，我对他大加赞赏，也是出于我对他的欣赏。）

杨：说到这里，现在我们接着讨论其他的遗留问题，首先"likely"这个词是什么意思？

刘豪：我觉得分析 likely 问题主要涉及两个关键因素。一个是用于计算正常价格的替代价格是什么？第二个是国内补贴在何种程度上影响到价格的下降，以至于影响到最后的倾销幅度。我还是上黑板写点东西。

（注：这位同学上台板书。同学们已经对当众板书习以为常了。）

杨：上节课我们讨论的时候，大家对这个词好像是有一点分歧的，有的人认为这是一种

幅度的问题。但是 likely 一般的含义好像是有可能发生又有可能不发生,而不是 level 的问题。

刘豪: 借用下上次付凉洁师姐的例子。正常价值是 10 块,补贴后国内价格为 5 块,最后倾销的价格是 3 块。那么补贴的是 5 块,倾销的幅度就是 2 块钱。

倾销 = 正常价值 − 出口价格

正常价格:10

国内价格:5

出口价格:3

现在的问题是,正常价值是什么?上次有人也提到了,正常价格不是单纯地选择印度或者巴西本身的数据来比,而是把找来的数据再根据市场经济国家的生产要素等来处理一下。所以说正常价格是很难确定的,如果正常价格界定的不是 10 块钱,而是 8 块钱,倾销幅度就只包含了全部的倾销价格加上部分的补贴价格?换言之,有一部分的补贴幅度是没有算出来的,所以美国说,除了倾销幅度之外我还要再征收一部分的反补贴税。我讲清楚了么?

杨: 你讲的是 likely 这个词的含义还是美国的抗辩啊?

刘豪: 是的,我先讲的是美国的抗辩。第二个问题就是 likely 的问题。国内的补贴在多大程度上导致了价格的下降。比如,国内有一定的补贴,但补贴后的价格仍然是 10 块钱,这时的倾销价格还是 3 块钱。国家给了补贴但价格没有下降的情况是很可能发生的,比如说国家给了企业一笔优惠贷款,但是企业将这笔钱完全用于扩大生产而不是降低价格,这时候补贴就变成了企业的利润,而没有体现在价格上。国内的补贴在多大程度上降低了国内价格要分析两方面,第一是补贴的种类,第二是企业的策略。国内的补贴有很多种,但不一定都会导致价格的下降。

杨: 那你的意思是 likely 指的可能是会出现也不会出现,也就是 likely 指的是"likely or likely not"。刘豪说了很多点,也说了双重救济的问题,大家觉得这个 likely 是不是说的"likely or likely not"的关系?刚刚柳驰也说到了国内的补贴可能不会体现在价格上,也有可能变成利润。这里面确实就有一个问题了,就是美方在材料中提到的 pass through 的问题,在调查这四种产品的时候,我要查补贴的钱到底多大程度反映到了价格上去。这个问题我们也不展开了,但这同样也是值得讨论的。刚刚听刘豪讲的似乎是认为,美国讲的是有道理的。我们为什么要揪住 likely 这个词呢,是因为美国说有的时候可能有的时候不可能,那专家组和上诉机构就有答案了,那我就不管你 likely not 的情况了。在落实到个案的时候,专家组也有一个分析,在第三部分里面,这部分没有让大家看。到了上诉机构的时候这个问题就变得更简单了,就是看一下你美国商务部在调查的时候有没有做这个分析,经查没有,所以你就违法。对这点大家还有没有问题?

(注:化繁为简,结束讨论。①)

---

① 廖老师批注:不仅仅是化繁为简的作用。授课教师这里既然提到了补贴的传递性的问题,似乎应该把这个问题在专家组报告中的论述或者内容给点出来,鼓励大家课后阅读这些并不在指定范围之内的内容,并抓住这一机会,再次强调仔细阅读材料的重要性。因为大家讨论了这么多,其实有时候是可以通过仔细阅读材料(包括没有指定的其他段落,这也构成一种广泛意义的"上下文"嘛)挖掘一些思路的。

涂燕辉：首先我认为 likely 应该是 likely or likely not 的意思。但是我觉得刘豪有一点讲得好像不太对，我也上黑板写一下吧。

（注：这位同学也上台板书。）

板书内容：

两种计算方法：

一、市场经济国家计算方法

国内正常价值－出口价格＝倾销"幅度"

无补贴：10－5＝5

国内补贴（1元）：9－4＝5

出口补贴：10－4＝6

二、非市场经济国家计算方法

替代价值－国内出口价格＝倾销"幅度"

无补贴：X－5＝X－5

有补贴（1元）：X－4＝X－4

我认为首先应分为两种计算方法，一是市场经济国家计算方法，即国内正常价值减去出口价格等于倾销幅度。这里的倾销幅度有引号，其实是倾销幅度还应除以国内正常价值，但是这对问题的讨论没有影响，所以我就到这个公式了。二是非市场经济国家计算方法，即替代价值减去国内出口价格等于倾销幅度。

在市场经济国家的计算方法之下，如果没有补贴，假设国内正常价值是10，出口价格为5，那么倾销幅度就是5。在有国内补贴的情况下，假设国内补贴为1，由于受到国内补贴的影响，国内正常价值降为9，出口价格也同步降低1元，即降为4，那么计算出来的倾销幅度仍然是5。换言之，现在计算的倾销幅度并没有受到补贴的影响，不会产生双重救济。在有出口补贴的情况下，国内正常价值不会受到出口补贴的影响，所以仍为10，而出口价格受到出口补贴的影响，降为4，此时倾销幅度则为6。也就是说此时计算出的倾销幅度比正常的倾销幅度大1，即为补贴的影响。我们征收的反倾销税是征的6，已经把补贴的影响消除了，而我们征反补贴税则是将4变为5，因为反补贴税的主要目的就是消除补贴的影响。所以，我们就两次消除了补贴的影响，即构成了双重救济。

在非市场经济国家计算方法之下，国内补贴与出口补贴的效果是一样的，就分为有补贴与无补贴两种情况。同样，如果没有补贴，由于第三国的替代价值不知道，假设为X，国内的出口价格仍为5，那么倾销幅度就是X－5；在有补贴的情况下，替代国价值由于没有受到补贴的影响认为是X，而国内出口价格由于受到补贴影响降为4，那么此时的倾销幅度即为X－4。此时无论X的值是多少，X－4永远比X－5的值大1，即无论第三国替代价值比国内正常价值高还是低，都必然会产生双重救济。换言之，无论用后面一种方法计算出的倾销幅度比前一种方法计算出的倾销幅度大还是小，都不影响双重救济的产生，因为我们讨论双重救济产生与否的前提是以第二种方法来计算倾销幅度。而采取非市场经济方法，是因为我们入世时与美国达成的一项协议，即在15年内，将中国视为非市场经济国家。

上面是关于双重救济如何产生的问题，下面我简单说一下对 likely 的理解。我认为 likely is likely or likely not 的意思。可能产生双重救济的情形就是上面的计算，而不会产

生双重救济的情形有两种。一种是国内补贴对出口价格的影响是不确定的。我这里假设的是有1元补贴，出口价格就降低1元。事实上，国内补贴对出口价格的影响并不一定都为1元，可能是降低0～1之间任何数值，即这里的4可能为4～5之间的任何一个数。当为5时，即补贴对出口价格没有影响，这时就不会产生双重救济，但是专家组认为这种情况很少。另一情形则是，当$X \leq 4$时，此时计算出的倾销幅度为≤ 0，由于不存在倾销，所以不会征收反倾销税，此时也不会产生双重救济的问题。所以双重救济不是必然产生，而是可能产生的。

杨：看来我们所提到的双重救济问题还是需要讨论的，这个我们课后讨论吧。但涂燕辉刚才讲的内容，提出了一个新的问题，也给我本人一个提示，就是美国抗辩的思路问题。她是在质疑美国所说的内容，因为有的时候按照美国提出的思路算，结果可能还低了。因为你用的公式，所以不管你低还是高都会出现这种结果，但是对于我们刚刚讨论的 likely 的问题，涂燕辉还是认同的。

（注：肯定学生的新角度，但是紧扣讨论的主题。）

现在我们接着讨论下一个问题，为什么在取向电工钢案件中没有出现双重救济问题？我看到罗曦和涂燕辉相视一笑，是不是已经讨论过这个问题？

（注：我对同学们已经很熟悉了，所以能够观察到同学们的表情变化并且及时点名让他们发言。我此前曾经说过，学生想发言的时候，有时候通过举手，而有时候则是通过眼神。）

罗曦：我们的确讨论过。我觉得取向电工钢案是中国作出的对美国征税的决定，而美国是一个市场经济国家，所以就不存在这个问题。

（注：对于一些问题，学生在课前、课间和课后进行了激烈的讨论，这一点是显而易见的。通过课堂讨论带动同学们的主动学习，这样的效果已经非常明显。）

杨：谁来反驳一下？

（注：我感觉这位同学的回答有问题，但是我并不直接指出来，而是让大家去判断。出乎意料的是，这个看似简单的"错误"，却花费了大家不少时间进行讨论。这说明，老师认为简单的问题，但是同学们不一定会有相同的看法。）

刘豪：其实我同意她这个观点，但如果严格来看的话，还是要论证这个问题。首先我同意罗曦的看法，但深究起来，在市场经济国家中也有可能会出现 likely 和 likely not 的问题。因为就算是市场经济国家，究竟国内的补贴会在多大程度上导致价格的下降？也会存在这种 pass through 的问题。在出口补贴中，这种问题也会存在，因为一旦这种因果关系不是那么强，都会存在 pass through 这样的问题。这是我的一个疑问。

杨：马上我们就要说到6.5条的问题了，我们会一一涉及你的这些问题。

（注：将话题拉回来。）

涂燕辉：我想说一下，在市场经济情况下，正常价格和出口价格是会同步降低的，计算出来的倾销幅度是不会受到补贴影响的。

杨：这个问题我们还没有解决，但是又出现了很多其他的问题。

刘婷：我是同意刚刚罗曦的那个观点的，但在看材料的时候我看到"购买美国货案"中是这么说的：在购买美国钢铁产品成本高出外国钢铁产品成本25%以上的时候，才可以放弃购买美国钢铁产品，其实这就存在一个25%的利润空间，在这种情况下，只要美国国内产品在这个25%的空间内,美国的商家就必须要买国内产品而不能买外国的产品,其实在这个范围内美国的钢铁产品应该不会放弃把价格抬高一点,也就是说国内给予的这个补贴不一定会导致国内价格的降低,反而还有可能会高出25%。所以我在这儿就有疑问,虽然是市场经济国家,但是它的价格却没有随着国内的补贴而下降。

杨:我大概明白刘婷讲的意思了。我提醒大家,我们现在要讨论的是DS414案件中,为什么没有存在双重救济的问题?刚刚罗曦给了我们一个非常简单的答案,谁再来说一下。

(注:拉回主题①。)

柳驰:我觉得刚才大家讨论的时候,有个前提问题没有解释清楚,就是成本降低而国内价格不下降,但这是不可能的。因为国家给你补贴相当于cost下降了,这个时候如果供需关系不变,价格还有可能涨。这个时候有一个问题,国家为什么要给你补贴?是因为这个产业发展不起来,就相当于供不应求,这个时候价格是高的,国家给你补贴就是想让你把价格给降下来。或者说现在价格不错,国家想要扩大供应,如果国家既扩大供应又保证你的利益,这就相当于国家赤裸裸地在给你输送利益,这不可能。

刘婷:刚刚说的就是假设成本会随着政府补贴而下降,我在看材料的时候也提到,通常政府提供补贴,其直接后果是相关产业获得利润,降低了成本,所以会导致出口价格下降。在取向电工钢案中,其获得利益的方式恰恰是通过比正常价格高的价格而获得的,就是说在25%的幅度以内,它可以提高价格从而获得利益,企业只要在这个25%范围内就不会降低自己的价格,因为有法律的保障,所以这是一种假设,在一般情况下是不会出现这种补贴后价格没有下降的情况,但这里的情况恰恰是一种例外。所以我不知道中国在计算的时候有没有考虑到这种情况。

杨:好的。我想再请罗曦说一下这个问题。回答我为什么在取向电工钢案中没有出现这种双重救济的情况。本来我是想请大家来反驳她,但是大家好像都是在说自己的东西。

(注:随着讨论的深入和扩散②,有必要让"始作俑者"进行复述,以便大家明确讨论的焦点。)

罗曦:我是认同涂燕辉刚才在黑板上写的这些内容的。双重救济产生在用第三国替代价格来计算倾销幅度的时候,但是中国商务部在取向电工钢案中作出这种裁决的时候,是根据美国是市场经济国家从而确定的方法来征税的。市场经济国家就是用它本国国内的价

---

① 廖老师批注:授课教师很忙……

② 廖老师批注:从目前情况来看,讨论式的教学方法确实会存在讨论有时"跑偏"的情况,这种"跑偏"可能可以分为两种,第一种是彻底跑偏,参与讨论的学生们提出来的问题或者举的例子,与讨论的主题完全没有关系,甚至本身可能有些问题,学生可能没有充分理解要讨论的问题,如去年在对外经贸大学关于双重救济的公开课上,有的同学举出来行政法上"一事不二罚"的例子论证双重救济甚至是双反措施的非法性,大家围绕这个例子进行了大量的讨论。但事实上双重救济不同于双反措施的采取,双反措施本来就是"两事",只不过作用于同一个产品上,看起来好像是"一事";还有同学把"一事不二罚"的例子深化,举了环保部门和工商部门同时对一个企业的违法行为进行处罚的例子,这个和双反措施有点类似,但其实这本身也已经是"两事"而不是"一事"了,举的例子已经背离原来"一事不二罚"的前提了。当时同学们又对此进行了大量的讨论。在这种情况下,我个人认为授课教师是需要及时"纠偏"的。第二种情况的跑偏也是跑偏,但学生所提出来的问题、例子是客观存在的,本身是值得讨论的,但可能与当下讨论的内容无关。这时授课教师要做的,只是通过各种方式强调讨论的主题。

格,没有用第三国替代价格,所以我觉得是不存在双重救济的问题的。

杨:对,这是她刚刚说的意思,但比刚刚说的稍微复杂一点。

柳驰:我用三句话说完我的观点。刚刘婷提到一点,补贴是用高于价格买的方式。为什么不会有双重补贴呢,我们刚刚算的都是s补贴后的价格低于市价,所以这样补上去的时候会有一个重叠。但是s高上去的时候,市价－d无论怎么减都不会出现补贴和d相重合的线。

杨:你的理由其实跟罗曦不太一样,是吗?罗曦给我的感觉是简单一点:因为是市场经济的原因,而你是在讲为什么算不出来。

韩悦:跟罗曦差不多,在市场经济情况下,如果存在国内补贴,会出现国内价格和出口价格的同时下降。

杨:我之所以揪住大家这个问题,是想测验一下,上节课我扔出了一个炸弹有没有炸到人。

(注:即上诉机构报告第543段最后一句所说的市场经济情况下也可能出现双重救济问题。)

韩悦:对,其实我就是想说一下,为什么在市场经济国家情况下,国内存在出口补贴的情况下,也可能会产生双重救济的问题?这也是老师上次提到上诉机构报告的内容。

杨:在哪一段?

七嘴八舌:在543段。

杨:韩悦把这里的内容读一下。

韩悦:"Double remedies may also arise in the context of domestic subsidies granted within market economies when anti-dumping and countervailing duties are concurrently imposed on the same products and an unsubsidized, constructed, or third country normal value is used in the anti-dumping investigation."这句话的意思就是市场经济情况下国内补贴也会出现双重救济的问题。

杨:好像这个跟罗曦讲的不一样嘛?

韩悦:我还是跟罗曦的观点一样,我觉得这里只是个例外,这里只是说美国没有碰到这种例外。当然我理解的不一定对,市场经济国家在有国内补贴的时候,正常价值也不一定全都用国内的销售价值来计算,会不会有可能采用一个中间国家的价格来解决问题,比如说,不是从出口国直接进口的而是在别的国家转了一下,就是转运。

(注:这位同学好像是忽视了an unsubsidized, constructed, or third country normal value这几个词。)

陈小燕:这里的转运,我认为韩悦指的是,A国先卖给第三国(C国),再由C国卖至B国,然后正常价值就用的是这个第三国的价格。

杨:我再问一下这个问题,可能我刚才没有问清楚:市场经济国家情况下,有没有可能出现双重救济的问题?

(注:这场讨论,也许就是因为我没有说清楚我的问题。因此,课堂讨论,对我的清晰表达思想的能力,也是一种锻炼和提醒。)

郑至言:这是可能的,就是刚刚韩悦说的那句话,如果正常价值没有受到补贴或者是经过第三国价格计算的,这时就可能出现双重救济的情况。而在取向电工钢案中,中方可能经过调查之后发现,美国产品并不存在这种正常价格不反映补贴的行为,所以就没有提到双重救济的问题。

(注:我觉得这位同学说出了我想说的话。)

杨:你觉得有没有转运的问题,他们都在讨论这个?

郑至言:我觉得没有吧。我没太明白他们这个转运的意思。

(注:所谓转运,显然是同学们的主观臆断。①)

韩悦:我总体上赞同罗曦的观点,但是也还是有例外的。我就是想解释这里所说的,为什么市场经济国家还可能出现用第三国价格的情况,有可能就是因为转运的问题。

杨:这只是猜测是吧?

(注:暗示同学们,这个段落本身已经点明了三种情况,即 an unsubsidized, constructed, or third country normal value,并不需要猜测所谓"转运"的情况。)

好的,我知道了。我现在采取的是抽象的问法:在市场经济国家的情况下是否会存在双重救济的问题,这个时候韩悦的理解就是也有可能出现,但罗曦和涂燕辉商量的结果就是不可能会出现这种情况。所以这里还是不太一样的。

涂燕辉:我赞同罗曦的观点,市场经济国家的正常价格和出口价格是同时受到补贴影响的。但我现在说的是对这段话的理解问题,再对比看一下 519 的脚注②就明白了,这里说的是,即使在市场经济国家,要是采用非市场经济方法来算,还是会产生双重救济的问题。

杨:我还要回到罗曦这里,你觉得你的观点和涂燕辉一样吗?

罗曦:我觉得是一样的。

杨:但我怎么觉得不一样。那好吧,我们稍微休息一下。两个问题,第一,市场经济国家会不会出现双重救济问题?第二,取向电工钢案中为什么没有出现?

课间休息

(注:课间休息的时候,同学们三三两两扎堆热议着。其中,自认为观点一致的同学,也在反复表达自己的观点。一位听课的外校老师饶有兴趣地站在一边,听着同学们的争论。)

杨:我还是希望看到罗曦和涂燕辉之间有些争论,感觉你们俩讲的不是一个意思。刚刚课间留的问题是抽象的理解,就是在市场经济情况下会不会出现双重救济问题。

罗曦:课间我们讨论的结果是,在市场经济的情况下是不可能出现双重救济的。还有刚才说的用中间国的价格,这是一种很罕见的情况,即出口国转到中间国再转到进口国,产品

---

① 廖老师批注:尽管如此,但我自己推断,之所以会提出转运的问题,主要是因为这位同学这学期正在上国际经济法通论课程。在讲国际经济法通论中,尤其是在讲国际货物买卖的时候,会涉及货物转运的情况(如所有教材在讲述货物卖方的知识产权担保义务范围时,就会提到这个问题)。如果是这样,这至少表明了这位同学在理念上没有把管制性的贸易法和交易性的贸易法割裂开来,后者其实是前者的基础行为。授课教师不妨抓住这个机会,要求同学们进一步说理——为什么会提到转运问题?——进而让大家意识到这个问题可能不太相关。另外,这位同学可能也看到了《反倾销协定》的 2.5 条,如果是这样,至少也表明她努力去看协定的上下文规定了,也是应该鼓励的。

② 廖老师批注:又提出了脚注的内容,有同学已经非常习惯去看报告的脚注了。

流转过程中,中间国的价格和出口国有关联,还是受到了补贴的影响,不太可能出现双重救济。所以只有在使用替代国价格,与出口国完全没有产品的流转关系来计算时才可能造成双重救济。

杨:我以为这个问题很简单,其实不然。你就抽象地回答我的问题:在市场经济情况下有没有可能出现双重救济。

罗曦:我觉得没有可能出现。

杨:那怎么理解上诉机构第543段的内容呢?

郑至言:我觉得罗曦讲的意思是,她想象不出情况会出现双重救济,但是不意味着就不会出现,可能基于我们现在的认识还不了解,为什么正常价值是用国内价值来代替,也有可能包含了补贴的国内价值是不能反映产品的正常价值的,这种情况下需要另一个价值代替正常价值,而不是用像美国这样的市场经济国家的国内价格来代替正常价值。这种情况下可以用不反应补贴的正常价值或第三国的正常价值来代替正常价值。

杨:我为什么老是揪住这个问题不放呢?上诉机构报告第543段中"may also arise"有三种情况,直接回答了罗曦的问题,就是什么情况下会出现双重救济。郑至言更进一步地具体解释了三种情况是怎么回事。

柳驰:我觉得是可能出现的,这是我的结论。我有个问题,这里的意思是不是说上诉机构认为有这种可能性,但这种可能性也是上诉机构自己臆测的。但我还是认为这是可能的,比如说,市场经济国家货币及其贬值,此时对待方法就转变成了非市场经济国家(的方法),就一定会有第三国的价格来代替。

涂燕辉:如果市场经济国家采用非市场经济方法算倾销幅度,也会产生双重救济,只是市场经济国家不用这种非市场经济方法算倾销幅度,是用国内价格计算。

杨:涂燕辉的观点好像很特殊。我是否可以这样说,上诉机构说市场经济国家有可能出现这种情况,但在市场经济国家被当作非市场经济国家,替代国时,那这不是相当于没有可能吗?

(注:此处使用了归谬法。)

涂燕辉:但是我还是觉得上诉机构说的是对的,我觉得没有矛盾,我觉得关键在于计算的方法,无论是市场经济国家还是非市场经济国家,只要使用这种非市场经济计算方法就会产生双重救济。现在的问题就是市场经济国家可不可能采用这种方法计算,我不知道。

杨:我一开始真的以为这个问题很简单。大家说的都没有矛盾,包括罗曦的回答,她可能就是这么想的。她的意思也是如果用这个方法就有可能,但我的问题不是这个。我的问题是市场经济有没有可能出现双重救济,没有其他的条件和假设。刚刚郑至言和柳驰已经讲了为什么会出现这三种情况①。我的问题是这是什么样的三种情况,上诉机构报告543段为什么用"third country"而不用"surrogate country"?市场经济为什么会出现这种情况?如果一产品只是用来外销的,那价格跟谁比呢?我就遇到过这种情况,产品只外销,在国内

---

① 廖老师批注:除了上诉机构报告之外,《反倾销协定》的第2.2条本身也提到了出口国国内市场不存在同类产品销售情况下价格的确定问题,授课教师其实可以进一步提示大家去看条文。有时讨论课固然开展得十分热烈,但往往也会忽略基础性法律文本的规定。这需要授课教师的不断提示。

不销售,比如一种叫 ABRO 的漆,是美国产的,但在美国不销售。此时算 ABRO 的倾销应该如何算?没有可比较的价格,就只能用 third country,比如产品既向中国又向印度销售,就能用两个国家的价格进行比较,这就是 third country,假如卖到印度比卖到中国高,就产生了倾销,这只是一种可能性。这三种情况要细细研究。

(注:此时,大家争论的焦点已经清楚了。一是市场经济情况下也是可能出现双重救济问题的;二是出现这种问题的情况可能有三种:an unsubsidized, constructed, or third country normal value。因此,这次意外耗时的讨论,既有发言者表达不明确的问题,也有大家对这些情况不够理解的问题。)

杨:再说到具体的问题,即为什么 DS414 案件中没有出现这个双重救济的问题,看来还是罗曦说吧。

(注:从讨论情况看,我上节课所布置的作业"为什么 DS414 没有出现双重救济问题",实则是一个模糊的问题,是需要分两步进行分析的,即市场经济情况下会不会出现,以及 DS414 为什么没有出现。)

罗曦:DS414 案件中,因为美国是市场经济国家,用的是国内的正常价格来计算的,所以没有出现双重救济。

杨:其实罗曦一开始就回答了我的问题,但是我老是觉得她没有回答,因为她的第一个理由是因为美国是市场经济国家。真实的原因是:DS414 案件中美国没有出现 an unsubsidized, constructed, or third country normal value 这种计算方法。

罗曦:老师,您的意思这三种情况是大前提吗?

杨:对,这跟是不是市场经济没有关系。

罗曦:会不会情况其实是,是不是市场经济国家才是大前提,在这个前提下才区分三种情况。

杨:也可以这样说,因为这三种情况都是在市场经济的条件下出现的。上两次课的讨论恰好给我们提供了这样的机遇,为什么中国调查美国的进口产品时没有出现这种情况,很可能是在计算"number value"的时候没有用"constructed"和"third country value"等。

现在我们进入另一个问题的讨论,就是《反倾销协定》第 6.5 条只提到出口?专家组和上诉机构的理解是怎么不同的?

韩悦:上诉机构认为,专家组对出口补贴和国内补贴的理解是很机械的。专家组的理解概括起来就是通过对所有条款进行解释,得出结论:如果立法者想要禁止国内补贴,就会进行这样的立法,但是现在又没有相关规定,所以只能推定是不禁止的。上诉机构认为这里的省略是有意义的,意义在于国内补贴的前提之下,国内销售价格和出口价格都下降,是不会出现双重救济的。但是,DS379 案的前提不是以国内销售价格来计算正常价值的,而是对非市场经济国家采用了第三国的代替价格来计算,所以在特殊情况下出现了双重救济。

杨:我的理解是禁止双重征税时,只在《反倾销协定》第 6.5 条提到这个问题,看看专家组报告 24 页 4.16 段。

郑至言:上诉机构报告是在 565 段提到的。

杨:专家组的意见是,这是关于双重救济唯一规定的地方,但是本案不是出口补贴,中国如果援引此条进行抗辩是不成立的,但是上诉机构不是这么认为。

刘婷：按照我个人的理解，专家组认为仅仅规定了出口补贴，就不太可能出现双重救济，但上诉机构根据单独规定出口补贴的原因，认为使用非市场经济方法时可能会出现双重救济，所以这也是6.5条所禁止的行为。我个人认为，6.5条针对的是同一损害结果，而不是同一产品，针对的是双重救济而不是双重适用。而出口补贴，经过我们的论证，是一定会出现双重救济的，在出口补贴的情况下可能出现也可能不出现，所以在国内补贴的情况下不能一味禁止，要视情况而定。上诉机构支持"likely"时也就支持了这一点。这里至少规定了出口补贴一种情况，而543段所列的三种情况，是说在非市场经济方法下造成了双重救济，符合了这三种情况才会被禁止。

杨：你说得好像比较完整。我们先说一个问题：第6.5条为什么只提到出口补贴？为什么出口补贴的情况下，一定会出现双重救济的问题？

（注：于学生多角度的发言中，抓住讨论的重点。）

付凉洁：我分析一下上诉机构对此的解释，主要集中在567段和568段，567段提出，我们应该注意6.5条所提出的一个词，"the same situation"，简单地说，在存在出口补贴的情况下同时征收反倾销税和反补贴税就会产生"the same situation"，在存在国内补贴的情况下同时征税不会产生"the same situation"。上诉机构对这一问题的分析过程是：在出口补贴的情况下，出口补贴只影响出口价格，这就影响了倾销幅度，这时有些倾销幅度就可以归因于出口补贴，所以征收补贴税和倾销税时就有"相同情况"存在；而在国内补贴的情况下，补贴会同时影响国内价格和出口价格，这样对倾销幅度就不会产生影响，就没有倾销可归因于补贴，继而就没有"相同情形"的存在。所以该条就没有必要规定在国内补贴下禁止对"the same situation"同时征收反倾销税和反补贴税。

杨：好的，感谢她的发言。付凉洁解释的是上诉机构裁决的思路。我们现在讨论的是：出口补贴时一定会出现双重救济？

涂燕辉：我认为会出现双重救济的前提是补贴会导致出口价格降低。在出口补贴时，如果出口补贴导致出口价格降低，而正常价格没有变，此时一定会产生双重救济。如果出口价格因为出口补贴反而增加的话，二者之间就抵消了，也可能不会产生双重救济。我的意思就是，出口补贴可能会出现两种结果，一种是使出口价格降低，降低的话就必定会导致双重救济，但是增高的话就不一定了。

杨：这个问题我好像听得还真不是特别清楚。我的问题是，6.5条禁止对出口补贴的损害双重征税，是因为必然会出现双重救济。那么为什么出口补贴的情况下就一定会出现双重计算、双重救济？

柳驰：我没有太听懂，她的意思是不是说出口补贴也有可能不导致双重救济？

杨：谁能够给我画个图，画个公式简单说明出口补贴进行双反就一定会出现双重计算、双重救济？重叠的地方在哪里？

郑至言：我尝试一下。

（注：这位同学上台板书。）

倾销幅度＝正常价值－出口价格

正常价值——国内价格

出口价格——一般价格＋补贴

（文字说明：这是倾销幅度的公式，正常价值一般由国内价格来计算，如果有出口补贴，那出口价格就是一个理想价格减去补贴。有出口补贴时国内价格未受影响，560段中提到出口补贴不会影响到国内价格，这种情况下会计算补贴，反补贴时又计算了补贴，所以出现了双重计算。但在国内补贴也出现的情况下，国内价格是受补贴的影响的，国内价格就等于理想中的国内价格，加上一个补贴再减去一个补贴，两者就抵消了，此时就没有双重计算了。）

杨：郑至言后半截说的，为什么国内补贴的情形不会出现，好像对应的就是519段脚注的问题，应该是这样吧？

刘豪（上台板书）：

倾销＝国内价格—出口价格

　　＝国内价格—（国内价格—出口补贴—倾销）

　　＝补贴＋倾销

我想解释的是，为什么在出口补贴的情况下不能同时适用反倾销与反补贴。这是因为在补贴的情况下，倾销的计算幅度等于补贴加倾销的幅度，如果既征收反补贴税，又征收反倾销税，就构成了双重救济。

赵洋：出口价格是等于国内价格减去补贴再减去倾销是吗？

刘豪：我写的是一个简化的公式，没有严格考虑传导的问题。所以，可以这么理解，即在国内价格的基础上进行了两次降低，就变成了出口价格。

杨：刘豪和郑至言讲的角度应该是一样的，就是郑至言在后半段和国内补贴进行了对比。

柳驰：我觉得漏了一种情况。如果倾销幅度等于国内补贴的幅度，就是出口补贴直接造成了倾销。

杨：这个问题先到这里，不知道大家都想清楚没有。我的问题是在出口补贴的时候为什么不应该同时征收反倾销和反补贴税，原因就是大家讲的。

本案涉及的问题还要再进一步，这个案子不是出口补贴的情况。本案要解决的是用替代国的方法进行计算时的结果，由于有6.5规定的出口补贴，我们找到了依据，而专家组和上诉机构的理解却正好相反，上诉机构的思路如何？付凉洁要不要把刚才说的内容再重复一下，或者再概括一下。

付凉洁：好的。我还是上黑板演示一下吧。

（注：这位同学上台板书。）

非市场经济情况下，倾销幅度＝替代国价格—出口价格

市场经济情况下，倾销幅度＝国内价格—出口价格

替代国价格＝没有补贴的正常价格；国内价格＝受补贴的扭曲价格

在使用替代国价格计算反倾销税的时候，倾销幅度一般会增大，增大的幅度就是替代国价格比国内价格高的部分，也就是补贴的额度。也就是说在计算反倾销税时，不仅会对倾销进行救济，也会对补贴进行救济，再计算反补贴税时，便会对这一补贴进行双重救济。在出口补贴情况下，也是会对补贴和倾销造成的"the same situation"，也就是对同一补贴额进行双重救济。既然GATT1994第6.5条规定禁止出口补贴情况下的双重救济，那替代国价格

情形下的双重救济也是应该禁止的。

杨：大家讨论到最后，不要连讨论的什么问题都不知道了。我们讨论的主要是对第6.5条怎么理解。如果按专家组的理解，有规定的就禁止，没规定的就不禁止。上诉机构则认为，出口补贴之所以会出现是因为进行了两次计算，而替代国的情况跟出口补贴是一回事。所以上诉机构认为6.5刚好是反过来证明了这种情况是要禁止的，只是没有明说。大家不要忘了讨论的这个点。上节课我们主要讨论《东京回合补贴守则》对非市场经济问题作了规定，而现在的《反补贴协定》未作规定，这是怎么理解。专家组认为是上下文，而上诉机构认为顶多是补充解释，那是一个法律障碍，今天这个也是一个法律障碍。

杨：现在说的是替代国问题，柳驰的意思是出现543段中的三种情况，也是属于"same situation"。我们先讨论到此。这个案子中这是一个重点的问题。这节课我们要讨论的主要就是第6.5条为什么只说到出口，这也是一个精妙的问题。6.5条是context，《东京回合守则》上诉机构认为最多是补充资料，这两者都是解释资料的，而最主要的是ordinary meaning，那就是《SCM协定》19.3的问题了。谁能谈谈上诉机构和专家组对19.3的理解有何不同？我认为19.3解释完了才涉及6.5条，解释完6.5条才涉及《东京回合守则》。

韩悦：我个人认为对19.3的理解主要集中在"appropriate amount"的解释上，专家组是用19.4中的"found to exist"来解释，认为不要超过"the amount of the subsidy found to exist"就是适当数量。专家组用一个非常诡异的逻辑，最后推出19.3和19.4没有在对质双重救济，这个我也没有想明白。上诉机构在解释适当数量上，首先承认应该考虑19.4，但不能只考虑19.4，应该综合考虑，上诉机构综合考虑了《补贴与反补贴协定》第10条，19.1、19.2、19.4，以及《维也纳条约法公约》32.1还有GATT1994的6.5还有《反倾销协定》中的相关条款，来解释适当数量。我再好好想想具体思路是怎么样的。昨天晚上我觉得自己想清楚了，但是现在有点模糊了。

（注：据了解，这位同学在上课前一天与同学们长时间讨论了这个问题。课后，我曾经对几位同学发表感慨：自以为看懂了是一回事，能不能讲清楚是一回事，而能不能经得住别人的提问又是一回事；因此，课堂讨论能够检验我们是否真的看懂了，是否表达清楚了，是否思维缜密了；通过一段时间的课堂讨论训练，我们的思维能力一定会得到很大的提高。）

付凉洁：我觉得上诉机构和专家组对这个问题的解释所存在的分歧是从570段开始的。上诉机构认为，专家组的解释方法有问题，没有以一种协调一致的方式来解释WTO协议，只单单考虑了《SCM协定》的内容，提出应协调一致地对待WTO所有条款。从571段开始，上诉机构就结合其他条款解释"适当金额"：要求金额应为"适当"，起码意味着，调查机关在确定反补贴税的适当金额时，不能完全忽略已经征收的反倾销税抵消同一补贴的事实。在589段的最终结论中，上诉机构也认为《SCM协定》和《AD协定》应该以协调一致的方式进行解释，以避免任何可能规避两个协定规定的反倾销税和反补贴税的上限。我认为这是上诉机构和专家组解释不一样的地方。

杨：我觉得是这样的。也就是韩悦所讲的上诉机构解释19.3的"appropriate amount"如何理解。

刘婷：付凉洁师姐已经说了前半段，关于19.3和19.4的相关性，后面主要是对适当数量的解释，上诉机构是在查了字典以后，认定"适当"应该是"在特定情况下，每个案件不一样",19.4确定了一个限额,19.3则是根据每个案件的情况来确定适当数量,19.2是反补贴的宗旨和目的——以消除损害为目的尽可能少征税,不仅把损害当作征税的前提,也是当作确定数额的基准,所以在本案中,如果通过双反措施消除了损害,就不应该再次进行计算。

郑至言:我认为专家组报告根据19.4条反补贴税的规定,认为只要符合发现存在的补贴即可,上诉机构也这么认为,但是另一方面,上诉机构又认为,只要发现存在就是"适当"这样的话就显得19.3条很多余,在进一步论证appropriate的时候,上诉机构提到了19.2条,反补贴必须和损害相联系,从而引出了损害。

(注:集体智慧。大家在从不同的阅读体验中完善对同一个问题的理解。)

杨:郑至言的发言中似乎在强调appropriate和损害的概念,刘婷则提醒要查字典。

刘豪(上台板书):我想概括一下上诉机构对于19.3的争议是如何解决的。

首先,上诉机构使用了通常定义方法。"适当"不是一个自动的(autonomous),也不是绝对标准(absolute standard),而是应该参考多个事项得出相对的概念。

第二步,通过上下文解释,分为两个部分。一是承认19.4是19.3的上下文,但更应该注意19.2关于损害的规定。如果征收的反补贴税能弥补国内产业损害的话,那么数额最好比补贴数额低,意思就是反补贴税额一定要和损害建立因果关系,在能弥补损害时越低越好。上诉机构认为,19.2的规定反映了这个精神,更能反映"适当"的含义。二是关于GATT1994第6条,上述机构认为,专家组进行的是一种反向的机械解释。这是上下文解释。

第三步是目的解释。上诉机构引用了一个先例,说明反补贴的目的是为了抵消损害,与19.2形成呼应。

第四步是补充资料解释。上诉机构考虑到了《东京回合补贴守则》。根据《维也纳条约法公约》第31条,上诉机构分析认为《东京回合补贴守则》不是19.2的上下文,而更像是一个订立条约时的情况。上诉机构指出,不能根据《东京回合补贴守则》有规定而后来没有规定,就推导出允许双重救济,而是应该更深入地考虑。另外,《东京回合补贴守则》只是禁止了反补贴和反倾销的同时适用,而不是双重救济,两者并不对等。同时适用可能导致双重救济也可能不导致双重救济。

最后,得出结论,认为美国采取征收反补贴税措施没有充分考虑到征收反倾销税时已经部分抵消了补贴,违反了19.3下的义务。

杨:刘豪的发言基本是对两节课的总结了。我们从补充资料开始讨论,再是GATT1994第6条。宗旨和目的还没有讨论,不过这个解释方法可能在本案中不太重要;现在是19.3的ordinary meaning。刘豪的分析是比较全面的。

(注:这位同学的板书,将两节课的讨论画上了一个圆满的句号,因为他总结了上诉机构对这个问题的完整思路。我们的课堂讨论,是从"东京回合补贴守则"这个"次要"和"外围"问题开始的,因为最初几位同学的发言,就首先涉及了这个问题。同学们经过讨论和阅读,终于描绘出了条约解释的完整画面,将课堂讨论的要点串了起来。这位同学的板书总结,是简明扼要的,也是出乎意料的。同学们自己的总结,比我所做的总结,即使形式上一样,效果却要好上百倍,因为这表明这位同学已经真正了解了,并且会对其他同学产生强烈的示范效应。此外,本案中双重救济的产生以及上诉机构的条约解释,的确是颇为复杂的问题,以至

于很多老师和律师都感到晕头转向,而一群大三的学生,通过短短两周的阅读、思考和讨论,就理清了这些问题的思路,是颇为令人欣喜的。我们可以相信,在此过程中,他们的分析思考能力和清晰表达能力都得到了提高。)

我做一点评论并提一个问题。我的评论是:我在选材料给大家阅读的时候就认为这个分析很精彩,这套逻辑把专家组的论点推翻了,这是一个非常经典的案例。我的问题是:可以这样解释吗?这种解释方法也有很多人批评,认为到最后是把《反倾销协定》解释成《反补贴协定》要考虑的因素,这就是越权。有没有同学认为这种解释不妥的?

柳驰:我先说后面,这可以理解成上诉机构的权限问题,就是上诉机构想怎么解释就怎么解释,只要能解释得通。这个问题我也想了很久,上诉机构有没有权力做这种解释呢,它的权限来源于成员国的授予,那么这个授予的理由是基于现在已有的规则体系,而上诉机构的判决本身也构成了新的理由和新的判例,这和公民选政府,政府做决策很相像。这个平衡点何时会崩溃,大家都说不准,所以我的结论是这是一种政治平衡。第一个问题是我个人问题:上诉机构和专家组报告两份文书风格迥异,上诉机构报告是标准的WTO判决,但是专家组报告就有点感觉让人不知所云。

杨:很多专家在批评上诉机构报告,认为其越权。这些人不一定是帮助美国一方的,就是认为上诉机构的权限太宽泛了。柳驰的比喻很恰当,就好比法官是有权限,但是不能用过头了,超过限度是会崩溃的。但从我个人角度或者说中国胜诉的角度来讲,我认为上诉机构是好的。作为法律人,我也很欣赏上诉机构这种解决问题的做法。但我们现在讨论的是这种解决办法会不会有问题,因为这是一个很大的突破。

感谢刘豪给我们一个非常完整的条约解释的方法。我经常在思考一个问题:上诉机构在理解《维也纳条约法公约》第31条和第32条过程中发展出来的解释条约的方法,仅仅是一个法律方法还是正常的思维逻辑方法?我倾向于后者。比如我说这个东西不好吃,那就要想是在什么情况下说的,除了这个之外还说了什么,那就是 context, supplementary means。还有不好吃是不是方言的原因。再比如我接受一位台湾朋友的礼物时说谢谢,他会回答"不会啊"。当时我是很费解的,后来才发现这个"不会啊"也就相当于"不用谢"。这就要问词语通常的含义是什么了。所以这种解释方法只是一种常规的理解方法,只是用法律术语表达了而已。我再举一个例子,北大的杜维明教授,他是研究儒学的,我参加了一次他的讨论课,是逐字逐句研究的。一个上午都在研究"大学之道在明明德"中"明明德"的意思。我就说WTO法律中有一种解释方法,从字面含义、上下文和补充资料来解释。我感觉杜教授从我的发言中也表现出很受启发的样子。

(注:借题发挥,破除WTO上诉机构条约解释的神秘感,恢复这一方法背后所反映的常理,以此提醒同学们将这种分析方法广为运用。)

下次课,出版物案(363)和原材料案(398)希望大家结合起来看,都是讨论是否有权援用GATT1994第20条进行抗辩。值得关注的是,审理这两个案例的上诉机构成员是完全相同的,同样的三个人,在出版物案中说可以援用第20条,而到了原材料案又说不可以。到现在到底怎么办,问题也没有解决。下节课主要讨论出版物案,但是如果大家能把这两个案件结合起来看,效果更好。

(注:为下节课讨论所做的小广告,引起大家的兴趣。我总觉得我们是很幸运的,有这么

多精彩的中国案例可以研讨。)

(孙珩、卢夏意根据课堂录音整理)

廖诗评:需要指出的是,本次课堂记录的评论,是和上次课堂记录的评论一并完成的,因为我个人想尝试着从两次讨论课的情况给出自己的批注和评论,之前在讨论案例的时候,我曾在第一次讨论课上提出了一些疑惑,这里有部分疑惑其实已经通过第二次讨论课解决了。所以出于避免重复和完整了解授课教师整体思路的考虑,我这次选择在一个案例的两次讨论课都结束之后才给出自己的评论。

旁听本次课程的韩立余老师在课后向授课教师和我提出了一个自己关于本次案例讨论的非常具体的问题,他认为如果是他来主持讨论课,就会在一开始让大家讨论双反措施、双重救济和重复计算这三者之间的关系。这个提议我个人觉得是有道理的。在讨论三者关系的过程中,其实就可能会把专家组、上诉机构对本案的不同理解和各自采取的解释方法等问题一并讨论,甚至关于这三者关系的讨论,可能会构成一条更好的讨论主线。当然这是我个人的观点,而且即使课堂没有采取这种讨论主线,实际的效果也还是非常好的。只是在这次讨论上,也许是由于问题具有高度技术性,发言的学生范围进一步集中了,有几个在本次案例讨论课没有发言,但之前都很积极参加讨论的同学都反映说,不知道如何融入讨论,或者往往好不容易想到一些相关的切入点,马上就会发现这些切入点已经被别的同学提出来了,所以感觉思路有的时候会跟不上。

出版物案和原材料案(一)

时间:2013 年 4 月 27 日晚 19:00—21:30

杨:现在我们开始上课吧。今天这个问题非常有意思,引起了很多老师和学者的争论,所以这是一个非常真实的问题,而不是一个虚拟的问题。

强调一下,在座的同学都知道,你要准备好你的发言牌,要发言的时候,就竖起你的发言牌。另外,我们讨论的唯一纪律,就是不要交头接耳。大家有什么想法,可以笔谈。

今天,我们的讨论采取一个新的形式。我请韩悦来给我们主持讨论。我事先跟韩悦商量了一下,韩悦没有拒绝(笑)。

(注:这是一场非常特殊的讨论课,因为主持人是班上一位大三的学生!她在参与了八次课之后,已经能够独立主持一场案例讨论了!

在此前的讨论课上,她每节课都积极发言,显示出了对案情的准确把握。因此,我觉得她已经具备了主持人的素质。当我提出这个想法①的时候,她只是简单地说:那我要好好看材料。当仁不让,表现了她的自信。后来,她在认真阅读资料后,给我提交了主持的"大致思路"(附后)。从这份"大致思路"可以看出,她已经掌握了作为一个讨论课主持人的要点。事实证明,她的主持是非常成功,甚至是精彩纷呈的。我坐在台下看她主持,听同学们发言,感慨万千!我在评价这位同学处理各种情形的方式,我在分析同学们发言的思路,我在思考讨论式教学法的利弊。这节课,收获最大者应该是我!以下的注释,就反映了我的部分收获。)

韩悦:杨老师刚才说我今天担任的是主持人这个角色,其实,我主要是抱着学习的目的和态度,跟大家一起互动讨论,这才是今天的主要目的。主持人主要是把握一个讨论的方向,特别是我看到今天有不少老师在场,让我觉得压力很大。如果有说漏的地方,或者是不尽如人意的地方,还请大家多多指教。这是客套话,也是实在话,也是为课堂预热的话。

今天我们讨论的其实是两个案子,杨老师刚才也提到了,是 363 出版物案和 368 原材料案。我来说明一下我们今天要讨论的主要问题,就是违反《入世议定书》中的承诺,能不能援用 GATT 第 20 条的规定进行抗辩,这其实就是我们讨论的焦点。当然这是一种高度概括的说法,我们要讨论的这两个案子,它们对于 GATT 第 20 条能不能被引用这一问题,其实是采取了两种截然相反的态度。在出版物案中,上诉机构认为,GATT 第 20 条是可以作为中国的抗辩理由被提出来,但是在原材料案中上诉机构否认了这一点,那我们今天讨论的重点其实就是在于为什么会出现这么一种情况。

(注:主持开篇很简短,主持人没有发表太多的观点。但是我主持的时候,一般是上来就请大家谈谈阅读材料之后的看法,而不是先行点出讨论的焦点或重点。我只是泛泛地问:这

---

① 廖老师批注:授课教师提出这个想法时,我也在场。当时我还以为是授课教师临时起意。但后经交流,原来授课教师一直都想让学生主持一下讨论课,只不过碰巧在这次北师大的课程中付诸实施了。

些材料说了些什么?有谁愿意谈谈看法?这样的开放性问题,能够让学生说出感受最深之处。学生感受最深之处,也就是最为重要之处,应该成为讨论的重点。当然,我会先让两三个同学发言以便从他们的发言中选择我认为重要之处。这样,学生关注的问题,与我认为的重要之处,就能够最大限度实现契合。因此,在我的课堂上,大家讨论的问题,往往是来自学生自己,尽管后来经过了我的加工和提炼。我认为,学生讨论"自己的"问题,才是真实的问题,才能够有极大的兴趣。相比之下,老师提出的问题,尽管"高明",学生可能摸不着头脑,也未必能够感兴趣。①)

但是在深入这个问题之前,我们要先了解一下这两个案子到底在说什么,有没有在座的同学能说一下出版物案或者是原材料案到底在说些什么,给大家概括地介绍一下这两个案子是怎么回事?

(注:非常好的引导②,试图让同学们"从头说起"。)

没有人吗,没有人我就点名了。我看大家都是低着头在看自己的材料,没有一个人敢看我,要不我就先请我们寝室的一个同学说吧,我们寝室的同学昨天就这个问题聊到了很晚。同学们介绍一下两个案子中的任意一个都可以,概括地介绍一下怎么回事,这个问题是怎么样的,以及思路是怎么样的。

(注:三言两语,但是信息量很大。首先,为什么没有人主动举手发言?在这种情况下,应该如何处理?如果点名,如何确定点谁?我认为,学生主动发言的想法,会通过两种方式表达:一是举手,二是眼神。也就是说,当我提出问题的时候,敢于直视我的同学是"有话要说"的,只是可能由于不好意思或者怕人说"闲话"而没有举手。当然,如果教师对学生比较熟悉了,即使没人举手或直视,也能够大致知道点谁。当然,如果总是没有同学主动发言,教师就要反思自己的主持或提问方式了③。幸运的是,在我的课堂上,学生往往是抢着发言的,虽然在上课开始的时候,少数情况下也需要点名。这位同学处理"冷场"的方式,也是合情合理的,因为一个寝室的同学相互熟悉,也会"捧场"。其次,同学们课前对案例进行了充分的讨论。同学们在读了案例之后,三三两两进行讨论,这是我最希望看到的效果,因为他们对案例有兴趣,并且相互学习。我始终认为,课堂时间有限,除了用于讨论一些重点问题之外,主要旨在引发同学们的兴趣。如果同学们有兴趣了,那么课外就可能花几倍时间用于阅读和讨论。据我了解,这个班上的同学,课前课后的讨论是司空见惯的,并且常常在课前的晚上长时间地交流看法。这种相互讨论的习惯,在课间休息的时候也比较明显。同学们常常是三三两两扎堆讨论,面红耳赤,人声鼎沸!再次,主持人说:"介绍一下两个案子中的任意一个都可以,概括地介绍一下怎么回事,这个问题是怎么样的,以及思路是怎么样的。"这是一种开放的主持,给大家一个任意发挥的空间,一种"随便说说"的感觉。这样的主持,能够引出同学们感受最深之处,也能够看出同学们阅读和理解的程度,以便进一步引导。)

---

① 廖老师批注:我一直在思考这两种不同的讨论课开篇方式之间到底会有什么不一样的效果。从目前我的思考情况来看,无论是让学生自己提出问题,还是主持讨论的教师自己提出问题,似乎都要以学生阅读材料为前提。只是似乎前者是以学生为主体的一种讨论,后者好像带有教师主导的痕迹。

② 廖老师批注:其实这种引导,和杨司讨论课上的开篇内容,似乎没有什么不同。

③ 廖老师批注:同意。

涂燕辉:这两个案子的核心问题就是GATT第20条的引用问题,因为GATT第20条里面有一句"nothing in this agreement"的表述,也就是说GATT第20条作为例外的抗辩,它只能用于GATT协议内部的措施。而我们现在两个案子,都是违反了《中国入世议定书》里面的承诺GATT的相关措施。所以,中国试图援用GATT第20条,就会存在一个可不可以援用的问题。在第一个案子里面DSB认为可以,第二个案子却认为不可以。第一个案子里面大概是说,《中国入世议定书》第5条第1款承诺要开放贸易权,但是实现这个承诺的前提是,不能损害中国以符合WTO协定的方式管理贸易的权力。中国认为,所谓"以符合WTO协定的方式",这里的"WTO协定"就包含了GATT第20条。第二个问题就是,中国现在对出口商的限制是否就属于前述管理贸易的内容。在第一个案件中,这个问题就被转化成了中国的措施是不是符合GATT的规定。上诉机构认为GATT第20条与《中国入世议定书》是有关联性的,GATT属于WTO协议,GATT第20条又属于GATT,当然就可以用GATT第20条作为一个抗辩。而第二个案子里,上诉机构认为没有这种联系,GATT第20条明确限定了"本协议",所以也就不能用GATT第20条作为抗辩了,这个概括可能太简单了。

(注:这位同学的发言,体现了她对本案理解的精准程度。她用高度概括的语言,讲出了本案的核心问题。)

韩悦:刚才涂燕辉同学已经做了一个比较深入的概括。我个人认为,已经深入到法律分析中的legal reasoning上了。还有没有同学就这个案例本身简要概括一下,因为我觉得在座肯定有没看材料的同学,或者是看得不仔细的同学。谁能概括一下?

(注:主持人的头脑何等清醒!她发现这位同学没有"从头说起",而从逻辑顺序的角度,她是希望从"案情本身"谈起,然后逐渐过渡到核心问题的。此外,她还考虑到"没看材料的同学,或者是看得不仔细的同学",这一点尤为可贵!这既是让大家"就这个案例本身简要概括一下"的理由,体现了主持人周全的思维方式,同时也是为全体同学着想,希望大家都能够从讨论中受益。事实上,我坚信,在我的讨论课上,即使课前没有阅读资料的同学,也会从其他同学的热烈讨论中受益:同学们反复争论的问题,一定会给自己留下印象,甚至引发自己的思考①。

当然,从主持人的角度,我不会对涂燕辉的发言加以定性,好像她的发言并非老师的期待,这样可能会挫伤同学们发言的积极性。如果同学们都是在试图揣摩老师的意图,那么发言就会非常谨慎,积极性就会受到抑制。如果我发现某个学生的发言并非如我所愿,我会再让几个同学发言。发言者多了,自然能够发现我所期待的回答,然后加以放大,引导大家深入讨论。这就是我的"守株待兔"的主持策略。有的时候,即使第一位同学发言"如我所愿",我也会让另外几个同学说说,以开拓大家的思路,并且活跃发言和讨论的气氛,避免出现老师与某一位同学"一对一"讨论,而大多数同学都是听众的情况。因此,在讨论开始的时候,应该让三到四名同学发言,而不是在一名同学发言后就展开讨论②。)

---

① 廖老师批注:甚至引发没有看材料或者没有仔细看材料的同学下去自己看材料!但这种作用的程度,如前几次批注一样,我仍然持保留和观望态度。

② 廖老师批注:赞同。

刘豪：刚刚涂燕辉同学的发言似乎直接深入到了法律问题层面了，我简单地说一下事实层面的问题。事实层面上，第一个案子主要事实是，按照《中国入世议定书》第5条的规定，中国将会允许所有的中国企业、外国企业和外国个人在中国享有货物进出口的贸易权利，但是呢，中国通过一系列的法规、政策和规章使得将出版物音像制品、电影的进口只是授权给特定的国有企业。中国这种授权给特定国有企业以进出口音像制品的行为，违反了议定书中第5条的放开贸易权承诺，争议由此展开。这是第一个案子事实层面的问题①。第二个案子的主要事实是，按照《中国入世议定书》第11条第1款的规定，中国必须逐步取消对所有进出口产品的出口税费的征收，除了在附件6以及在GATT第8条规定的这两种例外情况下，中国将会取消对所有出口货物的税费征收。中国将征收的税费比例就不得高于协议中所规定的最高比例，而且该条款进一步指出，如果我们要提高现行的征收税费的比例的话，我们将与各成员国进行磋商，达到一个双方都能接受的水平。但是实际上在这个原材料案②当中，中国对原材料征收的税费比例高于其他周边的地区，那么这时候就产生了一系列问题，大概就是这样。

［注：多么精彩的案件背景介绍！这位同学准确地理解了主持人的问题，即"就这个案例本身简要概括一下"。事实上，通过涂燕辉和刘豪两位同学的介绍，这个案件的大致脉络已经清楚了，而随后的讨论，都是在这个大框架内进行的。这两位同学的发言，反映了这个班的同学超强的学习能力。（我想，课前准备不充分的同学，听了这两位同学发言，应该也有所收获③。）这再次让我对本科生同学的学习能力增强了信心。我也再次坚信：应该想方设法促进学生的自学和相互学习。］

韩悦：其实我个人觉得刘豪把这个问题已经说得比较清楚了。谁还有想说的？

（注：精彩的主持！主持人显然已经找到了满意的答案，但是仍然问"谁还有想说的"。这就为进一步的讨论做了引导。事实上，大家在阅读案例的时候，感受最深之处未必相同，而当众说出来，有利于拓展大家的思维。）

涂燕辉：我就提一个问题吧，因为大家一般都是针对问题来讨论的。这个问题是，上诉机构怎么就证明了可以用GATT第20条？第一个案子里面第20条是如何被用到了议定书里面去的？这个推理过程好像不是很清楚。毕竟GATT第20条明确规定了其只能用于违反GATT内部措施的抗辩。

（注：这显然是本案一个最为关键的问题。这个问题的提出，决定了本次讨论的焦点。事实上，随后的讨论，都是围绕这个问题展开的。令人欣喜的是，涂燕辉在第一次发言，即介绍本案思路的时候，并没有提出这个问题，而是留待进一步讨论的时候提出。这种有先有后、有节奏有层次的发言，反映了同学们清晰的思路和深入的思考。）

韩悦：我先简单说一下，其实这个案子的关键点，我刚才在一开始的时候也说了，就是违

---

① 廖老师批注：概括精准。试想，如果不是基于兴趣去阅读材料，怎么会在短时间阅读完之后提出如此精确的概括？那么接下来的问题是，他的兴趣是从哪里来的呢？或者说兴趣是如何产生的呢？相信本次北师大课程上所有积极参加讨论的同学都能给出自己的答案。

② 廖老师批注：原材料案事实情况的概括倒是还有进一步提高的空间。

③ 廖老师批注：同意，这是讨论课的优势之一。当然，我仍然认为有必要进一步采取措施提高讨论课的课堂参与程度，具体可以采取哪些措施，还希望AC WTO发挥集体智慧。

反《入世议定书》义务能不能用 GATT 第 20 条来抗辩。刚才这两位同学其实已经帮我把这句话做了一个比较详细的阐述了。

（注：请注意最后一句话。事实上，韩悦的阅读和理解，可能不亚于发言的同学，因为她作为一个主持人，当初说过"那我要好好看材料"，并且从她主持的"大致思路"看，她是已经"好好看材料"了。但是对于案情"比较详细的阐述"，却是通过其他同学之口表达出来的。这反映了我一直以来的主张：老师不应告诉学生答案，而是应该引导学生讨论和思考，自己寻找答案。不仅如此，老师伴随学生寻找答案的过程，老师自己也会有意外收获。不知道主持人从这两位同学的发言中，是否也受到了启发。）

大家看过材料，应该也会有一个印象。大家先来看一下出版物案，专家组对于这个案例是怎么说的？因为刚才的发言就直接跳到上诉机构的观点了。当然我承认上诉机构的观点应该是我们讨论的一个重点，而且我个人觉得也很有必要讨论，但是按照一个正常的逻辑顺序，我们先来看一下专家组对于这个问题他是怎么说的，他采取一种什么样的态度。专家组其实采取了一种规避的态度①，然后他的这种规避的态度是怎么样的，对于能不能援用 GATT 第 20 条他是怎么说的。

（注："按照一个正常的逻辑顺序"。主持人如此说，是试图让讨论有序。因此，虽然涂燕辉提出了一个更为重要的问题，但是主持人仍然希望将问题拉回到"逻辑顺序"上来。的确，既让学生的思想自由驰骋，又让讨论井然有序，这是对主持人的挑战。在本次课讨论的过程中，始终能够看到主持人试图在这两者之间实现平衡的努力。从总的情况看，这场主持是成功的，实现了大家畅所欲言与主持人总体把控相结合。）

柳驰： 专家组是这么说的，两个层面，首先 20 条能不能用，第二，就算能用那你这个措施符不符合。然后专家组说，美国提到在上诉机构之前裁决的案子中有一个案子提到，在审理过程中，先去假设能用 20 条，但用的时候不符合例外，这个时候反正有效无效，能用还是不能用 20 条，都没什么关系，然后在这个时候专家组说我们应该运用这个 AB 的思路，先假设是你这个是可以援用的，然后再解答，这是第一点。第二点，没有别的意思，只是我个人习惯，建议大家是不是先提一轮问题，就是提一轮摸不着头脑、摸不到边际的问题，然后在此基础上讨论。

（注：这位同学显然已经不能满足于"就事论事"的讨论。）

韩悦： 你有什么问题？

（注：听到这个反问，我心中暗自叫好。柳驰同学的发言比较概括，并且超越了案例本身的关键点。对于这种情况，最好的处理办法，就是反问，以便将问题具体化。）

柳驰： 我有好几个问题。第一个是一个特别小的细节，就是为什么中国在出版物案里，专家组报告中有一句话说，我们中国没有针对每一项商品都逐一地去验证。如果逐一地去这么做，效果会是什么样？第二个是，案件涉及管理的权利，外贸管理具体内容或者是管理的方式被 WTO 的一些规则限定之后，那么这项权利究竟是谁的？就是这项权利到底还是不是中国的？可能还得再解释一下，因为有一种说法是说，外贸管理是国家本身固有的

---

① 廖老师批注：主持人在这个问题上同样了给出了自己的判断，而不是让大家把专家组的规避态度提出来。

government 的这么一个权利。但是另一方面,这不光是我认为,包括我看的一些法理学教材里都说到,权利怎么去行使的问题。当然这时会有一个上位的东西告诉我们,你有什么权利,但是权利如何具体去行使,这个是权利人自己决定的,然后这个前提就是,国家政府有外贸权利,就是政府等价于他自己知道能够去如何行使,但是 WTO 协议把这些权利行使的内容和规则改变了,等价的一端被改变了,那它本身的性质被改变了?

韩悦:我们先讨论一下,柳驰提出来的第一个问题。

(注:柳驰发言的范围比较宽泛,把握思路和要点比较困难。因此,挑出其中一个问题进行讨论,是聪明的做法。)

陈小燕:柳驰提的第一个问题实在是让人摸不着头脑啊。我就针对第二个问题讲讲吧,其实一开始我也有点想问这个问题。出版物案上诉机构报告里面提到了两个概念:一个是贸易权,贸易权就是 trading right,还有一个是管理贸易的权利。柳驰说的应该是管理贸易的权利吧。我个人认为在出版物案里面,贸易权就是国家给予贸易权,这是一种义务,但是国家管理贸易的权利,就像刚刚柳驰说的,是一项固有权利,但是这样的一个固有的权利,他还需要遵循 WTO 的一系列的限定,其中就包括 GATT 第 20 条。顺便,想问一下大家,关于贸易权和管理贸易的权利两个概念,是不是可以这么理解。

韩悦:其实我刚才说专家组的那个思路。我的思路是什么样的呢?先分析一下专家组的裁决采用了一种什么思路,他的问题在哪里,然后显然上诉机构是推翻了这么一种思路,那么上诉机构用的一种什么思路,然后怎么来裁决这个问题,怎么来解释这个问题。我是想试图通过这么一种方式来讨论的,但是现在既然柳驰提出了这么一个问题,我们可以在这个问题上稍加讨论一下,但是不要背离我刚才所提的那个主线。

(注:多么精彩的主持!"我们可以在这个问题上稍加讨论一下,但是不要背离我刚才所提的那个主线。"围绕主线和发散讨论之间的关系,是非常微妙的。案例的关键点是主流,应该围绕这个主流进行讨论,但这并不妨碍出现一些支流,讨论一下发散性的问题。有时候,支流能够更加衬托出主流的脉络,并且让"河流"两岸的景色更加丰富多彩。当然,支流一定要服从主流,主持人一定要保持清醒的认识,否则课堂讨论就会变成一盘散沙。从此处主持人对"主线"的提醒,以及后来主持人不断将讨论"拉回"主题,可以看出主持人这种清醒的认识。)

柳驰你刚才说的我复述一下,你看是不是这么一个问题:中国涉案有很多法律法规还有一些条例,中国是就这些所有的条例笼统地去做一个抗辩,说我们可以运用 GATT 第 20 条抗辩,而没有说怎么去分门别类的针对一个一个的法律法规抗辩,是这个意思吗?那么,有同学对这个问题有想法么?其实这个问题,在这个案子里面算不上是一个重点问题,但是可以提出来讨论①。

(注:帮助发言的同学总结问题,是一种必要的主持方法。)

涂燕辉:因为中国认为无论那些涉案的措施是什么,其实可以归类为管理贸易。而中国只是用第 5 条第 1 款的管理贸易权力来抗辩,所以就没有划分的必要了。

柳驰:当时为什么不是中国自己提出的?

涂燕辉:我个人觉得,这些措施都是可以归为管理贸易的,所以不需要分门别类地检查

---

① 廖老师批注:颇有授课教师的风采了——韩悦同学不是一个人在主持……

了。

柳驰：其实我想讨论的我刚才说的第二个问题。我感觉过去课堂上很多问题其实都不是重点问题，所以我才提出来。

（注：同学们之间开始相互辩论了。虽然这种辩论可能会"偏题"，但是主持人也不妨"放纵"一下，以活跃气氛，发现大家的分歧点。）

第二个问题我把它再简化一下，是这样的，第一个案子中有个非常基本的，但可能不是最关键的问题，但是我觉得是非常基础的问题，即管理贸易是国家固有的一个权利①，这个权利管理的方式必须要遵从WTO的一些规则，那么在这些限定之后，权利的性质发生了变化没？发生了什么样的变化？非常简单，就比如说，我在炒一个菜，这个菜对我来说我是应该这么炒的，但是别人告诉我不应该这么炒，那我按他的想法炒之后呢，那到底是他的菜还是我的菜，他做的还是我做的？如果说是他做的，他做的这道菜涉及的其他问题，和我做的这道菜涉及的同样问题，是不是应该有相同的结果，或者是不是应该有不同的结果？这是一个很抽象的观点，但这个是我读包括这个案子和第二个案子的过程中最大的疑点。WTO的规则改变了国家行使权利的方式，如果改变行使权利的方式意味着权利本身，把WTO规则运用在规制权利本身，他就相当于规制了一个自己改变的东西。当然这是很抽象的东西，这是我想提出的最大的问题。

（注：柳驰说"简化一下"，并且用炒菜作比喻，不仅有利于大家理解他的观点，而且有利于他自己澄清自己的观点②。这样的效果，是只有在讨论的情况下才可能出现的。如果自己一个人埋头苦读，不太可能有这样的效果。）

韩悦：我表示一下我自己的看法，这不应该是主持人做的，但是我看大家现场不是很积极，我就先说一下。

（注：此处我们想到了主持人在"大致思路"中所表达的想法："主持人本身不需要发表太多观点，我的主要的工作是总结概括和方向引导。"她清楚地知道，主持人不应该轻易表示自己的看法。而她此处的"先说一下"，体现了她的理解能力和表达能力。）

刚才第一个讨论的问题，就是为什么没有对被诉条款分门别类地进行检查。为什么中国采取这么一个策略，我个人觉得我们在这里可能是因为没有亲临到WTO的现场诉讼，可能不知道当时发生了什么，但是我个人也有种想法，就是你要是分门别类地进行诉讼，每一个条款一定是有其特殊性的，要有这个必要才会这么做。这是我一点很浅薄的看法。那么这也像刚才涂燕辉说的一样，用我们现在提出的这么一套抗辩策略，实际上是可以适用于你刚才所说的那些诸多条款的。起码从这个几十页的材料上来看，没有看到单独一个条款的特殊性或者单独一个必要性，给拿出来单独设立的一套抗辩策略。第二个问题其实我刚才也想打断你一下，想问一下这个问题的前提性问题，就是你所提出的第二个问题和本案的联系到底是什么？我们刚才讨论的问题就是违反议定书的义务可不可以沿用GATT第20条进行抗辩，但你的问题是，WTO规则改变了行使权利的内容，然后我就觉得很迷茫，我没有

---

① 廖老师批注：刘敬东老师应该喜欢这种思路。

② 廖老师批注：同意。不管这个例子是否恰当，至少表达出来的意思，更容易让大家理解了，尽管也许还不能够让大家完全和充分的理解。

建立起一种联系,你为什么会提出这么一个问题来给我们大家?

(注:最后一句话,使得讨论可以继续下去了。)

刘豪:我平时和柳驰沟通比较多,所以我和他交流起来应该更有默契。我举个例子,想象我们正在做一道菜,叫作红烧肉①,这时候有人告诉我说,你做红烧肉的时候,要多放一点盐或者说少放一点葱花,这是别人对我的要求。那么根据他的要求,我做出的这道菜还叫不叫红烧肉呢。其实还是叫红烧肉,只不过红烧肉的风味可能根据别人的要求发生了一定的改变。具体到这个案子当中,《中国入世议定书》当中提到,我国要以一个符合WTO的方式来管理国际贸易,也就是说中国在管理国际贸易的时候要遵守WTO的纪律,它对于我们的管理货物国际贸易的行为方式有一定的规制或者限制。但是关于中国管理货物贸易的性质,我觉得是没发生改变的。你用的词是"性质",你的问题是中国的管理权的"性质"有没有发生改变。如果采用通常定义方法解释这个词的话,我觉得"性质"这个词应该指的是根本属性,或这个概念的一些根本特点。而中国关于货物贸易的管理的根本的特点,我想是不会发生大的变化的。另外,如果深入这个问题,我觉得就会变成一个哲学或者是国家宏观政策的一些问题,与这个案子的联系不是很紧密。

(注:这位同学"挺身而出",帮助柳驰澄清观点,是难能可贵的。经过这样的讨论和澄清,同学们的思路得到了拓宽。)

涂燕辉:其实我觉得你们提出的问题是中国一个很重要的抗辩点。然后我先说一下刘豪的"红烧肉",在后面第二个案子里上诉机构说中国在加入谈判的时候,其实就已经在行使这种主权了。换言之,别人是在跟你商量要不要多放点盐,这个时候你同意了,说我愿意按照你的方式来多放盐。其实这个商量的过程就是在行使固有的主权,讨论的结果是条文允许了这种管理措施,但前提是要符合规定。中国在第二个案件中的一个抗辩点就是管理贸易的权力是作为一个固有的主权而存在的。这是一种抽象的权力,不需要在条约明确规定。既然我是在管理贸易,GATT本身就是关于管理贸易的,所以我也就可以用20条作为一个抗辩点。上诉机构认为其实你在加入的时候,就已经行使过你的这种固有主权了。在你行使以后,得出的结果是"要以符合WTO协定来行使这个主权",此时这种固有的主权就再也不是抽象的东西了,而是必须明文规定于条约之中。

(注:这位同学的发言,将看似"偏题"的讨论,拉回到本案中来。不仅如此,她的发言还增加了信息量。没有课前的充分阅读,是不可能有这样的发言的。)

我还是问一个问题吧,也就是昨天在我们寝室讨论了很久,她们都很难说服我的一个点。第一个案子的上诉机构报告讲到了"管理货物贸易和管理贸易者之间的关系",也讲到了一些和GATT的关系,但我还是不能理解这种关联性的建立过程。前一个案子中,专家组之所以绕开这个复杂的法律问题,关键就是GATT第20条明确提到只能用于违反GATT的抗辩措施。上诉机构试图解决这个问题,但是我看了好久,也没看懂上诉机构怎么论证20条可以不仅适用于GATT里面的措施呢?还是说他把贸易权承诺措施就解释到GATT里面去了呢?上诉机构的这一个思路我没怎么看懂。

---

① 廖老师批注:"红烧肉"论引发了各位旁听老师的讨论,老师们都认为这种话语至少在讲授式课堂上是不可能出现的。当然,这个例子本身是否贴切,也许也是一个问题。

（注：涂燕辉的发言，其实就是她在最前面提出的那个问题，即"它怎么就证明了可以用GATT第20条"这个最为关键的问题。可以看出，大家讨论这么多，涂燕辉仍然觉得这个问题最为重要，需要集体智慧来解决。）

陈小燕：涂燕辉提到了第一个案件中上诉机构的思路，我打算把那个思路比较详细地说一下，待会必要的时候我想画一下图。先说几点不需要画图的部分，这个案子最终的一个问题就是说，中国做出的一项违反5.1条的措施能否适用GATT第20条进行抗辩。我把上诉机构报告的思路重新整理了一下，首先它提出的最大的一个前提就是"不损害中国以符合WTO协定的方式管理贸易的权利"，这也是符合WTO协定的前提；第二点，符合WTO协定的方式其实包含两种形式，一种是大家遵从WTO协定，另一种是抵触WTO协定的行为必须是被例外情况所包含。在本案中我是认为这应该是属于第二种情形。第三点就是之前我提出的该报告里的两个概念，第一个概念是贸易权，第二个是管理贸易的权利。现在我就跟大家详细说一下，我认为这两个点是不一样的，贸易权，trading right，就是国家给予贸易权，这是一种义务，但是国家的管理贸易的权利，是一项固有权利。接着上诉机构在这个案子提出，贸易权这样一个义务的形式并不会使这个权利减损，这是一个前提。在这个案子里，上诉机构说现在出现了一个不符合贸易权承诺的措施，同时也出现了管理贸易的一个措施，即中国当前所实施的内容审查措施。上诉机构认为如果这个不符合承诺的措施与管理贸易的措施之间存在一个关联，先不说这个关联的表现形式，即只要存在这样一个关联，就可以适用对于这个措施进行的诉讼，就能够运用对这个措施相关的条款进行抗辩。而管理贸易的权利，因为是固有权利，应该在WTO协定的下面行使，GATT又是作为WTO协定的一部分，这个东西就是可以跟GATT第20条联系在一起，那么究竟是怎么产生关联的？具体说中国这个案子的情况时，提到了中国出现的进行限制贸易的相关的措施，这属于内容审查的一部分，这里面有这样的一句话：中国只允许中国的国营企业来进行一些贸易，但是不允许除了国营企业之外的任何机构进行这种贸易，这样的一个措施，其实是为内容审查做的一个准备，这样的话就出现了这样一个关联，就可以用GATT第20条来进行抗辩。

［注：这是第四位同学发言了（前三位是涂燕辉、柳驰和刘豪）。本节课的讨论，先后有九位同学发言，并且随着讨论的深入，发言的同学逐渐增加，这说明了讨论的扩大效应，让越来越多的同学有所收获。］

涂燕辉：我还是问一下，为什么有了这样一个关联，就可以用GATT第20条抗辩呢？GATT第20条明确说，该条只能用于违反GATT内部措施的抗辩，为什么就可以用呢，这个问题我还是不太明白。

陈小燕：我是这么理解的，我是觉得出现了这样的一个行为，这个行为是怎么跟GATT第20条的相关行为联系在一起的，具体而言，GATT第20条所涉及的行为可能是这个圈子里面的，现在所出现的一个行为是这个圈子里的。但GATT第20条怎么去约束它呢，那就说GATT第20条里面出现了这样一个行为，这样一个行为的前提是圈子里的这个行为，那么你要实施这个行为，就可以用这种联系，这个框框就这样包括进去了，我是这样理解的。因为之前提到了，现在出现的措施是GATT能够涵盖的措施的一部分，措施是GATT的一部分，那么就可以用GATT的法律框架来约束他。

涂燕辉：你的意思是不是说贸易管理措施其实是属于GATT的，所以就可以引用20条进行抗辩？

陈小燕：说措施是在 GATT 里面我觉得还是不怎么恰当吧，我把这种规定或者关系理解为是一种大前提。

（注：同学们之间的辩论。其实，辩论不管谁"对"谁"错"，都有益于大家理解能力的提高。）

韩悦：现在我们讨论的问题已经涉及上诉机构的思路了，那我先来总结一下陈小燕和涂燕辉的发言，因为刚才的场面有点像你们两个在讨论，而大家在底下很茫然，那我就先来说一下刚才我们干了什么①。

（注：主持人的高超总结，帮助大家理清思路。）

刚才我们已经从柳驰的问题讨论到了上诉机构的思路，在分析上诉机构的裁决思路到底是怎么样的，然后陈小燕刚才在黑板上给我们大家解释清楚了上诉机构的思路。我试着概括一下她的观点，如果不对等会再纠正。中国的《入世议定书》给自己设定了一个义务，但与此同时中国还享有管理贸易的权利，中国虽然承担了这个义务，但是不应该影响这个管理贸易的权利，这就是你的第一点意思，贸易权和管理贸易的权利是分开了。然后，第二个大的问题就是 GATT 第 20 条的可援用问题。涂燕辉现在站出来反驳的是，她觉得这个地方仅仅有关联还不能把 GATT 第 20 条包含进来。

我现在提一个建议，因为现在既然已经到了分析上诉机构的裁决思路了，那我们就先顺着往下说。我的建议是，大家在分析上诉机构裁决思路的时候不要凭空说，不用提出一个理论，你提出一个主张然后要告诉大家，依据在哪里，材料是怎么分析体现的，告诉大家，不要只是自己概括，这样大家会觉得比较茫然，这是我的一个建议。一会发言的同学我希望如果能做到这一点就尽量不要脱离材料，而是看看材料是怎么说的，我们就用材料来说话。

（注：提醒同学们有根有据地说话。）

曾薪燚：我一直有一个问题，看了材料之后我觉得 GATT 就是 GATT，《入世议定书》就是《入世议定书》，GATT 第 20 条是规定在国家违反 GATT 义务的时候，可以用 GATT 第 20 条来抗辩。但是 GATT 和《入世议定书》两个东西是完全不同的，为什么 GATT 第 20 条可以通过一系列的关联原因解释引用到《入世议定书》当中，我觉得这才是这个问题的分析点。因为出版物案中上诉机构觉得他们之间存在这种关系，所以把它援用和包括进去了，原材料案中上诉机构觉得不存在这种关系，就没有把它用进去。我想问这样一个问题，一个国家的《入世议定书》的解释权到底在谁的手上，如果上诉机构解释 GATT 和议定书有关系，就可以用，上诉机构说没有关系，就不能用，这种最终解释完全都是一种主观性的把握，但是结果却是截然相反的。所以我就想问，这种解释，或者这个解释出来的关联性，是不是挺不靠谱的。

韩悦：那你是在质疑上诉机构的这种裁决思路么？你觉得是有问题的？

（注：在我们的课堂上，没有什么"权威"，连上诉机构的思路都可以被质疑。大家已经习以为常了。这种质疑，在随后柳驰的发言中，表现得更为明显。）

曾薪燚：对，就是觉得这种解释不太合理吧。

柳驰：还有一个问题是，在两个法律文件之间，如果一个法律文件没有明确表示那个法

---

① 廖老师批注：又见授课教师"灵魂附体"。

律文件可以因为这个法律文件存在关联,或者举例说,A 法律文件没有明确表示 B 法律文件可以被 A 法律文件所引用,但是就是因为 A 法律文件的存在,某些案件中可以引用 B。我还想在此基础之上扩充一些其他的问题:第一个是 A 法律文件不能引用的情况,那另当别论;第二个是如果 A 文件没有明确说,这时 B 文件可能有三种情况:B 文件没有规定,B 文件说只限于 B 文件内部援引,以及 B 文件明确说开放其他的引用。此外,我还注意到专家组说,之前的一些历史包括之前的一些案例也提到了这种关系。然后我就想问,上诉机构似乎是凭空创造出来了一个结论,这个解困的正当性在哪里?因为我看到,貌似上诉机构在这里没有用任何特别明确的理论来支撑这种联系,只是自己给了一套说辞,说以前有这样的案例,然后以前的案例是这样说的,以前那个案例解决的时候跟上诉机构的想法基本一致,然后就可以把这些案例的解决方法沿用下来,但是没有给出具体的实例。上诉机构有没有这个权限?有没有在没有明确规定的情况下将引用的法律文件和另一套东西联系起来的权限?

(注:这段发言,不仅仅是质疑,而且开始试图用形象的办法,解释上诉机构的思路。这种形象的办法,也是我听课的最大收获,促使我进一步思考上诉机构的思路。)

韩悦:刚才柳驰说的问题也是和讨论相关的问题,是从刚才涂燕辉和陈小燕问题的讨论中来的。刚才涂燕辉和陈小燕讨论的问题是上诉机构的裁决思路,柳驰的问题我还是尝试概括一下,就是文件 A 的条款能不能作为违反文件 B 义务的抗辩。我现在的想法是,我们要搞清楚上诉机构到底是怎么说的,因为上诉机构本身也是在一定程度上回答了这个问题,就是跨文件引用的问题。我们先把上诉机构的思路理清了,上诉机构到底是怎么说的,为什么 GATT 第 20 条不能援用了,在这个基础之上,如果有时间我们可以讨论你说的那几个问题。谁再来说一下在出版物案中上诉机构的裁决思路到底是怎么样的。

(注:不断将讨论拉回到原点,提醒大家理解上诉机构的思路。)

陈小燕(板书):我要补充我说的那几点是在哪个段落么?首先刚刚提到的,符合 WTO 协定有两种方式,一个是遵从协定的规定,一个是如果抵触但有例外,这是在第 223 段,大家可以一起看一下。在这里说的其实就是我刚才提到的一个前提,即不符合贸易权承诺的措施和对于货物贸易管理之间存在关联是适用 GATT 第 20 条的一个前提条件,这方面的论述主要是在第 226~229 段,对此,其实我也很疑惑,为什么存在关联就一定能用 GATT 第 20 条,因为我自己并没有弄清楚。

柳驰:我再解释一下,我的前提是,大家都已经熟读材料了,所以可以讨论一些材料之外的东西。比如说你违反了义务,不符合 WTO 协议的规定,然后你就说其实是符合 WTO 协议要求的。中国就说,我不拿《入世议定书》说事,我拿 GATT 来说符不符合,其实是符合 GATT 的。美国说,中国你别拿 GATT 说事,咱们就说议定书。然后上诉机构说你可以拿 GATT 说,为什么可以? 第一,措施是贸易措施,第二,GATT 就是关于贸易的,第三,用 GATT 这些条款可以解决一些跟贸易有关但又不是 GATT 里边所规定的问题,历史上 GATT 曾经解决过这样一些问题,所以应该也可以解决这个问题。

赵洋:我想说一下上诉机构是怎样一个思路。它认为中国加入世贸的议定书中有这样一条规定,"不妨碍中国以符合 WTO 协定的贸易管理方式行使权利"。上诉机构认为,符合 WTO 协定的范围,就是包括 GATT 的附件在内的 WTO 所涵盖的协定。我觉得这个问题也就解释了刚才曾薪燚同学的问题。WTO 当中有这么一条规定,是关于 WTO Agreement

到底包括什么的,其中有一部分就是包括附件一、附件二、附件三和附件四这些内容,另外一部分还包括加入议定书,就是因为这个原因,上诉机构认为,中国能否在申诉方认为中国违反议定书的情况下以 GATT 第 20 条作出抗辩,取决于中国的被诉措施到底与贸易管理之间有什么关联性。咱们看相关文章也能看出来,中国允许与议定书相关的货物的进口,实际上这就在行使管理贸易的权利,这样的话,相关措施就属于贸易管理的措施,最终只要符合 WTO 协定的规定,那就可以了,而上诉机构的观点就是 WTO 协定里面是包含有 GATT 的,自然就可以用 20 条来进行抗辩。

罗曦:我觉得师姐的说明有点不完整,因为她只证明了一步,就是从《入世议定书》第 5.1 条到 GATT 第 20 条,我觉得这个步骤是大家都认可的。第 5.1 条说,只要以不违反 WTO 协定的方式来管理贸易,都是可以的,但是最主要的一个点是,GATT 第 20 条里面说 "this agreement",就是说,虽然你可以用 20 条,但是 20 条还有一个限定条件,就是必须要在 GATT 里面才可以用,但是本案中涉及的是违反了中国入世议定书项下的义务,明显就不是 GATT 范围里面的。这个时候怎么办呢,我觉得上诉机构是这样解决这个问题的,因为中国在这个案子里面的措施是对贸易主体的限制,你必须要把对贸易主体的限制跟 GATT 联系起来,因为 GATT 是一个管理货物贸易的协定。既然你已经把对贸易主体的限制跟管理货物贸易协定的 link 建立起来,之后明显这个措施就是可以适用到 GATT 整个条款的;①既然可以适用 GATT 的整个条款当然也可以适用 GATT 里面的其中一个一般例外条款那就是 20 条。我是这样想的,我不是说从这个措施直接跳到 20 条,而是说先跳到 GATT 的整个大的框架里面然后再去考虑适用 20 条的问题,我觉得是这么一个思路。不知道我说清楚了吗②?

刘豪(板书):我大概归纳了一下,上诉机构在认定中国违反贸易权的措施是否应该承担责任的时候是这样一个推导方式。首先,中国如果实施了不符合贸易权的措施,那么这时候按照上诉机构的思路,第一步,审查措施与货物贸易的管理是否有联系,如果没有联系的话,就要承担责任,如果有联系的话进入下一步;第二步,判断措施是否与 WTO 的义务相抵触,如果不相抵触的话就没有责任,如果相抵触的话进入下一步;第三步,措施是否符合可以适用的例外情形,如果符合可以适用的例外情形,就没有责任,如果不符合的话就要承担责任。这是上诉机构在认定中国违反贸易权之后的措施是否应该承担责任的时候的逻辑关系。我认为,关键在于第二步——联系的建立。上诉机构创造性地推导了这一步,使得议定书 5.1 条和 GATT 第 20 条建立了一个很神奇的联系。在此前提之下,如果中国实施了不

---

① 廖老师批注:尽管学生没有用准确的语言表达这个观点,但她明显是认为,关于贸易权的措施应该属于 GATT 整体的调整范围。想想稀土案中专家组在第一次听证会中对双方(特别是申诉方)所提的问题——《入世议定书》能否以违反 GATT1994 第 1 条(以及其他条款)的方式适用? 能不能违反最惠国待遇? 当然不能。既然如此,在违反最惠国待遇时,被诉方为何不能诉诸第 20 条进行抗辩? 学生已经考虑到专家组所考虑的问题了! 这就是讨论课集体智慧的突出例证之一。我很难想象,在讲授式课堂中,讲到这两个案例时,学生会有这样深层次的思考。我甚至在想,即使是我们这样的所谓 WTO 的研究人员,光凭自己研究,也很难在短时间内发现专家组所提出的类似问题。

② 廖老师批注:这种表达方式已经在课堂讨论过程中深入人心,成为很多同学使用的方式。相信在今后的学习和生活中,他们也会采取这种方式与相关人员进行沟通交流。

符合贸易权承诺的措施,能否免责的关键,在于措施与货物贸易的管理间是否有联系。事实上,这也是刚才涂燕辉提出的问题,同时也是大家所讨论的问题。

我非常同意罗曦所说的,首先应该把这种措施套在一个大框架里边,然后再来看措施是否应该适用第 20 条。那我就画一个图来详细地说一下这里面的一些关系。我是这样想的,这里面可能有一些我个人的发挥在里边:GATT 第 20 条是 GATT 中贸易措施可以适用的一般例外条款,而 GATT 有一个自己所调整的法律关系领域。如果中国《入世议定书》5.1 条恰好也在调整这个领域,那么也应该可以同样适用这个例外。

(注:通过板书,讲解上诉机构的思路。)

柳驰:我补充一下。如果两个之间没关系是怎么样的,就是承诺(又画了一个框),我们入世的时候。美国说你是这样的,你在这个地方办事和处理问题是没有这个例外的(这个新框和刘豪画的框没有交集)。中国和 AB 尝试的,有两种情况,这就是刘豪说的,我同时又帮他补充一下,有点我搞不太明白的是到底怎么说才对,因为这有两种情况(作图说明)。

韩悦:这是你提出的自己的想法是么?

柳驰:其实是我刚才看的时候,我没搞明白的一个逻辑关系,这个我真没看懂,那是以那种思路去说的,相当于怎么把板书中白的部分移到黄的部分去,是只有一种情形还是说他认为有两个情形在这上面,就是《入世议定书》和 GATT 的区域是一样的,这个地方我可能暂时没有太精确的描述,但这确实是一个逻辑问题,到底是我把这个白的框移到黄的框里面,还是说白的框一个圆圈本身就有一个圈,黄的框本身也有一个圈,然后我发现白的框里面的圈其实和黄的框是一样的。这是我的问题。(将新框移动到跟刘豪画的框中有交集的地方,交集中就包含了例外的小圆圈,也就是说议定书义务也适用这个例外。另一种情况是,两个图形完全没有交集。)

(注:用图形来形象地分析上诉机构的思路。)

涂燕辉(板书):我补充一下我自己理解的内容吧,这个问题其实我也有自己的一点思考。如刚刚柳驰所说的,应该有一个很大的框属于 WTO 的协定范围,其中有一块是中国的《入世议定书》,里面有一块就是我们今天要讨论的问题(作图说明)。里面还有一个 GATT,里面有个 20 条,另外的部分则是其他的东西。我刚开始想问的就是,20 条只能用于 GATT 里面的这些措施,议定书怎么可以援用 20 条呢?这就是专家组说的复杂的法律问题。如果仅仅是从入世议定书到 GATT 其实是很容易的。美国认为中国违反了承诺,当然这个中国确实违反了,中国肯定没有按承诺给予贸易权。而中国的抗辩是,只要中国的措施符合议定书第 5 条规定的前提就行,即以符合 WTO 协定的方式管理贸易。这一规定里面有两个关键词,第一个是管理贸易的权力,第二个是符合 WTO 的方式。中国认为 WTO 协定肯定包括 GATT,GATT 自然包括第 20 条,那么中国当然就可以援用 GATT 第 20 条作为抗辩了。但是专家组遇到的复杂的法律问题恰恰就是,20 条规定本条只能作为违反 GATT 义务的抗辩措施,而不能适用于违反 GATT 之外的协定的义务的抗辩措施。这才是专家组要绕开的复杂的法律问题。作为上诉机构要怎么解决这个问题呢?一种方式是把"this agreement"扩大解释到包含议定书吗?这显然是不可能的,这里的"this agreement"无疑只是指 GATT;另一种方式,上诉机构可以把涉案的措施解释为 GATT 里面的措施,这样的话就可以援用 20 条抗辩了。我觉得专家组其实没有进行完整的论证,他只论证两点,第一点是第5条第1款,首先确定管理贸易者是不是在行使管理贸易的权力,这里做了一个解释。然后第二点是关于"符合WTO协定的方式"。上诉机构大致的思路好像是,中国的一些限制措施,其实也是在管理货物贸易,而GATT其实也是在管理货物贸易,两者其实都一样。"符合WTO协定",当然也就可以说符合GATT里面的相关协定。通过上诉机构的解释,这个问题实际上被转化为了"中国现在的争议措施,是不是符合GATT里面的义务"。既然转化为了GATT内部的义务,当然就可以用20条作为抗辩了,此时20条仍然是用于GATT内部。而上诉机构分析的时候,我觉得它只是分析到第一步,也就是刚好建立起来联系,即两者是一样的,或者说两者之间有了特别强烈的联系,之后上诉机构就没有再补充分析了,而是直接说这时候就可以援用GATT第20条了。

(注:通过板书,进行非常详细的讲解。)

柳驰:她画了这个图之后我明白了,是这样的,他刚才说以前一个案件是这样的,如果没有以前的案件,你在上面画的圈其实是把GATT在WTO里面的位置给定死了,但是上诉机构认为既然有以前那个案件就说明其实GATT不是死的,GATT那个方块是可以在这个圈里乱跑。以前他在那个圈里乱跑,那么这次应该也可以跑到那个地方,只要也是方块他就能跑到那个地方。

涂燕辉:GATT一般是管货物的,但是在一些案例中,我们发现,GATT不仅仅是管货物的,它也可以是管人的。

柳驰(板书):涂燕辉的论证思路是这样的:把这个(《入世议定书》的例外)拉到这儿(GATT第20条)。按照她的说法,这个圆圈(GATT第20条)是不能动的。但我看的,上诉机构思路不是这样,它根本不在于哪个是哪个。这个案子我画的图是三角形来表示相关的状况,另一个案子呢,画的是一个矩形。无论哪种图形,我只要看他的外框是方的,我就可以往里边塞。因此,上诉机构看来,这个可以做(外框是方的),而那个不可以做(外框是三角形的)。我说完了。

(注:本次课上,先后有四位同学上台板书。在我们的课堂上,同学们上台板书已经是家常便饭。)

韩悦:在大家进一步讨论之前,我建议大家再看看原材料案,专家组报告的7.109段,这里专家组报告本身对出版物案上诉机构的思路有一个概括。它有一个自己的见解。在原材料案里,专家组用了"incorporate"和"elaborate"这两个词来概括出版物案上诉机构的判决思路。Incorparate是指合并,是把例外纳入进来了。我们刚刚也讨论了这个问题,一个是5.1条管理贸易的权利,一个是GATT第20条例外的规定,以及管理贸易的权力,贸易权等,就是大家刚刚提到的很多概念。到底出版物案上诉机构是如何把GATT第20条"incorporate"进去的,大家课间的时候可以思考一下这个问题,下节课接着讨论。

(注:主持人提醒大家的讨论所没有涉及的一个关键词,可见她对案件阅读的细致程度以及对主持方式的深入思考。如果是我主持,我也可能会提醒大家这个词。我决定,在我主持的下节课上,重点就这个词进行讨论。)

课间休息

(注:课间休息的时候,大家一如既往地热烈讨论着。)

韩悦：刚才上节课结尾的时候我们讨论了一下上诉机构的思路到底是怎样的,我课间的时候就大体上了解了一下,因为我听得有点晕。感觉罗曦、涂燕辉和赵洋师姐的观点大体上是统一战线,要不你们把自己的观点概括一点,把思路完善一下。

（注：让他们自己总结,主持人这样做是好的。）

涂燕辉：大家看一下7.742段,第246页,这个是专家组绕开的法律问题。7.742段在讲专家组遇到的问题到底是什么？

韩悦：重复一下,出版物案的专家组报告的246页的下方,第7.742段。

涂燕辉：这就是专家组遇到的问题。刚开始,5.1条的第一句话是说:"在不损害中国以符合WTO协定的方式管理贸易的权利时,中国应该履行承诺。"而这个承诺中国确实没有履行。中国的抗辩是:"我们是符合《入世议定书》的第5条第1款第1句话的条件的,即我们是在用符合WTO协定的方式来管理贸易。"那么,中国就要证明两个问题:第一,我们现在有关出版物等涉案措施的规定的确与管理贸易有关。第二,这种方式符合WTO协定的规定。中国的观点是：《入世议定书》包括GATT,当然也就包括GATT第20条,所以我们只要符合GATT第20条就可以了。而现在7.4中提到的问题是：GATT第20条的规定是,在遵守关于此类措施的实施不在情形相同的国家之间构成任意或不合理歧视的手段或构成对国际贸易的变相限制的要求前提下,"本"协定的任何规定不得解释为阻止任何缔约方采取或实施以下措施。这里强调的是,"本协定"的规定不能被解释为：对于那些比如说为了保护公共道德所必须的措施,缔约方是可以采取的。这里的意思是,第20条b项"为了保护公共道德的措施"的抗辩,必须是违反GATT这个协定的义务时才能被援用解释,而其他文件比如说《入世议定书》能不能这么解释呢？专家组认为这个任务很难,但上诉机构开始挑战这个问题。它的核心思路是由于第20条明确说了只能是本协定才能这么解释,所以上诉机构只把《入世议定书》中有关贸易权的承诺纳入到GATT里面来,这些承诺才能援用GATT第20条,就是我画的这部分。这样就必须论证两点：第一,论证这些关于贸易的承诺实质上就是在管理贸易;第二,符合WTO协定中的agreement是包括GATT的,那么以符合GATT的方式作出的规定,就是符合WTO规定的。论证所采取的措施是不是符合GATT的义务时,第20条作为违反GATT义务的抗辩措施就可以援用了。不知道我有没有讲明白？①

韩悦：谁还要阐述或者说谁能把涂燕辉的观点再概括一点？

（注：主持人自己不说。主持方式开始熟练老道。）

柳驰：涂燕辉前面的内容我听明白了,就是GATT与WTO协定的关系。问题是GATT第20条里面规定了"nothing in this agreement"。第一个问题：nothing in this agreement——这个协定能不能被用来说有关的纠纷。专家组觉得能不能直接援引第20条

---

① 廖老师批注：这个同学在本届课堂上已经很多次讲到自己的这个疑问了,即考虑到第20条明确规定只能作为抗辩适用于GATT项下的义务,上诉机构是如何论证违反《入世议定书》项下的义务也可以通过援引20条来主张抗辩。不过大家可以具体看,她每一次的表述都是越来越清晰的,也是越来越明确的,如果她没有足够的机会进行思考和发言,相信她很难在一堂课上就把这个问题最终表述的比较专业,或者说,使用WTO法的专业语言来表述。

这是一个很难的点,所以先要一个花招,在认为自己不能论证的前提下,我们先不看这个问题,我先假设第20条能够被引用的前提下,论证中国的措施符不符合GATT的规定,如果结论是不符合,那么就不用继续讨论,大概就是这样的思路。而上诉机构认为专家组的这样的做法不对,因为从法律的角度来说,这样做可能会带来隐患,但是具体是什么隐患,却没有清楚的解释。然后,上诉机构开始论证。上诉机构接下来开始论证中国能否援引第20条。

赵洋:我请大家看一下上诉机构裁决的第222段,上面的第一句话,"222. We read the phrase 'in a manner consistent with the WTO Agreement' as referring to the WTO Agreement as a whole, including its Annexes",在这已经明确写出 the WTO Agreement 包括其附件,而大家也知道GATT就是包含在附件1里面的。但是我想找一下关于为什么其认为WTO agreement as a whole作为一个整体包括其附件,但是我没找到具体的内容。但是到了第223段,有这么一句话,"when those measures satisfy prescribed WTO disciplines and meet specified criteria",中文意思是"当这些措施满足规定的WTO的原则和符合规定的规范",能不能这样理解,措施符合WTO的原则,就是说所有的这些关于WTO agreement和其附件的措施都是对原则的践行和体现,所以推导出这些附件是包括在WTO agreement as a whole里面的,因为这个不仅是践行WTO原则也是WTO原则的体现①。我是这个想法,但是不知道我有没有表达清楚。

罗曦:其实我是同意你前面的说法,你说从5.1到第20条到GATT这个过程我是没意见的,他就是包括整个所有的WTO agreement,这是肯定的,我只是对后面分析的第二步有些疑问。

赵洋:但是我对刚才听到的大家的讨论内容的理解是,为什么GATT可以解释为WTO agreement里面的内容。

韩悦:你们现在的发言跟刚才没有根本区别啊!

涂燕辉:我说一下罗曦说的第二个方面。师姐的观点是"符合WTO协定",因为WTO协定包括GATT,然后包括第20条,这都是没问题的。关键是第20条明确规定了只适用GATT里面的规定。上诉机构为什么就把它适用到《入世议定书》项下的义务了呢?

(注:这是非常关键的一个发言,点出了问题的焦点。同学们对案例的理解有浅有深,但是通过讨论得到了相互启发。)

柳驰:现在是达成一致了,不过我现在提出一个新的问题(有点偷懒)。是这样,能不能直接适用,现在大家对专家组和上诉机构的裁决思路都明白了,然后那个关键问题的争议点也没了。现在的问题是(我的问题可能有点多),就是三个方面的对不对:第一个,上诉机构这么论证行为本身从价值方面来看对不对,比如说,这么论证对不对,是不是由你上诉机构来说,时机对不对;第二,适用的方法对不对;第三,结论对不对。我先说这么几点。

(注:这个同学的角度很独特。在课堂总结的时候,我会特别提出来让大家思考。)

---

① 廖老师批注:这种理解其实是一种新的思路,可惜学生没有表述的十分清楚。如果我是主持人,可能会引导她讲自己的思路进一步讲清楚。也许从WTO原则角度进行的分析,可以为将《入世议定书》中关于货物贸易的承诺纳入GATT之中提供一种论证方式。不过似乎Mattrew的文章中没有这样来论证。可能是中国学生在讲授式的课堂中听各个部门法的原则听多了吧。

韩悦：每次柳驰说了之后我都不知道怎么说。

（注：柳驰的发言比较宽泛，角度也比较独特。他仿佛在前面领跑，但是并不是直线型，而是忽左忽右①。他自己跑得随心所欲、得心应手，但是却让大家跟得辛苦！在这节课上，他多次提到"大家都已经熟读材料了，所以讨论一些材料之外的东西"。的确，也许对于大多数同学来说，对材料的熟悉程度不如柳驰，并且基于这些材料的想象力也不如柳驰。因此，在一个讨论课上，柳驰的发言既给大家拓宽了视野，也给主持人提出了挑战。）

胡秀娟：我和柳驰的观点有点接近。结合之前我们学习的几个案例，上诉机构好像有点不知所云。其实我们固然看到了议定书的规定，但是如何具体落实我们承诺的义务，实践中各个国家都没有关于这类问题的具体规定，只有在出现问题时，两个国家才会具体探讨这个问题，就是一方起诉，然后解决争端。但是每个国家应该具体怎样实现承诺，实际上根本没有统一的标准，根本不好说。在问题产生以后，专家组进行判断的时候，也是根本没有标准的。就像我们在双重救济的案例中，关于倾销幅度的计算，法律中没有明确基数到底怎么来计算，到最后的时候，专家组和上诉机构都是很含糊其辞的，就是说这样做可能会引起双重救济，但是实际上还是没有明确说明是否产生，产生了多少，应该怎样计算。包括在这个案件中也是这样，我觉得专家组和上诉机构都在胡说。首先，专家组根据自己的价值观念作出判断，然后用隐秘的方式或者专业的语言把判断呈现出来，最后上诉机构在呈现的时候往往声势浩大，但是我认为他们根本没有让我们理解他们在讲什么。其实我是没有看懂他们说的内容，所以我认为他们在瞎说。但是我在想，首先，上诉机构是根据自己的价值观念来判断。比如说民法，其要保持和最终意思自治，民法是一个人情味很浓的东西，那我们可能就要保护每个人的真实意思，比如说受欺诈的合同、可以撤销的合同，这些民法都规定得很清楚。但是我不知道国际法里面判断的价值是什么，我们是秩序优先还是保持贸易的流通优先。我觉得首先这个价值是最基础的，但我觉得经过几个案例之后，我还是不知道我们判断的价值是什么。

（注：这位同学的发言可能具有代表性。"我认为他们在瞎说"，这样的表达也许有点极端，但是可能不少同学在努力之后仍然"没有看懂"。在课堂总结的时候，我会提出这一点让大家思考。）

刘豪：师姐的想法让我想起一个与今天的内容有联系但又有些脱离的问题。我想和大家分享一点在辩论赛中的体会。我觉得辩论可以分为三个战场的对抗：事实的战场，逻辑的战场和价值观的战场。我发现，这些划分在原材料案中体现得淋漓尽致。在价值观战场，我们赢了，杨老师的文章也写得非常清楚——我们在议定书中给自己设定了一个附加的义务，一个不平等的义务，为什么这个义务是不对称的呢，为什么别的成员可以征收关税，而我们却不能征收出口关税，而且还规定了最高税率？这样看来，议定书中的义务对我们国家是不公平的，换言之，从价值判断上看，我们能够引用第20条。通过适用一般例外，帮助我们平衡不对称的权利和义务。但在逻辑战场我觉得我们输了，因为从逻辑分析来看，无论是专家组还是上诉机构，通过文意解释、上下文解释等方法发现，第11条确实没有与第20条产生联系。逻辑分析的结果是，我们确实不能引用第20条进行抗辩。在事实战场就不必说了，

---

① 廖老师批注：其实客观来讲，还有忽跑忽停，这也是大家跟得辛苦的原因之一。

我们确实违背了关于征税的承诺。那么问题在于,事实战场和逻辑战场我们都输了,但我们在价值战场赢了,这个时候应该怎么办呢?这是一个问题。

另外,为什么师姐感觉专家组和上诉机构在胡说呢?我想,事实分析和逻辑分析有时候是可以通过价值分析来包装的。即使同样使用维也纳条约法公约中的条约解释方法,站在不同的价值观立场下分析,也可以得出不一样的结论。

(注:"事实的战场,逻辑的战场和价值观的战场[1]",这样的归纳非常有趣,也反映了同学们的困惑。但我相信,困惑是有利于大家抽象思维和法律理念的锻炼的,因为大家感到困惑了,才会进一步思考和讨论。)

韩悦:我先说一下,因为我怕一会儿我就忘了。刚才大体说了两个内容,澄清了两个大问题:第一个问题,上诉机构到底怎么说的。第二个问题,就是柳驰和师姐刚才提出来的,上诉机构能不能这么说,这么说合不合理,对不对,是不是胡说。然后刘豪又补充了一下。第一个问题里面,涂燕辉的思路是:中国现在是限制只有国有企业才能进口,其他的企业不能进口,美国认为中国这样做是违背入世承诺的,中国要承担责任,但是中国抗辩说,我们确实承诺各个主体都可以进口,但是我们还有一个抗辩理由是,我们是有管理贸易的权力的。现在对进口主体的规定就是在行使管理贸易的权利,但是行使权利的前提必须是符合WTO的规定。然后涂燕辉的意思是,中国的抗辩理由是WTO的规定包括GATT以及其第20条,那么在符合第20条的规定下行使权利是可以作为违反义务的抗辩和例外的。但是,涂燕辉又提出一点,就是援用第20条之后,第20条中两个单词是this agreement,就是这样的推导之后,而第20条中明确规定其只适用GATT的规定,而不适用其他的规定。所以上诉机构在解决这个问题的过程中,其实将议定书的5.1条纳入到GATT里面了,因而自然不受this agreement的限制了,就可以适用了。涂燕辉你是这个意思吗?

(注:归纳大家的讨论点,是在做"收"的工作,将大家的思路归拢起来。这恰恰是主持人的职责。这表明,主持人始终保持清醒的头脑,没有忘记自己的主持人职责。)

涂燕辉:差不多,只不过第一次并不需要说GATT包括第20条,而只需WTO协定包括GATT就行了,如此我们现在衡量的便是贸易权管理措施符不符合GATT里面的义务,这时就可以判断第20条是否可以作为抗辩了。

韩悦:这大体上是不是你的思路?

涂燕辉:对。

韩悦:现在针对这个思路,大家有没有不同意见?

(注:巧妙的引导。)

柳驰:按照你的说法,《入世议定书》和GATT是重合的。

涂燕辉:我认为上诉机构其实一直在论证的就是这个问题。

柳驰:我只是确认一下我的理解。

韩悦:还有对刚才的思路有质疑或者补充的吗?还是都认为上诉机构的思路就是刚才

---

[1] 廖老师批注:这是大专辩论赛的习惯。这三种划分,我认为是合理的。但大专辩论和法庭辩论的区别在于,前者在这三个战场上是通过诡辩、逃避和举出一些连自己有时也无法考证的例子和数据来搪塞,后者则是在这三个战场上通过白纸黑字的法条、判例来较量,通过对事实的逻辑分析和推理来比拼。

的思路?

涂燕辉:我是觉得上诉机构只是说了前半段,后半段其实没说,是我自己加的。虽然它在报告中有一句话提到了,但是又不能让人明显感觉到这就是在说第20条是不是包括在GATT里面作为抗辩?这句话是说,"总之限制贸易权利的措施是有可能违反货物贸易义务的",上诉机构认为说"中国管理货物贸易的权利必须遵守WTO协定附件A即GATT的义务,而中国援引GATT的抗辩权不能由于起诉方仅仅挑战第5条第1款的规定,没有根据GATT提出挑战而受到影响,中国是否可以援引第20条作为抗辩,在这个案件中就是要看这个联系。"他只是说了这么一句话,在分析了中国的具体措施之后,上诉机构就认定不符合贸易权的相关措施与中国相关管理贸易的权利存在客观联系,因此就可以援引GATT第20条主张抗辩。其实他一直就没有很明确地说出GATT是一个抗辩措施,他一直在论证贸易权措施是GATT里面的义务,但是没有明确点出,是GATT的义务就可以援用20条了。

刘豪:我觉得你一直纠结这个问题,这是不是由于条文里面的"本协定"的规定所造成的呢?这个"本协定"到底是应该严格地按照其字面意义来解释,也就是指代GATT里面的所有条文,还是应该稍微放宽一下解释,只要是它所调整的领域的法律关系,就可以适用这个例外呢?这个第20条是一个例外,起到理论上"安全阀"的作用。任何WTO给出的贸易纪律都有一个例外,其目的之一在于防止纪律造成一种新的扭曲或者不公平。那么既然每个纪律都有一个安全阀,那么在这个案件中,中国的贸易权承诺纪律为什么不能适用这个"安全阀"呢?

涂燕辉:其实我说是可以有两种解释方法:第一种,就是把"本协定"扩大解释,不仅仅指GATT;第二种就是把贸易权措施解释到GATT里面来。你说的那种解释方法就是我画的那个图里面的第一种将本协定夸大解释的方法,关键是将"本协定"解释为不仅指GATT。我觉得通常意义上理解这里的"本协定"就是指GATT。如果你要解释为还包含其他的协定,你应该给我一个理由,我现在并不能找到将this agreement 解释出GATT的理由。总而言之,我觉得理论上确实有这两种解释方法,但是上诉机构采取的第二种解释方法更可行。而且我觉得上诉机构就是认为专家组没有解决的问题,而他一定要解决,所以才使用这个方法。但是它给出的这个理由能不能说服我们,这个还是有待商量的。

韩悦:还有其他人要说吗?从上课到现在一直都是这几个同学在说话。

(注:其实,讨论课能有这么多同学发言,已经很不错了。)

刘婷:我不想说这个问题,我提另一个问题,就是原材料案中的GATT8(GATT第8条)。我的问题,其之所以排除GATT8的适用是因为两个条款,GATT6和8没有明确提到GATT第20条的原因呢还是因为GATT8只是调整进出口的所有费用和出口税这样排除了GATT第20条的适用,在明确中国的措施符合GATT8的时候,如果违反了GATT8能不能就直接采用GATT第20条来抗辩还是需要像罗曦说的需要有一个引用,像出版物案一样有一个引入,就是有一个大前提的条件下来引用GATT 20的,我个人比较倾向前者的,不知道可不可以。

柳驰:我再说一个与她无关的,第一点:我们一共有4节课,这个才是第一节,这节课只是出版物案的第一节课的上半节课,而现在就开始谈原材料案了,是不是有点快。我只是建议一个思路,因为包括涂燕辉说自己有点脑补这个。我觉得被师姐刚才的观点传染了,我也认为无论是专家组还是上诉机构都没有说清楚,这就是涂燕辉为什么脑补的原因。我想能不能这样,因为所有人对这个材料都很熟了,能不能我们自己看看这个东西到底怎么说,因为韩悦圆场之后,这话还是你(韩悦)的东西。我们自己独立分组,然后看看这个东西到底怎么说。因为上节课末尾杨司长让我们看两个案子,然后提出的问题很简单,就是能不能援用GATT第20条,而这个问题到现在一直没有说,能不能就这一点展开论述一下。

(注:这位同学有点着急了。)

韩悦:那你觉得能不能援用GATT第20条?

(注:再次使用巧妙的反问。)

柳驰:我先说一下我的观点。GATT第20条明确地说了除了GATT方框之外的东西别来找我。而中国抗辩说,我可以援用整个更大的方框的东西。问题是GATT第20条显然它说除了这个agreement之外,还针对整个大方框来说的。所以矛盾在于中国只要是大方框就可以援引,而GATT认为只要是大方框,不是我这个,都不可以援引。所以我觉得GATT第20条到底能不能援用是一个逻辑问题,或者与其说是逻辑问题,不如说是在条约制定的时候冲突在里面,更像一个技术问题。

韩悦:你是说是条约制定本身的问题吗?

柳驰:更像是一个条约制定留下的一个后遗症,确实是技术问题。然后,这个技术问题就是,因为有矛盾在这里,中国说矛比盾强,美国说盾比矛强。专家组说不管谁强,我先看矛和盾的质量怎么样,然后上诉机构说我来帮你说其实是矛强一点,所以是能够涵盖进去的,实际上抽象来说,整个案件的流程就是这个情况。可问题是究竟是谁强,跟师姐一样,我认为,专家组和上诉机构都没有说得那么清楚。我们的预设被验证了,如果上诉机构说清楚了,我们就没有脑补的余地,既然我们有脑补的余地,那么上诉机构就没有说清楚。所以我想知道,这个话要说清楚,到底应该怎么说。我认为,这话其实就说不清楚,因为这是条约本身的问题,所以是说不清楚的。但是上诉机构是得解决争端的,因此总得给出点像样的理由,所以至少需要用价值观包装一下,让你看不出来,你不好反驳我。我解决争端了,解决的方式方法不至于让各个当事国来找我的麻烦,这个对于上诉机构来说做得已经很充分。因为我的理解不一样,我理解的大前提是条约本身的问题——技术的问题,不能通过技术之内的逻辑解释,不能通过技术之内的方法自圆其说。在这个案件中,出现了技术问题。所以,这个问题不能解决,只能包装一下。当然,这个大前提和小前提都不一定对,我想听听别人怎么讲。

(注:这位同学提出了一个尖锐的问题:上诉机构的解释到底对不对?或者是,这个问题是不是真的有答案?这个问题,也引起了我的深思①。)

陈小燕:我先不回答柳驰的问题,来讲讲刘婷的吧!她的问题归纳一下即在出版物案

---

① 廖老师批注:几乎是这位同学发言完毕的同时,我也开始思考,DS363案中上诉机构将第20条解释为可作为抗辩适用于《入世议定书》第5条项下的义务,其推理是不是真的无懈可击?我原来第一次读上诉机构报告时,感觉到至少从形式逻辑的角度看好像不是如此。但随后就没有深入下去了。毫不夸张地说,是今天这堂讨论课再次唤起了我思考这一问题的兴趣。

中,上诉机构有着以下逻辑:中国所使用的这个措施以及这个措施能够适用的法律被上诉机构包含在GATT里面,又因为只要在GATT的这个大框架下,就可以任意地选用GATT里面的小点,因此这一案件可适用GATT。但是在原材料案中,中国也希望像这个案件中将相关的法律焦点都被包含在GATT大框架里,但却失败了,因为在原材料案中,涉案条文11.3只提到两个例外:GATT6和GATT8,而没有明确指出能用GATT第20条,并且GATT8和GATT第20条规定的对象也是不一样的,因此不能用GATT第20条。刘婷刚刚提出的观点,可以换个角度考虑,即如果GATT8和GATT第20条的条文一样,并且在案件中中国能够适用GATT8,那么,我们能不能抛开GATT8,不需要通过GATT这个中介而直接适用GATT第20条。我认为,以面击点是可以做到的,但是以点击面难度还是有点大的。所以,我认为,如果不是在GATT的大框架下,抛开GATT8直接适用GATT第20条是不可以的。再说一下价值吧!师姐提到的价值问题,无论是专家组还是上诉机构,他们的目的就是像柳驰提到的就是希望没有当事国来找他们的麻烦,这个是他们最希望的价值,我是这么觉得的。例如在文本里面,它们是用了一些词,在原材料案中7.199中提到的精准的平衡,可预见性,法律安全等词汇,也就是说为了保证以后遇到类似的情况,大家能够有一个比较安稳的解释,借此保证交易的安全,它们也就是利用了这样一个价值。其实我是赞同这个价值的,但是我觉得,用的是同一个价值观,然而就因为中国在原材料案中没有提到GATT第20条就决定不能援用GATT第20条,这样做有点太局限了,因为GATT第20条本身确实提到这个问题,为什么就不能用,所以我有一点点不赞成。但是这的确是一个历史遗留下的问题,也不能那么解决,其实上诉机构的解决还算是合理吧!

涂燕辉:由于时间关系,我就简单说一下小燕提到的问题吧!我觉得刘婷不是那个意思,中国提出的抗辩是说,美国提出我违反了11.3条款,而GATT第8条作为该条的一个例外情形。如果违反了11.3其实就是不符合这个例外情况,那么问题就转换为承诺是不是符合GATT8,此时就可以援用20条作为抗辩了。但是上诉机构说GATT8里面明确地将出口税刨除了,而本案针对的就是出口税,GATT8与11.3里面的东西就没有联系了,所以第20条也就不能适用了。

罗曦:刘婷的问题其实就是小燕说的问题。就是说前面出版物案的问题是将整个GATT纳进来之后利用的一个条款,刘婷假设的是如果GATT6和8他们双方之间有那种可以互相适用的关系的话,然后在中国的11.3条只规定附件第6条和第8条的例外的情况下,如果是中国刚好可以适用第8条的情况,是不是可以继续适用第20条,她的问题是这个。

涂燕辉:我觉得是如果GATT8里面明确地规定了出口税,那么就可以援引。但是现在GATT8已经将出口税刨除了,所以连GATT8都不能援用的,更别说适用GATT第20条了。

罗曦:她是说假定没有排除的。

涂燕辉:假定的情况下是可以的。

刘婷:我来综合一下,她们两个人都说了一部分。我的意思就是说在这个案件中,其实最主要的并不是因为它没有提到GATT第20条,是因为GATT8里面明确排除了出口税的应用。这是我的意思。罗曦的意思是说,我假设以后排除这个案例,需不需要有像出版物案一样的一个大前提,首先要符合以WTO的方式,在这种方式之下提到了GATT8,这个时候你违反了GATT8,你才能采用GATT第20条还是你直接说中国违反GATT8的时候能不能直接采用GATT第20条,需不需要有一个大前提放在前面,是这个意思。而我的意思是说,不需要,如果你不符合GATT8的时候你就能直接适用GATT第20条。

涂燕辉:我再强调一下,我认为GATT第20条是例外,而其他GATT里面的条款是原则,原则和例外是并行的。违反了原则,就可以适用例外,也就是再考虑是不是还符合例外。

韩悦:其实我没跟上你们的思路。刚才不是在讨论出版物案中的GATT第20条的适用,怎么就突然蹦出来了原材料案了?

〔注:看来主持人有点走神了。在"主持感想"(附后)中,主持人说"全程不能走神",但是在长达两个小时的时间里,在众说纷纭之中,要保持"全程不能走神"是很困难的。主持人需要认真倾听每一个同学的发言,发现问题,引导讨论,这需要主持人本人对案情的准确把握,即主持人所说的"一个主持人所需的课前准备,远比一个普通同学所需的课前准备多得多","良好的课堂引导一定是建立在对案例十分熟悉的基础上的"。〕

柳驰:因为你们既说了出版物案又说了原材料案。我只是想问涂燕辉,综合这两个案子来看,根据GATT第20条,这条什么情况下可以适用?如果我给你一个相反的案例,你应该怎么解释。

涂燕辉:这两个案子的核心点是,只有在你考虑承诺或措施符不符合GATT的原则(即义务)时,GATT第20条可以作为例外提出来。所以说如果对方主张我的相关措施违反了GATT时,GATT第20条这个例外就可以作为抗辩理由提出来。我觉得这两个案子一直都是这个思路,而且在第二个案例里面,中国提的很多的抗辩理由,都是在往这个方向靠。

韩悦:我先总结一下。这两节课,我们讨论了一个问题,就是出版物案中上诉机构的裁决思路到底是什么样的,然后至少在表面上达成了共识,就是涂燕辉的思路。但是柳驰又说这个共识是一个脑补的共识,也就是这里面是有问题的,是什么问题,我们并没有讨论的太深入。在讨论这样一个整体思路的过程中,还穿插着一些其他的问题,例如柳驰提出来的主权行使的问题,师姐提出来价值的问题,以及其他的一些问题(我暂时想不起来了),但是大体上这两节课提出的就是这些问题。

(注:言简意赅的课堂总结,再次将大家的思路拉回到本案的重点上来。)

因为下节课还是讨论这两个案子,原材料案和出版物案,杨老师让我布置作业,我就希望或者建议大家回去再看一下这个脑补的上诉机构的裁决,到底是不是这样,就是这个问题有必要再落实,因为我们今天没有达成明确的共识。另外,就是我们今天一点没涉及原材料案,唯一涉及的就是突发奇想的GATT第8条,最关键的是为什么原材料案不能援引GATT第20条,而出版物案能够援引GATT第20条,这两个案子的区别、原因、道理是什么。但是要回答这个问题,必须要弄明白原材料案的专家组和上诉机构的思路是怎么样的,要有一定的了解。

(注:布置作业,明确下一节课的讨论重点。)

(大家最后都为韩悦同学的主持鼓掌。)

杨:感谢韩悦给我们主持,其实刚才韩悦已经总结了。这节课我们到底讨论了什么,主线是什么,下节课的希望是什么。

我给大家做一个补充:我听了以后其实我是非常感兴趣的,有很多的思路,柳驰的那个

框是这边挪到那边还是那边挪到这边,这些是非常形象的想法。我是没有想过这么具体的内容的,大家看我写了那么多的文章,并不意味着我真的很清楚很了解这个问题。

(注:课堂讨论的确引起了我的思考和质疑。课后我自己又详细研究了这个问题,并且开始思考如何引导下一节课的进一步讨论。)

我对大家在绕来绕去地想怎么样能够将意思表达的更清楚非常有兴趣。这里边我最感兴趣的有两个问题,一个是胡秀娟的发言,她说听了前面几个案子,觉得专家组和上诉机构都是在胡说,这个观点,大家是怎么看的,大家课后讨论一下;第二个就是柳驰的观点,我觉得很有趣,他就原材料案和出版物案提出了三个问题,我们没有讨论,就是上诉机构到底有没有权这样说,这是我们过去一直在讨论的问题,大家记得吗?就是上诉机构的权限。第二是你的方法对不对,是吧?也就是刘豪说的逻辑问题。第三个是结果对不对,方法对结果不一定对啊!是吧?我们前面也是按照条约解释方法,也是这样解释的,怎么解释的不一样呢?

(注:这两个问题,我觉得具有代表性,需要提出来供大家思考。"专家组和上诉机构都是在胡说",这样的说法,大家一定不会同意。大家可以通过对这种"错误"观点的讨论,进一步明确"正确"观点,认可这些案例中的精彩法律分析。而柳驰的三个问题,则是拓展性的,有利于大家开拓思维。事实上,这节课上,同学们的精彩发言还有很多,可谓精彩纷呈。)

这是两个我特别感兴趣的问题。韩悦刚才布置的两个作业,一个是出版物案中上诉机构到底怎么说的,大家这个回去还要看。我觉得很多同学都在说,其实大家都在说,觉得没有看懂。可能大家还是要回到段落,其实最核心的段落大家已经知道在哪里了,并不多。它讲到前面时,说 WTO agreement 以及这些都是 WTO 的一个部分,这个没问题,那问题在哪里?当你援引 GATT 的时候,GATT 第20条说我是 nothing in this agreement。你本来是找我的,找到我了以后,我 GATT 一脚把你踢出去了,那怎么办?现在是这个问题。那么现在踢出去怎么再拉回来,这个是最核心的问题。所以说我的理解呢,大家还是要回去读段落,去想一想到底是怎么样的。其实这个也是我很纠结的问题,大家看我写的材料里面,我最后用了几句大白话来说,我说"建立一种最密切的联系",并不意味着我真正的很明白了。我为什么要用大白话来说呢?就是我觉得,我也许能一个字一个字地翻译没问题,那我能用大白话把问题讲明白吗?那可不一定。

所以大家今天一直都在试图讲这个理,大家都在讨论这个,我认为要落实韩悦刚才讲的第一个问题,就是脑补的那个问题,还是要回到原案中去,下节课我们要看,我们就直接看段落,韩悦是在提醒大家要回到材料,看你的观点在哪里。

第二个作业就是原材料案和本案的区别,确实是我们这节课没有讨论到的内容。我上节课给大家说了一个很有趣的现象,上诉机构是同样的三个人,大家看了吧?同样是三个人,在一个案子说行,在另一个案子里面说不行。为什么?这就是韩悦所说的区别。

除此之外呢,我要给大家多加两个作业。第一,用大白话叙述本案。今天晚上我们讨论的内容就是出版物案,关于第20条能适用,是吧?上诉机构讨论的是什么,用大白话讲一讲这个故事。大家前前后后说了很多:中国说什么,美国说什么,上诉机构说什么。要达到什么程度呢?大家要好好想一想,给你们没有来上课的同学讲:我们讨论了一晚上在讨论了什么?最好是找不是法律系的你们的老乡朋友,给他们讲讲。你让他们听明白,那你才是真的有本事。当然,我下节课还是要找你们,给我讲一讲这个 whole story 是什么,这个出版物案的来龙去脉到底是怎么回事,点在哪里。你得让大家能够听明白,这是第一个作业,还要重新叙述。

第二个我要增加的就是,出版物案,专家组是怎么说的。今天其实大家也说了,但多少都是一带而过,我们还要回过头来说一下,这其实是一个简单的问题,回到段落。

第三,原材料案。这节课我们确实是集中在出版物案上。下节课如果可能,更多的时间要花在原材料案上,所以大家要重点阅读那个部分。

我要讲的就是这么多。我觉得效果还是非常的好,其实比我主持的时候效果还要好,因为大家可能更放松一点。今天的课其实是非常特殊的。

(王雅男、胡秀娟根据课堂录音整理)

廖诗评:

本次课有 5 位校外老师和专家前来旁听,这也是本门课程旁听专家人数最多的一次。包括中伦律师事务所蒲凌尘大律师、对外经贸大学石静霞教授以及西南政法大学全小莲、中国政法大学余丽和南开大学胡建国等老师都来到课堂观摩。有趣的是,本次杨国华司长居然安排了一个大三的学生做讨论的主持人,不知这是凑巧,还是杨国华同志"有意为之",想让诸位看看学生主持的效果。

所安排的这位学生主持人,在以往的课堂上属于表现最积极的学生之一。但安排她主持,也是纯属巧合。上周六中午下课后,杨司长、韩立余教授与我去门口的麦当劳填肚子,发现有两个上课学生也在那里买快餐,只是苦于没有位子,于是我把这两个学生叫过来和我们一起吃饭。席间杨司长突然提出要求其中一位同学下节课主持的想法,她的反应居然是:"我要好好看材料好好准备",完全是欣然接受嘛。从课堂讨论的实际情况来看,至少比我预期的要好得多了。我们用一次课时间就把案子的焦点问题找出来了,而且明确了专家组和上诉机构在四份报告中分析这一问题的大致思路。当然,作为授课教师,杨司长在这次讨论课结束后的点评、总结和作业布置,都是非常关键的,这给下次课的讨论奠定了很好的基础。也许仔细研读本节课的课堂记录,大家会觉得主持人在某些地方还欠火候,大家讨论得还不够准确或者深入,但是,今天的这堂讨论课,对于这个大三学生主持人和参与讨论的同学来说应该是非常重要的。也许从今以后,这个小主持人将开始她与之前的学习完全不一样的一段学习经历,其他同学也会在心里"跃跃欲试",想成为某节课讨论的主持人。而且,通过这堂课,相信无论是主持人还是参与讨论的同学,都会发现,主持这样的讨论,对于主持人的要求其实是很高的(我在修改课堂记录时发现,主持人所说的话,尽管是口头语,但却与简单的书面语没有什么差别,基本不需要进行修改。这表明主持人对于案件的掌握程度显然更全面和更深入一些),要付出很多努力和汗水,甚至每天都要少睡一会儿——他们应该能切身体会到,要想好好做一件事情,都是很不容易的。希望学生至少能从这个过程中,多少养成一点认真对待学业和工作的态度,或者说能够让他们大致明白,所谓认真,应该是认真到什么程度。

附一：

大致思路（韩悦）

是这样，我觉得主持人本身不需要发表太多观点，我的主要的工作是总结概括和方向引导。总结概括大概包括如下情形：第一是当同学们的发言或提问不知其所言的时候，帮忙总结一下观点和问题，这个要视同学们的发言而定；第二是当一个话题讨论结束时，总结一下讨论的重点和涉及的问题，事实上，当一个话题讨论结束时，最好提出一个与此话题相关的，但同学们没有涉及或较少涉及的，需要进一步思考的问题。这点我可能做不到，需要您和廖老师的帮忙。

方向引导主要是保证讨论能集中在一条或几条主线上，不至于东拉西扯。我大致概括了一下这两个案子涉及的问题：

1. 出版物案中：

(1) 专家组对于"applicability of GATT 1994 XX"的裁决思路是怎样的；上诉机构是怎样推翻这种裁决思路的，也即 the methodology based on assumption 的问题在哪里

(2) 推翻专家组的裁决思路后，上诉机构建立起的裁决思路是怎样的；是怎样围绕 5.1 条的 introductory clause 进行解释的；判断中国的 measures 是否属于 the scope of "right to regulate trade"的关键在哪里，也即上诉机构建立了一种怎样的判断标准（a clearly discernable and objective link）

2. 原材料案中：

(1) 专家组和上诉机构的裁决思路是怎样的，包括是怎么解释 11.3 条的，涉及的各个条文的关系是怎样的、主权问题等？

(2) 本案和出版物案的区别在哪里？

以上只是我大体想到的，讨论肯定是以大家为主，我就是保证一下话题不要太跑偏。时间方面给您和廖老师留半小时？您看一下有什么问题，还有什么需要特别注意的？

附二：

主持感想（韩悦）

上周五有幸主持了一节 WTO 案例讨论课，针对的案例是 DS363 和 DS398，两个案例的焦点问题在于能否引用 GATT 1994 第二十条作为违反《入世议定书》义务的抗辩理由。两堂课下来，产生了如下感想：

首先针对主持人这一角色本身来说，一个主持人所需的课前准备，远比一个普通同学所需的课前准备多得多。尽管主持人自己并不需要发表太多个人观点，但良好的课堂引导一定是建立在对案例十分熟悉的基础上的。另外就是主持人需要比较快的反应速度，在抓住同学们的发言重点的同时，要想好下一步自己要说什么，怎么说。个人认为，这种反应速度其实是课前准备的反映，充分的课前准备可以在一定程度上弥补自身能力的不足。

总而言之，担任主持人这一角色，不论是从语言表达、逻辑分析、方向把握还是其他方

面,都是一个很好的锻炼机会。对于课堂案例讨论,主持人始终处于一个较高的参与程度上(比如全程不能走神),个人觉得如此下来的收获比作为普通同学的收获要大得多。

其次就案例讨论课来说,从"主持人"这一角度说一下自己的想法。

首先是,案例讨论课到底应该怎么上。上周课间休息的时候,柳驰同学跑过来对我表达了"批评"与"不满"之情,觉得我对讨论课的干预太多,方向引导得太过,讨论课应当是各抒己见的讨论课,而不是按照主持人思路进行的讨论课。而我的想法是,尽管我也同意讨论课应当各抒己见,但首先应把案件本身讨论清楚,案子的核心问题出在哪,专家组和上诉机构是怎么裁决的,有什么不妥,在此基础上再发散讨论。实际上,这就是我上上周在麦当劳提到的那个问题,对于案例讨论课,主持人到底要引导到什么程度才合适。

事实上没有绝对的合适,每个人思考问题的角度和方式不同。其实我和柳驰同学没有根本分歧,但是,用 GATT 1994 第二十条的话说,最后变成了一种"arbitrary treatment"。个人觉得折中的方法只能是课前明确讨论的问题,先达成共识。从前几个案例的经验来看,每个案子讨论两周,第二周的效果一般比第一周的效果好,这当然是因为大家把案例又看了一遍,但我觉得还有一个重要原因就是,第一周的课结束后都会布置作业,第二周一般是针对作业进行讨论。比较合适的方法就是,先明确下节课讨论的问题,把这些问题解决得差不多了之后,再谈个人想法。

其次是,案例讨论课需要纠正大家的一些偏见。一般来说,对于"概括一下这案子是怎么一回事""简要说一下上诉机构的思路是怎样的"这类问题响应者比较少,除了"压根儿没看案例"和"too shy to participate"这种极端情况外,部分同学觉得这些问题就是"英译汉",没必要,其实是不是英译汉你译译就知道了。所以需要想办法扭转这种观念。

第三是,怎么想办法提高一下"沉默者"的参与度。我上周主持的最大感受之一就是,怎么来来回回就这么几个人说话。其实我觉得,即便没看案例,也不至于一点想法都没有,对于违反 A 条约义务的行为能否引用 B 条约抗辩,从比较抽象的法理上至少也能说两句,或者是虽然不知道问题的答案,也可以指出需要解决的问题。不说话的原因可能是,发言的同学你一嘴我一嘴,没看材料的同学没明白发生了什么,所以我上周的时候尝试用比较通俗简明的语言说明情况,但从结果上看比较失败,还需改进。

出版物案和原材料案(二)

时间:2013年5月4日 08:55—11:40

杨:上节课给大家布置了一个作业,但是在正式讨论这几个问题之前,还是先开放式地讨论一下。在我们布置的几个问题之外,大家首先有什么要说的?这节课①,我们先讨论出版物案,下节课再讨论原材料案。那我们先请柳驰发言吧,他已经画好了图。

柳驰:实际上,我个人感觉,先不说别的案子,在这个案子中,还是有太多疑点。第一,上诉机构能不能这样去解释GATT,也就是说,他有没有这个权限?第二,上诉机构的解释方法是不是对的?第三,上诉机构的结果是不是对的,他解释的充分不充分?"能不能"这一点先不管,想讨论最后一点也要先讨论第二个点"是不是"。从第二点"是不是"来看,包括两个方面,一个是技术方面,另一个是实质方面。技术方面,中国的说法是援用GATT,然后GATT中限定"this agreement"。实质方面,上诉机构的思路是:"Trade Goods"是大前提,即GATT是有关货物贸易的协定。"China"是小前提,即争议的入世议定书承诺是有关货物贸易的。由大前提和小前提,上诉机构得出结论,中国入世议定书可以援引GATT作为抗辩。具体来说,我认为这整个的由大前提和小前提得出结论的逻辑是没有问题的。但我有以下疑问:1. 上诉机构是否有权说,所有有关货物贸易的协议都可以援用GATT?2. 中国采取的措施本身相关货物贸易,但是否等同?我觉得两个问题上,上诉机构的论证都不够充分。第1个问题上,上诉机构说,在其他的案例中就有先例。这些案例中,争议措施本身并不是用来限制货物贸易的,但是其也援引了GATT进行抗辩。但上诉机构并没有说明案件的具体情景。GATT的内容确实会涉及"Trader"或者"investor"之类,但是,这和GATT的宗旨无关,上诉机构没有具体说明本案为什么可以援用GATT。在之前的WTO判决中虽然有先例,但这里的做法应当是从各先例中归纳出一个法理依据,然后再将这个法理应用到具体的案例中。本案中,上诉机构并没有这么做,我认为他的论证是有问题的。第2个问题,GATT第4条是涉及影视音像制品在国内的最早发行时间的问题,是不是有这个事实就说明,GATT可以被应用于所有货物贸易方面的协议?我觉得真是很值得怀疑的。

然后左边这个图是代表所有WTO Agreements,这个圆形被分成了很多份,比如说这一份是货物贸易,这一份是知识产权,这一份是金融服务。中间这个不规则多边形是中国签订的WTO协议。中国的协议在整个圆形中只占了一部分,但是在各个领域都有涉及,比如说在农业领域。由于本案是有关货物贸易的,跟知识产权等无关,所以我把左边这个图形中"货物贸易"的这一份分离出来。按照最基本的法理,不同部门的法律应该是互斥的。所有位于同一份中的各个协议,他们应该是互斥的,实际上他们也确实是互斥的。GATT是关

---

① 廖老师批注:本次课我由于出差,并没有旁听课堂讨论,这也使得我的批注可能会因此缺少一些针对性,毕竟没有亲临现场,只能更多地"有感而发"。

税与贸易总协定,其涉及4个方面:(1)产品种类;(2)产品数量;(3)产品质量;(4)产品价格。这4个方面最终都是以抵达多边利益的目的地为标准。目的地对于标准显然至关重要。什么意思呢?比如,GATT中间虽然有涉及运输的内容,但是涉及运输的条款最终的目的是什么呢?是保证到达目的地的产品种类、数量、质量和价格不会对国内市场造成影响。GATT是自由经济的产物,我个人觉得,自由经济实际上保护的是国内市场。也就是说,如果我控制,那么未来我的贸易会因此受到损害,但是最后我自己的利益是受到保护的。也就是说,自由化最终保护的还是自己。这是题外话。

中国的承诺确实涉及了GATT的部分内容,但这是否能够说明"trader"与"GATT"具有了高度的相关性?我搜索过GATT的条文,不论是中英文,里边都没有"trader"、"investor"这些单词。所以说,GATT至少没有明文规定与trader或者investor有关的东西。反而,其规定的东西都是为了保证商品本身而不是保护trader。所以无论是从整个WTO协议规则来说,还是从法律条文本身来看,规定trader和trade的法律规则是严格互斥的。一个大的方面是这样,那小的方面是不是也是这样?我觉得不一定。比如说,我们在研究一个小的方面的性质是如何的时候,我们不能把他和大的方面的性质相比较的。比如说在西瓜上撒盐让西瓜变得更甜,但这不能说明盐本身是甜味的。盐的作用是让西瓜变得更甜吗?不是。盐唯一的作用就是改变细胞内的渗透压,让西瓜汁流出来,这才是它的本质,但这跟盐本身的性质是没有任何关系的。所以,我们不能说大的方面是有关货物贸易的,因此其中一个小的方面也是有关货物贸易的。

还有一点。按照上诉机构的思路,GATT是一种principal,是一个discipline。Discipline涵盖的范围是非常广的,那么是不是所有跟货物贸易有关的协议都应该遵从这个discipline呢?从抽象和具体来讲,货物和关税以及所有一切都是相关的。那按照上诉机构的思路,所有的WTO agreements都应该遵从这个discipline,由这个discipline去涵盖所有的规则。结论就是:大前提不成立,小前提也不成立,即使成立,上诉机构的论证过程也不够充分。

杨: 结论是什么?

(注:在这位同学"长篇大论"之后,提醒他说一下结论。这既是他自己的总结,也是让听众明确他的观点。)

柳驰: 上诉机构是错误的。[①]

杨: 大家可以就他的思路提出问题。或者说说自己的新的想法。

刘豪: 柳驰对于专家组和上诉机构思路的解读跟我的不一样,他有些地方可能有所偏差,所以,我想澄清一下专家组和上诉机构的思路。我先写一下。

柳驰: 我还有一个问题。GATT1994是先于中国入世议定书protocol产生的,新法是不是优于旧法?GATT在图上的这一份图形里,有点儿像国家的宪法,protocol就是中国怎么去执行。或者说GATT是principal,而protocol就是execute,一般法律肯定高于行政命令,行政命令一般也就是规定如何执行法律,我觉得跟这个很像。

杨: 新法和旧法的问题,谁来回答一下?

---

① 廖老师批注:部分赞同。

（注：很有趣的角度。）

陈小燕：讨论新法和旧法的前提是同类型或框架内的法，否则讨论的就是特别法优于一般法了。我不赞同他的地方在于，GATT和中国加入WTO的议定书，都属于国际条约，这跟国内法是不一样的。除了最早的缔约国，之后加入的国家一般都是在已制定的GATT的基础上再作出妥协或者保留之类的，从而使之与GATT相协调。这种关系跟国内法完全不同。国内法可以强调位阶之类的，而在国际法中，除非是在同一个类别，否则就不能讨论位阶问题。总之，两种关系是不一样的。不能这么解释。

杨：这是一个小的分岔，但是大家可以先讨论一下。

（注：讨论课中，"主旋律"之外的"插曲"。对于学生发散性的思维，不能轻易否定。不能轻易说"这与我们讨论的主题无关"之类的话，因为这样会打击学生主动思考的积极性。事实上，人的思维是一个整体。同学们在阅读案例的过程中所想到的问题，都是与本案相关的；主持人只要把握大方向，在适当时候将讨论拉回"主题"就可以了。另外，本次课上对这个小小"分岔"的讨论，不仅在讨论一个重要的法律问题，而且给"主题"讨论增加了色彩。）

柳驰：我觉得GATT是图中一份的一小点，但中国protocol在图中每一份中都有涉及，他们确实不一样。关于妥协这个问题，国际贸易跟国内法最大的不同就是，新法说他少判5年，旧法说他多判5年，这对被害人有什么实际损害呢？被害人实际上没有受到更多损害，形式上的补偿不一样而已。但国际贸易不一样，所有人的行为都有对价，所有的法都是相对的。一方权利增多，贸易另一方义务必然会减少。

杨：这个问题很有意思，现在大家谁还愿意说说新法和旧法这个问题？

（注：进一步鼓励大家对这个"分岔"进行讨论，同时等待刘豪的板书结果。）

曾薪燚：我觉得这里没有新法和旧法的问题，一个条约制定出来，然后国家是否要加入这个条约，完全取决于国家自己。选择加入，条约就对该国生效，完全没有新旧法的问题。在原材料案专家组报告51页7.113段提到，protocol跟GATT一样，是WTO协议中一个很基础的东西，都是WTO协议中非常基础的一部分，因此protocol效力应该和GATT一样。

杨：谁还要说一下这个问题？原材料案专家组报告中引用了中国加入WTO议定书中的一句话，China WTO protocol "shall be integral part of WTO Agreement"，这句话经常被引用，这是在讲他们之间的关系。还有一句话，原材料案专家组报告第52页，7.117段，第五行："In its assessment, the Appellate Body did not discuss the systemic relationship between provisions of China's Accession Protocol and those of the GATT 1994, within the WTO Agreement."这句话也挺关键的。出版物案专家组报告276页，第7.742段，第二行，"Nevertheless, China's invocation of Article XX（a）presents complex legal issues"。"complex"指的就是能否用GATT第20条抗辩的问题。我的理解是，专家组在出版物案中觉得这个问题太复杂了，就想回避，采用了assumption arguendo的技巧，但上诉机构决定迎难而上。柳驰虽然是突然抛出一个问题，陈小燕也给出了自己的理解，这就是看问题的角度问题，其实，这倒真是一个值得思考的问题。

（注：确认这个"分岔"的意义。）

侯日欣：我认为这不是一个法律冲突的问题，与新法旧法没有关系。一个国家的入世议定书与 WTO 协议不可能相互冲突，议定书以明示的方式作出承诺、提出保留，可能会与 WTO 协议的某些原则性规定有不一致的地方，但是二者的基本关系不应当是冲突和对立的。不能用讨论国内法冲突时那种新法旧法、一般法特别法的思路来讨论这个问题。要说冲突的话，只能是一个国家的行为违反了其入世议定书，进一步就可以说这个国家的行为违反了协议。我们讨论的是行为违反了条约，而不是条约之间的冲突问题。

杨：侯日欣提出一点，新法旧法、普通法特别法的前提都是法律条约之间的冲突。

（注：这位同学对先前讨论提出了补充。大家一起说，就会越说越周全，这一点并不奇怪。这恰恰是讨论课"集体智慧"之特征。）

柳驰：我从侯日欣的发言中有两点看法：(1)这两者（国内法和国际条约）是不能等价的。(2)没有冲突。但这两个都不存在。我的论证思路并不是把 protocol 整体和 GATT1994 单独拿出来看，而是把这一份单拿出来，在这一小份内，GATT 和中国 protocol 相关的规定是这样一种律动。第二个问题，有没有冲突？当然有冲突。如果上诉机构也说 WTO 规则是 discipline，是 principal，那么一国违反了，上诉机构这时候做的事情就类似于违宪审查的工作。它其实是有冲突的。

杨：我们把这个问题作为一个小的分岔，但这个问题值得大家做一个小小的研究。本来我们是在讨论上诉机构的思路，但是柳驰提出了很大的批评意见，他认为上诉机构的思路论证的不对。那么我们先来看一下刘豪的观点。

（注："分岔"告一段落，讨论回到"主题"。多么有趣的"小插曲"啊！）

刘豪：我觉得柳驰对于专家组和上诉机构的理解有一些偏差。首先，我们还是要回到专家组的思路。专家组报告中一直在区分管理货物贸易的权利和管理货物进口商的权利。专家组为什么要强调这种区别呢？这是有原因的，GATT 是关于货物贸易的规则，而不是关于货物贸易进口商的。专家组的思路是提到了这一点的，大家来看出版物案专家组报告的 7.721 段，"In connection with China's argument, it is well to recall some of the conclusions we have arrived at earlier. First, the relevant obligation in paragraph 5.1, but also the relevant obligations in paragraphs 83(d) as well as 84(a) and (b), should be understood as being without prejudice to China's right to regulate trade in a WTO-consistent manner. Secondly, the "right to regulate trade" in a WTO-consistent manner in our view includes, by implication, a consequent right to regulate importers of the relevant goods. More specifically, the "right to regulate trade" permits China to regulate importers of the relevant goods if: (i) the regulation of importers has a reasonable link to the regulation of the goods at issue, and thus is incidental to the regulation of the relevant goods and (ii) the regulation of importers is WTO-consistent."，从这段来看，(1)义务不能损害管理货物贸易的权利。这是对 5.1 条进行了正反两个方面的解读。一方面，中国管理贸易的权利[①]是优

[①] 廖老师批注：第 5.1 条谈判过程中，为什么要强调中国管理贸易的权利？哪些是中国管理贸易的权利？能不能举出具体例子？尤其是考虑到贸易权承诺的情况下，这种管理贸易的权利的行使如何会影响贸易权承诺？这些是我本人在第一次读 DS363 裁决中考虑的问题。但这些问题，在这位同学下面的发言中，已经得到了部分的解答和体现，这是令人欣喜的。

先于中国在议定书中承诺的义务。如果中国管理贸易的措施违反了中国入世议定书上的义务,那么,管理货物贸易的权利是优先的。从反方面来看,即使中国拥有管理贸易的权利,并不意味着中国入世议定书中的义务就消失了,相反,他同样需要承担这样的义务。专家组的话可谓是滴水不漏。既强调权利,又强调义务。(2)中国管理贸易的权利,到管理进出口货物的权利,其中隐含着管理货物贸易商的权利。这一点对于理解专家组的思路是很关键的。其分两步分析,第一步,分析中国入世议定书5.1条的规定,其第二句话的意思,贸易权是指货物进出口的权利,这句话很明确地提出了贸易权是管理货物进出口的权利。第二步,结合议定书的第1条第2款来解读。84段第1款中有一句话说,中国必须放开贸易权,中国如果要对贸易权设置限制的话,不能构成货物贸易壁垒。两款中规定,中国可以对贸易权设置限制,但不能对货物构成数量限制。这两段都规定了中国可以采取的限制货物贸易的措施,只要不构成贸易壁垒和数量限制。第三步,由管理货物的权利到管理货物进口商的权利。结合了84段第1款最后一句,中国可以预留保留权,采取限制措施,其中包括进口许可证、技术贸易壁垒、公共卫生检疫检验。中国可以采取这三种措施,中国可以采取与WTO协定相一致的措施,尤其是这个进口许可证,意味着中国可以通过与GATT相一致的进口许可证措施来限制贸易。专家组自问自答,如果可以采取以上措施限制贸易的话,可不可以在此之上采取更加严格的措施呢?比如对进口商的资格进行限制,比如对符合标准的进口商颁发许可证。然后,专家组又自问自答,说这是可以的。他举了一个很明显的例子,就是大麻。麻醉品这种与公共卫生关系非常密切的货物来说,如果凭借着议定书,我们就推断说,中国对于所有外国企业和个人都开放进口大麻的权利的话,这是极为不合理的。因为麻醉品关系着一个国家的公共卫生等重大社会问题,我国有规制管理麻醉品的权利。麻醉品是一个很明显的例子,从这个例子就可以看出,进口许可证是可以施加给进口商的。这就意味着,中国的贸易管理措施应该是隐含着管理货物进口商的权利。但是其又说,这种隐含必须在特定条件下才能成立,也就是说,只有在特定条件下,管理货物的权利才能隐含着管理货物进口商的权利。这种特定条件是指,第一,与货物贸易有着密切的联系,第二是以符合WTO协议的方式。接着,就涉及GATT第20条的适用问题了,其提到了GATT第20条中"本协定"这几个字的问题。专家组称这是一个"复杂的法律问题"。专家组并没有往下论证了,这是专家组的思路。

我们来看上诉机构的思路。首先也有两个前提,这两个前提已经过专家组论证。第一个前提是管理货物贸易的权利。上诉机构首先一个单词一个单词地解释到底管理货物贸易的权利是什么。其在5.1条中提出了有两个概念,一个是一国管理货物贸易的权力,另一个是进出口国家进出口货物的权利,这两个概念是不一样的。第二个前提是说,中国必须以符合WTO协议的方式行使权利,也就是说,WTO约束着中国管理货物贸易的权利。有两种符合方式,我们之前已经讨论过了,一种是与WTO协议相符合,另一种是与WTO协议相抵触,那么就适用例外。我个人觉得,下一步的论证是关键,也是上诉机构论证过程的精髓所在。上诉机构指出,中国在入世议定书中有关贸易权承诺的义务与GATT中的义务是"intertwined",即相互缠绕、相互交织的。通过指出这一点,上诉机构解决了GATT第20条适用的问题。中国限制管理贸易权的措施可以包括进口许可证、技术性贸易壁垒、公共卫生检疫检查措施,但是这三种措施并没有穷尽中国可以采取的管理货物贸易的手段。进口许可证在GATT第11条和13条都有论述,中国可以采取进出口许可证的措施管理贸易,但是也需要遵守中国入世议定书中规定的开放贸易权的义务。这可能有点儿绕,但是通过分析我们国家在一块儿的权利义务,可以看出,两方是相互交织的(intertwined)。专家组最喜欢用词典了,我查了一下布莱克法律词典,intertwine的释义大概是说他们俩交织在一起,是无法分开的,也就是说他们俩是紧密相连、浑然一体的。所以,我的感觉是,上诉机构的潜台词是,其试图通过这样的论证来证明中国入世议定书中的义务与GATT下的义务是相关联的,是浑然一体的,既然GATT的例外可以适用GATT第20条,所以,入世议定书也就可以适用GATT第20条。我个人觉得,上诉机构论证最精辟的地方就在这儿,但是很遗憾,其在这一点上的论证不够透彻,他只是简单说明了一下这种关联性,但是没有非常详细的论证。下个问题就稍微简单一点。违反承诺的措施与管理货物贸易之间存在联系,中国限制货物进口商与货物贸易进口审查机制紧密相连的,限制货物进口商是货物贸易进口审查机制的一部分,而货物贸易审查机制是中国最广泛的货物贸易审查制度,对于这一点,美国也没有抗辩。美国承认,把进口商限制在国有企业是货物贸易审查机制的一部分。上诉机构的思路就到这里,我还有一些基本的法律问题,希望能跟大家分享。

1. 什么是冲突?广义来说,就是某个条约中的某项规定导致或者可能导致与另一个条约中的规定相违背,或者说,某个国家不能同时履行两个条约中规定的相冲突的义务[①]。本案是不是构成一个条约的冲突?我还是没想清楚,从条文来看,5.1条与GATT第20条的内容并不存在冲突。条约冲突最典型的情况是,一个条约要求这样,另一个条约要求那样,这是最典型的。为了保护环境,不能进口一些污染环境的东西,GATT就说如果采取进口许可证予以限制,可以进口这些东西,这就产生了冲突。从条文来看,本案中争议条款不能直接导致冲突,但可能产生冲突。从5.1条来看,似乎可以适用GATT第20条,GATT第20条又说,只有本协议内才能适用本条。第5.1条和GATT第20条本身并没有产生冲突。

2. 冲突的类型?这是建立在条约分类的基础之上。条约分为命令型、授权型、免责型、禁止型。传统的条约冲突的模式就是:命令型—命令型、命令型—禁止型、命令型—免责型、免责型—授权型。那么,我们目前所讨论的议定书5.1条和GATT第20条不属于上述任何一种类型,而是免责型—免责型。免责型和免责型条款冲突,这一点我没有想透。有关冲突的解决,《维也纳条约法公约》第31条第2款就规定了解决条约冲突的方法,它首先对冲突下了一个定义,即冲突必须是基于同一事项的连续条款发生的冲突才算是其所认定的冲突。《维也纳条约法公约》第3条规定冲突条款,即当发生条约冲突时,应该适用哪一条。如果条约本身规定了冲突条款,那么我们首先应当按照条约的冲突条款来,冲突条款是解决冲突的最优办法。我认为,GATT第20条本身其实可以视作一个特殊的冲突条款,我个人的观点是这样的。因为在汽油标准案还有美国大虾案中,当GATT协议和其他国家签订的多边协议发生冲突的时候,GATT第20条作为优先条款就会优先于其他条款,只要冲突事项处于GATT第20条所包含的范围之内,如公共卫生、公共道德。但是我们现在的问题比较

[①] 廖老师批注:这位同学在这里想要跟大家"分享"的这些问题,显然是在课下查阅了大量资料之后总结出来的。这是讨论式教学方法促使学生自主学习的又一例证。

复杂,是中国入世议定书与冲突条款GATT第20条本身发生了冲突。

杨:感谢刘豪的发言,信息量非常大。我来总结一下。

法律冲突的问题是一个分岔进来的问题,但是刘豪思考得特别深。我们通常引用的都是《维也纳条约法公约》的第31条、32条,但刘豪引用的是30条。他提到了条约冲突的几种情况,以及本案的冲突在哪儿。我觉得这里边提供了很多思路和信息,由于时间关系,大家只能课后再思考。关于专家组的思路,上节课我们留了一个小作业,就是让大家理清一下专家组的思路。我本以为这是个简单的问题,专家组其实没思路,他回避了。但是刘豪从专家组思路再转向了上诉机构的思路,这一点非常好。大家看上诉机构报告的103页,232段,这一段就分析了专家组的思路,即分析中国的贸易权承诺与中国对相关产品内容审查机制之间的关系,大家回去以后可以好好思考一下。从脚注也可以看出,这一段在援引专家组的报告内容。现在大家最纠结的问题还是上诉机构的思路。刘豪认为,上诉机构的思路是很清晰的,只是很遗憾在有的地方论证得不够清晰,这跟柳驰的观点是不一样的,柳驰认为上诉机构的思路是不对的。这个问题我们只能课后讨论了。

(注:坐在台下,听完这位同学的讲解,我无法抑制自己的兴奋①之情,发表了这番讲话。)

刘婷:我支持刘豪的观点。但是我想补充说明的是,刘豪所说的那种紧密联系在上诉机构报告中是有表述的。上诉机构报告第100页,第80段,脚注430,这里描述的是中国对贸易权进行限制,这种限制可能与WTO协议要求不符,这就在说明,中国在入世议定书中的承诺与所有成员GATT1994第3条的义务是相关的。这里第一次明确表达了这种紧密联系。第二个,就像柳驰说的,上诉机构只是从诸多案例中得出一个观点,对进口商的限制可能是违反入世议定书中的承诺,但是,违反了入世议定书承诺是否能够援引GATT第20条,其实并不一定,上诉机构只是在理论分析而已。关键在于5.1条的解释部分,第1、2句规定了中国必须给予潜在货物贸易商一些权利,而第3句规定的是一个国民待遇义务,国家在履行该项义务的时候,应该根据GATT1994给予出口国货物以国民待遇。即在进行货物贸易管理的时候,不仅仅要符合5.1条以符合WTO协议的方式进行,也要根据GATT1994第3条关于国民待遇的规定。综合来说,中国的货物贸易管理措施,既要以入世议定书为依据,也要遵守GATT1994的规定。也就是说,中国在进行货物贸易管理的时候,一项措施,在违反入世议定书时,也可能违反GATT1994的规定,此时就可以援引GATT第20条进行抗辩,本案中上诉机构就是以这样的思路进行分析的。

杨:刘婷对刘豪的观点进行了补充。刘豪认为上诉机构的思路是对的,但是没说清楚,而刘婷认为上诉机构说清楚了。到现在为止,这个问题我们的讨论还没有结果,但是,越来越充分了。

我想来做一个结论,我们这两节课最核心的问题就是,上诉机构的分析思路。大家的观点可以分为几种情况:(1)上诉机构说清楚了。(2)上诉机构没有讲清楚;涂燕辉上次她们寝室的几个同学一直在辩论,但是她还是没有被说服。(3)上诉机构思路是对的,但是有说得

---

① 廖老师批注:赞同。即使没有参加课堂讨论的我,在看到这些文字记录的时候,也难以抑制自己的兴奋之情。

含糊的地方;刘豪大概就是这个意思。(4)柳驰的观点:上诉机构说的不对。大家有这四种观点。我也有5个问题,提出来大家一起讨论:

1. 上诉机构是不是写清楚了?他们到底写清楚了吗?如果他们根本没写清楚,那我们就没办法理解清楚。上诉机构也是人,理论上,写不清楚是有可能的。

2. 这个问题能不能写清楚?我觉得大家的讨论也涉及了这个问题。柳驰上节课大概说过一个观点:这是一个说不清楚的问题。如果这是一个根本说不清楚的问题,我们就不能指望上诉机构讲清楚了。

3. 中国入世议定书到底能不能援引GATT1994第20条?我们假定有这么一个客观事实,只是我们没发现它。有没有这个客观事实呢?这个苹果是存在的吗?还是这个苹果根本不存在?这个问题和第2个问题是相关的。

4. 条约解释的目的是什么?条约解释的目的是发现条约解释者的意图,还是给条约一个合理的解释?这是一个非常大的问题。我们在解释条约的时候,是在试图找到条约制定者们的common intention,即共同的想法,还是从客观角度,给条约一个合理的解释?这二者之间是有区别的。区别在于,也许common intention根本不存在。那也就是说,条约解释还是为了给条约一个客观合理的解释。这个出发点是文字,不在于说些什么,在于写出来的是什么。

5. 法官怎么办?这是一个真实的问题。法官不能借口说这个是无解的,这个是没有意义的,而不去裁判。所以我希望大家能对上诉机构这三个人给予同情之理解,就是从他们的角度来考虑这个问题,思考一下该怎么办;是否上诉机构所使用的方法已经是我们能做到的最好的办法了?

(注:说到这里,我觉得我已经不再是一个主持人,而是一个研讨会的参加者了。)

最后我来给大家读一段一个"权威"就这个问题写的结论:中国的被诉措施虽然是关于贸易权承诺的,即只允许某些企业从事相关货物的进出口,但与中国对相关货物的管理,即对涉案货物的内容审查,是密切相关的。换句话说,限制进出口商,是为了对相关货物进行内容审查,而GATT恰恰是关于货物贸易的,中国当然有权援引GATT第20条进行抗辩。上诉机构通过这种"密切联系",确认了议定书与GATT之间的"间接关系",专家组遗留的"复杂的法律问题"迎刃而解。大家觉得说得怎么样?这跟大家在课堂上讨论的深度和广度是不能比的。所以,我从大家的讨论中获益良多。

(注:我读这段话的时候,很多同学在微笑;我问大家"说得怎么样的时候",很多同学在摇头。大家知道这是我写这个案例的一篇文章中的一段话,已经发给大家作为参考资料了。我觉得,此时此刻,我这个"WTO权威"已经原形毕露了——我不过是一个普通人而已,与在座的同学们一样,甚至不如在座的同学们!我觉得,这个事件,标志着我这个老师彻底"走下神坛",[1]虽然我在过去的十次课上,一直都没有站在高高的讲坛上,而是走到同学们面前讲话——事实上,很多时候,都是同学们在台上板书,而我是坐在台下听讲的。老师与同学们是平等的;我们聚到一起,不过是就一些重要的问题进行探讨而已——如果同学们此刻是这样的心态,那么这可能是我主持这门课的最大收获了,甚至超过了专业知识的增长和思维

---

[1] 廖老师批注:学生应该不是这么想的……

能力的提高。如果是这样,未来同学们在听课或与老师的交流中,都会保留自己的思考空间,尽管这种思考的结果可能与老师的观点是一样的。我觉得,这样一种不畏权威、独立思考的习惯,会让同学们在未来的学习、工作和生活中多多受益。)

韩悦:我同意刘豪关于上诉机构思路的解读。事实上,上诉机构的思路是这样的,即上诉机构关于 intertwined 的这一点,以及违反贸易承诺措施和货物贸易管理的这一点,实际上,上诉机构就是通过这两点将 5.1 和 GATT 第 20 条联系在一起了,也就是老师您说的建立一个间接联系。上节课我们重点讨论的是 this agreement,就是说 GATT 第 20 条规定不能援引其内容。我认为上诉机构的思路没有采用严格的形式逻辑,就是"this agreement"的意思不是仅指"在本条约"。我认同这种不完全拘泥于形式逻辑的思路,因为如果只看 this agreement,那么就意味着除了 GATT,其他所有的都不能援用了。因此我认为这种建立一种广泛的联系的思路就是间接地说明不限于 GATT1994。然而我认为这种不完全拘泥于形式逻辑的思路还是存在问题。例如在原材料案中,也存在 intertwined 的问题,当然也是关于货物贸易管理的问题,因此按照 363 案的思路,在原材料案中能够援用 GATT1994 第 20 条的,但是以在 11.3 中没有像 5.1 中那样的规定而不能援引这样的理由来判决太不充分。所以,我认为上诉机构提出这种不拘泥于形式逻辑的思路是对的,但是之后的论证还需要完善,同时以 introduction clause 为理由来反驳中国是不充分的。

(注:这位同学是上一节课的主持人,她的总结发言,显然是综合了大家的观点。)

课间休息

杨:我们继续讨论。我有一个想法:经过几个案例的讨论,特别是出版物案的上诉机构报告思路的讨论之后,我觉得将来不论遇到什么问题都不在话下了;能从这些角度讨论、分析这个问题的人,一般问题都不算问题了,因为这确实是一个非常复杂的问题,连专家组都想规避的问题,上诉机构想去解决的问题,但却被我们大三的同学批评的一无是处;这些对我们思考的角度是一个非常大的启发。

(注:这是真心话!)

上节课的一个作业,就是用大白话给我们的非法律专业的老乡讲上诉机构的思路和内容。这是一个有难度的问题,首先理解是一个问题,讲出来是另外一个问题。现在由于时间的原因,我们不讨论了;你们课下试试看给他们讲这个案子在说什么。

接下来讨论原材料案。我觉得在出版物案之后讨论原材料案,是"小菜一碟",应该是很容易的。先说说专家组和上诉机构的思路。我们争论不休的出版物案上诉机构的思路很复杂,或者甚至是根本没说清楚。但是,原材料案似乎就清楚一些,而我认为也不一定说清楚了。大家谁先讲讲原材料案专家组的思路?

赵洋:专家组主要是否定了中国可以援引 GATT 第 20 条例外的条款。它首先是分析了中美出版物案中上诉机构的观点。因为入世议定书的第 5.1 条有明确的表述:不影响中国以符合 WTO 协定的方式管理贸易的权利,而第 11.3 条中没有类似的提及 WTO 的这个协定的表述。专家组还采用了上下文的解释方法,例如入世议定书的第 11.1 条和 11.2 条都有"符合 GATT1994"的表述,从而认为 11.3 条之所以没有提到这一点,可能是当时的一种疏忽,也可能是一种妥协,所以得出结论,从上下文来看,11.3 与 GATT1994 没有关系。

杨：对于专家组报告的思路，谁还要补充一下？

（注：没有同学举旗。）

大家不屑于说，可能觉得比较简单！大家的思路都还在出版物案中，还没转换过来。

曾薪燚：我觉得老师的中文的材料当中对案子的概括非常详细了，非常有助于我的理解。

（注：当他提到我写的中文材料时，课堂有一阵笑声！我理解这笑声的含义是：我们都是读案例的英文原文的！的确，我们课堂讨论的所有案例，都是专家组和上诉机构报告的原文，而我写的案例概要，仅仅是参考资料，很少有同学在课堂上提及。读过英文原文的人，肯定会觉得别人写的中文概要味同嚼蜡！）

首先，专家组分析了上诉机构的问题和中美之间的争议。它主要是从以下几个方面来说的：第一，专家组先对中国议定书的11.3做了文意解释，因此拘泥于每一个字。同时，专家组对11.3中的两条例外作出解释，分别是附件6和GATT第8条。在解释附件6时，援引了附件6中的中国的承诺，中国承诺对附件6中所列出的产品规定了最高税率，并且除非例外情况，中国不得其提高现行适用的税率。在解释的过程中，分析了中国对非附件6的产品进行征税时，是否需要同其他国家进行协商，经过分析，上诉机构认为中国不需要协商，因为这不属于附件6的规定，这只是一个小的问题。然后上诉机构在分析GATT8时，确定GATT8中没有明确的关于规定出口税的条文，因而不能适用。第二是对上下文的解释。通过与11.1和11.2的上下文的比较，发现11.3的上下文与之完全不同，专家组认为在11.3当中中国没有意图援引GATT第20条，其认为中国如果有意图援引，就应该在议定书有明确的体现。第三是维也纳条约法解释的第32条关于其他规定的解释，在中国政府报告的第170段，认为其目的与11.3的目的不同，从而不能作为解释11.3的上下文；认为155和156段的规定和11.3的规定比较相同。最后中国援引了关于贸易主权的抗辩，认为中国有管理贸易的主权。专家组和上诉机构都认为中国在谈判加入WTO时就已经行使了这部分权利，在这里不能作为抗辩。特别注意的是，专家组在其报告的7.160中说道：中国这样做，虽然会导致中国与其他国家之间的义务的不平衡，但是专家组也认为中国也没有适用GATT第20条的必要性。我认为，WTO在整体规制时根据是文字，而不是结果和公平。

杨：这是你的评论，你首先是说上诉机构裁决的思路，然后是你的评论。还有谁泛泛地说一下专家组的思路和评论，或者自己的感想？其实刚才上节课最后的时候，韩悦已经多少提到了一些，出版物案的思路用在本案中也可以。大家看过两案的专家组和上诉机构的报告之后的感想是什么？

柳驰：其实本案AB的思路更加清楚了，结论是没有权引用。我认为AB因为11.3与11.1和11.2不一样，所以不能引用，其实是在给自己找面子。可能上诉机构在本案中认为其在出版物案中的思路是不对的，认为自己在本案中的裁决才真正的能够说明道理，然后又不好意思承认其自己不对，因此找到一个理由，给自己找面子。

侯日欣：我认为这个案子更加传统些，像国内的一般民事诉讼，先是原告诉求的列举，然后是被告针对原告诉求的答辩的列举，最后是法官的裁决，认为原告的诉求都是错的或者被告的答辩都是不对的。总体上来说就是对单个法律点的分析，而不像之前的案例中有一个

非常成体系的思路,有复杂的法律逻辑在里面。我提一个问题:中国在入世的时候所签订的入世议定书是不是存在案例中所讨论的漏洞? 是不是在制定议定书的时候措辞越模糊越好,以便在纠纷产生时有更大的解释空间,越有抗辩的理由和依据?

涂燕辉: 我首先想确定一点,刘豪在援引第 20 条时,是不是就是说承认只有违反 GATT 的义务时 GATT 第 20 条才能被援用。(我就是想确定一下整个思路的过程,然后再说原材料案)通过这种"联系",中国管理贸易权承诺的义务与 WTO 下的 GATT 中的义务纠缠在一起,所以违反了承诺的义务其实就是违反了 GATT 中的义务,所以可以根据第 20 条进行抗辩。你是这个意思吗? 我觉得在原材料案中,给人整个的印象就是它一直在沿用出版物案的思路,虽然结论可能不同,但是看起来的感觉就是一直在套用出版物案中的思路,进行一一对照,而不是根据本案本身进行分析。

杨: 从你们的表达来看,你们的观点可能不太一样。以柳驰的观点来说,他认为这个案子中的思路比较清晰,而涂燕辉说其实是在用前面的案子进行对比。

柳驰: 我认为我们是从两个角度去看的。我说专家组这次思路比较清晰,作出了一个自认为清晰,其他人也认为清晰的判决。然后不知道是何原因,专家组想把出版物案也说清楚,实际上他不是用前一个来套用这个,而是认为本案才是正确的思路。出版物案没有这么判的原因是出版物案中涉及的 11.1 和 11.2 比本案中的 11.3 多了"符合 GATT"的规定,而没有承认是自己的失误。但是具体这样的不同是不是就可以援引,本案并不涉及,因而找回了自己的面子。

陈小燕: 我认为我同意柳驰的说法。针对侯日欣刚才的问题:是不是越模糊越好,我认为在本案中还是不要那么模糊比较好,例如按照专家组的观点,认为 11.3 没有 11.1、11.2 中的第一句话,即在强调,中国在有条件提出"符合 GATT"的一般性规定的情况下,但是最终没有提出 GATT 第 20 条,因此其认为不能援引 GATT 第 20 条。因而按照这个逻辑,那么条约应该越明确越好,所以 11.3 越详细,跟前面的规定越一致,这样就更有利于中国的抗辩。另外,我想提出一个问题,在专家组报告中的 7.150 中为什么会提到 Marrakesh 协定,是不是这样一种情形:中国与其他国家的协定或者议定书需要遵守 Marrakesh 协定的规定,而议定书中不存在例外,因而中国不能适用 GATT?

杨: 陈小燕说了两个问题,一是侯日欣的问题,二是 Marrakesh 协定是什么?

罗曦: Marrakesh 协定就是体现了 WTO 规则的协定。

(注:学生提出的简单知识性问题,很快就会有其他同学予以解答,而不必由老师回答。当这位同学提出这个问题的时候,我产生了一个想法①:上了一个学期的 WTO 专题课,连这个词都不知道,是否说明我的课程设计或者上课方式有什么缺陷呢? 我的课肯定不是尽善尽美的,甚至可能是漏洞百出的,但是我想,无论如何设计,无论如何上课,都可能会出现一些"基本知识"没有达到学生的问题。请注意,我说的是"达到学生",而不仅仅是"老师讲过"。也就是说,无论什么样的课,都可能出现学生没有掌握一些基本知识的问题②。

---

① 廖老师批注:其实我认为,这个想法在采取讨论式方式教学时,肯定就已经能考虑到。
② 廖老师批注:基本同意。

但是我们需要问的是:这些"基本知识①"重要吗?是否有补救的办法?以这些"基本知识"为代价,我们获得了什么?我们有限的课堂时间,是应该"授人以鱼",还是"授人以渔②"?

提到 Marrakesh 协定的目的就是想解释在 WTO 的规定当中没有一个例外可以适用于所有的协定,而是每个协定内部都设定自己的例外和义务的灵活性。因而 GATT 的例外就是自己的例外。

刘婷:我就是想说下 11.1、11.2、11.3 的关系。专家组提到 11.1 和 11.2 是说这两条是关于海关费用中的税收应该符合 GATT1994,而这一措辞没有出现在 11.3 条中,其含义就是说在 11.1 和 11.2 中都有规定,而在 11.3 条中没有规定,就是说中国和其他的成员国就是不想这样规定。我是想说这种解释是一种反向解释,因为没有规定就是说中国放弃了或者不主张援引 GATT 第 20 条进行抗辩的权利。其实这种解释从字面上来看似合理的,但是专家组能不能运用这种沉默推定的方式来说明中国没有这样的意图,我认为其不能这样解释,我们强调"省略有不一样的意义",而把"省略"解释成加重中国的义务,我对这一点有些疑问。条约的解释,我们应该遵循一种善意的解释规则,而不是说随意附加其一种义务,我觉得这样的解释有问题。

侯日欣:第一个问题,柳驰的想法,我认为这个问题抽象出来是:什么可以作为争端解决机构适用的法律渊源?到底是判例还是条约。第二个是,对我刚才提出的问题,小燕的理解也是有道理的,只是我有一个不同的理解角度,我举一个极端的情况,如果我们在入世议定书中的最后写一个后记:中国在本议定书中承诺的所有义务都可以援引 GATT、GATS、TRIPS(……然后把所有的例外条款都列举上)进行抗辩。那么是不是就没有今天的纠纷了?

赵洋:我认为晓燕的问题本质上就是老师说的问题:解释条约的目的到底是什么,是追究条约制定者的真正意图呢,还是就给条约一个合理的解释。如果在学妹的前提下,我们推断条约的真正意图,这个意图可能是虚无缥缈的,当时的想法根本无法捉摸,而给条约一个合理的解释,其出发点是条约的文字。在相同的情况下,给条约这种合理的解释,客观性可能更强一些。但是如果有明确的依据,例如开会的记录或者备忘录,在能够完全说明当时意图的情况下,运用真正意图的解释方法才是可以的。反之,则适用合理解释的方法更能解决实际问题。综合以上两个案子,我们在以后处理相同案件的时候,是否应该不用更多地讨论我们是否有权援引第 20 条,而是看看涉案措施是否符合第 20 条的例外。从这个角度考虑的话,我们也许就能避免吃亏。因为从上诉机构的分析思路来看,他们偏向于适用合理解释

---

① 廖老师批注:我一直认为,从教学角度看,知识有基础性知识和延伸性知识的区分,但不应该有先讲授基础知识、再讲授其他类型知识的定式。

② 廖老师批注:我不想在此发表确定的观点,只是想通过例子做一个说明,提供一个广义上的"上下文"。杨国华司长的课,是在每周六早上;而我本人在每周五下午都会给学术型法学研究生上一门"WTO 法"的课程,完全采用讲授式。陆陆续续地,也有一些杨国华司长课堂上的本科生到我这边来听课。在讲授的过程中,我会讲到很多 WTO 的"基础知识",如 WTO 法律体系、基本原则等等。至少我发现,在讲授的过程中,有部分本科生对我讲的内容是掌握的,这表明他们在课下又在案例之外进行了一些阅读(但这是否表明杨国华司长已经"授人以渔"了,我并不急于做出结论),但也有一部分本科生应该对我讲的内容持茫然状。

的方法进行判断。在以前的案例中提到,考虑条约意图的时候,还要考虑时代的不同。从实际的角度讲,我们制定条约的时候是一个过去时,而面临争端时是一个将来时,因而我们更应该考虑时间的变化,而不是拘泥于制定时的想法。

柳驰:我认为有两个最重要的点:第一,是两个案子的思路之间的关系。原材料案中没有这个条款因而不能用,而出版物案中有这个条款,因而能用。问题在于,可以作出很多种解释。一种是以出版物案为基础,删去了相关情形,所以不能用;一种以本案为基础,加了一些,所以本案中不能用;还是折中说,就是以一个大原则为基础,然后具体问题具体分析。第二,条约的条款模糊怎么办?我就想到"疑罪从有还是疑罪从无",这个问题是在刑法里面,国家的检察官和嫌疑人的地位是不对等的,而 WTO 里面在规定的不准确的情况下应该怎么解决,这个应该是进一步探讨的。因为在 WTO 当中是一个国家和许多国家之间的不对等,因为如果一个国家拥有一项贸易权利,相当于国有的其他与之进行贸易的国家都要承担相应的义务。在这种情况下,由于 AB 的资源很丰富,所以到底是不是应该疑罪从无呢?

刘豪:刚师姐的发言启发了我。她刚提到在制定条约的时候的想法会随着时间的流逝和时代的发展而发生变化,而实践当中确实如此。我援引一下出版物案,在出版物案中,我们确实违反了贸易权的承诺,我们一方面承诺放开贸易权,一方面将文化产品的进出口的贸易权限制在国有企业的手中。在韩立余老师的一篇文章中,分析为什么中国会出现这么明显的矛盾。因为制定条约的时候关于"product"的理解有偏差,将其理解为就是我们日常所用的货物,而并不包括文化产品。我们的某些官员都认为文化产品不属于放开贸易权的范围。另外,关于出版物案中"sound recording①",就是音像制品是否包括电子形式的音像制品。签订条约是在 2000 年左右,那时,电子产业在全球范围内才刚刚起步,而在中国就更加缓慢,所以在签订条约时,"sound recording"是肯定包括物理形式的音像制品,而肯定不包括电子形式的音像制品。但是上诉机构通过查字典发现其实是包括电子形态的,所以韩老师就在问,在制定条约时,我们要准确地确定每个单词的意思,然后再确定措辞。因此,我认为通过查字典来确定单词的意思这种方法是有局限的。回到本案,通过 11.3 中没有引入的措辞,就推定中国没有引用的意图,这个逻辑是不准确的。其实是有两种情况,一是中国有意为之,二是中国根本没有考虑到这种矛盾的情况,因而不能以偏概全地理解为中国是有意的不征税。

曾薪燚:从专家组对这个案件的判决结果来看,他就认为中国和其他国家之间确实存在着不平衡。其他的国家在相同的情况下能够援引 GATT 第 20 条,而中国不能援引,理由就是中国在 11.3 中没有明确规定援引 GATT 第 20 条。在 52 页的 7.15 段中,上诉机构要用一种通常的方法解释条约,而在维也纳条约法公约第 31 条中也是这样规定的:条约应依其用语,按其上下文,并参照条约目的和宗旨,所具有通常意义,善意解释。其实上下文和用语是优先于其目的和宗旨的,善意只是对总体的要求,是一种概括性的要求。就是说在解释条约的时候,还是以用语和上下文为主。关于 WTO 的专家组和上诉机构有没有权解释的问题,在 7.15 段之前有说明各个国家的入世议定书是 WTO 协定的一部分,所以专家组和上诉机构都有权利进行解释。所以议定书的解释权利不属于各自的国家,而属于专家组和上

---

① 廖老师批注:又有学生在指定阅读材料范围之外做了延伸阅读!

诉机构,并且对其进行解释时,不能以各个国家在制定时的想法为准。专家组和上诉机构进行解释时,是从客观的文字的角度进行,国家的意图只是一个参照的因素。

涂燕辉:针对柳驰说的两个案子的思路的问题。我认为其实这里是有一个大的原则的,即"可以援引第 20 条,但是有条件"。例如像 TRIMs 里面一样直接规定可以适用或者是援用出版物案中的情况。而两个案子中不同的思路是,在出版物案中,上诉机构采用的是一种积极的方式,而不是排除,在没有直接认定不能援引的情况下,积极地去寻找有没有其他的依据裁判能够援引。而在原材料案中,采取的是一种消极的方式,仅仅根据既没有直接规定,也没有像出版物案中的情况,就直接认定不能援引,而没有试图去积极地解释。这就是两个案子之间的不同。我认为上诉机构之所以采取对比排除的方法,就是因为两个案子确实很相似,各方的论点都是在出版物案的基础之上提出来的,所以我可以理解上诉机构的这个判决。

柳驰:其实我想说的是一个非常小的点,只是这点让我很在意。2000 年的时候,很多人都不能想象在网上听歌这样的事,中国大概可能 70%的人都没使用过互联网。不知道有没有规定:专家组和上诉机构在做文意解释的时候使用的应该是 2000 年版本的字典。

张诗瑜:我和大家讨论的问题可能有些不太一样,因为我看材料有点慢,还没看完,我是通过看了一些中文的资料对应着看英文材料的,中文材料也是在比较这两个案例。出版物案中,专家组认为中国无权援引 GATT 第 20 条,但是在原材料案中,专家组裁定中国不可援引 GATT1994 第 20 条的 b 款的规定作为对实行出口关税的抗辩。但是按照其假定的方法,中国能够适用于出口关税,中国也未能证明出口关税满足 GATT1994 第 20 条的 b 款的要求。而第 20 条又规定,本协定的任何规定不能被解释为阻止任何缔约方采取或者实施以下措施:与保护可用尽自然资源有关的措施,如此类措施与限制国内生产和消费一同实施。其中有一个时间的问题,例如在说与保护可用尽的自然资源有关的措施中,专家组认为,中国提交的 13 项措施是不能证明国内存在针对自然资源保护的措施,而中国抗辩说这种措施能够阻止严重后果的发生,而专家组认为如果一项措施在任何可能的情况下,都不会对保护目标产生效果,就有可能是这项措施根本就不是为了保护而设定。所以我的问题是:任何保护可用竭资源的措施,是不是有时间的限定,是说这项措施是当前就保护资源,还是在这种资源存在可用竭的可能性时才有保护作用。

杨:她提出的是一个我们的讨论没有涉及的问题。当我们还在讨论中国能不能援引的问题,她就提出了到底能不能满足条件的问题,这也是一个非常值得讨论的问题。因为我们是在讨论有没有权,在有权的基础上,还有第二款的条件满足的问题。

我认为刚才大家讲的几个问题,虽然比较零散,但是很关键:

(注:刚才的讨论比较发散,几乎是自由发言!但是自由的碰撞,却撞出了火花。这又是一次"偏离主题",但是十分相关、十分有意义的讨论。)

第一,时间的问题。最早赵洋提出,就是以承诺的时间点为基础来解释,就像柳驰刚才说得很形象,在 2000 年的词典不可能有网上音乐传播这种现象,还是以现在的字典为基础,而现在的字典上面肯定有说明。这个问题下节课,大家需要讨论,就是在条约解释时,怎么解决这个问题。大家可以从文章和 WTO 的条约和案例中,尤其是出版物案中可以看出来。在这个案件中,另一个关键的法律问题是:sound recording 是不是包括电子形态的音像制品,虽然课上没有讨论,但是是一个很重要的问题。所以大家有必要研究一下,有很多学者都有相关的研究。条约进行解释的时间根据,是当时还是现在,大家需要讨论一下。第二,大家讨论比较多,特别是刘婷讲的推定,即 11.3 中没有规定就推定为中国没有接受,这个问题我们之前有所涉及,对 omission 和 silence 的理解,这仍然是条约解释的问题。大家去查一下相关的文章对 omission 和 silence 的理解,然后下节课讨论一下。第三,是侯日欣提出的问题。WTO 的法律渊源到底是条约还是判例,换句话说是先例是否必须遵守。这个我们之前也讨论过,下节课我们还需讨论一下。现在这种问题非常典型,前后两个案子,同样的三个人,过程中有许多心理活动需要我们去分析,这其中就是判例要不要遵守,按侯日欣的话说就是法律渊源到底是条约还是判例。第四,条约应该是模糊的还是清晰的。条约在制定时是不是就存在缺陷,是不是在制定的时候模糊一点,就有助于援引。这是刚才大家讨论的时候延伸出来的一些小问题,我请大家自己研究一下,是非常有趣和重要的条约解释的问题。现在大家看,这几个案例都在用维也纳条约法公约的第 31 条和 32 条的解释方法,并且案例中也引用了马拉喀什协定里面的概念,我们始终在使用这些方法,ordinary meaning、context、object and purpose、supplementary means of interpretation 到底是什么。大家需要讨论一下善意解释,解释方法的优先性等问题。大家都是在围绕着条约解释的各个方面展开的,所以大家回去查一下条约解释原则相关的资料。我们有必要进行一下归纳。

(注:多么有意义的问题啊!而这些问题都是同学们讨论出来的。①)

第二是请大家研究一下:第一,将出版物案中上诉机构的思路适用于原材料案。就是假设这个思路是清楚的,然后看看能够推出什么结论。上课时韩悦就提到,按照出版物案的思路,本案中应该是可以援引的,即使在 11.3 中没有提到。其他的同学再尝试一下。第二,试用其他的思路研究本案,得出中国能够援引 GATT1994 第 20 条的结论,就是与专家组和上诉机构不同的结论。第三,用原材料案中的分析思路去分析出版物案,看会不会得出不同的结论。刚才柳驰已经涉及该问题。因为大家认为本案的思路是清晰的,即使可能不对。第四,在 11.3 中加入一个词,使得中国能够援引 20 条,这个词是什么?注意:必须要与 11.1 和 11.2 相协调。最后一个问题,是侯日欣提出的,即有没有可能在议定书中增加一个总括的条款,使得不会造成现在的这样的争端;而这个条款应该怎么规定?注意:要考虑现在入世议定书与 WTO 协定之间的关系;议定书是一个独立的法律文件,是 WTO 协定的一个不可缺少的部分,但是它不但涵盖了 GATT 的一些规定还包括一些新的内容,也就是说在增加这个条款的同时,要考虑与其他规定之间的关系。

其实这些问题都来自于大家的讨论。

(注:实事求是。)

下节课,我们先讨论一下条约解释的一般原则的问题,然后进行真刀实枪的写报告,试试看我们的讨论是否合适。

还有最后一个小问题必须提一下。上一节课,韩悦主持时提醒过大家在原材料案中专家组报告 52 页的 7.119 段的 incorporated 这个词,大家讲一下专家组对出版物案中上诉机

---

① 廖老师批注:学生所提出的这些问题,加上其他关于本案的讨论,其实与 AC WTO 同仁在研讨会和网络上关于此问题的讨论,已经没有区别,基本上每个点都覆盖到了。

构报告的理解是否正确。这个很巧妙,因为原材料案中的专家组遇到了出版物案中上诉机构遇到的问题,专家组用这段话来概括出版物案中上诉机构的裁决思路,用了一个关键的词 incorporated,大家评论一下这个理解是否正确。

虽然大家讨论了出版物案中上诉机构的裁决之后,认为原材料案中的思路很清晰,但是却给我们带来了很大的挑战,因为这两个案子 intertwined,交织在一块。

关于课程考试。考试的形式是大家写一篇文章,要求是大家在本学期的案例中任选一个感兴趣的法律点来写,字数要求 3000 字,至少 1000 字评论。最后一节课时,每位同学讲自己的题目和思路来与大家分享。分数由作业和课堂表现两部分组成,后一部分我有很大的自由裁量权。

[总注:这次课,我有一种同学们讨论"自转"的感觉。也就是说,同学们是在自己讨论,我的主持作用微乎其微。我不知道,同学们在讨论的时候,是否感觉到了我的存在。我想,即使他们感觉到了我的存在,我也只是一个参与者,而不是一个主导者。第二天,我用自己的语言描述了这次课的情况以及我的心理感受(附后)。我觉得,我就是班上的一名普通学生,参与一场"复杂的法律问题"的讨论,其乐也无穷!]

(胡秀娟、王雅男根据课堂录音整理)

廖诗评:

从我个人角度来看,这可能是这次系列课程到目前为止最为精彩的一次讨论课,但遗憾的是我因为出差错过了(也许这才是我认为它精彩的理由?或者正是因为我没有亲临现场,我才会从主观上把它想象得很精彩?)。仅仅从文字记录来判断,课堂讨论的问题和 AC WTO 讨论的问题已经没有区别了,这表明即使是没有 WTO 法律基础的大三本科生,也多少能够通过这种讨论课的模式(尤其是授课教师的主持和引导),开展非常专业的讨论,所以我认为这堂课是讨论课优势的集中反映。大家(尤其是旁听过杨国华司长主持的讨论课的 AC WTO 同仁)可能也感觉到,杨国华司长主持讨论课的方法、思路和路径也在不断发生变化,他现在在课堂上已经说的越来越多了,其中不乏自己的观点和评论。在写本次课堂记录的批注时,恰好收到杨司长所发来的关于自己与张玉卿司长授课方法比较的短信。在短信中杨司长认为,讲授式方法可以休矣!我的看法是,无论孰优孰劣,还是各有千秋,这两种方法都还没有在具体教学过程中发挥自身最大的优势,或者说还没有发展到极致,我们不妨各自从各自角度,将讲授式教学法或是讨论式教学法做大做强,那时也许我们会发现,这可能才是我们今天所展开的关于教学方法的争论作为重大的意义所在。

附:

对本次课的记叙

一个春光明媚的清晨,我走进教室。二十多位同学已经到了,有的在埋头看书,有的在低声谈论。

我宣布上课。我说:上节课我们主要讨论了"中国出版物和音像制品案"(DS 363,出版物案)中,上诉机构在中国议定书能否援引 GATT 第 20 条例外这一问题上的分析思路;我虽然布置了几道思考题,但是大家可以先谈谈课后阅读感受最深之处,因为我相信大家在上一节课讨论的基础上,课后又进行了深入的研读。我回头看了一下黑板,接着说:柳驰已经画图了,所以就请他先说吧。我走进教室的时候,就看见黑板上有两幅图,左边是一个椭圆形,右边是一个扇形。显然,这位同学提前来到了教室,要将其研读和思考的感受给大家讲一讲。他善于用几何图形和数学公式来说明问题。在这个学期的课上,他一直是这样。

随后,这位同学走上讲台,从这两幅图开始,并且不断延伸出更多的图形和文字,滔滔不绝地讲述上诉机构的思路。我在第一排坐着,静静地听着。他是在试图用形象的手法,剖析一个复杂的法律问题(complex legal issue,这是本案专家组的用语)。全班同学都在静静地听着(我们班有一条课堂纪律:不要交头接耳,有想法可以笔谈。这条纪律被很好地遵守着。)

他用了十几分钟时间讲述完毕,我问他结论是什么。他毫不犹豫地说:上诉机构的思路是错误的!

我站起身,回过头问大家:大家对柳驰的讲解有什么问题?

话音未落,刘豪站了起来:我和柳驰讨论了很久,但是我不同意他的结论;我也想板书一下;要写的东西比较多,大家可以一边讨论着。他习惯于上台,先把黑板写得满满的,然后一点点给大家讲述。在这个学期的课上,他已经好几次这样做了。

他对着手中的纸条,一点点写着。我们则针对柳驰的发言讨论起来。有好几位同学站起来,对柳驰的理解提出了疑问,并且提出了一些新问题,而柳驰则一一作答,不断澄清着自己的观点。

当我发现刘豪已经板书完毕,我说道:看来大家对柳驰的说法还有很多问题,大家可以在课后与柳驰辩论;我们现在先听听刘豪的观点。

关于那个"复杂的法律问题",刘豪详细解释了上诉机构的思路,认为这个思路基本上是对的,只是"遗憾的是",在一个关键的步骤上没有说清楚。他用了十几分钟讲完后,我站起来评论:请大家注意刘豪板书的三个板块:右边是专家组的分析;这提醒我们,上诉机构的分析与专家组的分析是相关的,甚至是在完成专家组所没有完成的分析;中间是本案的核心内容,即上诉机构的思路,刘豪得出了与柳驰不一样的结论;左边是关于条约冲突的问题,即议定书与 GATT 是否有冲突的问题;关于这个问题,在刘豪板书时,大家进行了一些讨论,但是刘豪的板书,却对条约冲突的类型、条约冲突的处理,以及本案是否出现了条约冲突等方面,进行了广泛而深入的论证。最后我总结说:刘豪的板书,是一个严密的结构,从专家组到上诉机构,再到一个更高的理论问题;大家是否有什么问题要问刘豪?

我看到,已经有几位同学的桌上竖了"旗子"——我们的课堂,谁要是想发言,就把自制的名牌竖起来。大家围绕着刘豪的讲解,提出了评论和问题。大家还比较了柳驰和刘豪的讲解,并且提出了一些新问题。

快到休息时间了,我对大家说:这个问题的确很复杂,大家发言的信息量也很大,真希望我们能够一直讨论下去;但是课堂时间有限,我们课间休息后还要讨论另一个案例,所以大家的讨论只能在课后进行了。

我接着说:上一次课与这次课,我们讨论的都是这个案例中上诉机构的裁决思路;大家的发言大概有以下几种情况:(1)给大家讲解这个思路;(2)觉得这个思路不清晰;(3)认为这个思路是错误的。这引发了我的一些思考,归纳为五个问题,供大家参考:(1)上诉机构是不是真的写清楚了?如果根本就没有写清楚,我们怎么能够看清楚呢?(2)这个问题,究竟能不能写清楚?也许这的确是一个说不清道不明的问题,我们怎么能要求上诉机构一定写清楚呢?(3)议定书是否能够援引GATT中的例外?这可能是一个客观存在,但是如果根本不存在,那么怎么能要求上诉机构表达出来呢?(4)条约解释的目的是什么?是发现条约制定者的意图,还是基于文本给条约一个合理解释?(5)如果你是法官,遇到了这样的问题,你怎么办?问题虽然复杂,但是你又不得不作出判决,你怎么办?

当我情绪激动地一口气说完这五个问题的时候,我觉得我已经不是一个大三课堂上的讲课老师,甚至不是一场讨论的主持人,而是一个研讨会上的发言者,正在慷慨激昂地发表自己的看法。我忘记了他们只是一群大三学生,我忘记了我是一位WTO"权威"。此时此刻,我只想着把参加这两次讨论的感想一股脑说出来。我觉得,我与柳驰同学和刘豪同学的想法可能相差无几了:我有话要说。

随后,我故作平静地说:我们讨论了两节课,都没有讨论清楚这个问题;现在我给大家念一段文章,是一个WTO权威写的,看看他是怎么说的。我一字一句地念了那几句话。我看到有同学在窃笑。我念完后,问大家:这个权威写清楚了吗?很多人摇头微笑。我说:这位权威的话,其深度和广度,怎么能与我们这几个小时的讨论相提并论?大家已经知道了,这个权威就是我,这是我在读案例的时候写的;所以,我要说的是,我从大家的讨论中,获益良多。说完这句话,我宣布课间休息,心中有一种如释重负的感觉。

恢复上课后,我们开始讨论"中国原材料出口限制案"(DS 398,原材料案)中,上诉机构在中国议定书能否援引GATT第20条例外这一问题上的分析思路。本案中,上诉机构所面临的,也是那个复杂的法律问题,与"出版物案"的问题十分相似,但是却得出了不同的结论。也就是说,在"出版物案"中,上诉机构的答案是"能",而在"原材料案"中,上诉机构的答案却是"否"。这一正一反两个案例,在国内外学术界引起了广泛的讨论,也成为我们这个班同学争论不休的话题。我是建议同学们把这两个案件同时阅读的。在上一次课的讨论上,以及本次课间休息之前的讨论中,已经在时时涉及这两个案例的对照。

我说:我们在花了那么多时间,讨论了"出版物案"上诉机构的思路之后,现在讨论"原材料案",应该是"小菜一碟"了;谁愿意说说这个案例说了些什么?果然,在随后两三个同学的发言中,大家三言两语就讲清楚了上诉机构的分析思路,很快就将重点转移到了对这种思路的评论上,其中多半是持批评态度的。不仅如此,这个案例还引发了大家对条约解释原则的探讨。我总结到:我归纳一下大家所讨论的问题,希望大家能够课后查找资料进行研究,以便下一节课展开讨论:(1)条约的条款是不是模糊、抽象一些,才能避免法律上的漏洞?(2)WTO的法律渊源是否包括判例,也就是在WTO中是否有"遵循先例原则"?(3)解释条约,是不是要按照签订时的理解?(4)条约没有明写,应该如何理解?

最后,我结合大家的讨论,还布置了涉及这两个案例的作业:(1)用"出版物案"的思路分析"原材料案",会得出什么样的结论?(2)反之,用"原材料案"的思路分析"出版物案",又会得出什么样的结论?(3)是否有其他思路,来解决这两个案件中的问题?因为很多同学认为"出版物案"没说清楚,而"原材料案"太过死板。(4)"原材料案"对中国不利,是因为有关的

议定书条款中缺了一些内容,我们补上什么样的措辞才能有利?(5)在中国议定书中,是否能够加上什么样的总括的话,好让中国不吃亏?

我对大家说:下一节课的讨论,将是创造性的;我们经过两次课的讨论,已经让这些问题活生生地摆在我们面前,让我们动手试试。

下课了,外面已经是艳阳高照的晌午。我与几位同学和两位听课的青年教师步行去食堂用餐。这一天是"五四青年节",学生社团在组织各种各样的推介活动,校园里人声鼎沸,热闹非凡。我们几个人也在热烈地谈论着。在餐厅里,柳驰说:任何一节课我都没有下这么大功夫,因为我有兴趣。刘豪说:我每天都要看两三个小时,觉得是一种享受。我也与他们分享了我的一些感受,例如"这才是真正的法律"、"WTO法的魅力"和"法美学",等等。

出版物案和原材料案(三)

时间:2013年5月11日 08:55—11:40

杨:今天是最后一次实质性的案例讨论。上节课实际上布置了两个作业,第一,大家讨论的时候发现了很多关于条约解释的问题,我给大家做了一个总结,请大家课后去查一查资料,看看条约解释的方法究竟是什么样的;第二,这两个案子挺有意思的,彼此交织在一起。我们有没有可能在议定书11.3条里边加几个词(从而可以引用GATT第20条)?这都是大家讨论时提到的一些问题。就这两个方面的问题,大家可以随意地谈一谈。

(注:此处反复强调,课后作业来自同学们自己的课堂讨论,我不过只是做了一个总结而已。来自同学们自己的问题才是真正的问题,也才是同学们最为感兴趣的问题。此外,对这些思考题,也给同学们提供一个选择的空间,随意选择一个最有感想的问题。我想,问题来自同学们自己,并且有选择的自由,这些都是同学们愿意积极发言的原因。)

柳驰已经课前板书了,那柳驰先给大家讲讲吧。

(注:这位同学已经提前在黑板上写了几行英文单词。他已经连续多次提前来到课堂板书了。他显然是课后阅读思考用功了,要把自己的想法拿出来与大家分享。这是我最为愿意看到的课堂效果。另外,他能够反复这样做,说明课堂讨论已经形成了良性循环。)

柳驰:第一个,上诉机构是不是写清楚了?能不能写清楚?GATT第20条实质上能不能运用?

杨:那个地方有五个问题,但确实是引起我思考的一些挑战性的问题。你讲的是哪一方面的问题?

柳驰:我还是根据出版物案的思路先制定一个基本框架,第二个案子其实跟第一个案子关联不大。我最后的结论还是认为,这是一个制定法律条约时技术上的问题,这个问题在现行体制内其实没办法很圆满地解决。这是大概商业贸易,Maker是制造出商品,交易商品是Trader,最后是交易行为本身,这是一个大的框架,因为最后说的是大的行为里一部分,意思最后是为了规制trade行为本身,所以综合到这里边。有个重大缺漏,其实他不是一个逻辑性的树状,而是鱼骨状,也就是说某根鱼刺和主线没关系。到底是树状图还是鱼骨状图,其实说实在的我也不是特别清楚,因为实在太专业了,但是可以毋庸置疑的一点是上诉机构并没有说得很清楚,到底是树状的逻辑结构还是鱼骨状的逻辑结构。既然不能排除鱼骨状的逻辑结构存在的话,那就说明有缺漏,所以这点上诉机构没有说清楚。然后最纠结的一点是,"Nothing in this agreement",这从WTO的角度来说,一定要求条约里的词语有意义,但是就会牵扯到上诉机构权限的问题,"Nothing in this agreement"中"agreement"是没用的东西,因为"agreement"对这句话的逻辑没有任何帮助,它只是一个指代的名称而已。实际上有帮助的是Nothing和This。Nothing是一个排除性的,This是指排除的哪个部分。我打一个比方,这个案子可以这么说,GATT第20条好比在规定人要怎么开车,其实开车跟贸易很像,开车限速,限一个最低的速度,高速公路上的最低速度。贸易流通也有最低速度,所有的关税措施不能阻碍贸易流通。所以我把开车比作贸易。

GATT 第 20 条就是具体开车的行为,不管在哪个条款当中都是说最低的速度是多少,就贸易来说就是关税是多少。中国这次犯的这个事是买车的行为。买车是为了开车毫无疑问,根据图来说 Trader 也是为了 trade 这个行为,也就是说中国是在买车的时候发现这些问题,我们给出的抗辩理由是,因为我们买车最后是为了开车,所以开车的条款也适用我们。你说的是只要是为了开车就可以,那我所有能规制这个开车行为的条约都能够解释。美国就说不对,你开车是开车,开车给你限速跟这个买车没有关系。中国说,因为开车的条款里边说了,在这条高速公路上或者说在某几条高速公路上不能低于 100 千米/小时,但是有几种情况是例外的。比如这个人有心脏病,开太快会被吓死,这种情况下就可以不用开这么快,所以有心脏病的不适用开车的这些条款。中国现在说我从国内买车,是因为我怕外国卖给我的车不好控制,有可能踩油门不适应,我有心脏病,开这个车可能吓死我。所以中国的逻辑是因为我怕最后在路上被吓死,一方面我在开车的时候有问题,另一方面干脆从买车的时候就保证我不要被吓死。但是买车的行为本身就违背中国的 protocol,中国给出的结论是我既然都是为了买车,你就不要管那么多了,我最后是为了开车,然后我买车的时候防止最后被吓死就可以了。但是美国不同意,规制开车行为的条款的排除条款不能用于买车行为的排除。"Nothing in this agreement"就是说开车条款不能排除有心脏病的个例。这就有个问题了,Nothing 就是排除,排除是一个行为,人做事情都是有目的的,这是条约解释目的,那目的是什么呢,目的是排除心脏病的情况。这样的话,既然一方面上诉机构承认我最后一切都是以这个出发,另一方面又不承认说当中的排除不能适用到所有人,这是不合理的。所以有一种解释是说,最后开车的时候是排除心脏病,因为心脏病怕被吓死,这种排除实际上为了这个人的安全着想,那为了安全着想我可以尝试把它理解为一种 principal,从这个鱼骨图里面来看,这个终点的 principal 是不是也作为前面所有部分的 principal 呢? 不妨有这么一种解释,由最后一个条款,由 GATT 中这么一个条款确定一种原则,这个原则就是排除开车过程当中最后可能导致开车心脏病突发的事件,这是一个想法。

但是这种解释有两个问题。第一个,从事实角度来讲,上诉机构没有说,很遗憾,他没有说。因为这涉及 principal,涉及 principal 的话就很麻烦了,principal 会排除很多东西,不仅这个条款有其他条款还有,这是不是一种造法行为呢? 造法的权限,上诉机构有没有,最多能到什么程度? 这就有很多疑问,其实这条思路是没有办法很圆满地解决问题的。另一个问题,"nothing in this agreement"中为什么要加一个 This? 它为整个的排除行为加了一个背景条件,这个背景是规制贸易本身的背景。也就是说,如果按照上诉机构的意思,在鱼骨图或者树图的前提之下 Nothing in this 可以确定为一种倒退回去的适用于所有内容的 principal。还有一种解释,一方面他某种程度上可能承认了适用于鱼骨图的结构,另一方面 this agreement 又说明他制定的时候还考虑到了,这个行为是规制开车的,开车的条款里才有这个行为,这是有矛盾的,所以既有可能解释为适用于整个鱼骨图,也可能解释为适用于 This agreement,This agreement 就相当于在这里卡了一刀,虽然不一定完全切断。到底切断到哪儿? 切断到这个尖儿上或者说这个鱼骨图的一侧,还是说切到这儿差不多有一点擦边儿还是往后方切。或者这么说,principal 其实要考虑心脏病人开车的感受,This 是指切到什么程度,具体排除的范围有多大。Principal可能是权限问题,this agreement也是一个权限问题,因为不同的切割范围造成的权利义务可能有变动,所以从这个角度来讲到底怎么去切割,切割的方法是什么也没说清楚。从agreement本身来判断是不是适用是没有办法看明白的。现在有个问题就是到底要怎么办?上诉机构有个耍滑头的地方,他没有说前面的观点,他说的是后面的观点,这其实就很麻烦了。你最终要承认贸易,最终归结到货物贸易上,trader是trade的一部分,一部分就可以去援引,然后再用一些案例去补充,但是,每一步上诉机构都没有说清楚。这是我对上诉机构报告的印象。我的个人观点是,我觉得上诉机构不妨从principal这个点着手。我觉得如果对中国有利的话,就一定是这么判的,"nothing in this agreement"什么意思呢?就是通过这个条文确立一种"开车时要考虑心脏病人的感受"(的原则),这是一个前提,另一个前提是我通过一些案例或者什么其他一些案例归纳一条原理,第二个principal是凡是最终以trade为目的的条约,都能够适用最终点这个principal。第三种原则就是把逻辑结构理清楚,排除鱼骨状的逻辑结构,非常清楚地说明这个案件就是树状逻辑结构。有这三种原则在这里共同规制、共同作用,然后我们就可以得出结论说,这个principal是可以适用到中国这个案子里的。具体怎么去用法律技巧呢?可以通过别的案子。这是对中国有利的判决,对美国有利的判决是把切割的东西说得非常清楚,他也可以找案例,虽然其他案例中也有类似援引的行为,但是这些援引的行为不约而同地都切割到这个解释,没有任何一个具体的行为是切割到这个点上,没有跟前一个过程有擦边,实质上是为了切割这个trade行为本身,如果一旦解释了这种情况,principal很显然就不能在其他的范围内适用,最终都是以开车时不被吓死为前提。

杨:上节课我们布置的任务是两大块,一方面是案子,这两个案子互相关联。另一方面是条约解释的原则。上次我们说出版物案到此结束,但说的时候其实里面有几个问题,可能是5个问题。柳驰还在讨论这个问题,也就是出版物案的上诉机构裁决到底是怎么样。

(注:同学们对这个问题的研究和思考,并没有随着老师宣布"出版物案到此结束[①]"而终止。事实上,在这节课上,还有好几位同学表示,课程作业会写这个问题。显然,他们对这个问题产生了浓厚的兴趣,知难而上,越是复杂越要闹个明白!由于兴趣而产生的主动学习,是不可估量的,甚至是欲罢不能的!我想,同学们如此"痴迷",这可能是所有课堂的最高理想吧!)

柳驰上次说他认为上诉机构是错误的,现在你还是不是认为是错的?

(注:试图发现上次课后这位同学的研究进展。)

柳驰:也不能这么说吧。

杨:你认为是上诉机构在一个关键的地方没说清楚。简单来说,你上次说上诉机构是错误的,现在要来纠正是吧?

柳驰:我觉得上诉机构的思路好像出了点问题。

杨:大家仔细听,其实柳驰并没有说上诉机构是错误的。他正试图把上次大家提出来的

[①] 廖老师批注:事实上,这种情况在本次系列课程中比比皆是。当授课教师试图结束某一个问题或者一个阶段的课堂讨论时,同学们往往并不"买账"。授课老师对此往往比较宽容,并没有强制结束讨论。

5个问题,一起回答出来。他说如果我想作出有利中国的裁决,我是这样,从这里出发;如果作出对美国有利的裁决,他大概是这样一个思路,仍然是原材料案上诉机构的思路。我认为我们虽然经过了前几次课的讨论,我们并没有讨论清楚。但是这里面有重大的问题,到底能不能说清楚,这本身是一个问题,所以柳驰在质疑这个思路。这是我的理解,他举了一个非常有意思的例子:开车和心脏病这种原则、开车的限速和心脏病的例外。我觉得这是一种尝试,即用通俗的例子来说明案例的思路,虽然大家不一定认同。

〔注:此处,我情不自禁地发表了一大篇评论。我明显地感到,随着这门课讨论的深入,我已经渐渐从一个主持人,变成了一个普通的参与者,对于同学们的发言,常常禁不住"有话要说",以至于有听课老师评论说我的干预越来越多了,虽然我仍然力图保持着一个主持人(旁观者)的清醒头脑①。从旁观者到参与者的心态转变,是我在课堂讨论中的最大收获。从这个意义上讲,"师生学习共同体"是真正实现了,因为我是在与同学们一起平等地研究②一个有意义的法律问题。〕

那我们现在是不是再花一点时间,讨论出版物案上诉机构的思路?大家还有没有要发言的?其实上节课刘豪讲的三大块讲得比较全面,柳驰也画了两个图。虽然这不是我们上节课的主要作业,但关于这个问题还有没有人愿意说一说或者向柳驰提问?我觉得,柳驰其实在试图换一种思路解释上诉机构的思路问题出在哪儿,然后怎么办,有没有人愿意在说一说?

(注:这个问题虽然已经不再是本次课的讨论主题,但是既然同学们感兴趣,意犹未尽,我也乐见其成,因为同学们感兴趣的问题,就应该成为课堂讨论的重点。我认为,当老师的课堂设计内容与同学们讨论所"生成"的内容不一致时,只要没有超出本案例的大范围③,都应该是生成内容优先。)

刘豪:我还是认为上次在出版物案的裁决没有说清楚。首先,上诉机构裁决报告的写作结构和其他案件的报告就完全不同。我们看到的其他上诉报告的思路,不管这思路我们能不能理解,他的结构是非常清晰的。出版物案中,不论是原文解释、上下文解释、目的解释,结构没有以前那么清晰。我觉得这么做可能是他经过考量后作出的选择,一方面他可能自己没有弄清楚,议定书和WTO现有协定之间是什么样的关系;另一方面,他可能是想给自己留一条退路,把自己所有的解释都局限在本案当中。报告中常常会将分析的范围进行限定,限定在5.1条的规定里,或者限定在GATT第20条的规定里。这么做,是为了保险,我觉得他是想把他的解释紧紧地限制在个案子中,限制在这两个条款当中,避免今后出现类似案件别人提出质疑,或者避免援引本案的思路去解决今后可能出现的类似的案件。

陈小燕:一开始我就在考虑这两个案子之间的关联。通过原材料案专家组和上诉机构

---

① 廖老师批注:从整体课程情况来看,授课教师确实有时会变成课堂的参与者,这与其之前的教学实践可能是有所不同的。不过总体来说,授课教师在参与者和支持人之间的角色切换还是非常流畅的,两种身份并没有互相影响。

② 廖老师批注:这是授课教师的个人观点。我个人以为,即使是积极参与课堂讨论的学生,也还是希望授课教师多讲点内容,多发表意见。只不过大家的兴趣已经不限于开始阶段的八卦,而主要是希望教师多发表专业观点和意见。

③ 廖老师批注:这个其实是很难超出的。

报告可以看出:如果想要用 GATT 第 20 条的话就必须要满足两个条件,一是国家的行为是管理贸易的行为,二是这样的行为相关的规制条文中包含了这样的类似于原材料案里说的必须要"以符合 WTO 的方式"的一句话。如果国家的行为的确是管理贸易的,但没写这样一句话,那么按照上诉机构、原材料案里面专家组的说法,这样的行为仍然不能援引 GATT 第 20 条。那如果这个行为是不符合 WTO 方式的,如果这个行为正好是与 GATT 相矛盾的,同时他又不能用 GATT 第 20 条的话,这就出现了一个矛盾问题——与 WTO 最后要建立一种货物贸易的体系相矛盾的问题,那么这时候,究竟该如何解决呢?对于柳驰的意见,我想问一下,按照你的观点,如果想要以有利于中国的裁决进行解释,就需要用 principal,即只要你这个行为是有利于或有关于贸易,那么最后的原则便能适用于整个体系。那么按照你的这种解释,或如果你是法官时,是不是会这样裁判:只要中国出现了管理贸易这个行为,就可以用 GATT 来规制?

杨:这就是我上节课的作业。按照你的方式,原材料案是不是也可以这么解决?

(注:同学们的讨论,自然回到了我的"课程设计内容",即上节课所布置的作业。)

柳驰:这个问题还是需要说两点①,第一方面,就是能不能说清楚,是不是可以说因为某个条款而确定一个原则;第二是这个原则本身适用的范围是多少,适用范围是全域还是那一小点,从图上看,就是切割到底切割到哪儿;第三,如果适用到全域了,逻辑结构上这个全域到底是多长,还要根据他的逻辑结构来看。这三个要素缺一不可,但这三个要素基本都是不能完成的。我觉得原材料案可以用这种思路,但是这种思路在 WTO 里不能执行。因为不能论证是不是确定一个一个 principal?有没有这个权限?如果这个条约的这个条款是一个 principal,这些 principal 是不是能适用到中国是一个非常复杂的问题。从适用的角度或者从公平的角度来说他没有这个精力或者没有资源去做这个事情。第二点,线是切到哪儿,也很复杂,因为要具体地说明是不是切到这儿,有什么例子,切到这儿的情况的方法对不对。切到这儿之后能不能迁移到其他案子里面,具体迁移的时候?第三个是逻辑结构怎么梳理,因为贸易是一个非常复杂的系统,我个人观点是,从贸易角度来讲,最后是销售到外国,贸易就是把东西销售到外国,这是一个运输的过程。从本国就开始麻烦大了,这有两点——谁来交易,可能有这些因素制约:交易之前怎么运输,运输之前怎么生产的,生产的原材料怎么着,这个原材料是从外国来;这个逻辑结构怎么梳理;梳理到什么程度觉得 OK,判断他 OK 的标准本身是从哪儿找来的,这都是要经过讨论的,这三个问题任何一个问题都值得深刻研究。具体的原材料案能不能适用?我的判断是前提,是这个问题已经讲清楚了,那我现在把它讲清楚。这还是刚才的思路,他最终是贸易的一部分,当然我是支持他不能适用。只要是最后归纳到贸易就能适用了么?肯定不是这样。这是第一。即使它是一个 principal,也不能适用于所有情况。第二个是本身在这个案件中,我认为它有一个矛盾关系的存在,在前一个案子出版物案中的态度之所以我可能有所突破,一方面中国的 WTO 主办单位提出协定的一句话,尝试着去冲破这个 prescription,一方面有人说我就管我这块就好了,也有人说只要是这一片儿我都能操纵,但是画地为牢的这个人没有说清楚他自己的圈儿画的有多大,这是一方面。另一方面,另一个人就说这所有一片儿都归我管,但是有个冲突在里边,而且在

---

① 廖老师批注:不买账。

这里面没有充足的存在,所以这是一种单方面的排除。一方面假使能适用,我也可以说他不是适用所有情况,假使他能适用于所有情况,也没有办法去冲破我画的这条线。

杨: 我觉得柳驰的这个观点,基本上是我非常欣赏的,即这种 principal 适用于原材料案就是能得出这样的一个结论,但是他的回答似乎很复杂。他也想得很复杂①,首先什么是推测,即使用了 principal 到底能不能解释清楚还是个未知数。大家讨论的这个问题,也是最纠结的问题。总的来说,原材料案似乎比较清晰,而这个出版物案就是让大家比较痛苦。但是这两个案子都有一个共同的问题就是:protocol 能不能援引 GATT 第 20 条?关于这个问题,刘思已经有一个结论。她周一就给我发了她的作业,4000 多字!她这么早就完成作业了!请刘思给我们讲讲这个结论吧。

(注:我想,这位同学能够如此主动积极地完成作业,大概也是来自课堂讨论所引发的思考吧。经过一星期的课堂讨论,我相信每一位同学都"有话要说",因此我是不担心同学们作业质量的。但是这位同学如此迅速,仍然让我感到欣喜。此刻让她发言,不仅是鼓励,也是示范。)

刘思: 我觉得一个国家的入世议定书是该国在签订议定书的时候与 WTO 相互妥协的结果,所以在入世议定书之中会作出一些承诺,议定书中的承诺如果与 GATT 或者与 WTO 的协定一致的话,那么就可以引用 GATT 或者 WTO 协定里面的一些例外条款来对承诺进行豁免,但是如果他本身在议定书里面作出了一些超 WTO 的义务的承诺,也就是说如果 WTO 协定及其附件里面没有提到该义务,没有作出类似议定书的规定的话就不可以沿用 WTO 协定,对他违反义务的行为进行抗辩。

杨: 这是基本结论。我看了她的作业以后有一个强烈感受。两个案子中,专家组和上诉机构都有个观念:议定书和 GATT 第 20 条之间的关系是一个体制性的、系统性的问题,是一个 "complex legal issue"。我们来看看个案的情况,那就是出版物案可以援引抗辩,原材料案不可以援引,而看看议定书中义务的分类,很多议定书中的义务跟 GATT、跟 WTO 是重复的。另外一个义务就是 WTO plus,就是超 WTO 的意思。有些东西是中国特殊的承诺,很多事超出 WTO,超出来的部分 GATT 不能管,除非这里面援引了。这就是刚才刘思的意思。

刘豪: 我说两点哈。第一点,她提到我们中国的入世议定书是跟 WTO 妥协的条款,我觉得可以更具体一点,但我觉得中国不光是和这个组织妥协,更多的是中国和 WTO 中重要的成员相互谈判妥协的结果。我注意到,中国在入世议定书中的许多条款都是照搬中国之前和美国签订的一个协议的条款。美国对我们的威胁当然是最大的,而且这种妥协的结果实际上是中国当时作为第六大贸易国、现在作为第二大贸易国在世界贸易组织中的地位所决定的。因此,议定书更像是当时的力量对比下形成的一种国际义务。但是这种力量是对比,实际上是不断变化的,强的可能弱了,弱的可能强了,那当时力量对比的国际义务,当时

---

① 廖老师批注:确实想得很复杂。我相信每一门讨论课上都会有一些"想得很复杂"的学生。这也对授课教师提出了很高的要求。因为授课教师需要充当"翻译"和"二传手",通过自己的引导,使得这些很复杂的想法为参与讨论的同学所知晓。这也是我个人为什么赞同全小莲的意见,认为这种授课方式需要根据授课教师的个人情况进行把握的理由所在。

可以用现在可不可用呢？既然议定书是当时的，那更像是一种临时性的、权宜性的，或者说是一种妥协性的规则，是不是可以放在 WTO 规则中的这种整体性的、延续性的，例如 GATT、TRIPS 的框架之下呢？这种延续性的、整体性的规则，是很难经过法定程序修改的。既然中国的议定书更像是一个临时性的妥协，那么其与现有 WTO 之间的紧张关系是怎样的呢？我还没太想清楚。这是第一点。第二点关于中国在 WTO 的议定书当中的超 WTO 义务。义务可以分为三类：在 WTO 义务线下面的，跟 WTO 一样，超 WTO 义务。但是不是超 WTO 义务就不能用呢？我觉得是不一定的。比如说 5.1 条说允许所有的外国企业个人到中国经营贸易，那么如果允许部分外国人经营，不允许另外一部分外国人经营可不可以呢？显然是不可以的，因为违反了最惠国待遇。他们之间可能有一个逻辑上的包含关系，我的思路是试图建立起类似于包含关系、全等关系或者重叠关系的一种关联，但我不能简单说超 WTO 义务就不能适用 GATT 第 20 条。

（注：这位同学对刘思的观点提出了质疑。这种公开讨论，就是同学们相互学习的典型方式。）

杨：这是刘思第一次提出这样的观点，我们这两节课都在纠缠这两个案子，但是其实我们是在想从理论上解决这些"complex legal issues"。刘豪也提出了他的方法，我觉得对于我们理解这个问题都很有帮助。刘豪提出问题说，议定书是不是中国与 WTO 之间的妥协？是不是 WTO 成员与成员之间的妥协？我觉得这都是可以商榷的问题。

柳驰：我觉得还有好几个问题。比如说，怎么解释渊源问题。议定书和 GATT 之间到底什么关系？

刘思：回应一下刘豪的第一个问题，议定书是国家和 WTO 的妥协还是和 WTO 成员国之间的妥协？我是这样认为的，一国入世议定书约束的对象是该国和与该国进行贸易的相对国，而 WTO 协定约束的是所有 WTO 成员国。因此 WTO 协定约束的是任何成员国之间的权利义务，是多边条约；而议定书约束的进行贸易交往的那两个国家（其中一方为议定书签订国），相当于双边条约，对未参与该贸易的其他成员国不具有约束力。所以我用 WTO 代指分散的不同的国家，突出议定书的双边性质，主张议定书是签订国和 WTO 的妥协。

柳驰：我还是要画一下图。

陈小燕：随着现在情势的变更，旧时作出的承诺究竟能否继续适用？我个人认为完全可以。因为既然当时各缔约国行使主权，并且意思自治达成一致意见，那么这个国家当时就应当预料到多年后的变化，并且应该按照约定行使权利履行义务。考虑到刘豪的意见，我认为，当时的议定书是否能适用现在，需要这个国家事先声明或者磋商，否则，随意更改不利于这个国家在国际贸易中的形象，也会使国际贸易不太稳定。还有一点，《维也纳条约法公约》中似乎没有提到这样一种解释方法。

曾薪燚：首先我来简单介绍一下 WTO 解释的规则吧。依据关于争端解决的规则与程序的谅解即 DSU 3.2 条，争端解决机构应当按照国际公法解释的习惯规则。但是该条并没有规定争端解决机构应当适用方法来解释。争端解决机构应当适用什么方法来解释，其实跟两个案例有关。一个是美国关于汽油的案例，另一个是日本关于某酒类税的案例，根据这两个案例，争端解决机构援引了《维也纳条约法公约》第 31 条、第 32 条，自此 DSB 可以援

引这两条作为争端解决的方法。还有一点需要辨析,解释方法和解释规则是两种完全不同的东西。解释方法是扩大缩小等,它只是方法,而规则是解释过程所必须遵循的程序。援引《维也纳条约法公约》第31条,大概有三种规则:第一种文义规则解释,第二种是目的与宗旨规则解释,第三种是上下文解释。《维也纳条约法公约》第32条所规定的关于查阅补充资料的解释规则实际上是历史解释方法,《维也纳条约法公约》第32条的历史解释方法其实只起到了对31条解释规则的补充作用,因此美国当时没有加入《维也纳条约法公约》。从31条和32条关系来看,31条优先于32条。31条中关于目的、文本、意图解释,有明确条文规定,其中还有一个善意解释。我个人觉得,条约解释只需要符合目的、文本、意图这三个规则,由此得出的结论可以推定是善意的。而32条的解释规则仅仅在31条不能满足实际情况,不能达到解释的结果的情况下才能适用。最后一个问题就是关于解释的时效问题,举例而言,A在当时的解释是A1,在现在的解释是A2,如果现在要对A进行解释的话,依照规则,应当把它解释成为A1才是合理的。但是,在实践当中,也并不是这么严格的解释为A1。在此先做这样一个假定,即采取31条方法能实现A1、A2、A3解释,采取32条方法可以实现A1解释,如果要采取32条的解释规则就需要查阅当时的资料等,这在实际中不太现实。而且,我认为争端解决机构如果发现使用31条就能作出解释,他是不会去考虑再选择32条来把条约解释为A1,这是因为31条本身就优先于32条适用。总体而言,我认为一个善意的解释,只需要它依据文义进行。为什么WTO要确定文义解释呢?这与建立机构的宗旨有关,其宗旨就是维护贸易稳定。维护稳定最好的办法不是揣测当时订约双方的意图,查阅签订条约时复杂的文件,其最好的办法就是通过文义探讨。我还想说的一点关于解释的问题。我看了很多论文都说,WTO的解释是一种综合性解释、系统性解释。我觉得没有道理。话虽然对,但却没有点到问题的核心,我认为WTO争端解决还是主要利用文义解释和上下文解释。

(注:这位同学显然在课后进行了大量的阅读,就上节课的作业,即条约解释的原则问题进行了系统的思考。)

杨: 曾薪燚讲的都是条约解释的问题。他看到上诉机构说解释是一种综合的解释方法,但实际上从我们讨论的案例看,解释是有顺序的。曾薪燚的看法是,首先还是看text,text最重要。

柳驰: 前两个问题可以一块儿说,出版物案中创造出了一个本来不应该存在的问题,我觉得应该是不言自明的问题,就好比刑法中说了一句,某些行为不能阻碍他人行使他的行政权利。那这个人违反了行政法的时候,可不可以援引刑法呢?只是因为所有的行为都必须遵守法律法规,所以可以援引刑法。我觉得这个很勉强。但是为什么会有这个问题呢?是因为WTO本身没有说清楚,没有说清楚的原因在于,商议协定的时候,一堆国家坐在一起讨论我们要制定什么,那肯定不是顾及了每个国家,它一定要做两个事情,一方面,一定是用线性回归的方法确定出一个函数;另一方面,它就知道其他国家情况不同,所以他允许具体执行的时候有上下浮动区间,具体执行到什么程度,再来讨论。WTO agreements是两个部分,做两件事,一是制订条约的时候确定这个函数,二是有一个原则性的东西。然后protocol是基于函数和原则的不动值来确定你具体的浮动值,只要不超过这个区间。WTO agreements实际上是一个4面结构的东西,黑板上画不出来,我就不画了。它是实心的,因为它是 WTO 线性回归出来的一个东西。这个虚线是它能允许的最大的浮动范围,有可能会超出。这里边是 WTO 成员神圣不可侵犯的领域。这个不规则是什么意思呢?就是如果在某个地方超出了这个线,无所谓的。WTO 的规则就是这样一个线性回归出来的东西,这是第一点。第二点,这个实体的有很多区域,这个区域应当是互相独立的。如果里边有连接,就必须有明文规定有连接。就比如刑法和行政法是否能够互相援用,就是有明确的规定。中国并不是一开始就划入了这个范围,中国实际上先确定了浮动区间,然后在浮动区间内,再针对每一个独立的区域再去确定自己的范围。实际上是一个一个的间断,我实际上是把它连接起来了而已,但它实际上是一个线段。为什么会出问题?有的解释说,因为一般法律都是这样的,先确立一个原则,然后再确定法条。但是 WTO 中的 GATT,显然又当爹又当妈,它好像是无性繁殖,又好像不是无性繁殖,总的来说很乱的衍生过程。一方面,要根据这个确定我到底在哪里,另一方面,要根据制定时候的意图来确定浮动区间。然后还要确定 principal 到底在什么地方。所以,这里就有点儿麻烦,具体是什么,能不能援用,我刚刚说了,其实我觉得不能用。这句话在其他法律中,本来不能被其他援引的。但是 WTO 本身的体系就很混乱,所以就钻了一个空子。变得好像能够用了,当然能不能援用这个问题,其他法律不能用,但是 WTO 有待考虑。WTO 中每个互相独立的部分都是根据线性回归做出来的,互相之间如果有连接,那么一定是有明文规定的,整体构成了 WTO 的大盘子。另外,protocol 是每一个部分讨论出来以后的叠加,即一个一个细小的部分叠加,然后这些叠加的线段围成一个封闭的空间。(列公式中)

杨:柳驰探讨了 protocol 与 WTO 协议的关系,对于我们的思考很有裨益。然后他还思考了这个问题是如何出现的,他用图来解释这个问题。我们上节课一直在讨论这个问题。刘思的观点就在探讨为什么会出现这个问题。还有没有其他同学发言?

(注:鼓励同学们就这个问题展开讨论。探讨议定书和 WTO 协定之间的系统性关系,体现了同学们通过案例所进行的抽象思考。同学们已经不能满足于仅仅理解专家组和上诉机构的思路,甚至不能满足于发现问题,而且还试图从宏观的层面,"一揽子"解决问题。)

韩悦:我想说一下柳驰刚刚提到的 protocol 与 WTO agreements 的关系问题。刚才的讨论涉及了两个关键词,一个是 protocol,一个是 WTO agreements,要探讨他俩之间的关系,前提是对这两个词有一定了解,这就要求对 WTO agreements 体系本身要有一个充分的了解。所以我个人认为,不能直接从这两个案子得出他俩之间的关系,一定要结合 WTO agreements 的体系分析,否则的话,论证就有点儿不充分。对于 protocol 和 WTO agreements 之间的关系,至少从上的这么多课来看,我个人觉得,各位对于 WTO 的基本知识非常欠缺,最基本的概念很可能也不知道。所以我们要写一个这方面的论文,就需要先恶补一下基础知识,然后再下结论。再者,对刘思的结论,即"义务"包括在 WTO agreements 中就可以援用了,我也觉得有点儿不恰当,有两个反例可以说明。第一个是,各种各样的 WTO agreements,其实就是在制定一个协定,然后在出现争端的时候解决冲突。比如 DSU,就是一个争端解决程序,如果按照刘思的思路来说,那些 agreements 是用来解决争端的,DSU 是一个争端解决程序。此时你的"义务"应该是在 DSU 里边的,那么是不是可以援用 DSU 了呢?显然不是的,并不是所有的 WTO agreements 都可以适用争端解决程序。第二个反例是,即便不同的条约之间有重合之处,也不代表他们是等同的。比如说,反倾销和反补贴协定,这两个协定的大多数内容都是一样的,只不过是换了关键词而已,那么为什么要分别制定反倾销和反补贴协定呢?这说明即使"义务"有重合,协定与协定之间仍是具有独立性的。如果有义务相同就可以互相援用的话,那么完全可以忽略两个条约之间的特殊性。所以总的来说,Protocol 和 WTO agreements 之间到底什么关系,要用什么样的方法来分析他们之间的关系,需要考虑。

杨:她其实再说一个问题,就是大家在研究一个问题时要有一个前提,大家要对 WTO 基础知识有一定了解。她这是一种谦虚的说法,她之后提出了自己的看法,我觉得很有启发性。可能你在完成作业时,要补充很多东西。

(注:这位同学的发言,尤其是以下几句,是我最为感兴趣的:"我个人觉得,各位对于 WTO 的基本知识非常欠缺,最基本的概念很可能也不知道。所以我们要写一个这方面的论文,就需要先恶补一下基础知识,然后再下结论。"她意识到了"基本知识非常欠缺"、"需要先恶补一下基础知识"。通过课堂讨论,同学们能够认识到自己的不足,然后自己下功夫去学习①,这可能也是所有课堂的最高理想吧!此处需要说明的是,这位同学的发言,似乎并没有责怪老师没有讲授足够的基础知识的意思。事实上,要研究这样"复杂的法律问题",老师需要讲授多少基础知识才能足够呢?也许课堂讨论以问题为导向,带动同学们课后主动学习,这才是正确的方法。)

刘思:我并不是仅仅根据两个案子就得出议定书与 WTO 协定之间的关系,而是通过比较两个案子的情形,在对 WTO 协定进行体系分析的基础上,对议定书和协定之间的关系,提出与两个判例并不相悖的建议。那么是不是议定书和 WTO 协定中的内容只要相包含或者相一致就可以援用呢?我在作业中进行了论证,出版物案中有这样的措辞,"以与 WTO 相一致的方式"。WTO 协定及其附件是国家议定书制定的蓝本,议定书的权利义务应该是在协定之上做出增减得出的,那么如果有"与XX相一致"、"按照XX"这样明确的叙述,我觉得可以认为立法者是有意使议定书的条文与 WTO 协议或者与 GATT 等其他协议的内容相一致,从而可以援用。我为什么说议定书和 WTO agreements 中的义务一致的时候就可以援引呢?当一个国家对另一个国家进行申诉的时候,如果他可以以不同的议定书或协定等规范性文件为依据,他一定会选择对自己相对更有利的条款;如果在这种情况下,两个条文规定的义务是一样的,但是豁免条款不一样,一个可以援引豁免,一个不可以,那他肯定会选择未提供豁免的那个进行申诉,那么另一个文件提供的豁免条款就形同虚设了。并且,如果不同的案子援用不同的文件,可以得到不同的判决结果,也不利于司法的权威和稳定。因此如果他的义务在 WTO agreements 中有规定,那就最好说可以援用 WTO agreements 中的豁免条款。

杨:这些讨论对大家写论文可能是有启示的。

课间休息

杨:上节课曾薪燚已经对条约解释的问题进行了全面的解释,他认为上诉机构说的和做

---

① 廖老师批注:要想实现或者部分实现这一目的,讨论式教学法相比于讲授式教学法是有优势的,而且优势不小。

的是不一致的,当然也有疏漏。第二个是上节课我们讨论的两个案子的运用。第三个是我们最纠结的出版物案中上诉机构的思路,产生了更多的问题。

（注:对同学们讨论的简单总结,其中前两个问题是"课程设计内容",后一个问题是"生成内容"。）

柳驰最开始的介绍就使得我们产生了许多疑问,导致我们很多同学要写相关内容的作业,越难越要写!这就引起了更多的思考。没有人能说清楚到底议定书与GATT的系统性关系是什么,专家组和上诉机构也不敢这么做,但是我们可以通过作业来写。更重要的是到底怎么回事,问题怎么产生的。

课间柳驰问我,WTO有没有做过法律的清理,因为他觉得WTO法律有点乱。事实上不能清理,因为都是各个国家谈判的结果,只能通过继续谈判进行修改。其实WTO规范,按照我个人的理解就是两点:一是说明法律规范是什么,能做的,不能做的,例如最惠国待遇,国民待遇,这一点跟法律规范的作用是一样的;二是遇到问题的时候,利用规范来解决。其实让你觉得明明是有问题的,但是作为法官你不能说,而必须解决争端。这就是这个案件带给我们的启示。上节课我留给大家的作业,让你来做法官,你怎么办?说这样的思路是错的很容易,但是不能这样说,这是法官必须面临的问题。

大家还有没有新的观点?关于这三个部分,还有谁分享一下?就像侯日欣提出的问题,例如加一个条款,是不是就可以使得中国永远不会吃亏?11.3中加一个词,让专家组和上诉机构解释为中国能够援引,这个词怎么加?

张舒瑜:我说的比较浅显,但是我觉得比较重要。在之前看案例的时候,我一直有一个障碍。WTO首先是一个法律的集合,是各个国家相互协商的结果。但是由于不是一次性协商形成的总体,所以存在时间上的先后差。也就是像师兄的图表达的一样,各个国家之间的条约总体上来说都是围绕着一个宗旨来进行扩散式的制定,但是针对不同的案例会倾向某一个方面,而针对这个方面进行解释。我们在分析问题时,认为不存在先法后法、一般法和特别法这些规则。但是我想说,在一个案例中两个国家的利益产生冲突的时候,两个国家不会将相互冲突的两个条约放在并立的地位,而是试图将这种关系转为包含或者被包含的关系,以至于达成倾向于自己利益的结果。我们既然认为他们之间不存在先法后法、一般法和特别法的规则;同时,我们又说利用不同时间和不同地点制定的条约,虽然他们之间存在一定程度上的重合,但是不是全部都存在包含的关系,这本身就是一种矛盾,我们应该怎样来解决这样的问题呢?

杨:她是大二的同学,好像也是这门课上唯一一个大二的同学,她提出来有些问题看不懂,所以我希望课后师兄师姐们帮帮忙!

柳驰:我还是针对上节课的第6、7、8、9个问题,分别是条约怎么解释,法律渊源是什么,怎么制定,适用的原则,在刚才讨论的时候我有些想法,还有刚才的框架。

因为刘豪之前对我的数学方法提出过质疑,所以我先解释我使用的方法论的问题。因为函数就是反应关系的,所以我运用函数来阐述关系应该是没什么问题的。因为数学是一个抽象的逻辑,函数反应的正是这种抽象逻辑关系。假设WTO里面有N个国家,X_1是其中一个国家的市场状况,它是根据这个国家不同的领域内的状况进行判断,成为这个国家领域范围内的市场的整体的状况。$F_1(X)$是在某一个领域内,WTO的规则规定的程度,要考虑不同国家的情况，然后根据情况利用线性回归的方法作出这个领域的综合。整个WTO是很多F1(X)，例如商贸，知识产权，金融，构成的一个整体规则。而protocol是针对每个领域内，依照先前WTO在这个领域作出的规则，再制定某一个国家在这个领域内的特殊的规则，也就是说他行使着一种特殊的权利，这也是WTO赋予了标准。其实是运用一种方法，包含了整个WTO给出的一种原则，在protocol构成整体之前，是单个的问题，但是在构成整体之后，就会体现一种整体原则。在切的这个点之前，在之前的过程中，整体原则它是由前一个演变出来的，在后一个过程中，就要考虑WTO方面的问题，还要考虑这个国家自己的情况。在g函数里面还要体现在加入WTO之后形成的新的整体，protocol是每个这样制定的部分相加起来的。这是一个静态的关系。而动态的关系是原来的某个领域加起来形成国家，各个国家通过某种方式达成agreement，然后根据agreement，根据国家的整体情况制定出protocol，然后agreement和protocol同时既能影响国家也能影响领域。这就是动态的关系。这是第一个问题。然后第二个问题：怎么解释。咱们讨论的一个有趣的点：条约是不是制定的越模糊越好？DSU在争端解决的条约解释时，有没有一个约束机制约束其不合理的解释，所以在其作出不合理的解释时，大家也没有办法的问题。我认为这和西方的宗教文化有关，基本的观点就是在大家都说不清楚的时候，那就信上帝吧。我认为penal是一个牧师，而AB是教皇，教皇对圣经的解释说了算，但是凡人并不知道圣经是教皇的还是主的，我们只能信仰。有趣的是，一方面这是一个试验性的动态平衡。因为教主在制定时，并没有考虑到后来的情况，而当时甚至还有政治博弈的影响。虽然表面上大家很和谐，但是实际上并不乏有想算计你的情况。那么这种行为应该怎样规制呢？法律条文本身可能很模糊，其原因可能就是存在暗算的情况。这个时候怎么平衡这种在博弈过程中存在的不平衡的情况。在制定中的不平衡怎样在判决中平衡呢？那就通过解释权来实现这样的不平衡。

涂燕辉：我先说一下柳驰的方法论吧，其实我认为你下面的图已经很清楚了，不用再画上面的图了。针对罗曦的问题，我认为上诉机构并不是没有约束的，应该是有约束的。就是在DSU的会议上反向一致同意的表决方式。只不过如果要推翻上诉机构的裁决，需要所有人的反对，在很大程度上是不大可能的，给人的感觉好像没有约束。但是之所以要这样的规定，而不是规定1/2，3/4等一定比例通过呢？应该就是要维护裁决的权威性，使其不容易被推翻。

刘豪：首先说一下刚才和刘思讨论的问题，谈判入世的妥协就是与WTO成员之间的妥协。我要补充一下，这种妥协应该是既有对WTO组织的妥协，也有对成员的妥协。说明这一点，我是想通过这个角度来审视议定书与agreement之间的关系。因为agreement规则分为两大类：一类是WTO的规则，另一大类是WTO市场准入义务。议定书的谈判过程是一个博弈的过程，更像是WTO市场准入义务，例如减让表。

我认为用一个总括性的条款来说明所有的例外规定我们都可以用这样的做法是不合理。因为议定书当中有些地方是不能适用的，例如有些是关于农业的则适用农业协定，有些是关于知识产权的则适用TRIPS，他们都不是GATT所涵盖的。还有的条款是不需要适用的，例如第一条就是一个总体的情况，没有必要适用第20条的例外。所以，比较合理的方式就是在具体的条文当中规定的更为明确。对于是不是越模糊越好的观点，我也不太赞同。

我认为 GATT 第 20 条的适用问题最根源的原因就是太模糊了,就在于议定书和 agreement 当中都没有说明议定书在 agreement 中的位置,都没有明确地规定他们之间的关系,所以才产生分歧。而双方对这种模糊都有解释权,在这种情况下,对我们是否有利是一个未知的问题。

曾薪燚:我认为刘豪所说的,双方对模糊的条文都有解释权是不正确的。在我和赵英军老师探讨问题的时候,赵老师说:WTO 的整个框架下,双方将属于各自的解释权交给了争端解决机构,双方的解释只是学理解释,而争端解决机构的解释是一种司法解释。第二个问题是对于争端解决机构解释权的限制。争端解决机构解释权的来源是 DSU3.2,其后还有一款规定:争端解决机构的解释不能扩大或者缩小当事国的权利和义务。我认为这就是对其解释权原则上的限制,但是我还没有看到这种限制是怎么具体地体现在案例当中。第三个问题是国际法院和争端解决机构的对比。赵老师说:国际法院在审理案例的时候,往往使用各种方法回避条约解释的问题。原因在于其需要将自己的逻辑表达的更加清晰,而进行条约解释就会使问题更加复杂。而 WTO 在审理案件时的权限会更大,因为其规定了强制的管辖程序,而且反向一致的通过规则会使得他的专家组和上诉机构的报告更加权威。我认为正是这种规定的原因,即赋予争端解决机构一定的权限,才使得条约的解释很灵活。并且我们没有必要去讨论争端解决机构如何解释条约的问题。如果想要探究除非我们自己就是解释的权利主体。

柳驰:我认为刚才刘豪谈到的条约是否越模糊越好不是法律问题,而是一个政治问题。因为本来制定法律的目的就不是很模糊地规定权利义务,否则就没有必要制定法律了。如果象征性地遵守规则,而实际上是模糊的,这就是政治的问题。因为政治才是越模糊越好,因为在模糊的情况下,协商的余地越大。而实际上法律上的模糊性,使得 AB 拥有更大的自由裁量权。那么这种做法是有利的还是不利的,需要从两个方面相对地来谈。一方面为什么要制定这种模糊呢?因为可能在制定条约过程中,强制将条约规定的模糊方便以后算计你,(不知道怎么转化成非口语)。但是结果并不是 WTO 决定的,其只是通过制定模糊条约的方法将算计你的可能性提高,具体结果怎样是在 AB 的权限范围内的。这就体现了一种平衡。另外一个问题是关于条约的解释有一个很笼统的问题,因为我从早上的新闻中听到了一条非常令我沮丧的观点,美国商务部的副部长说:希望中美双方以后不要再有反倾销的诉讼。这使我想到之前朴律师讲到的一个问题,即条约的目的以及解释的目的是什么。其目的是解决争端还是防止争端?就是说其在预判争端是不可能避免的,所以重点在于解决争端?还是认为争端时可以避免的,通过不断的解决争端来达到无争端的状态。这是两个不同的观点。我的观点是争端是不可避免的,所以条约和解释的目的就在于怎么解决争端。这样就有两个问题:一是既然争端不可避免,那么争端是怎么产生的。我认为实际上是由政治问题产生的。在很多情况下,法官就是给政治家擦屁股的,就是在政治家做出一些不合适的行为之后,法律去弥补。我们暂且不论其这样做的理由,而他们的行为本身不合理的地方在于不管出于什么原因将条约谈得很模糊。我认为政治家制定模糊的条约之后让法律人来解释的行为是很不人道的,但是幸好最终的条约解释权限是掌握在法律人的手中的,也就是说解释的原则是平衡的,一方面要维护法律的权威,而权威又体现在政治家和其承诺上。例如针对一个事实是否要向 WTO 提起诉讼的决定权还是政治家的,并不是法律人的权利。

所以我认为具体条约应该怎样解释是一个对众多因素的平衡的过程。

杨：我认为柳驰的关于法律模糊的问题引起的说法：法律人是给政治家擦屁股的说法，我认为话糙理不糙。大家可以讨论一下这个问题，看看法律人是不是也有独立的价值。

（注：这其实是一个可以放开讨论的有趣问题，但是课堂时间有限，只能强调一下，建议大家课后讨论。）

我要问柳驰一个问题：WTO的条约为什么会出现模糊的问题？

（注：我发现这里出现了一条可以拓展讨论的"大鱼"①，而这条大鱼的出现，是水到渠成的结果。同学们对若干案件中专家组和上诉机构条约解释方法的研讨，自然而然地会产生一个问题：为什么会出现条约解释的问题，从而提出法律模糊性的问题。）

柳驰：我认为有很多原因，一种是破罐子破摔，既然谈不拢，那么不谈了。另一种是阴谋论。有一小撮别有用心并且脑子极其聪明的反中反华的人，非常熟悉WTO的情况，基于他们比中国更加了解WTO的情况，他们认为中国对某一规定不太了解，所以故意将其制定得模糊一些，以便在将来出现问题时算计你。我认为政治家的野心可以通过法律人的公正来平衡。

柳驰：我认为这是实质和程序上的问题。

陈小燕：针对法不禁止即自由的原则是否可以进一步在一些条款中适用。我认为这个是是否模糊的原因。例如在双重救济案和原材料案中，如果没有规定援引的条款，就是排除适用了吗？就像我提出阴谋论的观点时，我在想双方谈判时，如果有一方坚决反对WTO的规则，即使我没说要遵循WTO规则，但是我的意思还是要遵循其规则的。因为如果我不说，对方就不能提出反抗了，这就是一种谈判的技巧。然而通过对案例讨论，我发现专家组和上诉机构的思路是如果没有规定，就是排除了，其所适用的上下文解释完全就是为他们的思路服务的。如果在11.1和11.2中都已经提到了"与GATT相一致"，那么基于条约的连贯性，11.3就没有必要继续说了。我认为就是因为这种原则，才导致条约的模糊性。

侯日欣：这节课讨论的好多问题都是上节课我提出来的。我提出这个问题的初衷是：是不是议定书（或者说条约）表述模糊一些，在争端发生时解释起来就更有余地？条约缔结是一个客观的历史事件，我认为历史进程中充满了偶然。例如武昌起义的爆发难道真的就是因为革命浪潮达到高潮，到了不得不发难的程度吗？恐怕未必，是几位革命者不小心将炸弹引爆，才导致武昌起义的爆发，具有很大的随机性。我认为签订议定书也是这样的，例如在11.1和11.2中都有相应的规定，而11.3中没有，可能就是因为谈判人员的一时疏忽。而且出版物案中中国胜诉的那一点在于我们在11.1和11.2的序言部分有规定，而当初的制定者根本不可能预料到这一点能够成为我们日后胜诉的关键。其实这就是无心插柳，结果帮助我们胜诉。所以我认为争端解决中，条约解释可能就是对当初制定条约、议定书时的疏漏进行补救，对既定文本的变通的灵活的处理。我认为条约越模糊越好的理由就是如果在历史上签订条约、制定议定书时留有了余地，那么现在我们解释的空间幅

---

① 廖老师批注：应该说，这条"大鱼"出乎我的意料。我无论如何也想不到我们会在WTO的课堂里讨论这样一个问题。至少如果是我主持讨论，可能就不会讨论这个问题，或者说不会花专门时间讨论这个问题。

度就越大。

涂燕辉：我认为所谓的模糊其实是解释的空间问题。大家对条约的理解都不一样，并且都认为自己的理解是具体而正确的。一方在签订的时候可能认为这样写其实是具体的，但是后来别人的理解都与之不一样，从而造成这种模糊。但是我认为造成模糊的原因不仅仅是这一点，还有是条约本身的抽象性和具体性问题，就是说制定得越抽象，解释的余地就越大；而制定得越具体，解释的余地就小一些。关键在于一个度的问题，到底是具体一些还是抽象一些 WTO 里面可能空间更大吧。

郑至言：我认为这种模糊性是任何法律的制定都不可避免的问题，也包括国内法。因为立法和司法是不同的过程，法律制定者在制定法律的时候就一些问题的预见性是受到局限的。一种观点认为法官是在造法，是在重新发现一个法律。法律实际上不是制定出来的，而是法官在适用的过程中才产生的。所以不管条约的制定是模糊的还是清晰的，在适用过程中都会出现问题。这种问题不能在立法过程中解决，必须在法官适用法律时解决的。就像在双重救济案中，在制定条约时一定没有预见到该案中的问题，因为如果遇见到，就一定会在条约中规定出来，因而必须在司法适用过程中来实现。我认为美国和欧盟作为 WTO 法律战场上的猛士，他们总是提出问题的目的就是希望法律可以在法律的适用过程中澄清在制定过程中产生的模糊。这样的澄清对于法律的发展是有一定的意义的。

侯日欣：我赞同她的观点。这实际上是法理学上法律渊源的概念问题。最初在古罗马时代，法律渊源就是指法官选取和发现纠纷解决依据的场所，寻找或发现作为裁判依据的主体是法官。法律渊源是多元的规则集合，需要司法者根据具体的案情从这个集合当中进行挑选。就像在国内法当中，立法者制定了法律，但是法律的适用还是要根据司法解释，而司法解释的主体就是司法者。所以在制定议定书和 agreement 的过程中，立法者可能是无心的，也可能是故意为之。但是不管出于什么原因，在实践时，还是需要司法者进行进一步的解释。所以说这种模糊是不可避免的。对于柳驰刚才提到的法律人与政治家的关系的问题，记得朱苏力老师的一篇文章中写道：法律是政治的晚礼服。就是说政治在不同的场合应该穿不同的衣服，这就是法律的尴尬地位。

柳驰：我刚才是有定语的：有时候。有时候法律人的工作是帮助政治家，但是在其他时候并不是这样的工作。因为法律和政治是密不可分的，其实有些法律学家同时也是政治家，两者都是社会运转的一部分。那么两者应该怎样相互配合呢？当然两者要互相服务。还有一点就是法律模糊到底是怎么产生的。首先，法理学上是说：任何时候制定的法律都有时代的局限性。但是这一点并不足以说明 WTO 中仍然存在模糊的情况，所以我认为如果用法理学上的通解去解释这种模糊的话，是没有意义的。我认为问题根源就是缺乏法律的清理，缺乏行使法律清理职权的机构。那么为什么会缺乏呢？这一点我说不清楚，但是可能还是政治上的原因。还有一点是我可能是有点神话 AB，我认为 AB 就像是一个权力无限大的主体。我同意刚才的观点，就是说模糊的问题是存在于司法过程中的，因为如果法律不适用，就不存在模糊的问题了。有趣的是，AB 对于问题是否复杂有决定权，换言之，如果模糊的判定标准是法律可以被解释为不同的有效力的版本，那么 WTO 中就没有任何一个条约存在模糊。因为真正有效力的版本的解释权只在 AB 的手中，或者说被承认的 AB 或者 penal 的解决方案中，只有他们的解释才是有效的。所以说效力的问题是被垄断的，那么就没有不

同的具有解释效力的版本,那就不存在模糊的问题了。

付凉洁:我想针对条约模糊的问题发表一些看法,我认为这是在条约起草的时候,各个成员方很难达成 common intention 而造成的。在条约起草的时候,各方的意见可能就不一样,最后为了尽快达成协议,就相互妥协,用了比较模糊的词语。在知识产权案中,关于"commercial scale",有一篇文章介绍说,在条文起草时美国就一直坚持使用 commercial intention 这个词,一直强调 commercial,其他的一些成员方不同意这一使用,后来为了达成最终的条款,就决定使用相对模糊的 commercial scale,所以在适用时就需要解释。WTO 成员数量多达 159 个,在协定的谈判过程中肯定有很多时候很难达成 common intention,所以条文最终就会变得较为模糊了。然后我想谈一下关于 11.3 的问题,《中国入世议定书》第 11.3 条中没有规定"符合 GATT1994"这句话,而 11.1 和 11.2 都规定了。11.1 说的是海关税费的收取问题,11.2 说的是国内税费的收取,这两个内容在 GATT1994 中都可以找到相同的义务条款的规定。而 11.3 中关于出口税费的规定在 GATT1994 中没有相应的义务条款,是"plus obligation"。所以我认为 11.3 的这一省略是有意义的,是要表明这一条款是一个"plus obligation",而不是指省略就意味着不将其与 GATT1994 建立关系了。

涂燕辉:我想如果从法理上来说,模糊既是不可避免的,也是必须的,因为法律本身就是抽象的。例如规定一个问题,法律上只能用一个抽象的词来概括,而对这个词就可能有不同的理解,如贸易管理,而我们为什么不用一个具体的措施来说呢?这就是由法律的抽象性决定的。关键是度的问题,模糊还是具体是有一定的空间的。我希望大家讨论一下 silence 的问题,是意味着没有意图还是在双重救济案中有意图。

杨:大家发现 WTO 中存在着法律的模糊的问题。像郑至言以及几个同学同意的:法律都存在模糊的问题,可能就是一个法理学上或者法律人都知道的客观事实。原因有很多种,我有一本书是《法律中的模糊性》,是一个英国人写的,大家可以找来看看。他的观点与郑至言的观点一致。这种模糊性在国际法和国内法中都存在,但是不是在 WTO 中,这种模糊性更大?可能是成员之间的妥协,而国内的法律中就不存在这种情况,比较单纯、清晰一些,而 WTO 中问题太复杂,所以模糊性更大。

(注:一位听课的朋友课后评论:关于法律模糊性的问题,看似复杂,大家三凑两凑就说清楚了!我觉得,这就是讨论的效果,能够汇聚集体智慧。这也是生成的问题,拓展的问题,相信同学们会从这简短的讨论中有所收获。)

关于条约解释的原则问题,我们的讨论还有几个问题没有涉及,例如涂燕辉提出的 silence 的问题,例如陈晓燕的思路。还有一个关于时间的问题。另外侯日欣提出的另一个关于判例是否有约束力的问题,大家也可以考虑将这个问题作为作业的题目。如果口头上承认说法律的体系中要遵循先例,例如英美法,但是实际上与我们的不承认是不是一样的?

关于这两个案子之间的关系的问题,我们对于怎样将两个案子中的思路相互运用的问题没有展开。另外一个是在 11.3 中加入一句话或者一个词,使之能够援引 GATT1994 第 20 条的问题。但是刘豪有一点涉及。这个我们没有时间讨论,大家可以自己讨论,或作为作业,非常有意义的。

赵洋:我就想说模糊性的问题,上节课我提出来的就是适用当时的解释还是用以后的解释这个问题。我再说一下关于模糊性的问题,首先从客观上来讲,WTO 是规定贸易方面问题的,而贸易本身就很复杂,这是客观的原因。然后从主观上来讲,大家在认知事物的时候,有一个语言学的观念,即我们希望一个概念涵盖的内容很多或者我们希望概念尽量的少,这点就造成了模糊性。从乌拉圭回合谈判来说,正如刚才老师说的那样,很多国家在谈论这个问题,不同国家不同民族,它的价值观存在不同,对于每一个事物有不同的观点,对同一个事物来说,有不同的利益,所以就造成了模糊性。例如,签订一揽子协议的目的是,如果你同意了一个,其他的也要同意。对于一个具体的国家来说,它可能同意其感兴趣的,但是对于它不太感兴趣的,怎么让它也接受呢?这就需要尽量规范得模糊一些。例如,不要把一些话说得太明确,使之马上就意识到触及个人利益,这也就造成了模糊性。这是我的理解,关于时间的问题。从条约解释上来说叫当代意义解释或者当时意义解释,这个当时意义解释就是时际法原则,是国际法院从 20 世纪 50 年代以来一直在用的原则,而当代意义解释也可称为演化解释和动态解释,即这个条约应该根据发展的变化来进行解释。然后特别有意思的是这两种解释方法,是一个人提出的,将一句话分解开来,所以有一种观点叫"两翼",这是胡伯的观点。他在帕尔马斯岛案中谈到"国际公法的司法行为必须根据其支持的法律行为来评判,而不是根据其相关的争端产生或寻求解决实效的法律",这就是作为传统的当时意义法的解释法的理论渊源,这在以后的案件中有广泛的运用。在这个案件中他又补充到,"不同时期的不同法律制度适用于一个特例的案件,在确定应当适用的法律制度时,必须在权利的创设和权利的职责之间加以区别,创设权利的行为必须遵循权利产生时有效的法律,而权利的存在及权利的持续性表现,则应遵循法律的演变所要求的条件",然后就提出来"有些观点不是不变的,而是说在定义上具有演化性的"。所以这就提出了这两个观点,具体的应用就是 WTO 在中国关于录音产品分销服务的市场准入案。但是这两种方法其实处在互相争论的状态当中,它在司法上的体现,就是司法克制主义,还有司法能动主义。司法克制主义体现的是一种克制,你不能随便改变当时的法律目的,而司法能动主义要求适合实际的问题的发展。这是一个此消彼长的竞争过程,当时可能遵循了当时的观点,但是没有适应发展,而在当代有一个最大限度的应用,就造成对条约术语填补解释。所以,你可能扮演一个立法者的角色,这样你就有一个跨越。所以这两者还是在一个争论的过程当中。

杨:这是赵洋同学解释的,由于时间的问题,还有其他同学?关于时间的问题不是一句话两句话能说清楚的问题。我再说一句话,就请廖老师发言。

(注:廖诗评老师举旗表示要发言。他全程听课,但是要说两句,这还是第一次。相信他会在此作出批注,解释一下动机①。)

这个问题很复杂,我们期待大家讨论,给我一个答案。下节课大家自选一个题,讲讲你选的题目是什么,你的大概思路是什么,每一个同学都要发言,但尽量简短,就像(刘思)那样的;(刘思)可能已经讲完了,但是下节课可以讲完善的观点。如果通过讨论,刘思能够改进作业,我觉得这就可能特别有意思,其实我还有很多要说,关于这个解释条约,但是由于时间的原因,我就说到这里。请廖老师发言。

廖老师:我之所以发言,是因为马上杨老师的课程就要结束了,再不说就没机会了,本来

---

① 廖老师批注:发言的动机,主要还是在于提供一些信息,看看有没有学生会利用我所提到的资源和信息,撰写自己的课程论文。

我一直都没有怎么说,只是听同学们讲,当然也是听杨老师讲。我这里要说的,是关于解释过程当中的一些理论问题。刚才赵洋提到了两种不同的解释方法,历史解释和当代解释,或者叫演进解释,evolutionary interpretation。这两种解释方法的对立,是目前条约解释中的国际热点问题。你看的可能是国内学者的文章或资料吧,其中提到了帕尔玛斯群岛仲裁案,但我这里要借助这个案子的情况,稍微谈谈与解释有关的问题。我觉得我们要把解释法律和适用法律区分开来,尤其是在争端解决过程中,这两者的含义是不一样的。在帕尔玛斯仲裁案里面,提到了时际法原则,但这主要是为了解决法律适用的问题,也就是 applicable law 的问题,即要适应什么样的法律来判断权力的产生和存续。而我们讨论了很多如何确定条约措辞含义的问题,如"sound recording"这个词应该怎么理解,这实际上是一种法律解释的问题而不是法律适用问题,法律适用的问题已经很清楚了,就是 DSU3.2 的规定,而怎么解释,则是要通过《维也纳条约法公约》第 31 条、第 32 条以及其他解释国际公法的习惯法规则来进行。具体而言,我们讨论的 DS363 案件,涉及的是法律解释的问题而不是法律适用的问题,这是不是与帕尔玛斯群岛仲裁案里提出的时际法原则有关呢?有一定关系,但需要注意这里不是法律适用的问题。如果 DS363 案件涉及的是,相关权利应该适用 1995 年 1 月 1 日生效的 WTO 协定,还是适用 2001 年的《中国入世议定书》来判断,这才是时际法原则的本来含义。当然,现在有看法也认为,时际法原则也可以体现在法律解释之中,表现为历史解释和演进解释。但无论如何,这只是法律解释问题,不是法律适用问题,历史解释也好,演进解释也好,不解决法律适用的问题,也就是说,条约的某个措辞是应该按照当时制定条约的情况去解释,还是根据案件发生时的情况来解释,但无论如何适用的法律是没有变的,变的只不过是具体措辞的含义。当然这只是我自己的观点。关于这个问题,联合国国际法委员会正在进行编纂,编纂的题目叫作"条约随时间的演变"(Treaties over time),大家可以上国际法委员会的网站关注一下这个议题的进展,国际法委员会每年都会在年度报告中简单提及相关议题的进展情况。

杨:谢谢廖老师给我们补充了他的观点和资料。其实谈到法律模糊性问题,我们聘请的办理 WTO 案件的律师有一次在谈论这个问题,他们就很气愤,说当时 WTO 写得不清楚,模糊。我就跟他们开玩笑:他们写得那么清楚,还要你们律师干嘛?当然这是开玩笑啦,但是我们法律工作的特点,可能还就是有问题就得解决问题。

(胡秀娟、王雅男根据课堂录音整理)

廖诗评:

按照课程安排,本节课是针对案件讨论的最后一次课,下节课上,同学们会各自提出自己课程论文的选题,并且讲讲自己的简单思路。不知不觉,这门课程就结束了,有很多感想。但感觉还是不要在这里说了,可以用其他形式的文字来表达嘛。我主要还是觉得有些遗憾,感觉案例的讨论刚刚进入佳境,但却不得不终止了。本节讨论课还是在讨论出版物案和原材料案,仍然花了很多时间讨论《入世议定书》和 GATT1994 的关系问题,讨论的范围更广,也比较有深度,尤其是大部分同学都认为,即使是出版物案,上诉机构也没有充分论证清楚,中国为什么可以就违反 5.1 条项下义务援引 GATT 第 20 条,这给我本人的启示也是很大的。从整个学期的总体情况来看,我个人认为,杨国华老师所教授的课程是成功的,至少比我自己教这门课要成功,尤其是考虑到学生的收获,这一点尤为如此。学生尝试了不断的主动学习,不断的倾听,不断的归纳总结,也对课程内容产生了兴趣,相信他/她们对这段经历是难以忘却的。

附:

几位同学的来信

一、以下是一位同学给我的邮件,不仅表现了她对案例的独立思考,而且解释了自己发言并不积极的原因。她依赖别人想法的心态是颇为耐人寻味的,而在我的课堂上,"没有发现一个通行的意见",因此不得不靠自己思考,写出了独到的见解,这就更加值得研究了。也许,只有讨论课才会有怎样的效果。另外,她的"不说并不代表没有"的观点也给我留下了深刻的印象,事实上,在课堂上,她始终认真听讲,并且经常在课堂上给同学们指出所讨论问题在专家组和上诉机构报告中的具体段落和文字,足见其课前阅读的仔细。因此,她在认真听讲,勤奋思考,只是发言没有那么积极而已。相信她在课堂上听大家讲的收获,以及自己阅读案例的收获,都是很大的。而通过给老师写邮件,是一种表达。在这样的过程中,她在整理自己的思想,一定会有额外的收获。这印证了我的一个观点,即不发言的同学也是有所收获的,虽然这位同学的例子并不典型。

就363案和398案一直没有机会发表自己的看法,不说并不代表没有,只是因对自己的单独判断缺乏自信,因而喜欢倾听和求助于通行的意见,在自己的意见上,无时不想依赖周围的人或自己素所敬服之人的共同认可。然而在两次课的讨论后,我并没有发现一个通行的正确意见,因此借着强烈的表达欲还想就几点思考和您聊一聊。

1. 出版物案没有完美地解决 systemic relationship

出版物案专家组的主要作用在于指出了 GATT 第20条中"本协议"这一用语,提出了您所说的那个"systemic relationship"——即入世议定书与 GATT 能否互相援引,但是出于种种考虑,选择了对 GATT 第20条一般例外条款避而不谈的做法,而走了一条捷径——"假设成立"。令我疑惑的是,上诉机构其实**并没有对"本协议"这一用语进行阐释,更没有提到"纳入"一词**,它走了一条看似直接但其实很牵强的路:

(1)大前提:根据5.1条,如果管理贸易的权利符合 WTO 协定,中国违反其义务的措施可以在5.1条之下予以保护;

(2)小前提:中国对贸易者的限制措施属于中国行使其管理贸易的权利;

(3)结论:中国可以援引 WTO 规定(包含 GATT 第20条)来寻求5.1条的保护。

刘豪所谓的 intertwined 指的实际上是中国与贸易者有关的贸易权义务同 WTO 成员国对货物贸易的义务是相互联系的,这个论点实际上是为了证明小前提,并不能起到将入世议定书纳入 GATT 第20条的作用。

按照这个思路分析398案:只要11.3条有一个大前提,即中国征收出口税的规定符合 WTO 协定,中国违反其入世义务的措施就可以在11.3条下予以保护,这样中国就可以援引 GATT 第20条来寻求11.3条的庇护。

2. 398案专家组曲解了363案的意图

原材料案专家组和上诉机构意见比较一致,即严格依据字义解释和上下文解释,中国找不到任何(包括 11.1,11.2,11.3 条,工作组报告)例外可以作为违反其义务的抗辩,因为缺少与 GATT 第 20 条并入的连接点,因而也无法援引 GATT 第 20 条。

但原材料案曲解了 363 案的原意,对 363 案施加了自己的理解——"incorporation"。然而,上诉机构报告中没有任何证据可以证明 363 出版物案上诉机构将 GATT 第 20 条纳入中国入世议定书。

按照 398 案思路来分析 363 案:只要存在一个可以援引的例外,即中国管理贸易的权利符合 WTO 协定,便可以作为违反义务的抗辩,因此 398 案的思路可以用来分析 363 案。

3. 关于条约规定的抽象性与具体性问题

这是上节课您留下的问题。其实,无论条约抽象还是具体,都只停留在规范的意义上,规范的作用只有在现实的填充下才能展现,否则无论规定得再具体也无法发挥其作用,就只能作为**法律渊源**(source),等待被法律适用者解释成为可以加以利用的**法律**。再具体的条约也会产生或多或少的解释问题,条约的制定者(抑或立法者)对条约法律的认识其实是很浅的,解释的过程因而被大多学者认为是重新发现法律的过程,而正是这个过程造就了法律的神秘与美好,对 WTO 法的发展具有根本的意义。

几条浅思薄虑,还请老师多指教。您上节课指出的"同情之道——法官怎么办"我听得十分感动,法官在根本无解、无路可走和有效解释原则的两难时还能闯出自己的解决方式的确让我对出版物案的 ruling 甚至 DSB 有了新认识。

二、以下是另一位同学先后给我的两个邮件。(一)是她主动写的,表达了对一些重要问题的关注,同时解释了课堂不发言,却课后长篇大论写文章的原因。(二)是我写邮件问她,为什么一开始发言很踊跃,后来突然不吭声,她就此给我回信。事实上,她在课堂上,有时候一声不吭,有时候慷慨陈词。我想,她是在认真学习,积极参与,但是在如何思考和如何表达的问题上,需要多多锻炼。相信讨论式课堂就给她提供了这种锻炼的机会。她思考了,表达了,发现问题了,这就是走向进步的标志。我给她的回复是:"谢谢回复。其实我有一套教学理念,并且经过很多场合的尝试,就是想方设法让同学们发言,因为我相信同学们的潜力。同时,我认为,并不存在什么偏颇的发言,大家就是在讨论和纠偏中共同进步。你应该看到,我对大家很平等,鼓励所有的发言。希望你今后能多发言。"

(一)再次冒昧打扰,针对上两节课讨论的"出版物"和"原材料"两案,我对依据国家入世议定书提出的申诉是否可以援引《建立 WTO 协定》进行抗辩的问题,有一点不成熟的看法。因为我英语不太好,而且自尊心比较强,真的很担心自己表达意见会在大家面前出丑……但是我还是很希望向老师私下请教的。所以很快就把自己对这两个案子的看法整理成书面论文了,可能观点不对,希望您多批评,希望能得到您的反馈。

其实,在长期的关注中,我一直对我国入世的时机和入世议定书的条件持保留意见,因为中国入世的代价太大了,在经济和主权方面都做出了牺牲。(在第二节课和双重救济那两节课上我都表达过类似的看法)但既然已经做出了牺牲,在议定书中达成了共识,就应该遵守其所设定的义务,同时尽可能进行纠偏,比如通过部长级会议修改对我们不利的条款(以前好像看到过类似的表达,不知道对不对,发完邮件我再去查查资料,老师不要见笑呀),因为我本身带有感情色彩,所以可能文章观点有点偏,再次请老师海涵!谢谢老师!

(二)我认为课堂讨论的形式非常好,这样可以让我们自己思考问题和争议点,表达自己的看法,我非常喜欢这种课堂形式。我突然沉默并不是因为我不喜欢这样的课堂,而是我对自己在前两次课上的发言很不满意,觉得自己的观点有所偏颇,有点不自信了,所以觉得还是多点听别人的意见比较好……我很感动杨老师这样关注我,也很感谢杨老师课堂上的提点,觉得自己受益良多,其实我很希望杨老师可以多谈谈自己对一些问题的看法,这样我们才可以多多学习。

课程结语

时间:2013年5月18日 08:55—11:40

杨:今天我们来分享一下大家一学期的学习感受,讲讲自己作业大概的内容和思路,每个同学都要发言。

(注:课程作业,是从本学期的学习内容中,任选一个题目撰写论文。这次课的设计,是想了解同学们一学期课程的收获,同时让同学们在课堂这个"学习共同体"中,最后一次集体分享和启发。然而,从这次课的情况看,同学们的收获大大超出了我的预期,并且给了我更多的启示。我明显感到了一种自由的力量。也就是说,当同学们获得了自由,自由选择论文题目[1],自由发言,他们的潜力就会最大限度地发挥出来,释放出无穷的能量。因此,这次课不仅是对课程的检阅,展现了大家的收获,而且是我们一学期共同学习效果的延续,因为经过一学期的锻炼,大家对自己的选择充满信心。)

张舒瑜:我选的题目是从原材料案来看条约冲突与解释的问题。分为三大部分,第一部分简单叙述原材料案,指出冲突与模糊体现在哪些地方;第二部分,从原材料案出发,看一下GATT1994签订的背景,然后再看看中国加入WTO时签订议定书的背景,两者相比较一下,审视一下两者是否存在一定的联系;第三部分,简单说一下条约模糊的原因,然后就我们课堂上提出的几个问题,提出自己的看法以及解决方案。

(注:这是班上唯一一位大二的学生,一直坚持上课,并且有若干次发言。她能够写这样理论化的题目,是令人欣喜的。)

杨:初步的方案,能不能说一两点?

张舒瑜:暂时还没有。

杨:还有没有其他同学说一说的?

刘豪:我本来想写议定书和WTO之间的关系,后来看了公邮里老师推荐的文章以后,发现这个问题太难了。然后我就想写GATT20条的普遍适用性问题。后来看了Matthew

---

[1] 廖老师批注:自由选择题目固然很好,也是老师希望看到的,但这显然需要以充分阅读相关材料为基础。我们(尤其是处于教学岗位的AC WTO同仁)不妨想想,我们所指导的本科生、硕士生、博士生,在进行论文选题的时候,是多么的艰难。学生往往随便看到一条新闻,或者在网上随机搜索几篇甚至是一篇论文,就"确定"了论文选题,或者直接问指导老师:"我的论文想写某某内容,行吗?"这样的问题是很难回答的,事实上也是无法回答的。随之而来的结果就是,学生自己胡乱看看资料,交出一个"四不像"的稿子,指导教师则是一个头N个大,不停地在稿子的之上提修改意见。所以有的老师为了避免这种麻烦,干脆给学生指定了论文题。但如果阅读了若干材料,之后所进行的选题,效果恐怕就不太一样了。可以预见的是,这个班的相当一部分学生,都会在本科毕业论文选题中,选择与WTO法有关的题目,甚至通过对自己的课堂作业进行深入研究来完成毕业论文。因为他们在这门课程上投入最多,态度最认真,收获最大!

老师的文章后,我觉得还是太难了。于是我就把范围又缩小了一点,①就讲讲原材料案和出版物案中GATT20条的适用性问题,进行分析,并提出自己的见解。第一步,大概分成4个部分。(1)问题产生的原因。产生的原因大概有两个:入世议定书在WTO协定中的位置不明确导致这两者之间的关系不明确,这是第一个原因;议定书中相关条款没有明确的措辞,也没有比较宽泛的措辞引入GATT。(2)原材料案中GATT的适用性问题。我觉得出版物案中,上诉机构在分析原材料案时提出了一个"intertwined",之前我提到的。中国在入世议定书中提到的义务与GATT的义务是相互交织的,尤其是第3条和第11条。我后来又把材料读了一遍,它说这一点实际上是为了证明中国议定书下的义务与GATT下的义务是相互交织的。最后进而证明,这个问题实际上是属于中国贸易权措施的。也就是说,这个小的点是为了证明一个大的点。但我觉得,上诉机构完全可以在"intertwined"这一点上走得更深一些,更远一点。上诉机构可以进一步分析,这两者之间是怎么样交织的,哪部分的交织②。我觉得,只有讲清楚这部分问题,才能真正解决"本协定"三个字在形式逻辑上的问题。上诉机构报告还是回避了"本协定"这几个字在逻辑上造成的困难,它还是没有解决这个问题,忽略了本协定的限制。上次涂燕辉同学也提到了一个观点,我非常赞同。解决"本协定"这个困境有两种方法,一种是对"本协定"这三个字进行扩张解释,另一种是把GATT下的条款进行扩张解释,从而将GATT下的条款与议定书中的条款相结合。如此,既然GATT可以适用GATT20条进行抗辩,那么,议定书也就可以了。大概是这个意思。我觉得只有这两条路才能解决逻辑上的缺陷。上诉机构虽然尝试着去解决这个问题,但没有很完整的解释。第三部分,评价原材料案中GATT20条的适用性问题。我对比了原材料案和出版物案,对于适用性问题的解答,两案的思路有分歧。原材料案中遵循了一贯的严谨审慎、词典式的解释风格,也体现了一种文义解释优先的地位。很多学者对此也有论证,科特埃尔曼说道,文义解释优先,无论是在内部工作上,还是在外部成员的影响上,都有非常积极的意义。但我觉得,如果对比两案的话,出版物案实际上突破了文义解释优先地位的局限,其试图通过某种关联来突破字面的约束,从而将议定书和GATT联系起来。但是对比发现,文义解释表现出来一定的局限性。分三点论述:第一点,这两案审理机构的思路有一定分歧。一个在遵循严谨的文义解释优先的规则,另一个则在试图突破这一规则。第二点,如果非常严格地遵守文义解释,内部实际上是有矛盾的。比如在原材料案中,他举了一个例子。在TRIPs协议当中,通过明确的说明将GATT引入到了TRIPS当中来,但是议定书

---

① 廖老师批注:在目前的学位论文写作过程中,我们也许很难看到学生主动缩小论文选题范围的例子,尤其是这种缩小还是建立在阅读相关材料的基础之上。联想到我们的硕士博士论文选题,动辄就是漫无边际包罗万象的题目,不由得再一次感叹培养学生良好学习习惯的重要性(就在撰写本次批注的当天,我还参加了一次硕士论文答辩。参加答辩的学生选题之随意,范围之大,阅读态度之差,极其令人诧异。其中有一位答辩的同学甚至已经考上了国内高校的博士,并"立志于从事学术研究"!),不得不感叹我们目前教育体制和教育方法的局限性。讨论式教学法,至少能为目前一潭死水的法学教育和培养体制,注入一点活力,哪怕是一点异样的色彩。这至少能为学生开启另一扇似乎不一样的学习路径。当然,师傅领进门,学医在自身。可是,我们真的把他们领进门了吗?或者说,我们真的试图去领了吗?

② 廖老师批注:个人感觉,这是一个连当时处理案件的上诉机构成员都不一定有把握说清楚的事情。

中,没有这种明确的说明。他举这样一个例子,似乎是在暗示,议定书和TRIPS协定是一种平行的关系,它们俩是并列的关系。通过类比,好像说明它们俩在地位上有一定的相似性。如果它们俩是一种平行的关系的话,根据DSU第19条规定,专家组在作出建议的时候,只能对适用协定范围内的措施进行建议。就是说,GATT作出建议,可以使得相关产品的措施符合这个涉案协定。然后DSU的附录又明确列出了这个协定适用哪些,从附录内容来看,并不包括中国入世议定书的。如果议定书和已有的WTO协定是一种平行的关系,而DSU的附录里有没有列出入世议定书作为包含在适用协定书的范围内的话,这时候专家组再对这个议定书提出一些建议,或者分析,这就超出了DSU的授权范围。从字面上来看,这违反了DSU的条款。这种情况就是过度依赖字面解释的结果,这是过度依赖字面解释的第二个局限性。第三点,严格字面解释确实可以产生刚刚上诉机构所说的那些积极影响,但是我觉得,这种积极影响是有前提的,那就是说,文义解释本身必须措辞很严格,只有当法律解释适用到这些东西的时候,才能够发挥其积极的影响。如果这个条约制定的程序本身就不是很严格,措辞不很严格,这时候文义解释是否还能发挥其原有的积极作用呢?我持怀疑态度。按照原材料案的裁定结果,中国对原材料案施加的一些措施是不能够援引GATT20条的,我发现,对于贸易限制最弱的进出口贸易反而就不能获得豁免了,这在实质上是不公平的。这是文义解释的第三个缺点。最后,我提出自己的一点建议。我觉得,在原材料案中,中国是可以援引GATT20条的。从法益衡量来看,即使中国可以援引GATT20条,中国也要面临相当大的挑战。因为GATT20条就算可以援引,还要证明措施是符合规定的要求,实际上在专家组报告中就可以看出,中国的措施并不符合其要求。而且即使中国可以援引GATT20条,有没有造成GATT20条援引的滥用。但是其不准许中国援引GATT20条,感觉还是不太合理。

杨:你刚刚提到的这几个老师,他们会在6月25日在清华大学开一个研讨会,研讨的就是关于这个问题,到时候你可以做一个发言。关于入世议定书与GATT关系的研讨会,之前在对外经贸大学举办过一次,这次是第二次,你刚刚提到的这些知名学者都在。

(注:这位同学的阅读量[①]相当可观,思考的深度也不容小觑,足以到一个研讨会上发言。另外,他还讲了自己选题的过程,为其他同学的类似发言开启了先例。同学们不羞于当众表达自己的"心路历程",这说明课堂上是一种轻松愉快的气氛,大家在课堂上有一种安全感[②]。在这种状态下,同学们的思维才能够无所顾忌、汪洋恣肆。我想,这也是课堂讨论中总是"火花四溅"的原因,以至于一位听课老师觉得遍地珍珠!还有,他还提到受了另外一位同学发言的启发,这就更加难能可贵。我们的讨论课上,大家相互启发是肯定的,但是能够公开承认受到其他同学的启发,却是令人欣慰的。大家有一种集体的感觉,一种归属感,这正是"学习共同体"的特征之一。)

涂燕辉可以接着说吗?他刚刚提到了你的观点。

---

① 廖老师批注:至少是阅读了秦娅和Matthew的论文。

② 廖老师批注:尤其是那些积极参与讨论的同学,肯定是愿意在课堂上表达自己观点的,更不畏惧自己观点中可能存在的错误或者不足。形成这种现象的背后原因,值得进一步深入了解和探讨。"安全感"肯定是有的,但相信这肯定不是全部的原因。

（注：这次课没有多少交叉讨论，基本上以个人陈述为主。此时让这位同学发言，是为了澄清刘豪的理解，是体现发言的延续性，更是为了鼓励大家提及其他同学的启示。事实表明，后来很多同学都承认自己受到了其他同学的启发。）

涂燕辉：我有一点不赞同的地方。前一点，即把"本协议"扩大解释为包含入世议定书，这一点我同意。但是第二点，我认为上诉机构是把《入世议定书》和GATT结合在一起，所以说，违反了《入世议定书》，就是违反了GATT，并不是把GATT扩大解释到包含入世议定书。

杨：那你要不要顺便说一下你的作业？

涂燕辉：我写的是条约解释的演变解释方法。我的思路还没想好，先探讨了几个案例，还没写成论文。大概分为四部分，第一部分我说一下为什么要写这个。第二部分说一下演变解释的相关概念和含义，我就不具体说了。

杨：讲一下你的结论？

（注：鼓励同学们公开分享成果。）

涂燕辉：演变解释是一种方法，而不是一种具体的规则。我们运用演变解释就是在发现当事国的意图。其运用的规则、资料、证据都是《维也纳条约法公约》第31条和32条，可能侧重点不同。第三部分就是讲演变解释现在采用的方法。一种是从条约的术语，某些术语具有特定的含义，可以通过演变解释推测当事国的意图。其中，在一些案件中，比如出版物案等，都在通过术语推测当事国当时的意图。总结的话，1. 要有一般性；2. 要有无限期性。另一种是以条约的目的和宗旨为切入点，以当事国的行动或者态度来推测该国当时的意图。我主要想讲第一种，就是通过术语来解释。我个人觉得这种解释方法可能太宽泛了，还是应当把它放到一定的解释规则里去，不仅仅通过术语进行解释，还要通过当事国的实践和行为来推测当时的意图。就好比证明犯罪的时候，往往通过外部的行为来推测你的主观意图。

杨：两位同学都提到了条约解释的问题，这是很有意思的。我想，如果我们没来上这个课的话，我们应该都不会想到这个问题——解释条约①，到底是以法律制定时候的法律，还是以法律适用时候的法律呢？很多老师可能会觉得这个问题很荒唐，这个问题不是很简单吗？这还用问吗？但我觉得，这个问题可能没那么简单。刚刚两位同学的发言，可能会给大家一些启发。哪位同学接着说？

（注：强调这个选题的意义，同时暗示讨论课的好处。）

刘婷：我研究的方向是WTO争端解决机构对条约内容的省略。这个问题我们课堂上提到过，但是没有解决，所以我就自己尝试着来解决这个问题。联系到双重救济案中对省略的解释，然后我就想，为什么要对条约的省略作出解释？对条约解释的时候，争端解决机构应当采取何种方法？这种解释方法是否具有先例效力？这是我提出的三个问题。我就开始找资料来找答案，但是我发现，很少有学者在研究这个问题。我回到了双重救济案中，上诉机构提到了两句话，"省略有意义"、"不同的省略有不同的意义"，而且这种省略具有不确定性。我结合了双重救济案中专家组的解释，我个人总结了一下，应当采取何种方法。回到原材料案，首先对专家组的报告，我结合自己的结论，重新做出了评析，得出了不同的结论。

---

① 廖老师批注：如果没有上这门课，可能会连条约解释的基本问题都不会仔细思考吧？

杨：如果没有这样讨论,我也不会想到这个问题。在原材料案中,省略这个问题是我们纠结的地方,这个非常有意思。我还是希望大家去问问其他科目的老师,比如刑法老师、民法老师,如果这个问题在法律中没有写,怎么办？也许其他老师会觉得这个问题很荒谬,没写不就是没有嘛。但是从我们的角度来看,这个问题没有这么简单。

（注：再次暗示讨论课的好处。）

吴若：由于我对知识产权案比较熟悉,所以我还是回到我第一节课提出来的问题,就是WTO制度跟议会制度的比较。我从三部分来说这个问题。第一部分是背景,就是形成原因。先讲一下议会为什么会形成,然后讲一下WTO为什么会形成。(1)就是形成的作用。我查阅了一些资料,议会是规范了一个国家的秩序,而WTO是规范了世界的秩序。(2)他们的发展趋势。21世纪以来,WTO离议会的实质精神跟家接近了,还是更背离了？第二部分就是他们机制的比较。(1)议会是批量生产法的,WTO造出的法能不能叫法呢？进行一下比较。(2)比较一下主体。议会是由一个一个议员组成的,而WTO是由代表国家组成的。(3)围绕着这个来讨论他们的动机会受到什么因素的影响。(4)他们的具体行为会受到什么因素的影响或激励？最后一部分就是他们的借鉴。WTO特有的问题可不可以用议会规则来解决？议会特有的问题能不能用WTO规则解决？最后就是他们共有的问题。

杨：吴若的发言提醒了我们一个问题,那就是我们最开始讨论的是概论。他的问题也非常有意思。

（注：这位同学只来了四次课,就是"WTO概论"和"知识产权案",随后的案例讨论都没有参加。① 他的选题,也是他在第一次课上提出来的。他的选题虽然很有意义,但是与其他同学丰富多彩、复杂深入的选题相比,有一种静止的感觉。也就是说,大家都已经跑出很远,但是他好像还是停留在起跑线上。这是一种有趣的对比,能够发现上了几次课与上了一学期课之后,同学们之间的差异。）

侯日欣：我来讲一下WTO争端解决机制中判例的作用问题。这个问题我最开始就提出过。后来发现,有一个比较成熟的结论就是,在法律层面上,并没有必须遵循先例的规则,但在实践层面上,所有的审判者都倾向于遵循先前专家组或者上诉机构报告中形成的规则。我觉得,虽然已经基本达成共识,但我认为探讨的角度可以略有不同。我就想,怎么样才能全面完整地探讨这个问题呢？我就想,可以分时期来讨论。我把这个时间分为GATT时期和WTO时期。比如说,GATT时期专家组写成的报告和WTO时期专家组写成的报告,然后我发现,否定判例在法律上的效力,总可以找到理由。即便从质上来看,他们都不具有判例的效力。但是从法官实际运作过程来看,在遵守先例时也会有不同的程度。比如,上诉机构报告的效力就会比专家组报告的效力高,为何呢？这些问题其实都可以探讨。我就在试图找到一种分类包含了所有情况,然后分类讨论。从我们课堂上学习来说,五个案例的报告

---

① 廖老师批注：我个人认为,探究他本人未能继续参与讨论的原因,可能是更为重要的。这位同学可能有自身的考虑,但我认为这些他自己所考虑的内容并不是原因的全部,一定有一些他自己还没有意识到,但事实上却使得他没有继续参与讨论的原因。从授课教师的角度,也可以思考一下：为什么四次课过去了,都没有引起这位同学的兴趣？仅仅是因为上这门课要阅读大量的英文材料吗？有没有可能对课程进行改进,使得大部分同学在两次课左右的时间里,就能够对课程产生兴趣？

中都援引了大量的判例。

（注：这位同学在课堂上曾经提出过这个问题，但是我们却没有展开讨论，于是他就进行独自研究。这也是一个很有意思的现象，随后其他同学出现了这种现象：我提出的问题是很重要的，你们没有重点关注，那么我就自己研究！我想，这种心态①，也可以归功于课堂讨论。我想，能够激发同学们多种多样的兴趣，这样的课堂是最为理想的。正是基于这种认识，我说出了以下几句点评。）

杨：侯日欣这个问题很有意思，但我们没有太多时间展开来谈。侯日欣提出的这个问题，让我们也产生了一个问题，即法律的地位是什么？法律渊源是什么？这个就延伸到一个法律问题，就是大陆法系和英美法系判例法国家之间的区别。这五个案例其实给我们提供了一个思路，就是研究判例法来探讨两大法系。

池安琪：我站起来发言是因为我探讨的问题跟他有点儿像。假如WTO的规定跟我们本国法的规定不一致的话，能不能援引WTO的判例来解决。分为两点。第一，这个问题有没有存在的可能性。假设他们规定不一致，解释的方法、解释的目的，都不一致，是否会导致这个问题？第二，解释到什么程度才会叫作不一致？它的援引才会导致法律冲突。然后在这种情况下，应当如何处理。第二部分，要不要援引。我从比较宏观的角度来探讨这个问题。WTO能不能解释？他的解释是不是有道理？每个国家都独立于国际组织。这里边实际上是一种社会契约。一个国家签订条约让渡一部分权利给国际组织，从这个层面来说，他们来审查一个国家法律的合理性。我的结论是，不能援引。还有一点，一国要受国际条款的约束的话，前提是一国同意受约束，其必须有一定的预测性，就是知道受约束会遭遇什么。但是WTO并没有明确说其判决必须得到各国遵守，我们也没有承诺要遵守。

（注：说"我探讨的问题跟他有点儿像"，表明了同学们之间相互启发的存在。）

杨：我们早期讨论过这个问题。她的观点还是很有启发性的。

王瑞琪：我探讨的问题和侯日欣也是挺像的。我讨论的是出版物案中，专家组和上诉机构报告效力的问题。考察一个报告的效力可以有很多种角度，可以从其对其他案例产生的影响来看。可以对比一下专家组和上诉机构的报告，他们的报告之间有什么区别？通过查阅资料，我发现，专家组报告引用之前判例的次数没有上诉机构报告那么多，然后我觉得这也是一个可以讨论的地方。美国汽油案等案件，被引用的次数非常高。读了一些论文后，我发现，这些判例虽然被引用了，但是并没有一种必须引用的情况。就好比在我国，判例并没有法律上的约束力，但是，有的时候，最高院会通过判例指导和答复意见等方式对下级法院今后的判决进行指导。我感觉，专家组和上诉机构报告也跟这个差不多，他们会倾向于受到前例的影响，但实际上并没有强制力规定要这么做。

杨：你谈论的问题跟侯日欣很像，但是你们谈论问题的角度不一样。

曾薪燚：我写的问题是关于条约解释的问题，比较宽泛。前两位同学讨论了先前的判例的适用性问题，这也是我论文的一部分内容，但我对此并没有展开研究。首先，我个人觉得，WTO在审理案件时采取的是个案主义原则，也就是说每个案件单独解释。而且在DSU框

---

① 廖老师批注：我会与这位同学沟通一下，看看他选题的时候是否有这种心态，如果有，这种心态占多大的比例？

架下,并没有说明WTO可以援引判例,但其也没有说不可以援引,这算是立法上的一个空缺。但实践中怎么做的呢?实践中,专家组在其报告中援引一个案例,然后脚注中注明,专家组在某案中同意此种观点,这个案例大概是什么情况。所以,从实践层面来看,虽然法律没有明确规定可以援引,但是先前的案例确实在某种程度上影响着后来的判决。

我的论文是关于条约解释的。我首先考察了一下条约解释方法和条约解释规则之间的区别。方法是一种操作性的东西,不需要遵守,而规则就是维也纳条约法公约第31条、32条所规定的,我在解释条约的时候必须遵守什么样的准则。接着,我考察了其他几个比较基础的问题。条约解释的对象是什么?是所有的条约都能解释吗?其实我觉得答案是否定的。条约解释的对象首先必须是条约中可以进行解释的部分,比如说某个概念已经确定了,那就不需要解释了。再根据条约解释的条文,可以在这个基础上进行分类,比如说宪法性条文,就可以进行一个非常宽泛的解释,可以根究条约的目的和宗旨对它进行解释。第二点,就是关于禁止性的条文。有了禁止性条文是否就意味着其他非禁止性条文就可以做了呢?这个应该从文义上进行解释。没有禁止的话,应该就可以做。第三种是准允性的条文,比如说行政许可。有些条文规定某某国家机关可以从事这样的活动,那其他国家机关是否就不能从事这样的活动了呢?这显然是不可以的。我觉得,如果要进行条约解释的话,首先必须要对条文进行分类,然后针对不同的类别,解释的侧重点不同。这个问题不是很好写,看的案例比较少,我就好好考虑了一下我们课堂上学到的所有案例。知识产权案涉及商业规模的解释,取向电工钢案涉及上下文解释,双重救济案也涉及到条文上下关系的解释,出版物案涉及到了一个扩张性解释,中国在议定书中承诺以符合WTO规定的方式管理贸易,进行了扩张解释,原材料案中涉及了词典解释,然后我发现,这几个案子中,原材料案是解释得最好的,它的解释方法运用得最好。结论就是,原材料案中把所有方法运用了一遍,确实按照维也纳条约法公约对其进行了体系解释,我就侧重这个案例进行了一些分析。我得出的结论就是,所有的条约解释都是以文本为主,这个在原材料案中很明显。对比出版物案,也是拘泥于一种文本上的解释,首先可以把中国议定书中的5.2条看作是一个宪法性的条文,即中国必须以符合WTO规定的方式管理贸易,就可以以目的和宗旨的方式解释条文,这个解释是非常宽泛的。在原材料案中,是禁止性的条文,即禁止中国以附件6和GATT8以外的方式征收税额。这两案中的解释方法是不一样的,因为两个条文的侧重点不一样。

杨: 不知道大家听了有什么感想?他把五个案例都讨论了一下,而涂燕辉是要解释其中一个问题。我觉得是一个非常新颖的角度,他的结论也让我非常感兴趣。他说原材料案的条约解释方法是最好的,但原材料案的结论是让我们心里最纠结的。

(注:这位同学的发言,比较典型地反映了他一学期的收获,也就是能够将所有案例串起来论证一个问题①。)

韩悦: 我本来是想说议定书与WTO协定之间的关系的,但我后来发现太难了,就否定了。刘豪把范围缩小到一个小点了。我就换了一个题目。但我发现我的题目跟侯日欣是一样的,听他说完以后,我发现思路也差不多一样的。我就先探讨先例制度与专家组报告、上诉机构报告的关系,大概思路跟侯日欣差不多。先例制度如何产生的?遵守先例需要哪些

---

① 廖老师批注:同意。这种选题和论证思路,其实更能反映了学生能力的进步和提高。

条件？把遵循先例这个规则放到 WTO 体制下来看，看 WTO 体制是否适用先例制度。我没有想到侯日欣和老师提到的那些问题。

杨：我们的课堂是一种创新的方式。我们的作业是不是也可以创新呢？两个人合写一份作业，但是给的分数可能不一样，具体多大不一样我不知道。既然你们俩的题目是一样的，为什么不一起写呢？那侯日欣和韩悦，你们俩就合写一个题目吧①。

（注：这也是我的临场"创新"，是想鼓励同学们互助学习。事实上，几位同学合写一篇论文，可能更为周全，更为精彩。）

陈小燕：我研究的问题跟他们都不太一样，我的题目就更加学术了，名字是"探讨 WTO 中的政法关系与正义实现"。先说一下题目的来源吧。最开始在如双重救济案中的专家组报告、原材料案的专家组和上诉机构报告等，一些论证看似理所当然，得出的却让我们觉得莫名的荒谬，每当这时我总会用"背后的故事"一词表达我的疑惑与无语；随后，柳驰的一个观点点醒了我——政治在 WTO 裁决中的作用和影响。因此，在这次作业上，我打算探讨政治与 WTO 之间的关系。具体而言，WTO 本身是各个成员相互协商、解决纠纷的一个平台，国际形势的复杂性使得其中的法律问题与政治问题相互纠缠，这是我们研究这个问题的必要性和合理性。题目中的"政法关系"即政治与法律的关系；"政治"指国家主权的行使，而非强权；"法律"仅限实体法；WTO 的最终目标是建立一个一体化、自由化、多边的贸易管理体制，这必定是一个中立的，不被任何力量牵扯左右的正义的贸易管理体制。以下我将从两个方面来进行详细论述：一是政治与法律的关系，二是正当程序是使政治与法律的平衡和高效结合以实现争议目标的必要手段。在第一部分"政治与法律的关系"中，我的结论是"政治与法律的平衡和高效结合是世贸组织运作的必然形式"，其中重点论证"政治与法律分离不了，也无需分离"。我认为，抽象看来，可以说，世贸组织的最终目的是实现正义，法律与政治均是世贸组织实现正义的途径。一方面，世贸组织本身就是各种政治力量权衡的产物，无论从其产生还是运作，组成它的各级机构、各种协定公约等，无一不是政治的结晶，一个政治的结合体想要脱离政治是幻想。另一方面，现在所谓的法治，在世贸组织中同样需要，这也同样是世贸组织的发展目标之一。法治本身其实是现代社会的一种政治策略，法治建设其实是一种社会政治力量和资源的重新配置。这里需要强调一点：政治不是强权统治，政治与法律均是实现正义的手段与途径，但也均不能被滥用无度。以条约的缔结为例，条约缔结的过程中，国家主权的积极行使即是政治的体现，但其同时需要遵从一定的法律规则，一旦发生冲突，国家主权将转变为消极行使，争议各方遵从一定的法律规则，解决争端。第二部分是实现政治与法律的平衡和高效结合，其中，程序正当是重要手段。程序的对立物是恣意，程序在世贸组织中最大的价值就在于对法律与政治的规范和约束。具体的论证我将在作业中体现，这里就不赘述了。不过，我的很多东西都值得推敲，这些都是有余地的，希望得到大家的批评与指点。

（注：选题来自课堂讨论中另一位同学的发言，并且是"学术性的"，这一切都耐人寻味。其他同学的发言，引起了自己的兴趣，这种情况应该很常见，这也是我们讨论课的特点之一。）

---

① 廖老师批注：看来讨论式教学法还能创造很多各种各样的"机会"啊！至少可以让同学们以学习内容为基础，加深彼此之间的了解。

而选择"学术性的"题目,不仅反映了这位同学的偏好,而且反映了人们思考的一个规律:归纳。经历了若干具体事件后,人们自然会思考背后的共性和原因。我们的讨论课,通过一个个案例的讨论,引发了大家对很多理论问题的思考,包括中国加入 WTO 议定书与 WTO 协定之间的关系,条约解释的方法,法律的模糊性,判例的效力,WTO 裁决在国内法院的适用,国际法的作用,等等。从随后同学的发言中,也可以明显地看到这种理论思考的痕迹。来源于实践的理论,是鲜活的理论,也是"自己的"理论。这样的理论,必然能够更好地指导未来的实践,即进行更好的"演绎"。)

杨:这是柳驰曾提到过的一点,如果你能结合我们的案例分析就更好了。

罗曦①:我原来是想从原材料案和出版物案入手,写和大家一样的问题,但是我想到大家可能比较多的是写这两个案子,所以我就从双重救济案入手,写了在补贴和反补贴措施协定下面将反倾销税纳入考虑的范围之内的问题。我主要将文章分为四个部分。第一部分是写这个问题的初衷;第二部分从我的角度将上诉机构的思路重新分析一遍;第三部分是我认为上诉机构这样的分析思路和方法的使用是没有超过其权限的。例如从反倾销和反补贴措施的关系和条约解释的统一的方式还有从 WTO 体制下的目的和宗旨等方面论证我的想法;最后一部分是我的结论。因为美国认为上诉机构在分析该案时超越权限的行为会带来一定的负面影响,对今后的争端处理也会有不良影响,我从这个方面进行了一些分析。

杨:你的观点就是上诉机构没有越权。罗曦主要是采用就案论案的方式论证了她的观点。还有一些其他的文章分析了这个问题,你可以参考一下。课后我给你发一下。好像题目是:Is it something going wrong with the WTO Dispute Settlement System?

(注:上诉机构是否越权?多么有意义的一个选题啊。这个问题,我们在课堂讨论中多次提及,看来引起了这位同学的兴趣。)

张露玉:我的想法好像和罗曦的挺像的。我从双重救济案切入,想写该案的案情和背景。然后我发现主要包括三个方面,首先是上下文的解释;然后是税的征收,反倾销和反补贴税的征收;第三个是以东京回合补贴守则的第 15 条为例,分析了省略含义的问题。多边贸易的宗旨,例如在公正和解决争端中,和《维也纳条约法公约》中规定的条约的解释的方法之间的矛盾,还有就是专家组和上诉机构,特别是上诉机构在进行条约解释时有没有越权的问题。我的观点是其运用的方法和规则与多边贸易的宗旨和目的是可以兼顾的。最后的一点是一些借鉴。我打算再结合一些其他的案例和文章,为以后提供借鉴。会回到比较抽象的多边贸易的宗旨和精神,使得条约解释的方法和规则不至于太机械化。

顾滋民:我想落实到一个案例中 WTO 遇到的困境。在知识产权案中,第一是知识产权的保护;第二主要是刑事门槛的问题。争端解决机构就这个问题已经得出结论。在版权的保护的问题上,中国胜诉。在中国,著作权和版权是不等同的。中国的《著作权法》第 4 条第 1 款规定:没有已发表出版的作品,不能得到本法的保护。(注:《著作权法》第 4 条第 1 款规定的是:依法禁止出版、传播的作品,不受本法保护。并不是这位同学说的内容啊。)

---

① 廖老师批注:这个同学参与课堂讨论的情况,其实是值得研究的另一个例子。一开始她的参与并不多,每次课大概发言一次,好像头两次课都没有怎么说话,但在后来的课程中,则是一次比一次踊跃,完全融入到"提前阅读材料——课堂积极讨论——课后延伸阅读"的良性学习模式之中。

杨：再思考一下吧！今天的讨论就是先谈一下自己的思路，可能对大家来说不太容易。同学们的思路可能有助于你的思路的扩展。

（注：从同学们的发言可以看出，这次课也是相互启发的过程。）

邓菲：我有两个备选题目。刚才听过大家的发言之后，好像与刘豪的思路有些类似。他的文章包括四个方面，而我想从三个方面来写。唯一的不同是他将出版物案和原材料案具体列出来进行分析；而我是想从其他的案子中关于GATT20条的适用，从理论的角度来写GATT20条的适用，然后写建议。然而我听过刘豪的发言之后，感觉自己可能没有他分析的好，我就打算换成另一个题目。另外一个题目是在知识产权案时，根据廖老师提出的国际公约解释国内法律的合法性和柳弛提出的法律解释的含义这两个问题，我将我的文章分成三个方面：第一方面是法律解释的具体含义；第二个方面是根据WTO中案子的适用，阐述从案例中得出的能使用国际公约来解释国内法律的理由；第三个方面是我的观点，即是否能够适用国际公约来解释国内法律。

（注：请注意，这位同学坦然承认"感觉自己可能没有他分析的好"。）

房慧：我本来想写取向电工钢案中的3.1、3.2、3.4、3.5，当时大家讨论了好久。例如3.1是不是overriding；3.4、3.2是不是对应3.1中的a和b；3.5是否包含在3.1中，还是3.1的递进。最后我没研究明白，所以我放弃了。我转去研究知识产权案中的一个问题，关于commercial scale的解释，我的目标就转向了涂燕辉的一个问题，专家组对中国刑法的规定本身的真实意思解释错误时，中国是否要根据专家组的意见进行改正。老师提出的问题是，假设中国法院审理与专家组曾经做出理解中国法律有关的案件时，中国法院是否要根据WTO的理解来审理该案。然后这个问题就与侯日欣的，韩悦的，池安琪的一样了。我刚才听到他们的思路之后，我就感觉自己肯定没有他们写的好，就想放弃这个题目了，但是我还是坚定想法，继续写这个。我发现我的思路可能与池安琪的更像一些，但是我不认为与邓菲的相像。如果分析中国法院是否要根据WTO对中国法律的理解来审理国内案件的问题。那么WTO会有一定的理解，会在最后的报告中有所体现。所以这个问题其实可以延伸为我们国内的法院是否要根据WTO的裁决进行自己的审理。我现在的思路是，首先是这个问题的现状，在我看来应该是很少存在的。大家可能认为专家组对国内法是有权进行解释的，这个在WTO协定的16.4条中有规定：每一个成员应保证其法律、法规和行政程序与所签订的各协定对其规定的各义务相一致。也就是说我们在加入WTO时对自己的权利和义务作出了一些让步。那么专家组和上诉机构才能够审理这些问题，就应该有权对国内法律进行解释。否则，没有办法进行审理。如果不允许其进行解释，那么就只能按照国内的解释，这显然是不公平的，其实也就没有审理的必要了。但是我发现专家组对国内法在大部分时候并不是在解释，而是审查，只是审查国内法和国际条约是否契合，其宗旨和规定是否一致。第二个问题是，虽然我认为这种情况很少存在，但是仍然存在。在其存在的情况下，我的结论是我国的法院不应该按照WTO的解释审理国内案件，因为现在在我国，还没有法院遵循WTO的规则和裁决来审理案件的法律依据，尤其在刑事方面，还是依据我国的国内法。但是如果将WTO的裁决转化为国内法，那么就已经成为了国内法，与该问题就无关了。在我们进行人权法学习时，老师讲过人权法院在国际法和国内法存在冲突时，如果其作出裁决认为国内法违反了国际条约，就要接受惩罚或者修改国内法。我认为这与专家组和上诉机构的裁决的效力还是不同的。我认为上诉机构和专家组的裁决只是针对个案,本身对于国际条约和国际法的遵循是比较恒定的,而对国内法并不是这样。我之后还要更详细些地介绍。所以总结一下,专家组的裁决是没有判例效力的,但是在专家组的内部应该是有判例效力的,但是对于其他的国家,甚至对于当事国来说都是没有判例效力的。我国的国内法有规定:国际条约和惯例是优先的,但是专家组的解释应该是不属于惯例的,因而也不优先,也不必遵守。但是可能还有一个问题,即如果我们不按照WTO的解释审理案件,那么如果再遇到相同的状况,协商不成,接受专家组和上诉机构的裁决,可能还是会败诉。如果国内有权威的解释,不论是根据立法者的本意还是根据现实的情况进行的解释,这关系到原则性的问题。内部的司法一定要坚持独立,前面已经提到专家组的裁决对国内的裁决并没有效力,所以我们坚持自己的解释,尽力争取在今后的案件中获得胜利。如果还是不能说服专家组和上诉机构,我们可以接受惩罚,而不能轻易地改变国内法,按照专家组的意思审判,因为国内还是要根据国内的权威解释审理案件,这本身就是由本土的适应性和优越性决定的。

(注:请注意这位同学选题过程中所提到的若干同学。她的选题,好像是在听了大家的发言之后才确定的,这恰恰是本次课相互启发的目标之一。)

袁思浩:我主要是从宏观的角度来看条约的模糊性的问题。这样的选题与我上课的经历有关。因为我前几课来,而后来我再来的时候就发现已经听不懂大家的讨论了,所以我了解的还是比较宏观的内容。我的文章主要包括三个部分,第一部分是写两个案子,分别是原材料案和双重救济案,通过这两个案例来引入条约模糊的问题。第二部分是分析条约模糊的原因和合理性。在WTO这个庞大的体系中存在着这样的问题,必然有其存在的合理性。我想到三个方面,第一是立法水平的限制,第二是时代的变迁。例如我们所说的GATT其实是1994年签订的一个关税协定,距离现在已经有20年了,是很长的时间。也就是说时间的问题是对条约的模糊有一定的影响。第三是从WTO这个组织出发。我们知道WTO这个组织很庞大,截止到今年的2月份,已经拥有159个成员,塔吉克斯坦是第159个成员。并且组织的机制主要是达成一种共识,而不是简单的投票制,所以都是达成全部国家都能接受的方案,因此是各个国家相互妥协的结果。而太过具体的就很难达成妥协,而比较模糊的和原则性的比较容易接受。最后是提出自己的建议和改革措施,但是具体的还没有想。还有一点,我又对吴若的题目很感兴趣。其实世贸组织截止到2月份有159个成员,就像议会有159个选区,然后每个选区又派出自己的议员表达自己的意愿,维护自己的权益。我感觉这就和议会是相像的。所以我对这个也比较感兴趣,具体写哪个我再决定。

(注:"因为我前几课来,而后来我再来的时候就发现已经听不懂大家的讨论了,所以我了解的还是比较宏观的内容。"这句话很有意思。)

杨:袁思浩的思路比较宏观。宏观的讨论也是掺杂着理论。其实我们的课是归纳性的,即先有问题,然后大家在宏观上进行原则归纳,所以宏观没有问题。

(注:点明了讨论课的"归纳法"特征。)

张啸宇:我是从取向电工钢案出发的,因为在课上讨论了很多关于3.2和3.4这两条之间的关系。大家得出的结论是,调查机关有因果关系的证明义务。然后证明义务应该是怎样的,大家并没有讨论。就是说3.4中规定了非归因因素,非归因因素是否可以直接作为排除因果关系的相关因素,我对这个问题进行了深入的分析。我发现关于因果关系的认定在逻辑上有很多标准,按照紧密联系的程度可分为三个标准:一般原因、原因、主要原因。在因果关系认定标准的谈判过程中,标准是有一个演变过程的。在最开始的反倾销协定规定的是主要原因,但是后来由于美国的介入,将主要原因改为了原因,把主要两个字删掉了。但是在后来的多哈回合谈判过程中又进行了进一步的修改。所以现在从条约来看,是一个多方妥协的产物。从条约之间的关系来看,它不是一般的因果关系,因为3.4条中提出了一些非归因关系的因素,也就是还要求调查机关考虑这些因素,不仅仅考虑倾销就能得出倾销造成的损害。其次它也不是一个清晰的主要因果关系,因为关于主要因果关系在反倾销过程中有很多观点,例如,倾销的原因要占50%还是要大于其他原因的总和。所以我认为从条约上看也不是一个清晰的主要因果关系。所以这个问题需要讨论一下,在反倾销协定中关于因果关系是不是要制定一个明确的条款或者判例,否则无论是采取哪种因果关系的因素,都不利于争端的解决,并且专家组的自由裁量权也不够大。我认为这就是在取向电工钢案专家组和上诉机构的报告中关于因果关系的阐述不是特别清晰的原因,也是大家都不能认同的原因。

林璐:①我想写的是关于非市场经济国家的这个条款的探讨。因为在最开始的案例中第一次提到该条款时,我就总感觉该条款是百害而无一利,所以我就研究了一下,我就不这么想了。我的文章大概包括以下几个方面:第一部分是在现在WTO的条约体系中针对这个条款的其他规定。第二部分是该条款在现实中存在一些问题。首先非市场经济国家的判定是没有标准的,现在唯一的是美国有一个标准,而并不是量化的标准,非常容易被滥用,而且也并不是只要国内的市场产品达到了标准,就能够承认中国是市场经济国家,包括劳工标准,涉及人权方面的问题。第二个问题是市场经济国家在对我国进行反倾销的过程中,选择替代国也是没有标准的,有可能选择不符合我们国情的国家,包括一些东非的国家,例如印度、菲律宾等国家。第三个部分我想针对我读的一些文章的观点提出我自己的反驳意见。第一个是大家普遍认为这是政治问题,然而我认为这并不是一个单纯的政治问题。因为在我们加入WTO之前,发达国家都是适用这样的标准对我们进行反倾销限制的,并且我认为俄罗斯在经济的发展上还不如我国,然而许多的欧美国家都承认了其市场经济地位。我认为这个选择的标准是不明确的,因为归根到底其承认的原因是欧洲与俄罗斯之间的资源、石油市场的需求决定的,实质上还是经济问题。第二个普遍观点是非市场经济国家的条款直接导致了反倾销的产生,我认为这个观点是错误的。我认为该条款只是在反倾销的调查中产生了比较不利的影响,并且这个影响是有限的。第三个观点是认为非市场经济国家的条款对我国是百害而无一利,我认为这种观点也是错误的。因为如果我们市场经济国家的地位被承认了,会避免很多不公平的待遇。但是从现实上看,我国遭到反倾销的产品不足我国出口产品总额的1%,影响是非常有限的。其次是这种表述是非常有弹性的。因为已经有许多国家已经承认了我国的市场经济国家的地位。再次是生产者是有途径证明自己满足市场经济国家的条件,也就是说其拥有自我救济的措施,同时我们也规定该条款有15年的

---

① 廖老师批注:这位同学前八次课很积极,但最后几次课却没有怎么发出声音,这也是值得研究的个案之一。

时效,我们可以采取手段尽可能地缩短时间。所以我们不能过度的强调该条款对我国的反倾销造成的影响,因为该条款是我国开放贸易以后市场经济必然要遭遇到的贸易摩擦,因为其占有的比例比较小,并且在逐年下降,我认为未来这种情况是可以通过一定的手段避免的。第四部分是我对这项条款提出的一些措施。第一个是从我国入手,改善经济的标准和条件,从客观上达到一些要求。第二个是在外交上通过谈判,在经济关系上,使得更多的国家承认。第三个是作为WTO的一员,参与到WTO体制的改革中去。第四,在反倾销调查的同时,充分地利用DSU的规则来保障自己的权利。第五就是充分利用对方的各种利益集团之间的关系来保证我国的权利。因为最近有一条新闻说英国因为不在欧元区范围内,所以导致一些奢侈品集团非常努力地促使英国在对于中国入境的签证方面有比较大的改善,因为在这种情况下,去法国的人数比去英国的人数多25%。这种情况下,一个奢侈品集团能够在很大程度上影响入境签证的措施,那么我就可以利用这种关系在国际的经济环境中达到某种目的。

(注:这位同学很早就提出了这个问题,但是在课堂上没有充分讨论,于是她就自己研究了。以上想法不仅很全面,而且与开始时"该条款是百害而无一利"的想法是不同的。应该是,这又是讨论课激发主动学习的一个例子。)

于爽:原本我想写法律模糊性的问题,但是,我在通过资料研究法律模糊性的原因的过程中发现,无论是针对WTO条约而言,在签订时各个国家的利益不能达成一致,所以造成条约的模糊,还是法律客观的抽象性或者是在司法过程由于新情况的出现导致的法律的模糊性,这些都是客观存在的,是任何的法律都不能避免的。我认为在这样的前提下,解释法律是更加有意义的问题,所以我就临时换了题目,即如何解释法律。所以我就看了一下WTO解释法律的方法,主要有文意解释、上下文解释、目的解释和历史解释等解释方法。我主要说一下文意解释和目的解释吧!我主要想这两个方面:首先我看到文意解释有很大的优点,也就是说文意解释具有更大的客观性,更加尊重原文,但是也具有很多缺点,也就是它比较僵硬,有很大的局限性,只拘泥于一个词语的解释。而目的解释更具有现实的合理的意义,并且更具有灵活性,但是也具有一定的缺点,例如说它赋予专家组更大的裁量权,更加容易带入自己的主观上的看法。然后针对这几种解释的主次地位的区分。文章中说,在刚引入《维也纳条约法公约》来解释WTO法律时,专家组的观点是这几种解释的方法在条约法公约中并没有先后次序的区分,所以在引用过程中,并没有先后的区分。但是在后来的案子中,文意解释的基础地位就确定了。所以在这几种解释方法中,文意解释占有的比重比较大,专家组在遇到问题时最先考虑到的是文意解释。但是结合出版物案中的对sound recording 和 audio-video product 等几个词的解释,当词语的字面意思有了动态变化时,也就是例如 sound recording 对非实体形式的录音产品的广播和发行,我认为在字典里,不管是哪个版本,例如像 come back 就是很笼统意义上的解释,所以对于是否包括非实体形式的录音产品的广播发行这个问题,专家组还是对针对这个词是否适用字面上的解释有自己的判断。我认为文意解释是不是在WTO的条约解释的应用过大,所以它的局限性也逐渐地显露出来。我觉得是否需要扩大适用目的解释或者历史解释,达到解释的确定性和灵活性之间的平衡。所以我在想,在字面意思变化时,或者法律规定模糊时,或者法律对新情况未有规定时,是否可以适当的考虑一下目的解释和历史解释在解释过程中占有的比重,或者在文意解释的基础上,用上下文解释、目的解释或者历史解释进行验证。而具体的方法我还没有想到,因为时间比较仓促。还有刚才燕辉的想法对我启发很大,可能我的想法比较浅显。

(注:请注意:"刚才燕辉的想法对我启发很大"。)

赵苗苗:我想从知识产权案开始写。首先写一下这个案件的基本情况,在知识产权案中美国的主张和专家组的裁决,重点是专家组裁决的第三点,即刑事门槛的那一部分,我认为关于 commercial scale 的裁决是很精彩的。通过这一点驳回了美国的主张,同时又说,美国可以提供更多的证据,但是专家组没有办法。虽然专家组这么说,但是如果美国真的提出了证据,那么专家组的证明义务就会很繁重。我就是就具体的案子来写的。

(注:精彩的案例,是讨论课成功的重要前提。)

单耀辉:我写的是 GATT20 条的适用。主要是针对为什么在原材料案中和出版物案中得出了相反的结论。我主要是针对两个结论中的差异,结合法条解释的原则来对其给出的标准进行分析。也就是我将两个不同的结论中的两个标准抽象出来,根据法条的解释,逐条地对专家组和上诉机构给出的标准进行分析。

崔松辉:我也是以条约的模糊性为切入点写的。WTO 协定是博弈的结果,难免条约会模糊些,这样条约越模糊,是不是给上诉机构更大的司法能动性,进而上诉机构是否会在实践过程中,越过其他组织的权力。在涉及具体案件中,上诉机构裁定的侧重点是否与当事国的意图不一致,忽略掉条文的本来的文意,是否会一味地遵循条约的宗旨和目的,这样越权的司法能动性给成员国带来的是利还是弊。我想针对这个问题,即司法能动性的利弊问题。

(注:请注意"司法能动性"这样的术语。我们在课堂讨论中,涉及过这方面的内容,但是并没有使用过这个术语。因此,这个术语是来自于同学们自己的学习。①)

邹佳旭:我想写的是知识产权案中知识产权国际条约的解释。我想结合案例引入,首先写一下美国和中国的立场;然后是他们的不同的解释方法和我国侧重的文意解释的方法,以及分析文意解释存在的弊端,在本案中导致专家组支持了美国的除刑事门槛之外的其他的主张的原因。最后一部分我还没有想好。有关知识产权的条约主要是 TRIPS 协定和伯尔尼公约。

付凉洁:我不用写作业,但是我想写的题目与刘婷的题目差不多,主要是立法沉默和省略的问题。大体的思路是分为四个部分,第一部分是在 DS379 案中,即双反案中涉及到省略的问题,共有两处涉及:一处是《东京回合守则》,另一处是 GATT1994 第 6.5 条,当时上诉机构在其报告中反对专家组机械的反向推理,并提出省略在不同的上下文中有不同的含义,省略不具有决定意义。第二部分是分析原材料案中关于 omission 的裁决。在原材料案中,专家组和上诉机构对《中国入世议定书》第 11.3 条进行了文意解释和上下文解释,这两个部分都涉及 omission 的问题。在文意解释中,认为里面没有一个字义表述,使之联系到 GATT1994;然后是上下文解释,共有两个上下文:一个是 11.1 和 11.2 条,在两个条款中都有符合 GATT1994 的表述,而在 11.3 中没有涉及,是 omission;另一个是中国入世工作组报告的 155 和 156 段同 11.3 一样没有提及符合 GATT1994,所以就是不想建立这种联系,这里也有 omission 的问题。第三部分是分析争端解决机构在原材料案中违背了其在双反

---

① 廖老师批注:这可能是其他课堂上所学习的内容,学生通过联想,用到了这里。

案中归纳的对省略进行解释的规则。第四部分,我试图自己去对原材料案中的omission进行解释,我会按照双反案中的规则对省略进行分析。我的初步结论是:GATT1994可以作为11.3的上下文进行解释。

(注:这位同学是研究生。她的作业显然是一篇学术论文的水平。相信她从这门给大三学生开设的课程中,也有自己的收获。)

赵洋:我的题目是《浅析WTO对中国原材料案裁决的长远影响及对其应对措施》。共分四个部分。第一部分是案例简介。第二部分是专家组及上诉机构裁决思路评析,这会涉及法律解释的问题。第三部分是影响。主要分两个部分:一是减损了中国作为WTO成员的合法权益,加重了中国承担的"超WTO义务",削弱了世界公认的国际法基本原则,即自然资源永久主权原则;二是原材料案对稀土案的影响。稀土案是最新的案子,其与原材料案有很多相似之处,上诉机构的裁决自然会对其产生一定影响,从解决实际问题的角度出发,是很有必要进行讨论的。第四个部分是应对措施,主要也是想为如何应对稀土案,提供一些建议。

(注:这位同学也是研究生。)

杨:我发现同学们的发言相互的启发很大。我觉得这样很有意义。我们的课堂就是一个相互讨论,在讨论中相互启发的过程。我把它称为学习共同体。这里的"我们"包括我与你们,当然我的贡献是最小的。我们的作业也可以通过学习共同体的方式完成。

(注:提出"学习共同体"的概念。相信同学们会思考这门课的与众不同之处。)

我们的课程,今天就告一段落了。我写了一个发言,念给大家听听:

我们学到了什么?

这是一门特殊的课程。上课时是同学们"大家说",而不是传统的"同学听老师说";讨论的是复杂的法律思维的方法,而不是简单的知识点;课前课后需要认真阅读思考,而不是等着老师上课灌输。

这是一门特殊的课程,我们有着特殊的收获。

我们学到了WTO基本知识。这些知识包括WTO的原则,WTO协议的主要内容,WTO的理念,WTO的历史,特别是《知识产权协议》、《反倾销协议》、《反补贴协议》、《关贸总协定》、《中国加入WTO议定书》中的重要条款。这些知识,有些是在课堂上通过同学们之间的讨论学到的,但更多的是通过课前课后阅读指定资料以及其他资料而学到的。我们发现,课堂讨论激发了我们课前课后学习的主动性。

我们提高了法律思维的能力。通过对中国参与的"知识产权案"、"取向电工钢案"、"双重救济案"、"出版物案"和"原材料案"的研读和讨论,我们具体地感觉到,法律思维能力包括事实归纳能力、法律解释能力以及将法律和事实联系起来的法律论证能力。特别是在法律解释方面,我们体会到了使用《维也纳条约法公约》解释WTO协议条款的精妙之处,提高了我们理解法律的能力。

我们体验了法治的精神。通过阅读WTO案例中的严谨而充分的论证,我们发现,法院判决书"讲道理",其实是法治的重要指标;判决书让人心服口服,才能有利于当事人心甘情愿地执行,才能有利于一个社会的法治。

不仅如此,我们频繁发言和板书,锻炼了口头表达的能力;我们安静倾听和思考,培养了对他人的尊重;我们热烈讨论和"争吵",增加了对法律的兴趣。

此外,我们还发现,老师与同学之间可以如此平等!同学们有如此大的潜力!同学们之间会有如此多的启发!

我们不仅学到了WTO知识、提高了法律思维能力和体验了法治精神,而且还有如此之多的意外发现。

我们知道,一门课的容量是有限的;我们并不期待,通过一门课的学习,就能变成博学老练的法律家。但是我们相信,这门课所包含的知识、能力和精神,以及我们所发现的自身潜力、人际关系和法律魅力,会时时启发我们,去学好其他课程,并且当我们离开校园,走向社会,这门课上所发生的一切的一切,仍然能够给我们力量,让我们做得更好!

(胡秀娟、王雅男根据课堂录音整理)

廖诗评:

课程至此告一段落。结束课程的时候,杨国华同志用的是轻描淡写的语言,让人感觉这次课的结束和之前十一次课没有什么区别。但相信在每一个积极参与课堂讨论的学生的内心中,多少都是有一些感慨,甚至是感伤的。不过,从旁观者的角度而言,我的任务不是去感慨,而是进行理性的思考,为授课教师的讨论式教学法不断发展完善,提供自己的观点、视角甚至是批评意见。具体而言,我个人认为讨论式教学法在以下几个方面是值得进行进一步思考的:第一,适合讨论式教学法的课堂和课程是否是特定化的?比如说,对参与的人数有没有上限要求?是不是选修课更适合开展这种教学法?必修课是否适合?或者根本就无需做出这种区分?第二,如何改善现行的讨论式教学法,使得尽可能多的学生参与课堂讨论?第三,没有参与课堂讨论的学生真的有收获吗?有哪些收获?这些收获是即时性的还是长期性的,会不会当时觉得有收获,一下课就一切如旧了?当然这也是传统讲授式教学法经常会导致的结果。第四,如何通过其他配套措施,巩固课堂讨论式教学法的成果?可否考虑在讨论式教学法教学的基础之上,再来开设模拟法庭课程?对于这些问题,也许我会在本书的"代后记"里回答,也许我会在进一步思考之后通过其他方式提出自己的看法。无论如何,这门课程的开设,对我个人而言最大的收获在于,初步了解了学习共同体的基本理念,自此,我相信我至少不会着力去维持自己在学生面前的"权威",相反,当看到学生对自己所发表的观点唯唯诺诺,或者点头赞同时,我心里会有如下疑问:他们真的听懂了吗?他们难道就没有自己的观点?他们难道就不可能提出一些对我有启发性的观点?他们难道就不会提出比我更为合理的研究切入点和观点?

最后一定肯定以及必定要表达的,就是对杨国华司长的谢意。这十二周以来,他的工作日分别在许多不同的城市中度过,但无论他工作日在北京、华盛顿、日内瓦或是墨西哥城,每个周六早晨,他都带着他的讨论式教学法、WTO案例,以及对中国法律人才培养的热情和异常理性的分析头脑(当然还有各类具有异域风情的小食),准时出现在那里。因为他知道,他想要的是什么,他想追求的是什么,什么对他是最有意义的。这也许就是时下流行的"大叔魅力"的精髓所在。

附录 1
北京师范大学法学院 WTO 法课程作业精选

一、作业汇总（目录）（数字为作业字数）

探讨 WTO 中的政法关系与正义实现　5034

试论专家组内国法解释的内国法效力——由中美知识产权案引发的若干思考　6118

论 WTO 争端解决中判例的法律地位与效力　5042

TRIPS 协定对中国知识产权保护体系的影响　3721

论 WTO　3306

WTO 争端解决机构对"条文省略"的含义解释
　　——评中国原材料出口限制措施案专家组基于上下文对《中国入世议定书》第 11.3 段之解释　12498

从"取向电工钢案"谈反倾销因果关系的认定标准　3526

从中美知识产权案角度对 TRIPS 的思考　3661

浅析 WTO 争端解决机制中有关专家组的若干问题　6667

对 WTO 条约司法解释方法问题的思考　5314

论 WTO 争端解决机制中的"先例"制度　4203

GATT"一般例外"对我国入世议定书的适用问题评析
　　——以中美"出版物案"和"原材料案"为例　6072

我观《入世议定书》与《建立 WTO 协定》的衔接
从"出版物案"和"原材料案"的不同结果出发　5298

论知识产权国际条约的解释——以中美知识产权案为视角　5110

论 WTO 专家组和上诉机构报告的效力　3358

浅论 WTO 争端解决机制下的条约解释　11499

浅谈双重救济案的跨协定裁决问题　7276

浅析"中美知识产权案"中的"刑事门槛"问题　5904

浅析 GATT20 条的援用——以"原材料案"为例　3200

浅析 WTO 法律解释的不足　4769

浅析国家主权权能在 WTO 时代的限缩
　　——从中美知识产权案引起《著作权法》修改说起　3319

浅析条约演变解释的方式及限制　10151
浅析中美知识产权案的裁决　4777
浅议WTO报复的性质及改革方案　5278
浅议WTO与议会之比较　4386
WTO多边贸易宗旨与条约解释方法之兼顾——以双重救济案为例　3262
条约解释"本本主义"初探　4810
小议WTO上诉机构法律解释的权限——关于争端解决中能否"造词"的讨论　3276
小议知识产权刑事门槛问题——以中美知识产权案为例　4270
以中美"出版物案"和"原材料案"浅谈WTO争端解决中的条约解释　5378
知识产权案的法律思考　3022
通过原材料案浅谈WTO条约冲突与模糊问题　3385
专家组对国内法解释的权力及该解释在国内的嗣后效力　5455
论国际条约行为规制机制的数学模型　6632

二、作业精选清单

池安琪　90分　试论专家组内国法解释的内国法效力
　　　　——由中美知识产权案引发的若干思考　6118字

刘婷　90分　WTO争端解决机构对"条文省略"的含义解释
　　　　——评中国原材料出口限制措施案专家组基于上下文对《中国入世议定书》第11.3段之解释　12498字

刘豪　95分　GATT"一般例外"对我国入世议定书的适用问题评析
　　　　——以中美"出版物案"和"原材料案"为例　6072字

曾薪燚　90分　浅论WTO争端解决机制下的条约解释　11499字

罗曦　90分　浅谈双重救济案的跨协定裁决问题　7276字

涂燕辉　90分　浅析条约演变解释的方式及限制　10151字

林璐　90分　浅议WTO报复的性质及改革方案　5278字

吴若　90分　浅议WTO与议会之比较　4386字

郑至言　90分　条约解释"本本主义"初探　4810字

房慧　90分　专家组对国内法解释的权力及该解释在国内的嗣后效力　5455字

柳驰　95分　论国际条约行为规制机制的数学模型　6632字

试论专家组内国法解释的内国法效力
——由中美知识产权案引发的若干思考

池安琪

2007年8月13日,美国就诉中国知识产权案向WTO提交了"设立专家组请求",正式拉开了中美知识产权大战的序幕。2009年3月20日,经WTO争端解决机构审查通过的百余页专家组报告洋洋洒洒,四两拨千斤般轻松让中美知识产权纠纷尘埃落定。在这份专家组报告中,专家组援引中国刑法及其司法解释,对中国刑法体系中的知识产权犯罪作了系统分析和评述,并以此为依据,分析中国刑法对知识产权的保护是否达到TRIPS协定的要求。其中,专家组对中国相关司法解释效力的分析一度被视为WTO案例说理严密的例证,得到广泛赞许。但此处却暗含一个重要的理论问题,即专家组对内国法解释(本文中专家组的"解释"仅仅指"对法律的解释",并不特指有法律约束力的法律解释)的效力问题。具体到本案来说,虽然本案中专家组分析中国刑法得出的结论与中国自己的主张相同,但是否可能存在专家组对内国法审查得出的结论与本国解释不一致的情形?如果出现此种情形,专家组的解释能否直接产生法律效力?内国法院在遭遇类似案件时是否需要遵循专家组的解释?笔者就此有所思考,现试做论述。

一、问题的提出——会不会不一致?

(一)审查的频度

从WTO争端解决机制运行至今的诸多案例来看,专家组裁决案件的基本目的都在于判断涉案措施是否与WTO相关制度或规则相一致,其中多数案件又会涉及对内国法法律制度和规则的审查。从这一角度看,专家组对内国法的审查并不是一个小概率事件。

(二)解释的差异

一般来说,专家组审查内国法,是以该国法律及其司法解释为基础或是汇集相关各国对争议条款的解释并作分析,再在专家组报告中给出专家组自己的分析结果,并以此为基础,对该国法律作出定性,最终作出案件裁决。姑且不论专家组是在解释或是解读内国法(笔者认为此处解释仅仅是有效力的解读),也不论专家组是否中立、客观、公正地将内国法作为一个事实问题来看待,专家组对内国法的解释天然的可能与本国的解释不同,理由有二:

1. 解释的依据不同

由于WTO是国际性的争端解决机制,为使专家组的裁决得到大多数成员的认可和支持,其在审查内国法时必须使用为各国所普遍认可的解释方法。从专家组的司法实践来看,《维也纳条约法公约》(以下简称《维也纳公约》)第31条、第32条已在美国汽油案、日本酒税案等案件中得到遵循。在印度专利案中,上诉机构在纠正专家组适用该条约解释通则的偏差时甚至指出:"无论是专家组还是上诉机构,都必须遵守《维也纳公约》所确立的条约解释原则……"①可见,上诉机构已实际确立了《维也纳公约》作为其和专家组条约解释的必然依据,而这一依据也已然使用在内国法审查之时。

与国际法解释的严格限制和普遍适用不同,一国解释本国法律,往往是为应对社会生活中出现的新状况,因而其法律解释的依据往往是具体的本国国情和司法现状,甚至可能涉及一国特定的公序良俗。在这一层面上,专家组和内国对内国法的解释可能体现出一般解释和特殊解释、抽象解释及具体解释的差异来。

2. 解释的方法不同

因为上诉机构明确了必须遵守《维也纳公约》所确立的条约解释的原则,专家组在解释内国法时就必须遵守《维也纳公约》所述,依照条文文本本身、上下文以及目的和宗旨来解释法律或是条约,因而实际上将解释的方法局限在文意解释和目的解释中。

不同的是,一国在解释本国法律时,除已有有权解释的外,其余部分可综合运用文意解释、目的解释和历史解释、比较解释等种种方法加以解释,得出结论。而这些方法的差异就可能导致解释结论的不同。

除上述不同之外,由于难以保证专家组对内国法审查时的中立、客观,专家组和内国在解释内国法时也可能出现解释目的上的不同等。以上不同,都在理论上证明了专家组对内国法的解释和本国不同的可能性,甚至在一定程度上说明了此种可能性并不低。再加上国际社会有目共睹,专家组和上诉机构在发挥司法能动性上愈发活跃,解释片面性的增强将使得这一问题的提出、研究和解决有着更为深刻的实践意义。

二、理论上的分析——该不该不一致?

抽象来说,专家组内国法解释的内国法效力问题,实际上类似于国际法在国内的适用问题。而探讨这一问题,就不得不涉及国家主权的概念。

最早提出国家主权定义的,是法国政治学家让·布丹。他在《论共和国》一书中说:"主权是在一国中进行指挥的绝对的和永久的权力。"布丹系统地论证了国家主权与其他权力的不同:主权是一种绝对的权力,它是至高无上的,它在权限、职能和时间上都不受限制,是高于法律的,不受委派的,也是不可分割的;主权是一种永久的权力,它以一个国家的存在为基础,不论政治制度和政府如何变动它始终存在;主权是国家固有的不可缺少的重要属性,是国家的灵魂,是国家区别于其他社会集团的主要特征。换句话说,这种"绝对主权"是民族国家的首要特征。②

然而,经济全球化已经成为当代世界经济发展最重要的特征,经济全球化正在打破经济活动的民族国家界限,使世界各国经济越来越趋于一体化。国家间的依赖,尤其是经济上的依赖越发强烈,这使得任何一个国家都不能独自超然地实现自身发展。正如英国首相托尼·布莱尔在一次演讲中所说的:任何一个政府认为自己可以独自行事的想法都是错误的,如

---

① 张乃根:《论中美知识产权案的条约解释(上)》,载《世界贸易组织动态与研究》2008 年第 1 期。
② 刘德喜:《WTO 与国家主权》,人民出版社 2003 年版,第 126 页。

果一国政府的政策与市场不相符,就会受到市场的惩罚。在贸易方面亦是如此。保护主义是通向贫穷的捷径。只有参与到国际竞争当中去,我们的公司与经济才能够发展,才能够取得成功,但是这必须有一个建立在规则之上的国际体系。这就意味着即使你不愿意,也必须接受国际组织的决定。概括而言,正是这样一种"任何国家不能超然物外"的认知和恐惧使得国家愿意让渡自身权力,接受国际组织的约束。但笔者认为,这并不意味着"国家主权"概念本身受到了限缩。这一理论恰恰说明了主权国家是在利弊权衡之下选择了让渡国家主权而接受国际组织的约束,尽管这一决定做得并不心甘情愿,但至少是主动选择的结果。否则,在不考虑国际人道主义的情况下,一国完全可以以国家发展为代价换得绝对主权。因此,国家主权概念依然存在,内涵虽有变化,但基本价值不变,只是受到了客观条件的约束。

基于以上认识,笔者对专家组内国法解释的内国法效力问题持否定观点,理由有三:

(一)国家的独立性

在当今国际环境下,国家仍然是国际关系中最基本,也是最重要的主体,而非之一。而其独立性正是其赖以存在的基础。国家的独立性是国家主权的主要特点之一,内涵广泛,其中最基础的在于他国政府承认该国是一个独立的实体,且享有不受外部干涉的自由。① 从这一层面上说,立法权和司法权是国家固有的权利,一国法律由其国家权力机关制定并解释,属于国家内政,理应享有不受外部干涉的自由。虽然在 WTO 争端解决机制下,各成员国已通过签署"一揽子承诺"明确表示接受 WTO 规则和专家组裁决的强制约束,②但这绝不意味着专家组的裁决属于"必须遵循的先例",可以在内国直接适用或援引。③

(二)国家同意的必要性

如上所述,国家主权意味着民族国家拥有至高无上的权力,因而我们可以轻易得出"主权豁免"等概念,会得出这样的结论:没有一种国际法规范可以有效地适用于任何一个民族国家,除非该国以某种方式表示同意。从广义上说,各种条约或公约几乎都隐含着"凡是接受条约的民族国家对条约内容都是认可的"的认知。此外,国际法准则的另一个重要渊源是国际习惯法。理论上,国际习惯法也是建立在同意观念这一基础之上的,是通过"国家的习惯做法"和法律的确信而形成的。④

概括而言,国家明示或默示的同意是国家接受国际法(或类国际法,如 WTO 等国际组织的相关条约和公约等)制约的必要前提,而国际法对国家的制约则必须以明示为前提,除依逻辑可直接推理得出的外。也即国际组织或国际条约对国家的同意不得随意作扩张解释,除依逻辑可直接推理得出的外,其每一项制约都应当得到国家的同意。

---

① [美]杰克逊:《国家主权与 WTO:变化中的国际法基础》,赵龙跃、左海聪、盛建明译,社会科学文献出版社 2009 年版,第 74 页。
② 关于专家组裁决强制约束力的论述,严蓉:《WTO 争端解决机制的强制性及对内国法的影响》,载《时代法学》2007 年 6 月版,第 5 卷第 3 期。
③ 关于专家组裁决报告是否具有判决效力的论述,[美]杰克逊:《国家主权与 WTO:变化中的国际法基础》,赵龙跃、左海聪、盛建明译,社会科学文献出版社 2009 年版,第 202~212 页。
④ [美]杰克逊:《国家主权与 WTO:变化中的国际法基础》,赵龙跃、左海聪、盛建明译,社会科学文献出版社 2009 年版,第 66~67 页。

WTO争端解决机制的强制约束力和专家组裁决的强制执行力已通过其成员国的签署同意行为得到确认,但其强制约束力和强制执行力的范围除依逻辑可直接推理得出的外,不能也不应得到扩张解释。也就是说,除成员国签署的条约(或公约等)内明确规定的义务之外,WTO不得以任何形式强加义务于成员国,而此义务很明显地包括专家组作出的不同于内国的内国法解释,因为迄今为止,WTO的任何条约都不曾涉及此部分内容。

(三)对民主代议制的威胁

自资本主义产生之日起,民主就越来越明显地成为了世界发展的主要方向,甚至国家主权都在一定程度上向人民和民主倾斜。前联合国秘书长科菲·安南曾在讲话时提到,"最近几十年,特别是冷战结束以后,出现了对国家主权概念更加激进的四大挑战:持续不断的民族自决要求,对国际和平与安全更广泛的理解,国家权威的崩溃和日渐重要的民众主权"。部分国际法学者将今天具体使用的"主权"概念归结为"权力分配",包括纵向的和横向的权力分配。在影响权利分配的诸多问题中,立法问题显得最为突出。而这一问题当今又往往集中在"民主立法"的问题上,这常常意味着是对传统的主权概念的挑战,而且与主权的部分内涵正在从"民族国家利益的主权"向"人民主权"倾斜的观念相关。①

总的来说,世界人民的民主意识普遍高涨,民主代议制已然成为当今世界各国的基本政治制度之一,由人民直接或间接参与的国家权力机关或多或少地都成为了人民表达意愿和维护自身权利的战场。人民和国家都时刻紧盯国家权力机关的权限变化,警惕自身权利横遭褫夺。

在当今绝大多数国家中,法律都由人民参与的国家权力机关审批通过,进行法律解释的机关也大多经由人民直接或间接选举得出。也即,一国法律及其解释实质上都或多或少地经过了人民的同意,是人民意志的产物。

而在WTO争端解决机制的司法实践中,专家组审查内国法从"美国301条款案"中接受各国对争议条款的解释,到"中美知识产权案"中自行审查中国法律文本及司法解释,再有"印度知识产权案"中积极对印度法律自行作出解释,专家组越来越多地发挥自身的司法能动性。但作为一个国际性的司法机构或准司法机构,WTO争端解决机构每一次发挥司法能动性都很可能牵涉到成员国的权利义务。专家组审查内国法,即便听取争议各方意见,裁决报告也是由其自行撰写,对外发布前并未经过内国的同意。如前所述,一国法律及其司法解释是该国国家权力机关依据该国特定国情设定的制度,是人民意志的产物。倘若专家组裁决可以直接在内国生效或在内国法院直接被援引,那么即便专家组裁决对内国法作出了不同于内国的解释,也可直接生效且在内国法院被援引,那么该国的司法独立在哪里?该国的民主代议制有何价值?如果这样的情况发生在中美之间,那么中美谈何人民民主专政?谈何人民主权?

早在1994年,在美国国会一个有关乌拉圭回合大量贸易协定和世界贸易组织的听证会上,拉尔夫·内达尔就忧心忡忡地对加入WTO争端解决机制提出反对,他说道:关贸总协定转变成世贸组织的一个重要结果是将会削弱公众的控制力,并降低国内民主机构对一系

---

① [美]杰克逊:《国家主权与WTO:变化中的国际法基础》,赵龙跃、左海聪、盛建明译,社会科学文献出版社2009年版,第87页。

列国内政策作出决策的能力……现在由公民及其所选代表(包括国会)掌握的决策权将会受到位于瑞士日内瓦的行政机构和争端解决机构的严重限制……①

在社会分工日益细致和国家间交往日益密切的今天,客观公正、专业性强的国际组织的设立显然有利于国际纠纷的高效和平解决。但在当今的政治经济环境下,国家仍然是国际关系中最重要的主体,而独立性是其赖以存在的基础。在国际组织尚未发展到足以全局性地掌握世界局势和发展时,直接侵犯国家权力是不明智也是不可持续发展的!

三、实践中的方法探讨——如果不一致了,怎么办?

由于各国法律制度及对 WTO 裁决的配合执行状况不一,本文将仅对中国的应对措施试做探讨。

很显然,当专家组对中国法律作出不同于中国主张的解释时,其结果大多是不利于中方的。此时,中国有两条途径可以力争避免专家组解释的效力:

(一)阻隔专家组解释的效力

虽然"一揽子承诺"使得 WTO 成员不得不全盘接受 GATT1994 项下所有权利和义务,使得专家组裁决具有了强制约束力,但这并不意味着专家组裁决的全文都具有必然的强制约束力。在理论上,专家组将内国法视为事实问题或是在法律推断部分对其进行分析都并不能直接产生约束力。关于专家组裁决的哪一部分具有约束力,目前普遍承认的只有裁决部分,其余部分的分析,中国完全可以以此提出抗辩。

再者,由于 WTO 诸多条约中并未明确阐述其判决需在成员国直接适用或可在成员国法院直接援引,中国并没有义务执行专家组的内国法解释。

(二)以中国宪法抗辩

国际组织权限与国家主权之间的界限是国际组织最敏感、最棘手的问题,当国际事务涉及国家宪法时,国际组织通常较为谨慎保守,不会轻易下结论,更不能轻易触动或试图改变一国宪法,中国可以此为突破口。

依据中国宪法,可以作为法律渊源在审判时直接适用的国际法仅包括国际惯例和中国签署或参加的国际条约,而且绝大多数国际惯例或条约的适用还需转化为国内法。中国虽是 WTO 成员国,也签署了 WTO 相关条约,但这并不说明专家组裁决就因此获得了与 WTO 相关条约相同的法律地位,即专家组裁决即便有法律约束力,也不属于中国宪法明文规定的法律渊源之列。凭此,中国法院在审理案件时完全不得援引专家组裁决的内容。那么,专家组对中国法的解释也就不得直接产生约束力,也不得在中国法院审理案件时被直接援引。

---

① 参见 John H. Jackson, "The Great 1994 Soverrignty Debate: United States Acceptance and Implementation of the Uruguay Round Results", in *Politics, Values, and Functions: International law in the 21st Century-Essays in Honor of Professor Louis Heikin*, Jonathan I. Charney et. Al. Eds. (Matinus Nijhoff, 1998):149,174,转引[美]杰克逊:《国家主权与 WTO:变化中的国际法基础》,赵龙跃、左海聪、盛建明译,社会科学文献出版社 2009 年版,第 85 页。

概括而言,专家组的内国法解释虽有可能与内国法主张不同,但其效力未有任何条约或惯例的肯定,更兼法律解释和适用涉及国家主权等敏感问题,因而其在内国的直接适用和被援引在短期内是难以实现的,除非 WTO 明确其效力并经其成员国同意。

参考文献

[1]严蓉:《WTO 争端解决机制的强制性及对内国法的影响》,《时代法学》2007 年 6 月版,第 5 卷第 3 期。

[2]张乃根:《论中美知识产权案的条约解释(上)》,《世界贸易组织动态与研究》2008 年第 1 期。

[3]张乃根:《论中美知识产权案的条约解释(下)》,《世界贸易组织动态与研究》2008 年第 2 期。

[4]程红星:《WTO 争端解决中的司法能动主义》,《国际经济法学刊》2005 年第 12 卷第 2 期。

[5]何曜琛:《WTO 争端解决裁决与国内法院的效力——兼评以欧盟经验对台湾的借鉴》,《"海峡两岸 WTO 法律论坛"论文集》,第 161 页。

[6]吕晓杰:《WTO 规则在欧盟法律体系中效力的新发展——统一解释原则的确定与适用》,《现代法学》2008 年第 1 期。

[7][美]杰克逊:《国家主权与 WTO:变化中的国际法基础》,赵龙跃、左海聪、盛建明译,社会科学文献出版社 2009 年版。

[8]刘德喜:《WTO 与国家主权》,人民出版社 2003 年版。

评分:90 分。

点评:本文的主题,显然来自本学期的课堂讨论(例如,"知识产权案"的第二次讨论)。然而,本文观点鲜明,论证严密,显示了作者敏锐的眼光,批判的思维,以及深厚的功底。这是一个很有创新性的题目,建议作者继续研究。例如,可以从"反方"的角度进行思考,并且一一予以反驳。事实上,课堂讨论中,已经出现了一些不同的观点,作者可以查阅参考课堂记录。作者还可以与同学们进行讨论,听听其他人的观点。当然,作者要有心理准备,随着论证的全面和深入,非常有可能出现新的问题,甚至得出完全相反的结论。也正因为此,这个题目才具有进一步研究的特殊价值。

WTO 争端解决机构对"条文省略"的含义解释
——评中国原材料出口限制措施案专家组基于上下文对《中国入世议定书》第 11.3 段之解释

刘 婷

摘 要 就 WTO 争端解决实践来看,"条文省略"(omission or silence)实际上是指这样一种法律现象,即对于某一情形,现行 WTO 法律体系没有作出明文规定,如果争端解决机构在履行争端解决职责时遇到这样的现象,就会采用一定的推理方法或者法律原则,推定出条文省略的真实含义。本文旨在通过对"条文省略"追本溯源,探究争端解决机构在司法实践中对"条文省略"采取的解释方法,就"中国原材料出口限制措施案"中涉及的《中国入世议定书》第 11.3 段的"省略"作出相应的解释。

关键词 条文省略 解释方法 解释规则

一、引言

就 WTO 争端解决实践来看,"条文省略"(omission or silence)实际上是指这样一种法律现象,即对于某一情形,现行 WTO 法律体系没有作出明文规定,如果争端解决机构在履行争端解决职责时遇到这样的现象,就会采用一定的推理方法或者法律原则,推定出条文省略的真实含义。为什么要对"条文的省略"作出解释呢?对"省略"作出解释时,争端解决机构该采用何种推理方法或解释方法?这种解释方法是否具有先例的效力?基于上述疑问,本文就"日本酒精饮料税案"、"加拿大影响汽车工业措施案"以及"中美双重救济案"中专家组和上诉机构对条约的"省略"所采用的解释方法进行分析,以期得出相应的结论,并针对专家组和上诉机构在"原材料案"中对《中国入世议定书》第 11.3 条的解释进行评论。

二、"省略"解释的渊源

(一)日本酒精饮料税案

在日本酒精饮料税案中,专家组是基于《维也纳条约法公约》第 31 条的条约解释方法对 GATT 第 3 条进行了解释,专家组认为第 3 条第 2 款涉及两种事实情形:第一句是关于同类产品的待遇;而第二句是关于直接竞争或可替代产品的待遇。两者强调的重点并不相同,这一点可以从第二句的"moreover"和"otherwise"可以看出来,并且实际中一些案例也可以证明违反第一句的义务并不违反第二句的义务,由此证明第2款规定了两项义务。① 第2款第二句中存在一个援引"to the principles set forth in Paragraph 1",而第一句并不包括同样的援引。专家组认为有必要审查第3条第1款与第2款的关系。第1款包含进口国承担国民待遇义务的基本原则,第2款则是进口国承担国民待遇义务的详细规定,第1款中的"recognize"和"should",第2款第二句中的"principles",说明第1款没有包含法律上的约束义务,但是陈述了一般原则。相比之下,第2款中(第一句和第二句)使用"shall"一词,表明第2款包含两项法律上的约束义务。专家组认为,只有在某种程度上是相关且必要的时候,第1款构成了理解第2款的上下文。② 此外,专家组还将第2条作为解释第3条的上下文,因为专家组认为第3条的主要目的之一是确保WTO成员不采取某些国内措施来损害他们在第2条项下所作出的承诺义务。

从专家组对第3条的解释中,我们不禁发出如下疑问:为何第2款第一句没有提及第1款的原则,还是要像专家组分析得出的那样要受到第1款基本原则的约束?此种法律依据从何而来?相较于第二句,此处援引的"省略"有何意义?专家组并没有回答这些问题。笔者个人认为,在专家组的解释中,应当保证解释的确定性和清晰性,并有足够的证据做支撑,这样在分析事实问题的时候才能保证援引的法律基础的稳定性不被动摇。

上诉机构在报告中没有忽视这个问题,并且作出了相应的解释。上诉机构认为:第1款指明了所采取的国内措施不得为了给国内生产提供保护的总原则,要把这个总原则贯彻到第3条的其余部分。第1款的目的在于理解解释第2款和第3条其他款目规定的具体义务,确立指导思想,同时尊重而不是贬低这些其他款目所实际使用的文字的含义。简单地说,第1款构成了第2款上下文的组成部分,同样也构成第3条其他款目的上下文的组成部分。③ 对第3条做任何其他解读,都会使第1款变得毫无意义,从而违背了解释条约的有效原则。上诉机构认为,考虑到第2款两个句子措辞的不同,第3条第1款应以不同方式贯彻入第2款的第一句和第二句。将第3条第1款贯彻入第2款第一句的办法是,确认若对进口产品的征税超过相同本国产品,该税收措施就违反第3条。第2款第一句并没有特别地提及第1款,也没有调用第1款中规定的一般原则来劝告WTO成员不要采取构成适用贸易保护的措施。上诉机构对这种"省略"作出了解释,即"This omission must have meaning."这种省略一定是有意义的。这种意义很简单:在第一句没有必要为表明一项税收措施不符合第1款列明的总原则而单独在第一句中列出确立保护性存在的专门要求。然而,这并不意味着第1款的总原则不适用第一句。相反的,上诉机构认为第2款第一句事实上正是该项原则的适用,第一句条文的正常含义不可避免地导致了该结论。参照《WTO协定》总的宗旨和目标,解读其上下文。④ 第一句的条文要求,审查某项国内税收措施是否与第3条相符时,首先,征税的进口产品与国内产品是否是同类产品;其次,是否"超过"对同类国产品直接或间接征收的任何种类的国内税或其他国内费用。如果是,该措施就违反了第

---

① WT/DS8/R,para. 6.11.
② WT/DS8/R,para. 6.12.
③ WT/DS8/AB/R,para. 17.
④ WT/DS8/AB/R,p. 18.

3条第2款的第一句。① 审查第2款第一句的方法是符合第3条第2款的宗旨与目的,正如专家组在讨论"酒税法"早期版本的"日本——对进口酒和酒精饮料的关税、税与标签案"中所正确指出的,"若将第3条第2款解释为允许对进口产品征收超过相同本国产品的歧视性与保护性的国内税,则促进在进口产品与本国产品之间的不歧视性竞争,是无法做到的"。因此,第二句与第一句的不同在于,第一句通过默示形式引用第1款,在用语上要求对国内税收措施与GATT第3条的一致性进行审查。②③ 在欧共体香蕉案中,上诉机构感到有必要修饰这一解释,它认为专家组曲解了它。上诉机构重述了其在日本酒类税案中的上述观点,并强调其提出的第3.1条以不同方式规范了第3.2条的第一句和第二句的观点,并根据同样的理由,认为由于第3.4条没有具体提及第3.1条,所以确定是否存在对第3.4条的违反,也并不要求独立审查措施是否为国内生产提供保护。④ 从上诉机构的报告来看,上诉机构对于第2款第一句对第1款基本原则的"省略"综合运用了上下文、目的和有效解释等方法进行解释。

(二)加拿大影响汽车工业措施案

本案中,欧共体和日本主张加拿大的进口税豁免以满足某种产销比例和增值要求为条件,因而违反了《SCM协定》3.1(a)的依赖出口实绩和3.1(b)的依赖进口替代。专家组和上诉机构对申诉方基于《SCM协定》提出的诉求进行了分析。

(1)3.1(a)的分析

《SCM协定》规定的禁止性出口补贴有两个构成要件:(1)政府或机构给予企业的财政资助构成补贴;(2)该补贴视出口实绩为条件授予。⑤ 专家组经审查认定,外国汽车制造商符合产销比例要求获得的进口免税属于补贴,且与出口实绩密切联系,即视"出口实绩"为条件,从而构成《SCM协定》第3.1(a)条规定的禁止性出口补贴。上诉机构维持了专家组的裁定。在关于"以出口实绩为条件"的认定时,双方争议焦点在于,汽车制造商获得的进口免税,是否在"法律上"和"事实上"视"出口实绩"为条件。

专家组引用了3.1(a)的条文。3.1条是这样规定的:除《农业协定》的规定外,下列属第1条范围内的补贴应予禁止:(a)法律或事实上视出口实绩为唯一条件或多种其他条件之一而给予的补贴,包括附件1列举的补贴;"法律"一词被定义为"规定的、确立的规则"。根据这一定义,法律上的出口补贴,在专家组看来,必须指在法律表面上能够确定出口依赖的存在。即对补贴根据的法律文件条文的审查,足以确定法律上的出口依赖是否存在。但这并不是指法律条文必须"明示规定"补贴依赖于出口实绩,而是指这种依赖的存在能够基于法律或其他相关法律文件予以证明,而不需参考外国的事实性因素。⑥ 专家组经过分析,裁定"1998汽车关税规则"和"特别豁免令"有关产销比例的规定证明,从表面看,进口免税依赖

---

① WT/DS8/AB/R,p.19.
② 翁国民、蒋奋:《论WTO规则的法律解释方法》,载《当代法学》2004年第5期。
③ "日本——对进口酒与酒精饮料的关税、税与标签案",BISD 34S/83,para.5.5(d).
④ "美国等5国诉欧共体香蕉案",WT/DS27/ABR,para.216.
⑤ 黄东黎:《世界贸易组织补贴规则的条约解释》,法律出版社2010年版,第99页。
⑥ 韩立余:《WTO案例及评析(2000)》,中国人民大学出版社2001年版,第85页。

于出口实绩,专家组没有必要去参考"授予补贴的整个事实",无需再对补贴行为与"出口实绩"在"事实上"的关系进行分析。① 加拿大的进口免税是法律上依赖于出口实绩的补贴。

(2)3.1(b)的分析

专家组对法律上和事实上的依赖性进行了分析。首先,对于法律上的依赖性,专家组首先引用了 3.1(b)的相关规定:3.1(b)除《农业协定》的规定外,下列属第 1 条范围内的补贴应予禁止:视使用国产货物而非进口货物的情况为唯一条件或多种其他条件之一而给予的补贴。专家组认为,加拿大政府给予的进口免税在法律上依赖于三个明确的条件:制造的存在;产销比例要求;加拿大增值要求。使用国内产品替代进口产品,并不是法律上获得进口免税的条件之一。

其次,事实上的依赖性分析。专家组认为 3.1(a)和(b)都是第 3 条第 1 款的组成部分,并且非常类似。很难想象,(a)项中包括了"in law or in fact(在法律上或事实上)"而(b)项没有包括该词,如何反映了起草者的意图。专家组进一步指出上诉机构在日本酒精饮料税案指出的"omission must have some meaning."省略必定具有某种意义。排列在一起的两项类似规定,在这类具体的方面应互相区别,在专家组看来,(b)项中省略"在法律上或事实上"一词是有意的,3.1(b)只适用于法律上的依赖。② 专家组在分析事实上的依赖时点到为此,以(b)项省略了"在法律上或事实上"推定这种省略是故意的,并且只适用于法律上,但是我们不仅思考专家组为何没有进一步分析(b)项只适用于法律上的依赖? 或只适用于事实上的依赖? 专家组在这里并没有作更多的分析。

但是欧共体和日本强调,3.1(b)适用于事实上依赖于使用进口替代产品的补贴,并主张进口免税正是这种补贴,由此提起上诉。上诉机构认为,专家组在审查这一问题时,似乎认为 3.1(b)本身并不能回答这个问题,因而求助于 3.1(a)提供的上下文。在这一方面,专家组依赖于这样的事实:(a)项中包括了"in law or in fact(在法律上或事实上)"而(b)项没有包括该词,表明起草者意在使 3.1(b)仅适用于法律上依赖于进口替代产品的补贴。但是,上诉机构认为,专家组的分析是不完整的,"省略必然具有某种意义"。然而不同上下文的省略可能具有不同的意思,而省略本身并不必然是不确定的(Yet omissions in different contexts may have different meanings, and omission, in and of itself, is not necessarily dispositive.)。③ 另外,专家组在正确地将 3.1(a)视为 3.1(b)的上下文同时,并没有审查 3.1(b)的其他上下文因素,没有审查《SCM 协定》的目标与宗旨。因此,上诉机构认为 3.1(b)没有包含"在法律上或事实上"一词,并没有将事实上依赖的补贴具体排除这一规定的范围。该条文在这一点上不是结论性的,必须寻求其他的解释方法。④ 因此,上诉机构转而从 3.1(b)的相关上下文寻求指导,并采用三个根据就认定了专家组的分析是错误的,分别是:首先,上诉机构发现 GATT1994 的 3.4 也解决使用进口替代产品的措施,既包括法律上的不符,也包括事实上的不符,虽然跟 3.1(b)使用不同术语和不同范围,但是目标是一致

---

① WT/DS139/R,paras. 10.192～10.194.
② WT/DS139/R,para. 10.221.
③ WT/DS139/AB/R,para. 138.
④ WT/DS139/AB/R,para. 139.

的。如果 3.1(b) 相似的规定仅适用于法律上的不符,是非常令人吃惊的;① 其次,上诉机构援引了欧共体香蕉案就 GATS 第 2 条是否包括事实上的歧视问题的裁定,认为 3.1(b) 缺乏"在法律上或事实上"这一事实并不意味着 3.1(b) 只涉及法律上的依赖;② 最后,上诉机构相信 3.1(b) 只涉及法律上的依赖使用进口替代产品的裁定,与《SCM 协定》的目标和宗旨违背,因为它使成员非常容易规避这一义务。③ 最终,上诉机构基于上述分析,推翻了专家组的"3.1(b) 只适用于法律上的依赖"的结论。

我们可以看出,专家组和上诉机构都注意到了 3.1(b) 条的"在法律上或事实上的省略",并且对该省略进行了解释。但是上诉机构在此处是更胜一筹,相较于专家组的解释,上诉机构援引了除 3.1(a) 的其他上下文,以及考察到了《SCM 协定》的目标与宗旨,综合采用了约文解释、上下文解释、有效解释和目的解释方法。更为重要的是,上诉机构进一步发展了在"日本酒精饮料税案"中对"省略"的解释,即省略必定有某种意义,但是不同的省略有不同的意义,这种省略不是必然不确定的。并且在采用上下文解释时,上诉机构不仅参照了 3.1(a) 的条文,同时还把注意力转移到了 GATT1994 第 3 条第 4 款,将其作为上下文的一部分,这种解释方法不仅看其他条款,也看其他案件已经对其他条款的类似情形作出的解释和裁决,是上下文解释方法的延伸,故有学者称之为"延伸的上下文解释"(a stretched contextual interpretation)。④

(三) 双重救济案

本案的争议条款之一 GATT1947 第 6 条第 5 款:不得同时征收反倾销税和反补贴税以为相同情况的倾销或出口补贴提供补偿。

本案的争议条款之二《东京回合补贴守则》第 15 条:对于来自非市场经济国家的进口所造成的损害,只能征收反补贴税或反倾销税。

1. GATT1947 第 6 条第 5 款的"省略"

专家组和上诉机构对该条款作出了不同的解释。美国认为,反倾销和反补贴是两种不同的救济手段,针对不同的损害,可以最大限度地分别用于倾销或补贴,唯一的例外就是 GATT1947 第 6 条第 5 款。因此,美国的意思是在出口补贴的情况下只能反倾销或反补贴"二选一",而在其他补贴的情况下,并没有限制同时采取反倾销和反补贴措施,若是存在限制,成员们就会在该条款中明示。

专家组在审查第 6 条第 5 款时也作出了同样的解释:认为仅限于出口补贴的情况,而不适用于国内补贴的情况,这一点是不言自明的。因此,专家组认为此处的"国内补贴"的省略是将其明确排除该条文限制采用双反措施的范围。并且,专家组认为起草者意在将"国内补贴"和"出口补贴"予以区分,这样解释才符合有效解释规则(principle of effect utile)。上诉

---

① WT/DS139/AB/R,para. 140.
② WT/DS139/AB/R,para. 141.
③ WT/DS139/AB/R,para. 141.
④ Jeff Waincymer:WTO Litigation,Procedural Aspects of Formal Dispute Settlement,Cameron May Ltd. 2002,p. 423. 转引自张东平:《在 WTO 争端解决实践中的条约解释研究》,厦门大学 2003 年博士论文,第 66 页。

机构在此处作出了相反的解释:上诉机构认为专家组这种解释是机械性的、反向的推理,并再次引用了"日本酒精饮料税案"和"加拿大影响汽车工业措施案"中对"省略"的经典解释:省略必定具有某种意义,但是不同上下文的省略可能具有不同的意思,而省略本身并不必然是不确定的。① 具体到本案,上诉机构不同意专家组的理解,即第 6 条第 5 款明确提到了出口补贴,就不大可能禁止其他补贴的双重救济,关键是在"相同情况"一词。上诉机构围绕"相同情况"一词,考察了单独规定出口补贴的原因,认为使用非市场经济方法,就可能出现这种"相同情况",是该条款所要禁止的。我们可以看出,第 6 条第 5 款禁止对出口补贴征收反倾销税和反补贴税造成的相同情况,因此,针对的是同一损害结果而不是同一产品,并不禁止双反措施的双重适用,禁止的是双重适用情况下造成的双重救济。

2.《东京回合补贴守则》第 15 条的省略

专家组在审查 15 条时,将其作为《SCM 协定》第 19 条第 3 款的上下文,认为某个规定先前存在而现在不存在,至少表明第 19 条第 3 款并未涉及双重救济问题。而上诉机构认为 15 条并不属于《维也纳条约法公约》第 31 条所指的"上下文",最多是缔约情形的组成部分,属于第 31 条的补充解释方法。② 我们可以看到,《东京回合补贴守则》第 15 条不仅禁止对非市场经济国家的出口产品同时采用反倾销税和反补贴税,同时也禁止双重救济,这是一项比较严格的义务,后来在乌拉圭回合谈判中取消了,现在除了 GATT 第 6 条第 5 款所说的出口补贴情况外,WTO 协议中并没有提及同时采用反倾销和反补贴措施的问题。但是,上诉机构在此处再次重申:省略必定具有某种意义,但是不同上下文的省略可能具有不同的意思,而省略本身并不必然是不确定的。《东京回合补贴守则》第 15 条的省略,15 条不仅禁止双重适用,也禁止双重救济,《SCM 协定》中缺少第 15 条这样的规定,不应当理解为 WTO 成员意在从协定中排除一项不同、更窄的义务,即禁止双重救济,③因此,15 条的省略不意味着 WTO 成员可以采取反倾销和反补贴措施以造成双重救济,双重救济依然是被禁止的。

在双重救济案中,我们可以看到上诉机构采用的是约文解释、上下文解释、目的解释等方法对 GATT1947 第 6 条第 5 款和《东京回合补贴守则》的省略作出了解释,不同的是,前者是条文字词的省略,上诉机构对国内补贴和出口补贴进行了区别,围绕"相同情况"一词,根据条文的目的是要禁止使用倾销或补贴出现双重救济的相同情况,针对的是损害后果,而非措施本身。结合上下文以及条文的目的,上诉机构发现对非市场经济国家征收反倾销税和反补贴税也可能出现"相同情况",因此是被禁止的,所以此处的"省略"不是没有意义的。对于《东京回合补贴守则》第 15 条整体被《SCM 协定》排除,并不意味着其中规定的义务也一并排除,结合成员在 WTO 体制框架下的义务,以及 WTO 协定的宗旨与目标,禁止双重救济仍是成员国的义务。

三、解释"省略"的方法

结合上述的分析,我们不难看出,"日本酒精饮料税案"、"加拿大某些影响汽车工业措施

---

① WT/DS379/AB/R,para.567.
② WT/DS379/AB/R,para.579.
③ WT/DS379/AB/R,para.581.

案"、"欧共体香蕉案"以及"中美双重救济案"中,专家组和上诉机构都注意到了条文的"省略",包括条文包含的字词的省略和条文整体的省略,WTO体制下的各种协定和条约都是在成员国的磋商谈判下缔结而成的,反映的是缔约国共同的意图,经过了缔约国的详细衡量,涉及了缔约国多方的利益,当条文中出现了某些字词的省略,是富有特定意义,它绝不是出于意外或者出于疲惫不堪的谈判者或者心不在焉的起草者的疏忽大意。① 此时,需要专家组和上诉机构发挥司法解释的职能,采用WTO规则的解释方法对"省略"作出恰当而准确的解释。结合上述的案例我们发现专家组和上诉机构在对"省略"进行解释的时候得出了三项结论:

首先,省略必定具有某种意义。"日本酒精饮料税案"的上诉机构、"加拿大某些影响汽车工业措施案"的专家组和上诉机构、"双重救济案"的上诉机构都注意到了条文的"省略",并且认为省略必定是具有某种意义的,不能一味通过机械的反向推理而忽视省略的意义。

其次,省略在不同的上下文中具有不同的意义。"加拿大某些影响汽车工业措施案"中上诉机构进一步发展了"日本酒精饮料税案"上诉机构对"省略"的解释,在报告中,连续两个"different"说明了省略的含义不是决定性的,不能仅仅通过对比上下文进行反向的推理得出结论,省略必然有意义,那么就应当将省略的含义通过正确的解释方法解释出来。

最后,省略不是决定性的。省略具有灵活性,在具体案件中的上下文有不同的意义。在"加拿大某些影响汽车工业措施案"中,上诉机构反对专家组对《SCM协定》3.1(b)作出的决定性结论:即3.1(b)只涉及法律上的依赖使用进口替代产品。专家组对"法律上或事实上"一词的省略作出决定性结论的同时,并没有给我们呈现出足够且合理的理由,这种决定性的结论是不足以让人信服的。上诉机构报告中修正了专家组这一决定性的结论。因此,当条文的省略存在时,我们需要去解释省略的意义,需要综合运用解释方法去挖掘,不能仅仅凭简单的反向推理得出决定性的结论。

因此,这三项结论成为了解释"省略"的层层递进的方法,在WTO争端解决实践中,指导着专家组和上诉机构对"省略"的解释方向,约束其进行司法解释的权限,为"省略"的解释这一难题提供了一条可行有效的道路。但是,我们看到专家组和上诉机构在对"省略"进行解释的时候,依旧采用的是《维也纳条约法公约》第31条的条约解释规则,就笔者个人而言,这是因为条文所省略的部分本属于条文的一部分,解释"省略"的过程就是将省略的部分还原到条文本身的过程,自然在解释"省略"的时候离不开对条文的解释,如前所述,《维也纳条约法公约》第31条的解释方法是专家组和上诉机构进行条文解释遵循的习惯法则,当然也适用于对条文的"省略"。所以,解释的方法与解释的规则是不同的,②31条的解释规则具有国际习惯法的地位,并为专家组和上诉机构在涉及对条约的解释时广泛遵循,是条约解释的严格的法律基础;而条约解释的方法是在遵循规则的前提下,面对某个字词或某个条文时采

---

① 荀大凯:《WTO争端解决机构对"立法沉默"之含义推定》,载《国际贸易》2011年第10期。
② 条约的解释方法与解释规则是两个不同的概念。前者基于不同的标准,可以有不同的分类,例如基于时间的标准,可以分为当时的和当代的解释方法,基于采用的路径,可以分为语法的、历史的、系统的、主观的和社会的,等等,解释的方法可以有很多种。但是条约的解释规则是一种固定的程序性的准则,无论采用何种方法,解释的程序即解释的规则是不变的。具体资料见宋杰:《对〈维也纳条约法公约〉关于条约解释规则的再认识》,载《孝感学院院报》2007年第1期。

取的具体解释办法。

四、原材料案对《入世议定书》11.3条的"省略"解释

结合上述的分析,笔者不禁想到"原材料案"中专家组和上诉机构对《中国入世议定书》第11条第3款的分析。在该案中,专家组首先澄清了《中国入世议定书》是《WTO协定》的组成部分,证明了DSU和《维也纳条约法公约》对入世议定书的可适用性。然后,专家组运用《维也纳条约法公约》第31条的条约解释规则对第11条第3款展开了解释:首先,文义解释。第11条第3款赋予中国出口税的义务属于"WTO超义务",而GATT并不对出口税进行管辖,该义务并不存在GATT1994中,此时并不能确定中国能否援引GATT20条进行抗辩。其次,上下文解释。专家组提到议定书第11条第1款和第2款。这两款是关于海关费用和国内税收的,都提到了"应该符合GATT1994"（shall be in conformity with the GATT1994),但是这一措辞没有出现在第11条第3款。专家组认为,连续三段而措辞不同,表明了中国和WTO成员的故意选择,应当予以重视,而第11条第3款没有这一措辞,只能理解为中国加入WTO时的一项约定,即中国的出口税承诺完全源于议定书,而GATT20条不适用于这些承诺。① 同时《入世工作组报告》第155、156段也支持了上述结论。上诉机构在报告中也支持了专家组的结论。从专家组的分析来看,其对第11条第3款的解释严格遵循了《维也纳条约法公约》第31条的解释规则,从条约的文义和上下文作出了解释。但是,我们仔细分析,会发现专家组在解释第11条第3款的过程中忽视了一个重要问题,即第11条第3款对"应该符合GATT1994"的省略。

专家组在面对第11条第1、2、3款的时候,直接采取反向推理的方法,认为第3款不含有"应该符合GATT1994"就说明了中国在涉及该款时放弃了援引GATT20条进行抗辩的权利,而没有仔细审视此时的省略是具有意义的,并应当进一步解释出省略的含义。专家组这种做法显然违背了专家组和上诉机构在先前案例中遵循的解释省略的方法,即省略必定是具有某种意义的,省略在不同的上下文中具有不同的意义,省略不是决定性的。这种做法正如"双重救济案"中上诉机构对专家组解释第GATT第6条第5款所作的点评一样:是机械的反向推理。②

中国《入世议定书》第11条第1、2、3款的规定如下:

1. 中国应保证国家主管机关或地方各级主管机关实施或管理的海关规费或费用符合GATT1994。

2. 中国应保证国家主管机关或地方各级主管机关实施或管理的国内税费,包括增值税,符合GATT1994。

3. 中国应取消适用于出口产品的全部税费,除非本议定书附件6中有明确规定或按照GATT1994第8条的规定适用。

《入世议定书》第11条第1、2、3款分别规定了不同的内容,第1款和第2款包含了"符

---

① WT/DS394/R,para.7.138.
② WT/DS379/AB/R,para.567.

合 GATT1994",而第3款没有包含类似的规定,对该词进行了省略。根据专家组和上诉机构对"省略"的解释方法:省略必定有某种意义,不同的省略具有不同的意义,省略必然不是决定性的。因此,此处省略也必然具有某种特定含义,将"符合 GATT1994"决定性地加以排除是武断而机械的。接下来,笔者将在遵循《维也纳条约法公约》第31条的解释规则前提下,运用"省略"的解释方法对第11条第3款作出相应的解释。

首先,文义解释。第11条第3款是关于出口征收的税收,并且为该款所禁止,除非出现附件6的例外情况和按照 GATT1994 第8条的规定适用。GATT 第11.1条对出口成员方的数量限制措施管制较为严格,但与出口数量限制不同,出口税本身在 WTO 法上原则上是不受约束的。① 虽然 WTO 一般规则没有对成员方作出关于出口税的限制,但包括中国在内的很多新成员在加入 WTO 时,作出了关于出口税的特别承诺。② 因此,第11条第3款赋予中国出口税的义务属于"WTO 超义务"。而 GATT 并不对出口税进行管辖,该义务并不存在 GATT1994 中。加之,《中国入世议定书》附件6列举的产品清单并未放入中国的承诺减让表里面,如果在《中国入世议定书》第11.3条里如同第11.1条和第11.2条一样也写入符合"GATT1994"的字眼,显然是违背逻辑的。因此,此处的"省略"是有原因的。因此,单独从第11条第3款的字面意义上并不能找到援引 GATT20 条的证据。

其次,上下文解释。该案中,专家组援引了《入世议定书》第11条第1款和第2款,以及《入世工作组报告》第155和156段作为11.3条的上下文,作为参照对比,得出了中国因在11.3条省略"应当符合 GATT1994"而放弃援引 GATT20 条的结论。然而,省略在不同的上下文中具有不同的意义,而且省略不是决定性的,不是一味地通过反向推理来得出结论。专家组通过字面含义的解释以及上下文的解释发现了省略的存在,但是直接得出省略的决定性结论,却没有给出支持该结论的强有力的论据。笔者认为此处的省略是有意义的,而且应当综合运用解释规则挖掘出省略的含义,使得各种解释得出的结论能够协调一致,从而使条文的意义更加清晰明确,当事国能够更好地履行自己的义务。

再次,目的解释。《WTO 协定》前言明确指出,WTO"应按照可持续发展的目标促进资源的最佳利用,并且保护和维护环境",这一目的与宗旨统领着 WTO 项下的所有法律文件,③后者任何条款的解释都不能背离该目标,包括入世议定书第11条第3款(《入世议定书》是《WTO 协定》的组成部分)和 GATT1994。但是,如何实际证明 11.3 条的措施正是以保护可用尽的自然资源为目的呢?

GATT20 条(g)项的规定如下:与保护可用尽的自然资源有关的措施,如此类措施与限制国内生产或消费一同实施。那么,中国的原材料出口措施是否属于(g)项的范围,需要符合三项条件:一是原材料属于可用尽的自然资源;二是涉案措施"与保护可用尽的自然资源有关";三是涉案措施与限制国内消费或生产一同实施。本案中,争议双方对第一项条件没

---

① Mitsuo Matsushita, Thomas J. Schoenbaum & Petros C. Mavroidis, The World Trade Organization:Law,Practice,and Policy (2nd edition),Oxford University Press,2006,pp. 593~594.

② 黄志雄:《从"市场准入"到"资源获取"——由"中国原材料出口限制措施案"引发的思考》,载《法商研究》2010年第3期。

③ 刘勇:《论 GATT1994 第20条对中国加入议定书的可适用性》,载《环球法律评论》2012年第1期。

有异议。对于第二项条件,如何判断所采取的措施"与保护可用尽的自然资源有关"。专家组曾在1988年"加拿大禁止未加工的鳕鱼和鲱鱼出口案"中提出,如果将与保护可用尽的自然资源有关联因素措施都视为GATT20条(g)"与保护可用尽的自然资源有关"的措施范围,则此类措施的范围将极端扩大,最终会被贸易保护主义所利用。为避免此类情况,专家组认为"与……有关"应解释为"主要目的是"。① 因此,一项贸易措施不仅要与保护可用尽的自然资源有关联,而且该措施的主要目的是为了保护可用尽的自然资源。在"美国汽油案"中,上诉机构认为"主要目的"本身并非为条约用语,并不能作为确认或排除一项措施是否与可用尽的自然资源有关的试金石。② 在"美国海虾案"中,上诉机构进一步指出,应探求争议措施与保护可用尽的自然资源之间的合法关系,如果目的和措施之间存在密切的真实关系,则这种措施与保护可用尽的自然资源有关。③ 但是,美国反复指出,在中国适用出口配额和加征出口税,限制炼焦煤出口的同时,产量却在递增,出口配额只占产量很小的一部分。在2008年WTO货物贸易理事会的中国过渡期审议中,欧共体认为征收出口税降低了国内使用者的国内价格,对保护环境并无帮助,质疑中国若真是为了保护环境,为何不同时对国内生产者征收类似于出口的税收,中国政府则反复声明,为缓解经济发展对环保造成的压力,中国采取的环保、节能和减排政策并非有意针对出口,对国内生产和消费也采取了各类限制性措施,包括大幅上调资源税;限制高耗能和高污染的项目;淘汰焦炭、煤炭、电力、钢铁等行业落后产能,关闭企业等。④

可以看出,美国和欧共体对中国采取出口税措施的目的进行质疑:一是国内可用尽自然资源的产量不降反升;二是未对国内消费或生产一同实施。但是,我们可以看到(g)项只要求涉案措施与"限制国内消费或生产一同实施",并未在受限的进出口产品相对量或绝对量上做任何要求。同时,(g)项没有对限制国内消费或生产的"措施"做任何要求,不必然与限制出口的措施类同,可以效果相同的其他贸易措施。不仅如此,在美国标准汽油案中,上诉机构还曾阐明(g)项指的不是使国内生产或消费得到限制的效果。一项措施的法律定性都不应取决于后续事件的发生,除非一项特定措施在任何情况下都不能对保护自然资源产生正面积极的影响。上诉机构提出的两项理由:首先,无论是在国际法还是国内法中,判断因果关系都是非常困难的;其次,就可用尽自然资源而言,某一措施奏效,需要数年时间。⑤ 因此,美国和欧共体对中国采取的措施的质疑不符合(g)项的合理解释,美国不能以受限产品的数量增减来否定保护自然资源目的与出口税措施之间的实质联系,⑥并且中国只需要证

---

① Canada——Measures Affecting Exports of Unprocessed Herring and Salmon,BLSD/35S/98,para.4.6.
② United States——Standards for Reformulated and Conventional Gasoline,WT/DS2/AB/R,pp.29~30.
③ United States——Import Prohibition of Certain Shrimp and Shrimp Products,WT/DS58/AB/R,para.114.
④ WTO文件:"Minutes of the Meeting of the Council for Trade in Goods."文件号:G/C/M/95.2008年12月3日。转引自李晓玲:《WTO成员限制自然资源产品出口的权利——中国原材料出口措施案评述》,载《国际商务研究》2010年第1期。
⑤ United States——Standards for Reformulated and Conventional Gasoline,WT/DS2/AB/R,p.20.
⑥ 在中国历次过渡审议中,欧共体、日本等并未质疑中国出口措施与保护可用尽的自然资源之间存在实质联系。

明采取出口税措施的同时,采取了限制国内生产或消费的措施,而无需证明这种限制已经产生了相应效果。因此,11.3条的出口税措施是中国限制原材料出口措施的一项,不仅与保护可用尽自然资源有关,而且主要是以保护为目的,并且中国同时也采取了限制国内生产或消费的其他措施,因此,涉及11.3条是可以援引GATT20条进行抗辩的。

最后,善意解释。《维也纳条约法公约》第31条第1款规定:"条约应依其用语按其上下文并参照条约之目的及宗旨所具有之通常意义,善意解释之。"善意解释是条约解释的基本原则,贯穿于条约解释的整个过程。DSU第3.2条规定,争端解决机构的建议和裁决不能增加或减少涵盖协定所规定的权利和义务;第19.2条规定,专家组和上诉机构在其调查结果和建议中,不能增加或减少涵盖协定所规定的权利和义务。这就必然要求专家组和上诉机构在争端解决中对所涉条约条款的解释必须充分尊重成员方通过约文达成的平衡,公平、细心地维护这种利益平衡,不能借条约解释随意增加或减少任何一方的权利和义务。原材料案中,专家组根据上下文对11.3条作出的解释直接否定了中国援引GATT20条进行抗辩的权利,显得机械且不合理,而应当以"善意原则"为指导,综合运用文义解释、上下文解释和目的解释等方法,通过司法途径对成员方的权利义务进行调整澄清。

因此,通过目的解释方法,发现中国采取的出口税措施正是以保护可用尽自然资源为目的,属于GATT20条(g)项的保护可用尽自然资源措施的范围,中国在涉及11.3条时,可以援引(g)项进行抗辩。虽然从上下文中发现省略,但不应当一味地进行机械的反向推理,得出决定性的结论,应当综合运用《维也纳条约法公约》第31条的解释规则挖掘出省略的含义,在运用各项规则解释出的结论协调一致的基础上,才能使条文本身真正的含义得以呈现,从而使当事国更好地履行义务。

评分:90分

点评:本文旁征博引,运用案例对"省略"问题进行总结,得出了一些解释的规则,并且运用这些规则对中国议定书第11条第3款的解释问题进行了有益的探索。

"省略"问题本身,就是一个十分有意义的法律问题,进行这方面的研究,必然有助于提高作者的法律思维水平。遗憾的是,在最后解释议定书这个具有实际意义的部分,作者没有形成比较明确的结论。也许作者可以在目前思路的基础上再往前迈一步,完成分析,正面论证一条与上诉机构不同的条约解释思路。以作者研究的深度看,这一步应该是可以成功迈出的。

GATT"一般例外"对我国入世议定书的适用问题评析
——以中美"出版物案"和"原材料案"为例

刘 豪

一、"适用问题"的产生及其原因

中国加入 WTO 后,先后在多起案件中被诉称违反了中国《入世议定书》(以下简称"议定书")的相关规定,例如汽车零部件案、中美出版物案、金融信息服务案、原材料案、中美稀土案等。由于具体涉案措施同时涉及 GATT 与中国《入世议定书》的相关条款,因而在 DSB 诉讼中,我国试图援引 GATT1994(以下简称"GATT")第 20 条所规定的"一般例外"条款来证明涉案措施的正当性。然而,GATT 第 20 条的引语将该条的适用范围限定为"本协定"(this agreement),由此产生了一个法律问题:除 GATT 本身以外,GATT 第 20 条规定的"一般例外"条款能否适用于中国根据入世议定书应当承担的义务(以下简称"适用问题")。本文以中美"出版物案"和"原材料案"为例,试图对该问题作出初步分析。

出版物案和原材料案分别涉及议定书的第 5 条第 1 款和第 11 条第 3 款。根据第 5 条第 1 款,中国承诺将"逐步放宽贸易权的获得及其范围,以便在加入后三年内,使所有在中国的企业均有权在中国的全部关税领土内从事所有货物的贸易",但议定书附件 2A 中所列的货物除外。不难发现,该义务已经超出了 GATT 第 17 条有关国营贸易企业和 GATT 第 8 条有关垄断或专营贸易服务提供者的义务范围之外。根据第 11 条第 3 款,中国承诺"取消适用于出口产品的全部税费",但不包括附件 6 所列举的 84 种实行出口税的产品,也不包括受 GATT 第 8 条调整的进出口规费和手续。目前,多边贸易协定中并没有关于限制出口税的规定。除中国外,还包括蒙古、越南、乌克兰等国均通过入世议定书对出口关税的限制作出了特殊承诺。可见,议定书中的两个涉案条款均超出 WTO 协定所要求的义务,由此对中国施加了比多边贸易协定要求更为严格的约束。这类特殊义务也被称为"超 WTO"义务。

中国所承担的"超 WTO"义务是中国与 WTO 成员之间多年谈判的结果。这类义务作为入世的"门槛费"被最终确定,与中国在世界贸易与投资中的地位[①],以及谈判期间的力量对比和博弈策略[②]有着密切关系。由于议定书的签订是讨价还价的谈判结果,议定书中出现模糊不清、前后不一、缺漏或者歧义的现象就不难理解,尤其是旨在扩展 WTO 现有规则

[①] Julia Ya Qin. "WTO-plus" Obligations and Their Implications for the World Trade Organization. (37)*Journal of World Trade*(2003),pp. 483~522.

[②] 在工作组进行拟订议定书与工作组报告的多边谈判的同时,中国与其主要贸易伙伴就货物与服务的市场准入承诺进行双边谈判。议定书主要条款中的一部分是中国与美国双边谈判的结果,议定书的最终文本几乎逐字逐句地照搬了 1999 年 11 月缔结的中美双边协定中关于"议定书文本"的内容。人民网:《中美签署我国"入世"双边协议》,人民网:http://pic.people.com.cn/GB/164277/171489/171661/10239739.html,访问日期:2013 年 5 月 16 日。

的超 WTO 条款。① 随着中国成功入世,议定书成为中国必须遵守的 WTO 协定的组成部分,其与既有的 WTO 多边协定间的紧张关系就成为适用问题产生的根源。

具体而言,适用问题的产生有两个方面的原因。第一,入世议定书本身性质含混不清,其在 WTO 法律体系中的地位及其与既有 WTO 协定之间的关系不明。中国入世议定书一方面阐释、扩展、修改或者背离了现存 WTO 诸协定,是仅对中国适用的"附加规则",这一点与附在 GATT 和 GATS 后的贸易与服务减让表性质相同;但另一方面与减让表不同的是,议定书将对中国产生持久而稳定的效力,且根据《WTO 协定》第 10 条的规定,议定书的修改程序十分严格。这样,入世议定书似乎同时兼具 WTO 规则义务和市场准入义务的性质,二者的界限变得模糊。② 更重要的是,除了入世议定书第 1 条第 2 款笼统指出其是 WTO 协定的组成部分(integrate part)外,没有其他条款具体界定了议定书与现存 WTO 诸协定间的关系。而二者之间的关系,对于"组成部分"和"本协定"的法律解释又极为重要。第二,入世议定书中的涉案条款缺乏明确的措辞,以援引 GATT 一般例外。③ 议定书 5.1 条只是宽泛地提到 WTO 协定(the WTO Agreement),11.3 条更是没有直接提到 GATT 第 20 条,这导致我国援引 GATT 一般例外条款时缺乏确定的国际法依据。

以上两方面原因直接导致了适用问题的产生。如果我国试图援引 GATT 第 20 条作为违反议定书的豁免理由,必须首先证明其可适用性。

二、"出版物案"对适用问题的分析述评

在出版物案中,中国提出即使中国有关出版物、音像制品、电影的进口措施不符合"议定书"第 5.1 条承诺,仍可援引 GATT 第 20 条(a)项"公共道德"例外作为辩护。

在专家组报告中关于适用问题的部分,专家组采用了"假定成立"的法律分析技巧,即先假定中国可以援引 GATT 第 20 条,然后直接审查涉案措施是否满足第 20 条(a)项的要求,如果满足则再回过头来分析适用问题,如果不满足则没有讨论适用问题的必要了。④ 笔者认为,裁决报告在此前对于 5.1 条中"管理贸易的权利"的分析,可视为专家组为分析适用问题所做的重要理论准备。首先,专家组结合议定书第 1.2 条、入世工作组报告第 86 段和第 84 段(b)的规定解释了"管理贸易的权利"的含义,即管理贸易的权利指的应是管理进出口货物的权利,对进出口货物的管理既包括针对进出口货物的管理(如涉及进口许可证的要求),也包括针对特定货物的影响到其进出口活动的管理(如涉及 TBT 协定的要求)。紧接着,专家组进一步追问,中国是否有权在此基础上以符合 WTO 的方式对进口商施加限制,比如符合特定标准的进口商才能获得特定货物的进出口许可证呢?专家组给出了肯定的答

---

① Julia Ya Qin. "WTO-plus" Obligations and Their Implications for the World Trade Organization. (37)*Journal of World Trade*(2003), pp. 483~522.

② Julia Ya Qin. "WTO-plus" Obligations and Their Implications for the World Trade Organization. (37)*Journal of World Trade*(2003), pp. 483~522.

③ 赵海乐:《GATT"一般例外"对我国入世议定书的适用性分析》,载《世界贸易组织动态与研究》2011 年第 4 期。

④ WT/DS363/R,para.7.734~7.749.这部分的标题为:Applicability of Article XX(a)。

案,理由是麻醉品进口许可证的例子。与麻醉药品的非法贸易和使用相关的社会问题是众所周知的。如果要求中国允许所有外资企业和个人向中国进口麻醉药品,将在很大程度上削弱中国对麻醉药品的管制能力,而显然是不合理的。综上,专家组认为,中国享有的"以符合WTO协定的方式管理贸易的权利"除对货物的管理外,还隐含着(by implication)以符合WTO的方式对相关货物的进出口商进行规制的权利。①

上诉机构在分析适用问题前,首先解释了"管理贸易的权利"和"与符合《WTO协定》的方式"的含义。报告指出,中国"管理贸易的权利"指中国固有的、将国际商贸活动纳入监管的权利。中国的贸易管理可以通过两种方式符合WTO协定:一是不与WTO义务相抵触,二是违反WTO义务的管理措施符合可以适用的例外规定。

笔者认为,上诉机构接下来对于适用问题的正面回应,可以简化为两个"联系"的建立:一是GATT规定的义务与中国贸易权承诺义务联系密切(intertwine),②二是中国违背贸易权承诺的措施与中国货物贸易管理之间的联系(link)。③ 对于后者而言,涉案措施作为中国更广大的货物管理体制中的一环,要证明其与货物贸易管理间的联系并不困难。此前的分析已经指出,中国对货物贸易的管理必须符合WTO协定,WTO协定是指包括GATT等附件在内的WTO涵盖协定。如此一来,只要涉案措施与贸易管理建立起了"清晰可辨的、客观的"联系,就有权援引GATT第20条。上诉机构的这一逻辑与中国的抗辩思路④并无本质的区别。需要强调是,如果单纯按照这一逻辑论证,仍然没有解决"本协定"的限定在形式逻辑上造成的困难。

实际上,适用问题解决的关键在于第一个联系,上诉机构结合工作组报告第84段(b)论证了这一联系。该段中"例如"这一措辞,表明除了进口许可证、动植物检验检疫之外,并没有穷尽(not exhaust)其他可能符合WTO协定的政府管理措施。同时议定书第5.1条规定,中国放开贸易权的义务不能影响中国以符合WTO协定方式管理贸易的权利,因此中国关于贸易权的义务和中国在WTO协定下的义务关系紧密。上诉机构在描述二者联系时用了intertwine这个词,并进一步指出,尤其是GATT第3、11条的义务与议定书5.1条联系密切。然而,上诉机构并没有具体分析二者的联系到底是什么。笔者注意到,GATT第3条是关于国民待遇的规定,如果外国企业和个人连贸易权都被限制,当然更谈不上享有国民待遇;第11条是关于普遍取消数量限制的规定,限制进口商的措施显然也造成了限制数量

---

① WT/DS363/R,para. 7.245~7.280.这部分的标题为:Paragraph 5.1 of the Accession Protocol
② WT/DS363/AB/R,paras. 224~226.
③ WT/DS363/AB/R,paras. 227~233.郑至言同学认为,上诉机构的思路可以归纳如下:"(1)大前提:根据5.1条,如果管理贸易的权利符合WTO协定,中国违反其义务的措施可以在5.1条之下予以保护;(2)小前提:中国对贸易者的限制措施属于中国行使其管理贸易的权利;(3)结论:中国可以援引WTO规定(包含GATT第20条)来寻求5.1条的保护。刘豪所谓的intertwined指的实际上是中国与贸易者有关的贸易权义务同WTO成员对货物贸易的义务是相互联系的,这个论点实际上是为了证明小前提,并不能起到将入世议定书纳入GATT第20条的作用。"郑至言同学的完整表述,可参见课堂记录《出版物案、原材料案(之三)》。我在重读上诉机构报告,尤其是paras. 227~233部分后,倾向于赞同她的观点,即intertwined的建立实际上是为了证明小前提——中国对贸易者的限制措施属于中国行使其管理贸易的权利。
④ WT/DS363/R,para. 7.734~7.737.

的客观结果。那么,第3、11条与第5.1条之间是否存在权利或义务的包含或者交叉的逻辑关系呢?可不可以认为,违反5.1条的行为必然导致,同时也在事实上确实造成了违反第3、11条的后果呢?上诉机构同样没有给出回答。

要从形式逻辑上解决"本协定"的限定问题只有两种办法:①一是扩大解释"本协定"进而将议定书中的条款解释为本协定的范围之内;二是扩大解释本协定的相关条款,例如第3、11条,如果GATT第3、11条的义务可以与议定书5.1条的义务形成逻辑上的包含或交叉关系,便可以使GATT第20条对于第3、11条的可适用性顺利延伸到议定书5.1条中。事实上,上诉机构本已建立起第一个联系,如若寻找到更多依据,完全可以进一步辨清条款之间的内在联系,进而在形式逻辑层面根本性地解决适用问题。遗憾的是,上诉机构并没有这样做。

三、"原材料案"与"出版物案"的对比分析:文义解释的局限性

在原材料案中,中国主张尽管对原材料征收的出口税不符合议定书第11.3条之规定,但可以援引GATT第20条进行抗辩。专家组认为,根据议定书第11.3条的明确规定,仅仅存在议定书附件6和GATT第8条可以作为例外抗辩。"议定书"第11.3条和附件6都没有提及GATT第20条,也没有类似"议定书"5.1条那样援引《WTO协定》的引语,专家组由此裁定中国不能援引GATT第20条。② 在上诉程序中,上诉机构支持了专家组的解释。

尽管审理"出版物案"和"原材料案"的上诉机构成员相同,但对适用问题却给出了截然不同的答案。不难发现,上诉机构解决适用问题的关键依据在于,涉案议定书条款的文字表述中是否存在明确的,或者泛泛提及GATT协定的,或者至少是像议定书5.1条那样有援引《WTO协定》的引语。结合DSB争端解决以往的实践可知,这样的分析思路再一次体现了文义解释在条约解释中的基础和优先的地位。在"日本酒类税收案"和"美国海虾案"中,上诉机构一再强调文义解释的重要性:"条约的解释者必须从要解释的某条款的文字开始研究,因为条款是用文字写成的……"③

对比两个案件的裁决,尤其是"原材料案"可见,上诉机构过度依赖文义解释方法,体现出文义解释本身的局限性。

第一,原材料案的分析思路与出版物案存在着内在矛盾。如果运用原材料案的分析思路审视出版物案,我们可以发现,议定书第5.1条的引语只是宽泛地提到了《WTO协定》,并未明确提及GATT,更没有提到GATT第20条的适用问题。另一方面,GATT第20条的引语明确限定了一般例外的适用范围,从而明确排除了GATT本身以外任何条约的适用。可见,即使以议定书5.1条的引语为依据,中国可以WTO协定之下的例外情形作为抗

---

① 这一观点得益于与涂燕辉同学的讨论,谢谢涂燕辉同学。
② WT/DS398/R,paras.7.124~7.129。
③ 贺小勇:《〈关税及贸易总协定〉第20条与议定书的法律关系辨析——理性看待"中国原材料案"裁决》,载《法学》2012年第6期。

辩,可以援引的例外情形也并不包括GATT第20条。实际上,有学者已经分析证明:GATT1994第20条按照通常含义,条约的宗旨和目的,条约的谈判历史解释应只适用于GATT1994本身、议定书中明确规定部分、通过其他协定间接援引可以适用该条款部分以及对GATT1994相关内容重申部分,对于其他部分则无适用空间。① 然而如前所述,上诉机构通过两个联系的建立肯定了GATT第20条的可适用性,这似乎已经突破了文义解释的边界,与原材料案中"词典式"的条约解释风格迥然不同。相反,如果运用"出版物案"的思路分析"原材料案",并不必然得出相同的结论。上诉机构完全可以将议定书第1.2条作为包括第11.3条在内的议定书所有条款的上下文,再结合涉案措施与货物贸易间存在的联系,对适用问题给出肯定回答。

第二,上诉机构在两个案件中的建议部分已经在字面上违反了DSU第19.1条。根据DSU第19.1条之规定,专家组或上诉机构仅能建议有关成员的措施符合适用协定(covered agreement)。根据DSU附录1,适用协定并不包括议定书或者工作组报告。在原材料案件中,上诉机构曾以TRIMS第20条作为上下文分析。TRIMS第3条曾明确提到"GATT的所有例外均应酌情适用于本协定",该条引入GATT例外的法律基础是其明确的引入措辞,而不是GATT文本。上诉机构引用TRIMS协定论证议定书中的适用问题,似乎有意将TRIMS与议定书类比。② 沿着这一思路,上诉机构似乎在暗示议定书作为WTO协定的组成部分,与其他多边贸易协定形成并列或平行的关系。由于不存在一个普遍例外的条款,相互并列的协定不能在缺乏引入措辞的前提下,相互引用其他协定的例外条款。如果议定书与其他多边贸易协定存在平行的关系,且又不属于DSU附录1中明确列出的适用协定,那么上诉机构在建议部分提及议定书和工作组报告的部分显然违反了DSU第19.1条。

第三,文义解释的过度适用导致裁决结果在实质上的不合理。前上诉机构成员柯斯·泰特·厄尔曼曾指出,在对WTO协定的解释过程中,文义解释优先对于上诉机构内部工作和外部效应都将产生重要的积极影响。③ 然而与WTO协定相比,议定书无论是制定程序还是行文措辞上都无法保证足够的严谨和审慎,继续适用文义解释方法是否能产生同样的积极效果不能不让人怀疑。根据原材料案的裁决结果,贸易限制性更强的贸易权限制却比贸易限制性不强的出口税措施更容易得到WTO协定的豁免,从而导致个别成员方权利义务不对等的状况。④ 相反,如果肯定GATT第20条之于议定书的适用性,并不必然导致一般例外条款的滥用,毕竟在专家组报告中中国涉案措施并没有通过必要性测试。从法益衡量角度看,肯定一般例外的适用性,进而使得涉案措施直接接受GATT第20条引语和具体项目要求的检验显得更加合理。

---

① 郭文利:《论GATT1994第20条对我国入世议定书的适用》,载《国际经贸探索》2010年第11期。
② Matthew Kennedy. The Integration of Accession Protocols into the WTO Agreement. (47) Journal of World Trade(2013), pp.45~75.
③ 贺小勇:《〈关税及贸易总协定〉第20条与议定书的法律关系辨析——理性看待"中国原材料案"裁决》,载《法学》2012年第6期。
④ Julia Ya Qin. The Challenging of Interpreting "WTO-plus" (44)Provisions Journal of World Trade (2010), pp.127~172.

四、结论

中国加入 WTO 后,不仅要履行 WTO 全体成员都要履行的义务,还要履行我国入世议定书中所承诺的"超 WTO 义务"。在 DSB 争端案件中,中国主张即使涉案措施违反了议定书中的义务,但可以援引 GATT 一般例外条款进行抗辩。GATT 一般例外对于议定书的适用问题的产生包括两个方面的原因,一是议定书与 WTO 既有协定之间的关系不明,二是议定书中缺乏明确的措辞作为援引的依据。出版物案与原材料对于适用问题给出了截然不同的答案,其根据主要在于是否存在明确的引语。上诉机构的思路符合 DSB 一贯秉持的文义解释优先的原则,但同时突显出文义解释的局限性。如何克服过度依赖文义解释的局限性?如何通过运用包括文义解释、上下文解释等在内的方法,进一步辨析条款之间的内在逻辑联系,进而更加准确合理地解释议定书和其他法律条文?是值得我进一步思考的问题。

评分:95 分。

点评:高水平的论文。对上诉机构的条约解释方法进行了针对性很强的批评。如果能够更进一步,在批评上诉机构之后(destructive),提出自己的分析思路,以完成"原材料案"的分析(constructive),得出一个"正确的"结论,则能够显示出更高的水平。加油!

浅论 WTO 争端解决机制下的条约解释

曾薪燚

摘 要 在条约解释的应用中，WTO 争端解决机构的条约解释提供了迄今为止国际条约法领域最丰富、最具研究价值的实践。专家组和上诉机构的报告进一步丰富了已作为条约解释之国际习惯的《维也纳条约法公约》第 31 条、第 32 条的内涵。本文将从条约解释的基本理论出发，探讨争端解决的基本规则，并结合"原材料案"专家组报告分析条约解释在 WTO 争端解决中的具体应用。

关键词 争端 争端解决机制 条约 条约解释

引 言

WTO 成立至今，其主要两大职能——提供多边贸易谈判和争端解决。WTO 框架下核心的争端解决程序构建了一个稳定的多边贸易体系，其重要性无可辩驳。或许正如首任世界贸易组织总干事鲁杰罗所说："如果不提及争端解决机制，任何对世界贸易组织成就的评价都是不完整的。从许多方面讲，争端解决机制是多边贸易体制的主要支柱，是世界贸易组织对全球经济稳定做出的最独特的贡献。"[①]

DSU 建立了完整的争端解决机制，而专家组和上诉机构则在具体的争端中赋予了 DSU 新的生命。DSU 不仅规定 DSB 对争端享有强制的管辖权，并且规定了一国在违反 WTO 义务情况下的责任。因为强制管辖权的确定，专家组和上诉机构面对条约解释问题往往会迎难而上，不同于尽量规避条约解释问题的国际法院。DSU 中并没有明确规定专家组和上诉机构在条约解释中应当遵循的规则，因此专家组和上诉机构的解释规则是在一系列的争端实践中确立的。

本学期所涉及的 5 个案例都不同程度地涉及条约解释的问题。"知识产权案"中对商业规模的认定；"取向电工钢案"中对"consider"的认定，是单独的从 3.2 条和 15.2 条的文意解释还是结合上下文整体性理解调查机关的责任；"双重救济案"中的"double remedies"是否被《反补贴协议》所禁止，《反补贴协议》的"不超过"、"合理"该如何理解；"出版物案"的 5.1 条"以符合 WTO 协议的方式管理"的解释是否包含 GATT 第 20 条；"原材料案"中的 15.3 条是否可以解释为包含 GATT 第 20 条。

WTO 争端解决报告几乎毫无例外地包含条约解释内容，而国际法院的裁决侧重于管

[①] 韩世余：《世界贸易组织法》，中国人民大学出版社 2010 年版，第 31 页。

辖权与可适用法律的分析,关于条约解释的内容相对较少,尤其是明确适用维也纳公约的。① 国际法院故意地规避解释问题的原因可能在于其欠缺 WTO 的关于强制管辖的原则和违反义务的责任的规定。因此,无论是专家组还是上诉机构报告中都很难看到国际法院的那种追求逻辑的完整、忽视或逃避条约解释问题的现象。由此看来,专家组和上诉机构的报告在条约解释中依托于文本含义灵活解释争端所涉及的条约更为合理。

从条约解释实践来看,《维也纳条约法公约》的条约解释通则作为习惯国际法,实际上起着指导作用。因此在探讨 WTO 争端解决的方法之前,笔者认为有必要从理论和实践上大致介绍条约解释规则和方法。

一、条约解释的学理分类与解释的价值

(一)条约解释的理论分类

"条约解释,即指条约解释主体按一定的规则和方法对条约各条款相互关系以及对构成条约整体的其他文件的正确含义进行澄清和证明的过程。"②具体地说,是条约解释者为了确定缔约方之间的具体权利、义务,便于缔约方行使条约权利和履行条约义务,或为了解决缔约方之间的特定争端,分清是非曲直,运用各种手段和方法,揭示、阐明、确定条约规定的真正意义的行为。换言之,就是对条约作正确阐释。③

条约的价值体现在条约的适用过程当中,一项条约即使订立得再为合理,也会给看见条约的人以遐想的空间,因此,条约解释无疑具有十分重要的意义。条约解释和条约适用是密不可分的,条约解释以更好地适用条约为目的。解释是正确适用的前提,正确适用是合理解释的结果。关于条约解释的学派甚多,不同学派的解释侧重点并不相同。总体而言,从理论上大致可以将条约解释理论分为三类:主观解释学派、约文解释学派和目的解释学派。

下面对三个学派基本理论作简要说明:

主观解释学派,也称意图说,条约解释首要和唯一的目的在于解释缔约国缔结条约的意图。持此学说的代表为主观解释学派的劳特派特,其认为条约解释类似于国内之合同法,合同法准许推定当事人意图,则条约亦可这样做。④ 主观解释学派主要目标在于探求缔约方真正的共同意思,确定其真实意图;为确定缔约意图,其以条约约文的通常含义为解释出发点,除非由缔约国举证缔约方真实意图与解释之通常含义相悖;缔约意图的确定还依赖于条约的准备资料的查询,这是探知缔约方意思的最好方法。实际上,主观解释学派所关心的是条约的文字背后所隐含的缔约国的意图和利益,这种解释方式就给予了解释者一定的自由裁量权。解释者在解释条约的过程当中,以缔约方的意图或者目的为基础来分析其含义就给了条约解释者以较大的可裁量性。

---

① 张乃根:《论 WTO 争端解决的条约解释》,载《时代法学》2005 年第 6 期。
② 贺小勇:《国际贸易争端解决与中国对策研究:以 WTO 为视角》,法律出版社 2006 年版,第 62 页。
③ 张东平:《WTO 司法解释论》,厦门大学出版社 2005 年版,第 1 页。
④ 宋杰:《对〈维也纳条约法公约〉关于条约解释规则的再认识》,载《WTO 法与中国论坛文集——中国法学会世界贸易组织法研究会年会论文集(五)》,第 299 页。

约文解释学派,亦称文本说,该学说在解释条约的过程中,主要是以条约本身字面含义作为出发点的,其强调条约解释的唯一基础就在于条约文本而不在其他的基础,条约解释的实质在于逻辑地诠释条约的约文。① 由于文本解释说对于条约文本的极度依赖性和高度尊重性,也就通常不会采纳意图说所重视的缔约准备材料。约文解释学派认为,缔约各方的意图往往是互相抵触并不断变化的,探究缔约意图并不现实;文本资料具有客观性,根据词语的意思可以很好地诠释条约。因此,没有必要查明缔约意图,同时将解释者的主观想法进行扩大解释将受到最为严格的限制。实践中,约文解释学派是能够将解释者主观倾向性可能带来的影响降到最低。

目的解释学派,也称目的说,即条约解释应符合条约的目的和宗旨,其主要所关注的则是如何确保条约的目的得以实现。该学说在运用过程中,最为核心的要点就是其所体现的价值理念。对于解释者而言,完全依赖目的解释学派很可能无法保证其对成员方在具体条约下合法利益的维护。不过,对于目的和宗旨的过度重视或在解释过程中稍有倾向性,都将很有可能造成某一方或者一个利益集团的过度的自由裁量权,从而损及相对条约解释的规则和方法的有效性以符合条约目的为准。与上述两种学说不同,目的说并不是依照解释条约时是否从文本出发来区分,其最终的目的在于实现其所体现的价值。因此其在适用的过程中存在一个很大的自由裁量空间。一般都认为,这一解释理论应特别适用于宪法性条约或造法性条约。②

(二)WTO 争端机构条约解释的价值

条约解释是法律解释的子项。法律解释的价值不外乎在于,解决法律纠纷、阐明法律文本的含义,发展和完善法律及维护法律规则和体系的和谐。③ WTO 的价值主要体现在《建立世界贸易组织协定》3.1 条,"WTO 应促进本协议和多边贸易协议的执行、管理、运作,以及进一步实现各协议的目标,并对诸边贸易协议的执行、管理和运作提供框架"。笔者认为《建立世界贸易组织协定》3.1 条实际上也是争端解决的价值,在 DSU 第 3.2 条中对此进行了进一步的规定,"多边贸易体制提供可靠性和可预测性方面是一个重要因素",因此条约的解释要"依照解释国际公法的惯例澄清这些协定的现有规定"。④

WTO 争端解决奉行个案化的原则"争端解决机构通过的争端解决报告,其建议或裁决是针对特定的个案、针对特定的当事方而作出的,无疑该建议或裁决结论是仅对本案的特定当事人有效的,应按裁决、建议或纠正其违法措施的是败诉的被诉成员"⑤。但是,争端解决机构所作出的解释实际上也在澄清法律条文,为各国日后类似争端的解决也提供了一个模版。正如在"取向电工钢案"中,争端解决机构虽然针对个案中对 3.2 和 15.2 条作出了解

---

① 宋杰:《对〈维也纳条约法公约〉关于条约解释规则的再认识》,载《WTO 法与中国论坛文集——中国法学会世界贸易组织法研究会年会论文集(五)》,第 299 页。
② 宋杰:《对〈维也纳条约法公约〉关于条约解释规则的再认识》,载《WTO 法与中国论坛文集——中国法学会世界贸易组织法研究会年会论文集(五)》,第 299 页、第 304 页。
③ 王利明:《法律解释学》,中国人民大学出版社 2011 年版。
④ http://vip.chinalawinfo.com/NewLaw2002/SLC/SLC.asp?Db=eag&Gid=100668047。
⑤ 张东平:《WTO 司法解释论》,厦门大学出版社 2005 年版,第 1 页。

释,认为 3.2 和 15.2 规定的"consider"仅是调查机关需要履行义务的一部分,但是,此种解释实际上确定了调查机关在类似调查中的义务;也如在"双重救济案"中上诉机构针对《反补贴协定》作出的解释,增加了调查机关之后在采取"双反"措施,而不出现双重救济的调查义务。

总体而言,尽管 WTO 争端解决奉行个案化的原则,专家组和上诉机构一案一裁的背后不仅仅只阐明了法律文本的含义,而且对之后的条约解释所涉及的类似情形仍然有拘束力。不得不说,尽管是个案裁决,但专家组和上诉机构的报告也对之后的行为具有拘束力,此种拘束力也为多边贸易的稳定性奠定了基础。

二、条约解释的规则与方法

条约解释的规则和条约解释的方法二者的区分是对条约解释理论的更进一步。

大陆法系国家没有法律解释规则的说法。因为大陆法系国家不存在一套完整的法律解释的规则,仅仅有一套法律解释的方法。解释方法其大致分为这么几类:文义解释、论理解释、比较法解释和社会学解释。其中论理解释又可以分为体系解释、法意解释、扩张解释、限缩解释、当然解释、目的解释以及合宪性解释。

与此相比,英美法系国家存在一套完整的解释规则,解释规则即英美法系国家在解释的时候必须遵守的准则。大致可以分为,普通词义规则,即立法意图应当通过法律条文用词的通常含义来理解;黄金规则,即法官可以根据立法意图改变法律用词的字面含义,以免出现荒谬的结果;疑问追究法,如果按照字面解释会导致荒谬的结果,可以寻找立法意图或立法目的,并据此选择一个有疑问的用语的含义,如果首要、主要的含义会导致荒谬,就选择一个次要的含义;目的解释法,即寻找法律条款背后的目的;法律解释的语言规则中的同类规则,即寻求同类词,从上下文求字义规则,级别规则。

可以说,条约解释规则实际上沿袭了英美法系的解释规则的传统,WTO 的条约解释不是大陆法系国家所认为的一种解释方法,而是解释过程中必须要遵守的规则。因此,不论是专家组还是上诉机构涉及解释的内容都严格地遵循着依照文意、上下文、目的和宗旨的规则这一系列的条约解释规则。不论实际当中采取何种条约解释的方法都不能违背条约解释的基本规则。目前,依照 WTO 争端解决的实践,从《维也纳条约法公约》第 31 条中抽象出来的规则主要有三种,即主观意图、文本含义和目的与宗旨。

法律解释规则的适用并不是自动的过程,也并不是一个函数,因此也不能妄想简单地把实际情况输进去就能得到答案。笔者推测,或许解释者在解释条约之时已经有所选择,采取何种解释方法或者将要达到一个什么样的目的,条约解释实际上是在此选择或目的基础上进行的。不过,解释者在解释条约的过程中采取了符合条约解释规则的解释方法。

条约解释建立在解释目的之上,如何应用争端解决规则消除争端,实现贸易的稳定性是解决争端的初衷。更好地实现贸易的稳定化依赖于争端解决机构的结果,因此可能条约解释更需要从解释的结果出发作出判断。正如在"双重救济案"中专家组和上诉机构针对同样的条款进行解释,得出不同的结论。可见规则是死的,但是解释出来的结果却是活的,这其中的差异或许存在一个价值衡量。

三、WTO争端解决机构解释权利的确定

《建立世界贸易组织协定》3.3条规定，WTO应管理实施本协议附件二有关争端解决的规则与程序的谅解（以下称"争端解决谅解"或"DSU"）。DSU对争端解决机构处理争端进行了合法的授权。《建立世界贸易组织协定》15.3条和15.4条进一步将WTO各个成员国纳入到WTO的管辖框架之中，要求每一个成员国切实履行自己的义务。这实际上在宏观上确立了争端解决机构所通过的专家组和上诉机构作出的报告对各个成员国的约束力。

WTO解释分为两种，一种为属部长级会议和总领事会的WTO协定的解释权，此种解释类似于立法解释，解释效力即于全体成员国；另一种解释为DSU所确定的争端解决体制的解释，由此作出的解释类似于司法解释，理论上局限于争端各方。

争端解决本身目的在于维持多边贸易的安全性和稳定性，因此其在实践中也需要保持WTO规则适用的稳定性、确定性和一致性，进而争端解决的解释规则也要受到一定限制。① DSU第3.2条，"WTO争端解决体制为多边贸易体制提供可靠性和可预测性，各成员认识到该体制适用于保护各成员在使用协定下的权利和义务，亦即按照解释国际公法的惯例澄清这些协定的现有规定。DSB的建议和裁决不能增加或见识各项涵盖协定所规定的权利和义务"。②

DSU第3.2条明确要求"按照国际公法解释的习惯规则"来澄清和解释WTO协定的规则，这是WTO发展的一个很大的突破，这表明WTO并不是一个孤立的框架、体系，WTO事实上与其他的国际条约相互联系。正如在"出版物案"对公共机构的分析上，上诉机构积极吸收了《国家对国际不法行为的责任条款（草案）》的相关规定，其认为《补贴与反补贴协定》第1.1条中公共机构的分析定义恰好与"草案"第5条的实质相符合。③ 出于灵活性的必要，DSU第3.2条并没有明确"国际公法解释的习惯解释规则"具体所指代的规则。

DSU的解释规则实际上是通过争端解决的实践逐步说明的。1996年上诉机构在其受理的第一个案件"美国汽油标准案"中，把《维也纳条约法公约》第31条认定为一项根本的普遍的条约解释规则。④ 它指出："……如上所述的（维也纳条约法公约第31条）'解释的通则'已得到所有当事方及第三方的信赖……这一解释的通则已经取得了习惯的或一般的国际法规则的地位。因此，它构成国际公法解释的习惯规则的一部分，根据DSU第3.2条规定，上诉机构在寻求澄清马拉喀什建立世界贸易组织协定的总协定及其他涵盖协定条款的意义时应受其指导。"⑤

在日本酒类税案的上诉中，上诉机构在重申其在美国汽油标准案中关于维也纳条约法公约第31条解释通则已取得习惯的或一般的国际法规则的地位的同时，进一步指出，"不容

---

① 张东平：《WTO司法解释论》，厦门大学出版社2005年版，第48页。
② http://vip.chinalawinfo.com/NewLaw2002/SLC/SLC.asp?Db=eag&Gid=100668047。
③ 王佳、韩磊：《从WTO争端解决机构的报告看条约解释问题》，载《法治研究》2012年第3期。
④ 美国当时并不是《维也纳条约法公约》的缔约国。
⑤ 参见 WT/D52/ABR,P.17.

置疑,维也纳条约法公约第32条,在涉及解释的补充性方法的应用时,也取得了同样的地位"。上诉机构并认为维也纳条约法公约第31条、第32条都与该上诉案有关。上诉机构在该案报告中再次援引了维也纳条约法公约第31条、第32条全文。①

自此维也纳条约法公约第31条、第32条规定的解释规则已牢固地确立于WTO法中,成为DSU第3.2条"国际公法解释的习惯规则"的一部分,并在之后的争端解决中得到广泛的实践。

四、WTO条约解释的实践——第31条、第32条的分析

DSU解释规则在争端解决的实践中基本确立为《维也纳条约法公约》(以下简称《条约法》)第31条、第32条。在探讨WTO争端解决的条约实践之间,对《条约法》的相关条文进行简要探讨很有必要。

从《条约法》的文义来看,第31条和第32条存在适用顺序差别,第32条为第31条之补充,这一点没有争议。②

第31条包含了四种解释原则,即文本解释原则(依其用语)、上下文解释原则(按其上下文)、目的解释原则(宗旨所具有之通常意义)以及善意解释原则(善意解释)。③ 其中每一种解释原则都能从条约中找到对应的用语。

整个条款的核心还是立足于"用语的通常含义",在通常含义未被解释之前,是不能得出其通常含义的结论的。④ 这类似于循环解释的问题,条约解释的实质应当是从解释的结果出发,而不是把其当作起点。笔者认为,"上下文"、"目的和宗旨"的解释方法只是作为"用语的通常含义"的背景,起着支持和补充作用。善意解释在条约解释中是一个模糊的概念,它并不是条约解释过程中一项具体的要求,解释是否善意,往往从条约解释的过程和结果来判断。

笔者窃以为,争端解决机构实际上采用以"用语的通常含义"为核心的解释方法,这一点可以用"原材料案"专家组论述佐证。在涉及11.3条的解释中,专家组先从11.3条的用语通常含义入手,分析得出11.3条适用的两个例外,即附件6规定和GATT第8条方式实施;然后再对附件6和GATT第8条的用语逐一进行解释。在上下文解释中,专家组否认了中国援引的《中国工作组报告》170段作为解释上下文,其认为155段和156段才为合适的上下文。在目的与宗旨解释中,专家组推定11.3不能援引GATT第20条的结果是中国和WTO成员在加入谈判中的意图。⑤

---

① 张东平:《WTO司法解释论》,厦门大学出版社2005年版,第50页。
② 第三十二条 解释之补充资料,为证实由适用第三十一条所得之意义起见,或遇依第三十一条作解释而……http://www.un.org/chinese/law/ilc/treaty.htm。
③ 第三十一条 解释之通则 一、条约应依其用语按其上下文并参照条约之目的及宗旨所具有之通常意义,善意解释之。http://www.un.org/chinese/law/ilc/treaty.htm。
④ 宋杰:《对〈维也纳条约法公约〉关于条约解释规则的再认识》,载《WTO法与中国论坛文集——中国法学会世界贸易组织法研究会年会论文集(五)》,第300页以下。
⑤ WT/DS398/R,转引自张东平:《WTO司法解释论》,厦门大学出版社2005年版,第59页。

不论在"原材料案"中专家组解释是否合理,其在解释 11.3 的过程中将《条约法》第 31 条作为整体来使用,但是从解释结果来看,专家组的解释还是侧重于用语的通常含义,用通常含义解释 11.3 自然没有明确提及 GATT 第 20 条。上下文、目的和宗旨的解释方法都是寻求用语通常含义的一个参考。正如专家组在"原材料案"中所说,这样的解释可能会导致中国和其他国家之间的义务存在不平衡,但是专家组并没有找到 11.3 援引 GATT 第 20 条的法律依据。可见,善意解释实际上是一种程序正义,只要争端解决机构作出的条约解释依照解释规则,那么此种解释就是善意的,而解释的结果不能作为否定此种解释善意的理由。

《条约法》第 32 条是关于解释的补充资料的规定,这实际上是在第 31 条不能得出结论情况下的一种补充方法。从"条约之准备工作及缔约之情况"用语可以看出,《条约法》第 32 条实际上是一种历史的解释方法。

《条约法》第 32 条的适用受到严格限制,在能探明条约用语通常含义的情况下,补充资料效力有限。在"双重救济案"中,专家组认为《东京回合补贴守则》第 15 条也属于"上下文"。专家组认为,这一规定明确涉及了反倾销税和反补贴税的问题,但这一规定最后没有纳入《补贴与反补贴措施协定》,这说明该协定是没有涉及是否允许双重救济问题的。而上诉机构认为,第 15 条不属于《维也纳条约法公约》第 31 条所指的"上下文"。先前协定是已经不存在并被现有协定替代的协定,第 31 条没有将其视为上下文,或者应与上下文一同考虑的因素。先前协定最多是缔约情形的组成部分,属于《条约法》第 32 条所指的补充解释方法……因为条约解释适用的阶梯差异,因此作为补充资料的《东京回合补贴守则》第 15 条的消失不能说明 GATT 框架下允许"双重救济"。

五、争端解决机构条约解释方法的具体实践

前述从理论角度探讨了条约解释的方法和规则,但是条约解释并不是仅仅停留在理论层面,案例的存在丰富了条约解释的内涵。下文将结合"原材料案"中专家组报告的条约解释的实践进行简要分析。

(一)解释范围的界定

专家组在解释条约之前先认定中国议定书为《WTO 协定》的组成部分,因此,专家组可以使用国际公法的习惯解释规则包括《维也纳公约》第 31 条至第 33 条,解释中国的议定书。此处在于解决条约解释范围的问题,与解释没有关系。

其次,专家组开始解决 GATT 第 20 条的适用问题。

(二)先例对解释的作用

由于先前的"出版物案"中上诉机构基于解释,认为中国可以援引 GATT 第 20 条作为中国议定书 5.1 的抗辩。因此专家组很谨慎地对比了"出版物案"和"原材料案",认为前后两个案例争议的条文不同,因此没有必要进行进一步探讨。

理论上,WTO 争端解决机制中不存在法律上的遵循先例的规定。争端解决机构通过的争端解决报告,其实质内容包括了建议、裁决和据以得出建议或裁决结论,其中包含了对 WTO 规则的解释,但是争端解决报告仅仅是对特定的个案、特定的当事人。WTO 争端解

决机构的解释是否可以成为先例来援引,在 WTO 的条文中没有明确的约定。争端解决报告中常常会列举之前涉及的许多案例,并且报告中争端解决机构常常用脚注的方式阐述先前的案例讲述了什么一个问题,并附上自己对先前案例的意见——赞同或反对。

WTO 争端解决的实践反映的情况表明,专家组和上诉机构在事实上遵循着先前报告的解释。

在日本酒类税案之后,争端解决机构常常在报告中提到此案例,因为在此案例的报告中提到《维也纳条约法公约》第 32 条作为解释的补充性方法的应用。

在欧共体油籽补贴案中,涉及美国根据争议当时有效的油籽关税减让所产生的利益,是否包括对 1962 年油籽关税减让首次并入欧共体减让表时的预期的保护的问题。专家组表示注意到,对于这一问题,既没有明确的规则也没有一个先例(precedent)来指引,因而决定按照有关总协定项下利益损害的第 23 条规定的目的来审查这一问题。①

可见,引用先例事实上已经成为了条约解释的方法,尽管此种方法未明确地规定在 WTO 协定中。

(三)11.3 通常含义的解释

专家组先采用文意的方法解释议定书 11.3。通过文意的方法,专家组认为应当取消表明,中国在缔结议定书时有出口税。在应当取消的出口税中存在两个例外,即议定书附件 6 和以符合 GATT 第 8 条的情况。进而,专家组从 11.3 的例外入手,分析了附件 6 的例外情况。

专家组认为,附件 6 对所列出的产品规定了最高税率,并且说明:中国承诺所列的税率为最高税率,不得超过;中国进一步承诺,除非在例外的情况下,不得提高现行适用的税率。专家组认为,其确定了出口税的上限,以及只能在例外情况下并与受影响成员磋商后才能提高出口税。

第 8 条允许很多费用,目的就是管理特定情况下所实施的费用。在第 11 条第 3 款的 GATT8 作为抗辩理由,但是中国并没有这么做。因而,专家组在此基础上推定表明 WTO 成员和中国不想将 GATT 第 20 条作为议定书第 11 条第 3 款的抗辩理由。

其实关于 11.3 的通常含义的分析并不局限于条约的文意,专家组不断地依照通常含义推断中国缔约时的"意图"。

(四)上下文分析

在上下文的分析中,专家组先考虑了议定书 11.1 和 11.2。这两款是关于海关费用和国内税收的,都提到了应该符合 GATT1994,但这一措辞没有出现在 11.3。11.1 和 11.2 作为 11.3 的上下文,措辞却并不相同。在此专家组再一次推定这是中国和 WTO 成员有意选择的结果。专家组进一步从反面推理,如果中国想要第 20 条作为出口税承诺的抗辩,就会在议定书中明确指出。11.3 中没有关于 GATT 第 20 条的规定,因此 GATT 第 20 条也不能适用于 11.3。

专家组认为《中国工作组报告》155 段和 156 段可以作为 11.3 的上下文。155 段与

---

① 张东平:《WTO 司法解释论》,厦门大学出版社 2005 年版,第 356 页。

11.3相似,而156段没有明示或暗示提及援用GATT第20条进行抗辩的问题。总之,作为11.3的合适的上下文,155段和156段没有表明GATT第20条可以在出口税中援引。

专家组以WTO的其他规定作为上下文。结合《马拉喀什协定》,专家组认为GATT第20条中并不存在总体的、覆盖一切的例外,GATT第20条应当得到明确的援引才能适用。正如GATT第20条规定,"本协定(this Agreement)的任何规定都不得解释为禁止采取或实施…某些措施。""本协定"表明例外仅适用于GATT,而不是其他协定。正如《TRIMs协定》就明确援引了第20条。专家组认为,将第20条例外适用于《TRIMs协定》义务的法律基础是《TRIMs协定》中的引入条款,而不是GATT第20条的文本。因此,也只有在11.3明确援引GATT第20条的情况下,GATT第20条才能得到适用。

专家组认可中国依据WTO协定有管理贸易的固有主权的观点,但专家组认为,主权在谈判和签订协议的时候已经行使了。中国行使管理贸易的主权,经谈判达成了议定书第11条第3款。

如果结合前文专家组利用目的和宗旨的推论,其认为中国在制定议定书的时候就已经放弃在11.3中援引GATT第20条。

(五)专家组总结

专家组对11.3进行通常含义的分析,认为11.3的措辞排除了GATT第20条的适用;11.3规定的例外也不包含GATT第20条;179段不能作为条约解释的上下文,而作为条约解释上下文的155段和156段没有涉及GATT第20条。GATT第20条并不是总体的例外,要想适用GATT第20条必须明确援引。事实上,GATT第20条是可以被规定在出口税中的,中国没有这么规定,可以推定出中国并不希望在11.3中适用GATT第20条。

专家组从中国在11.3中未明确提出GATT第20条,并因此认为中国不想在11.3中适用GATT第20条。这样的目的和宗旨的推论虽然不合理,但是却证明条约解释中专家组还是主要以条约的文意为主,目的和宗旨的解释以文意为基础。

六、总结

无论是条约法公约关于解释规则的编纂还是解释规则在司法实践中的运用,这都不是一个确定的命题。理论上认为,争端解决机构的条约解释方法实际上是一种综合的方法。但是笔者认为,所谓的"综合解释"方法实际并不恰当,因为其什么也没有说清楚。如"综合解释"中存在顺序吗?是否需要所有的解释方法都要适用?

在此,笔者有自己的想法。笔者认为,WTO争端条约解释虽然是综合的,但是实际上各种解释所占据的比重是不同的,也即是不同解释规则存在效力的差别,所有的解释方法都是以查明条约通常含义为中心,更近一步,文意解释是条约解释的核心。即使在"双重救济案"中,上诉机构结合条约的宗旨和意图扩充了GATT1994第6条的含义,但是此种扩充也是对"适当"和"不超过"的文意解释之上的,当然也对条约的文意进行了修正。条约解释不能突破条约中文字的限制,正如在"原材料案"中中国入世议定书11.3条未规定援引GATT第20条,专家组和上诉机构一致驳回中国请求。条约才是条约解释的主要对象,而并非争端方主张、其他补充资料。

再者,争端解决机构的解释并不需要穷尽所有的解释规则来寻找最终的答案,因为这在客观上并不现实。即使采用相同的解释方法也不能得出一致的结论,不同的解释方法得出的结论差别可能更大。争端解决机构所需要的就是利用一个整体性的,以文意为基础的解释来说服争端各方。

但是,争端解决机构的解释并非没有限制。争端解决机构的解释必须遵循善意解释的原则,但是善意是什么呢?笔者认为,只要争端机构作出的解释不是很离谱,只要不是恶意的,那就应当被推定为善意的。其次,解释的对象必须是可以解释的对象,应当符合解释原则,即"不需要解释的事项不容解释"。最后,争端解决机构作出的解释结果不能增加和减少各项涵盖协定所规定的权利和义务。

笔者窃以为,条约解释在遵循条约解释规则的基础上或许可以更技术一些。

在解释条约之前,不妨先对条约的规定进行分类。即宪法性条文,如 GATT 第 20 条(甲)为维护公共道德所必需的措施和(乙)为保障人民、动植物的生命或健康所必需的措施,此类条文中目的和宗旨的解释应该大于字面意思的解释;意图性条文,如 GATT 第 20 条(己)为保护本国具有艺术、历史或考古价值的文物而采取的措施,何为"本国具有艺术、历史或考古价值的文物",对此的解释就应当在一定程度上从缔约国本身出发,即缔约国的意图;文意性条文,此类条文最为常见,如各国的议定书中承诺的义务的条款和减让表。对比应当进行严格的文意解释,其原因有二,一来此类条文的约定比较清晰,二来对此类条文任意进行的目的解释或意图可能改变缔约国的义务,造成当事国之间权利义务的不对等。国内法层面有依不同角度对条文进行划分。但是,条约法理论上却没有依照解释的方法对条约进行划分。

随着笔者深度的思考,对条约依照各个解释方法的比重进行划分或许是一件没有意义的事情,可以纯当理论探讨。条约解释本身就应当是灵活的,这样才会给予条约在实践中以活力。限制条约解释虽然在一定程度上遏制了司法权的扩张,但是却使得条约所能解决的问题更加局限。而今 WTO 的生机恰巧在于其赋予专家组和上诉机构更大的自由裁量权,事实上,专家组和上诉机构并没有因为自己有更大的解释空间而任意的解释,因此对条约进行一个划分可能是没有必要的。

总之,关于 WTO 争端机构解释的内容庞杂,方法繁多,笔者只能结合理论和上课所阅读的案例进行简要的分析。

参考文献

(一)学术著作

1. 韩世余:《世界贸易组织法》,中国人民大学出版社 2010 年版
2. 张汉林等:《世界贸易组织概论》,北京师范大学出版社 2012 年版
3. 徐昕、张磊:《WTO 争端解决机制的法理》,上海三联书店 2011 年版
4. 张东平:《WTO 司法解释论》,厦门大学出版社 2005 年版
5. 董皞:《司法解释论》,中国政法大学出版社 2007 年版
6. 杨国华:《中国与 WTO 争端解决机制专题研究》,中国商务出版社 2005 年版

(二)学术论文

1. 王友根、龚柏华:《中美出版物和音响产品市场准入WTO争端案述》,载《国际商务研究》2010年第1期

2. 沈木珠:《中国原材料出口措施案:争论焦点与败诉因由剖析及反思》,载《国际商务研究》2013年第1期

3. 张乃根:《论WTO争端解决的条约解释》,载《时代法学》2005年第6期

4. 贺小勇:《理性看待"原材料案"的法律解释问题》,载《国际贸易》2012年第11期

5. 宋杰:《对〈维也纳条约法公约〉关于条约解释规则的再认识》,载《WTO法与中国论坛》文集——中国法学会世界贸易组织法研究会年会论文集(五)

6. 王佳、韩磊:《从WTO争端解决机构的报告看条约解释问题》,载《法治研究》2010年第3期

7. 贺小勇:《WTO框架下中美原材料出口限制争端的法律问题》,载《国际商务研究》2010年第3期

8. 李志勇:《世界贸易组织条约解释原则浅析》,中国社会科学院研究生院2012硕士专业学位论文

9. 卢峰:《简评WTO争端解决机制下的条约解释》,华东政法大学2009年硕士学位论文

10. 唐青阳:《规则的解释与解释的规则》,西南政法大学2005年博士学位论文

评分:90分。

点评:理论联系案例,从条约解释原则和规则的梳理,到具体案例的分析,思路清晰,并且有自己的观察与思考。

浅谈双重救济案的跨协定裁决问题

罗　曦

摘　要　双重救济案中,上诉机构裁决时在《补贴与反补贴措施协定》制度项下将反倾销税的情形纳入考量,究竟其跨协定裁决的方法是合理论证还是超越权限?本文在阐述双重救济案上诉机构论证思路的基础上,分析其跨越协定论证的合理性与正当性,进而正面回击对于该案件跨协定裁决的质疑与分析此类案件普世标准的存在与否,对相关的问题进行阐明。

关键词　双重救济案　跨协定　反补贴　反倾销

一、引言

在中国诉美国针对中国标准钢管等四项产品发起的反倾销、反补贴案中,在专家组用"爱莫能助"的态度与诡异的论理逻辑消极地判定中国败诉后,上诉机构挺身而出,用一套完美的逻辑与说辞支持了中方的主张,让我们领略了上诉机构贯彻 WTO 公平正义精神的坚定决心,也为 WTO 的司法实践开辟了一条新的道路。

在这个案件中,上诉机构首次将反补贴和反倾销措施诉诸一体,在 WTO 的体制内引起了巨大反响。上诉机构报告通过后,美方也提出了质疑:究竟上诉机构在《补贴与反补贴措施协定》项下义务的裁决中将其不规制的反补贴税纳入"适当数量"的考量是否合理?上诉机构是否有权限跨越两个协定来裁判这一案件呢?那就让我们首先从上诉机构论证的思路入手,探探其论证究竟是诡辩抑或是妙论。

二、双重救济案中上诉机构论证的思路

双重救济案中上诉机构独具匠心的裁决思路让人拍手称绝,然而各方的质疑声也是此起彼伏,究竟上诉机构跨越协定裁决的方法是不是滥用法律,超越权限呢?通过分析上诉机构逐步渐进、层层深入的精妙逻辑,我们或许能够体会一二。

（一）上诉机构论证的第一步

上诉机构在专家组报告和中国上诉内容的基础上将双重救济的问题归结为:关于双重救济,专家组对《补贴与反补贴措施协定》第19.3条和19.4条以及 GATT1994 第6条第3款的解释是否错误。可以看出,此时的争议是完全集中在《补贴与反补贴措施协定》当中的,那上诉机构究竟是通过怎样鬼斧神工的方式一步步将反倾销制度相关义务悄无声息地纳入他们的考虑范围之内的呢?上诉机构首先对专家组的裁决进行了介绍和说明,认为非常有

必要对《补贴与反补贴措施协定》第19.3条、第19.4条以及GATT第6.3条作出解释。根据《补贴与反补贴措施协定》第19.3条,上诉机构首先对补贴税征收的"适当数量"(appropriate amounts)进行了文义解释,认为该词的核心意思应当是"恰当的"(proper)、"符合的"(fitting)、"适当的"(suitable),即应该要根据特定的情况做不同的调整。① 在对专家组的裁决进行辨明的过程中,上诉机构认为其在19.4条上赋予了过多的重要意义②,专家组似乎仅根据这一上下文便将"适当数量"的含义确定下来,然而根据19.4条的规定"对任何进口产品征收的反补贴税均不得超过被判定存在的,接受补贴出口产品单位补贴额计算的补贴数额",如果真的将没有超过补贴的数额认定为是"适当的数额",那么19.3条的规定是不是就显得多余了呢?因此,仅仅分析19.4条的规定显然是不充分的。

故而,上诉机构就引入了19.2条的分析。其规定进口成员方当局可以决定反补贴税的征收额,且如果征收低于补贴额度的税额就足以消除对国内产业造成的损害,则税额最好少于全部补贴税额。该条说明其实质上在鼓励一国政府在征收反补贴税时能够将要征收的实际数额与消除的损害相关联,而一旦补贴进口产品与损害之间的因果关系建立起来了,那么就不必再考虑任何有关损害的考虑了。除了19.2条外,上诉机构认为这种关联也反映在了19.3条中。此外,这种观点也在第19.1条、第21.1条、第10条和第32.1条找到了上下文的支持。③ 其中第10条规定"各成员方应采取一切必要措施,保证对从任一成员方境内出口到另一成员方境内的产品反补贴税的征收符合1994关贸总协定第6条及本协议的条款。反补贴税只能依据本协议及农产品协议的规定发起并进行的调查来征收。"而在对本条的注释中,其特别解释了"反补贴税应理解为指按GATT1994第6条第3款的规定为抵消对任何商品的制造、生产或出口给予的直接或间接补贴而征收的一种特别税。"其说明,反补贴税是一种目的为抵消补贴的特别税,既然其救济的目的在于此,如果对同一补贴行为征收的反补贴税和反倾销税金额总和超过了补贴金额,则其就不是"适当"的。④ 因此,在确定反补贴税金额的时候,对已经抵消了该补贴行为的反倾销税情况应当予以考虑。至此,上诉机构完成其将反倾销义务纳入考虑论证的第一步。

(二)上诉机构论证的第二步

其后,上诉机构对GATT第6.5条进行了相关分析。GATT第6.5条规定:"在任何缔约方领土的产品至任何其他缔约方领土时,不得同时征收反倾销税和反补贴税以补偿倾销或出口补贴所造成的相同情况。"在专家组对这一条款的解释中,其认为这是一个能进行自我解释的条款,既然该条未提及国内补贴的情况,则认为其不限制在国内补贴的情况下同时征收反倾销税和反补贴税。⑤ 而上诉机构则认为,专家组对这一条款的理解是"机械的"(mechanistic)和"反向的"(contrario)推理,因为在不同文本中的省略可能有不同的含义,并不是所有的省略都是有决定性的(dispositive)。而"同一情况"正是理解这一条款的关键点。

---

① WT/DS379/AB/R,para.552.
② WT/DS379/AB/R,para.554.
③ WT/DS379/AB/R,paras.557~563.
④ WT/DS379/AB/R,para.560.
⑤ WT/DS379/R,para.14.117.

因为一般情况下,出口补贴会直接降低产品的出口价格,但不影响国内价格,因此会抬高倾销幅度,此时的补贴和倾销是"同一情况",而当给予国内补贴时,其同时影响国内价格和出口价格,因而也不会影响到倾销幅度,不会出现同一情况双重救济的问题。然而恰恰在依据非市场经济方法计算倾销幅度时,可能会出现双重救济问题。因此,上诉机构在这一部分总结道,尽管专家组认为《补贴与反补贴措施协定》第19.3条与第19.4条是规定反补贴税而不是反倾销税的,事实也确实如此,但是其并不同意专家组所说的这就是"遗忘了任何潜在的同时征收反倾销税",因为这种解释方法是不符合WTO协定间的解释应协调一致、和谐统一的理念的。各成员方在某一协定项下采取行动时,应该注意到自身累积的、多重的义务,应该对其他协定中采取的行动予以考虑。因此,上诉机构认为,虽然反倾销义务和反补贴义务的法律适用是不同的,但是从生产者和出口者的角度来看,这些救济造成的结果却是难以分辨的(indistinguishable),这两种救济方式都增加了要缴纳的关税数额。①

最后通过对《东京回合补贴守则》的解释地位的界定,上诉机构完成了其将反倾销税纳入反补贴税中考虑的完整论证思路,其精巧的论证逻辑与措辞,着实使我们心服口服。其将反补贴税考虑到"适当数量"的说理逻辑中,不仅没有让我们感觉到突兀与别扭,反而让我们形成了完整的论证逻辑,水到渠成而论理自然。我们可以看出,其论证完全不是将条约中的义务随意迁移,而是从WTO协定的宏观角度出发,从整体上理解不同协定项下的义务,使其达到协调、统一且和谐的一种状态。

三、双重救济案中跨协定裁决的合理性与必然性

(一)反倾销与反补贴措施目的的统一

首先让我们来明确一下倾销与补贴的含义。在经济学领域中,上世纪初的美国经济学家雅各布·瓦恩纳首次给出了现代意义上的倾销概念,即"倾销是同一商品在不同国家市场上的价格歧视",所谓"价格歧视"是指同一产品在不同国家市场上的售价不同,即在出口国或原产国市场以高价出售,在进口国市场以低价出售。倾销是企业的一种差别定价行为或称价格歧视,是企业的一种定价策略。企业出于多种目的采取以下不同类型的倾销:零星倾销、价格弹性、经济周期效应、防御性倾销、规模经济型倾销、市场开拓型倾销、掠夺性倾销。但WTO反倾销制度主要是为了救济因进口产品倾销而受到损害的国内产业,是作为一种贸易救济制度而存在的。采取反倾销措施必须满足倾销、损害以及二者之间的因果关系这一个要件就充分说明了这一点。②

而补贴则是一种政府行为,政府通常出于多种目的采取补贴措施,如保护环境、鼓励创新、支持落后地区发展、产业结构调整、鼓励出口或限制进口等。SCM协定也只将禁止性补贴如进口替代补贴和出口补贴等视为违法,其他的补贴并不必然禁止。且补贴的进口产品能增进国内福利,进口国实际并不需要采取反补贴措施。但由于进口补贴产品会损害国内

---

① WT/DS379/AB/R,paras.569~570.
② 胡建国:《论反倾销和反补贴措施中的"双重救济"问题——以中美某些产品"双反"案为例》,载《WTO法与中国论丛(2012年卷)》,2011年,第125页。

的相应产业,WTO因此允许各成员国采取反补贴措施。因此,在WTO体制内反补贴制度的根本出发点是为了救济受到补贴进口侵害的国内产业,是作为一种贸易救济而存在的。

从上述叙述中可以看出,反补贴措施针对的是补贴所造成的贸易扭曲,目的是为了救济与保护国内产业,而WTO体制内规制的反倾销措施针对的也是价格歧视造成的贸易扭曲,最终目的同样是救济国内产业。因此,两项措施针对的均是贸易扭曲,在救济的宏观目的上是具有同一性的,不能将反倾销措施和反补贴措施的效果人为地分隔开,更不能像美国和澳大利亚等第三方所宣称的那样,两项措施是针对不同行为的贸易救济方式,因其的目的和效果截然不同,[1]因此就武断地推断无论在什么情况下均可以同时适用。然而,尽管在《补贴与反补贴措施协定》与《反倾销协定》之前,GATT第6条同时涉及了反倾销和反补贴两种救济,间接说明了两者的紧密联系,但是随着条约体系的发展,目前已经由不同的WTO协定分别规定了两者,即我们所看到的《补贴与反补贴措施协定》与《反倾销协定》。因此,尽管这两个协定在有关的问题中存在某些重叠的部分,但从整体来看两者事实上是正式分离的。但我们又要看到,反倾销和反补贴制度的根本目的在于救济国内产业,在某些情况下又具有相同的救济效果,因此我们在分析这个案件时,就应该注重反补贴措施与反倾销措施的内在联系,同样作为针对贸易壁垒的救济方式,二者在救济目的上的同一性,更何况在本案中二者的救济手段和程度更是有所重叠。因此,不同于其他贸易争端中涉及的跨越协定裁判问题,在本案中由于反倾销和反补贴两种救济方式的特殊关系,在讨论《补贴与反补贴措施协定》中将反倾销税的情形纳入考虑是必然与合理的,因此笔者认为并不存在关于上诉机构在处理这个案件时超越权限的疑虑,恰恰相反,上诉机构正是在前无古人的道路中开辟了一种全新的、极具启发性的、发人深省的司法先例,极具智慧与勇气。

(二)条约解释协调、统一的要求

在专家组报告中,由于其消极的条约解释态度,我们很难看到其将反补贴义务与反倾销义务联系起来考虑的倾向,相反的,专家组更倾向于采取一种割裂的态度。然而上诉机构却正面地解决了这个问题,在上诉机构报告中其反复强调,解释WTO协定应该以协调、一致的方式对所有规定进行释义,成员国在一个协定项下开展行动的时候必须要兼顾在其他协定中的义务,这是WTO义务解释的重要准则,也是解决WTO一揽子协议中不同协议发生冲突时的重要方法。

随着WTO体制的成长,其中的条约也日益增多,如何处理这些条约间的关系俨然已经成为了一个重要的课题。虽然每个条约都是相对独立与完整的协定,有着自身的适用对象和范围,然而在对某些条约进行理解与解释时,我们却不可避免地要牵涉到对其他条约的解释与适用。究其根本是因为体制中的条约虽然是相对独立的协定,但在复杂的贸易环境中却无法避免与其他协定完全隔离,每个协定由于复杂的贸易措施的综合使用或是错综的经济环境都有可能与其他协定产生一定的重叠与交叉,这就要求我们必须站在宏观而全面的角度看问题,不能死死局限在一个协定的框架中。

尽管我们认同《反倾销协定》与《补贴与反补贴措施协定》是两个独立的WTO协定,然

---

[1] WT/DS379/R,para.14.61.

而由于反补贴与反倾销两项救济措施的密切联系,我们却无法完全否认《反倾销协定》与《补贴与反补贴措施协定》的联系性,两个协定文字使用上的相近更是有力证明了这一点。因此,在双重救济案的特殊背景中,在对《补贴与反补贴措施协定》进行相关解释时,如果不将反倾销税与其相关义务纳入考量范围,而只是单方面地将二者割裂,不仅违背了条约解释的精神与宗旨,更使得条约解读变得机械而死板。

(三)WTO体制宗旨实现的需要

加入世贸组织,往往意味着一个成员方要承担多重的义务,这些义务间往往有重叠,甚至有冲突。那么在这些累积的、多重的义务下,一个成员方在进行相关的贸易措施时就应当从整体上考量,而不应当局限于一个协定中的义务而完全忽略其他协定中的义务,将它们割裂开来,我们可以看到,如果以此思路进行贸易的话,那么WTO中的公平原则将无从显现。

那么回到这个案件的具体情形中,同为WTO体制下的协定,《反倾销协定》与《补贴与反补贴措施协定》都是规制贸易壁垒的救济措施,应该符合WTO总体的原则与要求。在倡导贸易自由化的世界贸易组织中,如果其中的条约解释仅仅根据狭义的文义解释、死板的墨守成规而背离了WTO的宗旨与目的的话,那么这样的解释方法未免让人难以信服。世贸组织的宗旨是在提高生活水平和保证充分就业的前提下,扩大货物和服务的生产与贸易,按照可持续发展的原则实现全球资源的最佳配置,其最重要的作用在于促进多边贸易自由化,从而提高每个国家的经济发展水平。然而,在双重救济案中,如果不将反倾销税的情形纳入考虑范围,将二者割裂考虑的结果则会导致不公平的贸易,必将背离建立WTO的初衷。因此,我们绝不能拘泥于形而上学的条约解释方法,更要从整体、实质的角度去考虑这个问题,这样我们就能避免陷入专家组在裁决双重救济案中似是而非、诡异的逻辑泥沼中。

四、相关问题的阐明

从上述分析可以得出,在双重救济案的裁决中,上诉机构虽然突破了《补贴与反补贴措施协定》的框架限制,将反倾销税一同纳入考虑并作出了裁决,但其看似突破权限的做法并不是毫无根据与超越权限的,而是有其十分合理与坚实的法理依据和现实基础,其跨越协定作出裁决的思路与逻辑对今后贸易救济实践的指导意义更是不言而喻,对于WTO体制内自由、稳定贸易的实现具有深远影响。然而,这个案件的突破是否意味着所有的案件在进行裁决时都可以跨越单个协定范围,而将其他协定的规定纳入考虑范围之内呢?这样的做法会不会未免太过随意而发散了呢?

对于这样的疑虑,很多人提出是不是可以将上诉机构在这一案件中的思路普遍适用于类似的争端?是否可以提出一个普世的标准来贯彻在类似的案件中,即一个牵涉两类甚至两类以上贸易措施时在怎样的标准下可以在一个协定项下将另一个协定项下的义务纳入考量?在分析美国持续归零案中,双重救济案的专家组根据当时得出的结论提出分析此类问题需要考量两类措施的性质和关联程度,从而判断额外的措施是否"扩大了争端的范围"或

"改变了争议的实质"。[①] 这似乎是向我们提出了一个笼统的普世标准,然而这个标准就真的适用吗?如果适用的话为何专家组根据这样的一个标准却得出了让我们无法信服的结论呢?通过对双重救济案上诉机构论证思路的分析,我们不难得出这样的一个结论:对于类似的案件我们似乎只能通过个案分析,而很难提出一个笼统的、适用于所有类似案件的升华的普世标准。因为WTO体制下的贸易措施形形色色,多种多样,性质不一,在复杂的贸易环境下与哪类的贸易措施缠结在一起的情形也难以穷尽,我们似乎很难将所有的贸易措施系统地归类为哪一类措施与哪一类措施有特定关联可以在争端中相互引入,只能在争端发生时通过对特定贸易措施的分析和论证来得出相应的结论。而双重救济案中上诉机构创新的论证思路在跨越协定的方面显然不会给将来的类似的争端解决带来消极的影响,也完全不足以引起上诉机构超越权限的问题,因为从以上的分析我们可以看出其是具有完整的论证逻辑、充足的理论支持与坚实的现实基础的,而不是随意地、无原则性地迁移与纳入。

而在考虑这个问题时我们也不得不考虑专家组和上诉机构的权限范围到底在哪里。根据《关于争端解决规则与程序的谅解》,专家组与上诉机构的建议与裁决均不能增加或减少适用协定所规定的权利和义务,为专家组与上级机构的裁决权限作出了限制。然而,在双重救济案中,将反倾销税纳入《补贴与反补贴措施协定》中的考虑到底是否增加了美方的义务呢?如我们前面所分析的那样,世贸组织成员在承担义务时应当考虑自身多重的、积累的义务,这些多层面的义务是由多个协定加诸的,如果认为同时承担了两个协定的义务就是义务的加重未免使我们对WTO的协定实效的发挥有所质疑。相反的,作为WTO成员,要进一步实现世界各国的贸易自由化,就应该看到自身身上的多重义务,并将其作为一揽子的义务更加协调地承担起来。正如在双重救济案中,我们很难推断出在美方的立场中,如果将反倾销税纳入了反补贴税的考虑当中就是加重了美方在两个协定项下以至于作为WTO成员的义务,所以对于上诉机构在这个案件中超越权限的说法笔者认为是过于武断且没有合理根据的。

五、结语

因此,总结上述分析,与国际社会上出现的对双重救济案上诉机构裁决的诸多质疑声不同,笔者认为上诉机构不仅没有超越权限,加重WTO成员在各协定项下的义务,相反的,上诉机构反而在完美地运用了自身的权限维护了WTO体制的实质尊严。相信如果将来WTO争端解决机制能将双重救济案中上诉机构的论证精华与精神实质吸取、借鉴与延续,用于今后的争端解决当中,那么将会是有无法估量的影响与无比深远的意义的,希望这个美好的愿景能够使WTO机制在国际社会中发挥更加重大的作用。

参考文献

[1] Michel Cartland, Gerard Depayre, Jan Woznowski: Is Something Going Wrong in the WTO Dispute Settlement, Journal of World Trade, no. 5(2012).

---

① WT/DS379/R, para. 14.35.

[2]胡建国:《论反倾销和反补贴措施中的"双重救济"问题——以中美某些产品"双反"案为例》,载《WTO法与中国论丛(2012年卷)》。

[3]张正怡:《中美双反措施争端案评析》,载《世界贸易组织动态与研究》2011年第04期。

[4]龚柏华:《中美"双反措施"WTO争端案》,载《国际商务研究》2011年第03期。

[5]马光:《贸易救济中的双重救济:中美特定产品双反案评析》,载《华东理工大学学报(社会科学版)》2011年第04期。

[6]官松:《论美国对华"双反"措施中的双重救济问题——评美国反倾销和反补贴措施案WTO争端解决机构裁决》,载《武大国际法评论》2011年第02期。

[7]叶波:《"双反调查"的法律和案例分析及其启示》,载《北京理工大学学报(社会科学版)》,2011年,第13卷,第05期。

[8]毛燕琼:《"明珠"上的尘埃——议WTO争端解决机制的若干缺陷》,载《WTO经济导刊》2006年第07期。

[9]贺小勇:《自制与开拓:WTO上诉机构管辖权的法律边界》,载《法学》2006年第01期。

[10]左海聪:《WTO专家组和上诉机构可适用的法律》,载《法学评论》2005年第05期。

[11]林波、何海燕:《反倾销反补贴联动实施问题研究综述》,载《国际经贸探索》2011年第12期。

评分:90分。

点评:精彩的论证和分析。

浅析条约演变解释的方式及限制

涂燕辉

内容提要 条约的演变解释是保证条约"与时俱进"的一种重要解释方法,但其本身并不是具体的解释规则或资料。现在实践中大概发展出三种方式采用条约的演变解释,即第一着重以条约的目的与宗旨为依据进行演变解释;第二侧重以缔约国的嗣后实践为据对条约进行演变解释;第三通过对条约术语的考察发现缔约国演变的意图。这三种方式皆存在一些疑问和不确定性,需要司法裁判机构的实践进一步澄清。尤其是第三方式的适用条件过于简单绝对化,应当根据条约解释通则受到一定的限制。

关键词 条约解释 演变解释 当时意义解释 中美出版物市场准入案

引 言

条约不只是枯燥无味的典籍。条约是为缔约国提供一种稳定环境并实现其中所载宗旨的文书。因此,条约可能随时间流逝而变化,必须适应新的情况,根据国际社会的需求而演变。"时下条约"这一一般性问题反映了条约法中稳定和变化需求之间的紧张关系。一方面,条约和条约法的目的是面对不断变化的环境,提供了一种稳定的环境。另一方面,法律制度也必须留有余地考虑嗣后的发展,以确保对缔约国之间的协议给予有意义的尊重,并明确其限度。[①] 为了平衡二者之间的关系,国际上在这个问题上逐渐形成了两种侧重点不同的解释方法。条约用语的含义随着时间的推移可能会发生改变,产生新的含义。在解释条约时,如果仍然按照缔结条约时的含义进行解释,就是条约的当时意义解释;如果按照此新含义进行解释,采用的就是条约的演变解释(evolutive interpretation, dynamic interpretation)。[②] 为了讨论的方便,笔者将两种解释方法的选择称为"条约解释的时间性问题"。

中国涉案的"WT/DS363 中国——影响某些出版物和娱乐用音像制品贸易权及分销服务措施案"(以下简称"中美出版物市场准入案")便是该问题的一次最新的实践,本案上诉机

---

① ILC/A/63/10, Annes A, paras. 1~2.
② 吴卡:《条约演化解释方法的最新实践及其反思》,载《法学家》2012年第1期,第157页。也有学者使用"条约的当代意义解释"和"条约的演化解释",笔者结合相应的外文资料,决定采用联合国国际法委员会的用语。即注重条约演变性的解释(本文中简称为"条约的演变解释")和注重条约当时意义的解释(本文简称"条约的当时意义解释")。虽然用语不同,但相关的内容含义相同。

构的裁决也引起了国内学者对条约演变解释的热烈讨论。① 本文首先将简单介绍一下"中美出版物市场准入案"中上诉机构的裁决,其次澄清演变解释与相关概念的区别,再次简单总结现在条约演变解释的实践,最后谈一下对于条约演变解释的限制。

一、"中美出版物市场准入案"上诉机构对相关术语的解释

在本案中一个争议比较大的问题是,中国在《服务贸易总协定》(GATS)中就"录音产品分销服务"所作出的承诺是否仅适用于物质产品,还是也可以适用于以电子方式分销的产品。专家组通过解释认为分销服务不仅适用于有形产品也适用于无形产品,因此电子分销服务属于中国的承诺之列。中国认为专家组对"录音产品(sound recording)"和"分销(distribution)"的解释有误,从而得出了错误的结论,向上诉机构提起上诉。中国强调,对GATS目标与宗旨的适当审查就知道中国"录音产品分销服务"承诺的含义应基于中国缔结条约当时的含义。然而专家组在条约的解释上采用了演变的解释方法,即基于术语的现时含义对中国的承诺作出解释。中国认为,逐步自由化的原则不允许一个WTO成员承诺的范围基于"语言的现时变化"而拓展。②

(一)上诉机构对本案中所涉时间性问题的解释

上诉机构总体上维持了专家组的意见,即录音产品的电子分销属于中国在GATS项下中所作的承诺。同时上诉机构也回应了中国提出的关于解释的"时间性"问题,相关内容主要集中于上诉机构报告的395~397段中。在395段中,上诉机构指出,"我们不认为,如果专家组基于中国加入WTO时'录音产品'和'分销'的含义作出分析就会得出不同的结论。'录音产品'这个词涉及的是'录制内容',而不论其是如何分销的(即分销方式)"。易言之,这个问题的关键在于中国缔结条约时,分销服务是否仅适用于有形的产品,还是也可以适用于无形的"产品"。上诉机构在上文已经考虑到,GATS的28条(b)项规定了"服务"的分销,而"服务"是无形的。这也就是说"分销"既可适用于有形的产品,也可适用于无形的"产品"。所以分销服务自然可以适用于同服务一样为无形"产品"的电子载体的录音制品。同时由于GATS是在1995年生效的,换言之在1995年GATS便已经规定了无形"产品"的分销,那么无论是按2001年的含义还是在争端发生时的含义进行解释,结果都是一样的。③

从上诉机构报告的395段可以看出,上诉机构认为,在本案中其实并不存在所谓的"时间性"问题。因为在1995年GATS生效的时候便已存在无形产品的分销,所以中国缔结条约时(2001)"录音制品"、"分销"的含义并没有随时间的变化发生变化,进而导致与现在相关

---

① 国内相关的文章主要有,曾令良:《从"中美出版物市场准入案"上诉机构裁决看条约解释的新趋势》,载《法学》2010年第8期。吴卡:《条约演化解释方法的最新实践及其反思》,载《法学家》2012年第1期。吴卡:《条约解释的新动向:当代意义解释对当时意义解释》,载《法学评论》2013年第2期。张乃根:《中国涉案WTO争端解决的条约解释及其比较》,载《世界贸易组织动态与研究》2012年第3期。刘小梅:《当代意义解释法之合理性质疑》,http://www.chinacourt.org/article/detail/2013/03/id/905697.shtml,访问日期:2013年5月19日。

② see WT/DS363/AB/R,para.47.

③ see Ibid [4],para.395.

词语的含义不同。暂且不论上诉机构此种论理是否正确合理,但是上诉机构本可以就此搁笔,不再讨论条约解释的"时间性"问题。因为按照其观点,本案并不存在这一问题。可是,上诉机构似乎并不满足于此,因为中国提出的"条约解释的时间性"问题是一个客观存在的问题,在以后的争端解决中可能还会多次被提出来。因此,上诉机构对于这一个问题作了一个进一步的阐释,应该是想为以后相关问题的条约解释作一个铺垫。正是由于条约解释的时间性问题对本案结果不会产生实质性的影响,所以笔者并不准备针对上诉机构在本案中的具体思路做一个案例分析,只希望讨论上诉机构额外提出的其关于条约解释的时间性问题,同时结合其他相关资料梳理一下条约演变解释方面的问题。

(二)上诉机构对条约的时间性问题的进一步阐释

上诉机构关于条约演变解释的阐述集中在上诉机构报告的 396 段和 397 段。在 396 段中,上诉机构指出:"更一般地说,我们认为在中国《服务贸易总协定》减让表中使用的词语('录音制品'和'分销')具有充分的一般性。这些词语使用的情形会随时间的变化而变化。我们也注意到,《服务贸易总协定》减让表与《服务贸易总协定》本身以及所有的 WTO 协定一样都是 WTO 成员缔结的无限期、具有持续性的多边条约。无论该成员是原始成员国还是 1995 年后加入的国家。"①上诉机构在此处援引了两个以前的案例,可以说上诉机构此处的解释思路延续了这两个案子的解释思路。这两个案子将在下一部分条约演变解释的实践中讨论。上诉机构接着在 397 段中谈到:"我们进一步注意到,如果对《服务贸易总协定》具体承诺的解释基于这一观念,即这些术语的含义只能是作出该承诺时的含义,则意味着非常相似或者完全相同的措辞的承诺由于条约通过之日或者成员国加入之日的不同而有不同的含义、内容与范围。这种解释将减损《服务贸易总协定》减让表的可预见性、安全性和清晰性,而这种承诺是通过多轮谈判达成的,并且这种解释必须按照国际公法的习惯法解释规则进行解释。"②

根据 396 段和 397 段的阐述,我们可知上诉机构通过援引两个其他案例的思路指出,如果本案存在时间性问题,那么本案也应适用条约的演变解释。其裁决报告进一步明晰确立了条约演变解释方法适用的条件。同时上诉机构也指出如果适用条约缔结时的含义解释会减损条约本身的可预见性、安全性、清晰性等,进一步解释了为什么要适用条约的演变解释。最后上诉机构还强调了解释必须按照国际公法的习惯性解释规则进行解释。其实"中美出版物市场准入案"不仅是条约演变解释的一次最新实践,更进一步明晰了条约演变解释的条件。由于这是中国第一次涉及条约解释的时间性问题,因此引起了国内许多学者的关注。事实上,条约的演变解释在世界范围内已经得到了多次实践,联合国国际法委员会也正在开展"条约随时间改变"的课题研究。所以笔者下面将介绍一下条约演变解释的实践。当然,首先要澄清一些相关概念。

---

① see Ibid [4], para. 396.
② see Ibid [4], para. 397.

二、条约的演变解释与国际习惯法解释规则的关系

在国内的一些文章中,经常将条约的演变解释和国际公法习惯法解释规则混为一谈。认为虽然条约的演变解释是条约解释的新趋势,但由于缺乏足够的实践,不足以构成国际法上条约解释的习惯法解释规则。因而在适用该方法时,应该采取谨慎的态度。① 事实上,笔者认为无论是条约的演变解释还是条约的当时意义解释都只是解释的方法或者解释的结果,而非具体的解释规则或解释资料。易言之,注重演变的解释并不是一种独立的解释资料,而是恰当适用通常的解释资料所产生的结果。② 目前国际法上条约解释的通则或资料就是《维也纳条约法公约》31 条和 32 条。③

条约解释的目的是发现缔约国的真实意图,④而意图的发现不能凭空推测,解释者须在《维也纳条约法公约》31 条和 32 条中找到证明缔约国意图的证据。同样,对于是否采用条约的演变解释而言,解释的目的也是发现缔约国是否有演变的意图。即"条约用语的含义究竟是固定不变,还是会随着法律的演化而有所变化,只有通过解释当事方的意图才能确定"。⑤ 然而,单凭推断缔约方的意愿不可能找到对此作出决定的可靠指南。相反,解释者必须在《维也纳条约法公约》第 31 条和第 32 条所提到的资料中,找到缔约方这方面意愿的具体证据。即用语本身、上下文、条约的目的及宗旨,以及在必要时追溯条约的起草过程。⑥ 从条约演变解释的实践来看,《维也纳条约法公约》31 条第 1 项中的目的与宗旨、通常用语以及第 3 项都为条约的演变解释提供了支撑资料。

综上,条约的演变解释是一种解释方法,而非解释的规则或资料。演变解释的核心仍是通过《维也纳条约法公约》31 条和 32 条的解释资料发现当事国有"让条约随时间演变的意图"。这一概念的澄清有助于我们理解相关条约解释的实践。

三、条约演变解释的实践

条约的演变解释可以在一定程度上使条约适应时代、环境的变化,与时俱进,而条约的当时意义解释法可以维持条约的稳定性、可预测性。二者并无优劣之分,条约的类型不同,

---

① 曾令良:《从"中美出版物市场准入案"上诉机构裁决看条约解释的新趋势》,载《法学》2010 年第 8 期。于洋:《试析 WTO 争端解决的条约解释新动向》,载《国际商贸》2012 年 5 月,第 201 页。

② ILC/ACN.4/660,para.62.

③ see Ibid [9],para.28.《维也纳条约法公约》第三十一条作为条约义务和习惯国际法的体现,规定了解释条约的通则。在一个具体案件中解释一项条约时,会导致对《维也纳条约法公约》第三十一条和三十二条所载各种解释资料给予不同程度的强调,尤其是根据所涉条约或条约条款,对条约案文或条约目的和宗旨给予不同程度的强调。

④ Martin Dawidowicz, The effect of the passage of time on the interpretation of treaties: some reflections on Costa Rica v Nicaragua 24 Leiden Journal of International Law(2011), p. 202.

⑤ H. Waldock, Sixth Report on the Law of Treaties, Yearbook of International Law Commission, Vol. I (Part Two), at 199, para. 9. 转引自吴卡:《条约解释的新动向:当代意义解释对当时意义解释》,载《法学评论》2013 年第 2 期。

⑥ ILC/A/60/10,para.474.

用语的性质不同都可能导致采用不同的解释方法。事实上,国际委员会——"国际法不成体系问题:国际法多样化和扩展引起的困难"研究小组曾经试图制定一项全面涵盖时间因素的通则,但最后结论是"很难制定和商定一项要么赞成以注重当时意义的解释为原则,要么赞成以注重演变的解释为原则的通则。在解释某一项特定条约时,最好的办法是……仅挑选出某些因素加以考虑。"① 在实践中,与当时意义解释法相比,条约演变解释的实践相对较少。解释者一般从以下几个方面发现当事国的意图(即采用条约演变解释的理由):第一是通过条约术语的性质;第二是通过条约的目的与宗旨;第三是通过缔约国嗣后的实践。下面,笔者将一一介绍。

(一)通过条约的目的与宗旨推测缔约国有演变的意图

以条约的目的与宗旨为出发点,采用条约的演变解释方法主要为人权法院广泛实践,欧洲人权法院曾强调《欧洲人权公约》是"一项活的文书,必须按照时下的情况加以解释。"② 欧洲人权法院的许多案例中也多次阐述这一观点,③ 例如,在 Loizidou 诉土耳其案中,欧洲人权法院就指出:"公约作为鲜活的法律文件因而必须根据当前的情形来解释,这一点深深植根于法院的判例中……由此,这些条款不能只根据40多年前的制订者的意图来解释……此外,公约作为保护个人的法律文件的目的与宗旨也要求其条款应以能够使其保护措施实际且有效的方式来解释和适用……"④《欧洲人权公约》的目的与宗旨是"为基本人权提供实际且有效的保护",⑤ 为了实现这一宗旨就意味着在保护个人时必须考虑当下的情形,而不能拘泥于公约缔结时的含义,甚至超出当事方的实际同意而对条约加以重新解释。条约的演变解释正好能够确保条约的适用就其目标和宗旨而言是有效的。因此,条约的演变解释在人权法院的实践比较多。

虽然,通过对条约的目的与宗旨的解释可以采用演变性解释的方法。但是,这种方法对于其他类型条约的适用则存在较大的问题。因为并不是每个条约的"目的与宗旨"都十分明确,如何确定条约的"目的与宗旨"便存在问题。同时一个条约是否只有一个"目的与宗旨",如果有几个怎么确定应当适用的"目的与宗旨",等等。⑥ 总而言之,通过条约的目的与宗旨来确定缔约国有采用演变解释的意图比较抽象,司法者的能动性过大,可能会减损条约的稳定性,使条约处于无法预测的境地。因此,除了人权条约等目的宗旨性比较强的条约外,其

---

① Ibid [9],para. 56.

② Ibid [1],para. 16.

③ *Tyrer v. the United Kingdom*,Judgment,25 April 1978,Application No. 26,para. 31;*Marckx v. Belgium*,Judgment,13 June 1979,Application No. 31,para. 41;*Airey v. Ireland*,Judgment,9 October 1979,Application No. 32,para. 26;ECHR,*Loizidou v. Turkey*,Preliminary Objections,23 March 1995,Application No. 310,para. 71.

④ Malgosia Fitzmaurice,Dynamic (Evolutive) Interpretation of Treaties (PartI),Hague Yearbook of International Law,2008,pp. 29,133. 转引自吴卡:《条约解释的新动向:当代意义解释对当时意义解释》,载《法学评论》2013年第2期。

⑤ 吴卡:《条约解释的新动向:当代意义解释对当时意义解释》,载《法学评论》2013年第2期。

⑥ see Julian Arato,Subsequent Practice and Evolutive Interpretation:Techniques of Treaty Interpretation over Time and Their Diverse Consequences,9 The Law and Practice of International Courts and Tribunals(2010),p. 474.

他条约解释机构较少采用这种方式。

(二)以缔约国的嗣后实践推测其在适用条约上的演变意图

条约解释的目的是在条约的含义不清楚时,揭示缔约国的意图。但是缔约国的意图常常不明确,必须要借助于条约的文本、上下文、目的与宗旨等资料来揭示其意图,而缔约国在条约适用方面的实践则在一定程度上客观地反映了缔约国对条约的理解,构成一种解释条约的客观证据。作为条约解释通则的《维也纳条约法公约》第 31 条第 3 款(a)、(b)项便明确地将缔约国的嗣后协定和嗣后惯例作为解释资料。国际法委员会在其关于条约法条款草案的评注中也强调"这类嗣后惯例在条约适用中,作为解释的一个因素,其重要性显而易见,因为它构成缔约国对条约含义之理解的客观证据。"通过根据《维也纳条约法公约》第 31 条第 3 款(a)项和(b)项,把嗣后协定和嗣后惯例作为"缔约国对条约含义之理解的客观证据",委员会视其为一种"权威"解释资料。① 缔约国嗣后协定和嗣后惯例作为一种权威、重要的解释资料也得到了世界上许多裁判机构的认定。②

通过上述介绍我们知道缔约国的嗣后实践是一种权威且重要的解释资料。同时,由于嗣后的实践发生于条约缔结之后,这种实践便可能随时间的推移、社会的发展、法律环境的变化而变化。因此,从缔约国嗣后实践出发推测其意图可以为条约的演变解释提供权威的依据及理由。在国际法委员对"条约随时间改变"的研究中也得出相同的结论,"缔约方之间的嗣后协定和嗣后惯例可指导对一项条约进行注重演变的解释"。③ 2009 年 6 月,国际法院在哥斯达黎加诉尼加拉瓜关于航行和有关权利的争端一案的判决中便涉及了"注重演变的解释"与"缔约国嗣后惯例之间"的关系。本案争议的焦点在于对"comercio"一词的解释,即该词是仅适用于"货物"还是也可以适用于"服务"(尤其是为旅游而运送人员的航行)。国际法院最终基于条约用语的性质作出了注重演变的解释,认定"comercio"包含"服务"。但是对于这一决定,Skotnikov 法官提出了自己的个别意见,他同意"comercio"的含义自 1858 年以来已经发生了改变,但是理由不同。他认为之所以包含"服务"是因为哥斯达黎加在圣胡安河经营旅游业"至少长达十年之久",而尼加拉瓜"从未"对此提出过抗议,而且"一直允许旅游航行"。换言之,他认为是缔约国嗣后的惯例使得"comercio"包含"服务",而非该词本身具有演变性。④

综上,缔约国嗣后的实践对于条约的演变解释具有指导的作用,可以作为对条约进行演变解释的依据和理由。但是,何为"缔约国的嗣后实践","嗣后实践的范围有多大","哪些资料可以视为嗣后实践","嗣后实践与其他解释资料的关系"等问题现在并不明确。作为一种权威的解释资料,与"条约的用语"、"上下文"、"目的与宗旨"相比,"缔约国的嗣后实践"还需要进一步的理论与实践澄清,现在国际法委员会正在进行"条约嗣后实践"方面的总结研究。然而,我们可以肯定的是"缔约国的嗣后实践"对条约的演变解释有重要的作用。

---

① Ibid [9],paras. 29~30.
② see Ibid [9],paras. 31~41.
③ Ibid [9],para. 64.
④ see Ibid [19]Julian Arato,p449. and see Ibid [9],para. 59.

(三)通过条约术语的性质推测缔约国有演变的意图

与欧洲人权法院以条约的目的和宗旨为起点进行条约演变解释不同,国际法院和WTO等裁判机构从条约用语的性质入手对条约进行演变解释,这在一定程度上限制了裁判者的裁量权。通过一系列案件的发展和理论的研究,现在也逐渐形成了一些规律。即如果条约的用语本身是"一般性"术语,而且"条约已经缔结很长时间,并将持续适用"(条约的"无期限性"),那么就可以推测缔约国具有使条约随时间演变的意图,从而采用条约的演变解释。下面笔者将简要介绍相关案例的发展。

国际法院第一次采用这种演变解释的方法是在1971年"南非不顾安全理事会第276(1970)号决议继续留驻纳米比亚(西南非洲)对各国的法律后果咨询意见案"(以下简称"纳米比亚咨询案")中。在该案中,国际法院指出,"该盟约第22条所含'今世特别困难状况'和'人民的福利和发展'等概念不是静止不变的(not static),而是定义上(by defintion)就具有演化性,'神圣信托'这一概念也是如此。因此,该盟约的当事国必须被认为已经按照这样接受了这些概念"。基于此,国际法院作出了演变性的解释。但是在该案中,国际法院并未解释为什么这些词具有演化性。换言之,国际法院并未指出术语具有演化性的条件。在1978年"爱琴海大陆架案"中,国际法院解释了为什么要对1928年《和平解决国际争端总议定书》第17条中的"领土地位"一词作演化解释,即"领土地位"一词的一般性和1928年条约的"持续存在"。① 在这个案件中,国际法院虽然明确了对条约用语进行演变解释的两个条件,但是对于何为"一般性"术语,其他性质的术语能否作演变解释并没有回答。

国际法委员会在"国际法不成体系问题:国际法多样化和扩展引起的困难"2006年的报告中,在总结案例基础上指出下列情况可视为用语是未定或演变的概念:"(a)该概念暗示须考虑后来的技术、经济或法律发展情况;(b)该概念为缔约方规定了进一步逐渐发展的义务;或者(c)该概念具有非常一般的性质,或者是以必须考虑情况变化的那类一般性用语表述的。"② 根据这一结论,缔约国在条约中使用上述类型的词语,即可推定缔约国具有使该词语随时间演变的意图。国际法委员会的这一研究结论为条约演变解释提供了理论支撑,使得这种通过条约术语的性质为由进行演变解释更加明晰。这种方法后来也进一步得到了国际法院和WTO机构实践的认可。

2009年6月,国际法院在"哥斯达黎加诉尼加拉瓜关于航行和有关权利的争端一案"中,对"comercio"的演变解释是这一方法的又一次重要实践。该案涉及1858年哥斯达黎加和尼加拉瓜签署的一项条约,其中授予哥斯达黎加在圣胡安河上为"objetos de comercio"("商业目的")航行的自由。尼加拉瓜称,在缔结条约之时及其后很长一段时间内,缔约国对"商业"一词的理解应局限于货物,而不包括服务,尤其不包括为旅游而运送人员的航行。条约的解释应该按照条约缔结时的含义作出解释,即"comercio"只限于货物,而不包括"服务"。但是国际法院指出,"comercio"一词是"一般化术语",对此"缔约国必然"一直"意识到,其涵义(……)很可能会随着时间演变",而且"条约已缔结很长时间,并得出结论认为"必须设定缔约国(……)有意让"这一用语"具有不断演变的涵义。鉴于"商业"一词在当今被普

---

① 吴卡:《条约解释的新动向:当代意义解释对当时意义解释》,载《法学评论》2013年第2期。
② see ILC/A/61/10,para.251,(23).

遍理解为包括货物和服务,法院裁定,哥斯达黎加有权根据该条约不仅在圣胡安河上运输货物,而且还可以运人。① 国际法院进一步明确了其推理过程,它认为如果一个条约本身是一般化术语,则在缔结条约时,缔约国就必然会意识到这一概念会随时间的推移而变化。同时,由于条约已缔结很长时间,那么该词就可能已经随时间发生变化,而事实上也已经发生了变化。据此认为缔约国有采取该术语的当代含义的意图,即按条约的演变意义进行解释。

2009年12月中国涉案的"中美出版物市场准入案"是这一解释方法的最新实践。该案在前面已经详细介绍了,从上诉机构的裁决来看,该案完全采纳了国际法院"哥斯达黎加诉尼加拉瓜案"中的思路,同时上诉机构还引用了另一个WTO的案例——"美国龙虾案"。在该案中,上诉机构在参考了许多资料后得出结论,GATT1994第20条(g)项中的"自然资源"是一般性术语,其内容或范围不是"静止的",而是"变革"的,它既包括生物资源,又包括非生物资源。②

通过上述对以条约术语的性质为着眼点进行演化解释的发展历程梳理,可以发现经过一系列案例和研究的发展。"术语的一般性"和"条约的无限期性"已基本成为这种演变解释方法的条件,似乎只要符合这两个条件,就可以对相关术语进行演化解释。但是如何确定一个术语具有"一般性"?曾经被确定为"一般性的术语"是否在任何情形下都为"一般性术语",即在不同条约中,同一个术语的性质是否会不同?"非一般性术语"是否一定不能适用条约的演变解释?这些问题仍需理论和实践的进一步澄清和发展。

四、对条约演变解释的限制

在上述三种进行演变解释的依据或理由中,第一种方式实践最多,也最为成熟。但由于其司法能动性过大,这一方式基本仅适用于人权条约的解释,因为人权条约本身比较抽象,而且十分强调条约的目的宗旨。尽管这种方式也存在许多尚待解决的问题,但对于人权条约采用这种方式对条约进行演变解释,笔者个人认为是十分必要且恰当的。第二种通过缔约国嗣后实践进行演变解释的实践很少,虽然在一定意义上可以作为对条约进行演变解释的依据,但尚未形成一定的规律或条件。笔者认为如果仅凭缔约国的嗣后实践就对相关术语进行演变解释,可能过于偏重于"客观主义",不利于发现条约缔结者的真实意图,理由如下:首先,缔约国的实践变动性较大,可能在不同时期的实践各不相同,甚至在同一时期的实践也不相同,各种类型的实践也并不一致。其次,在多边条约中各个缔约国的实践由于经济社会发展不同可能会有差异。如果仅凭嗣后实践就作出相应的演变解释,可能会极大地减损条约的稳定性。第三种通过条约术语的性质采用演变解释方法的实践不多,但通过一系列案件的发展形成了一定的适用规律或条件。但是,这一适用规律受到了许多人的批评与质疑。他们认为这一方式在适用中过于片面、武断、机械,未遵循条约解释的法理。③ 笔者

---

① Dispute regarding Navigational and Related Rights (Costa Rica v. Nicaragua) (Judgment) [2009] I. C. J. Reports 2009, paras66, 67, 68, 71. 转引自 Ibid [9], paras. 58~59.
② see WT/DS58/AB/R, paras. 129~130.
③ 吴卡:《条约解释的新动向:当代意义解释对当时意义解释》,载《法学评论》2013年第2期。

认为,这一方式的适用条件可能过于宽泛,似乎只要满足了"一般性"和"无期限性"两个条件就可以进行演变解释。而且对于"一般性"也没有一个衡量的标准,那么在条约中可能许多术语都能进行演变解释。这种方式过于倚重条约解释中的用语,对其他资料(如上下文、目的宗旨、嗣后协定与嗣后惯例等)的考察较少。

鉴于上述理由,笔者认为对条约演变解释的第二种方式和第三种方式,尤其是第三种方式,应该进行一定程度上的限制,将其放入《维也纳条约法公约》31条、32条解释的框架之内进行解释。易言之,必须综合考察条约的用语、上下文、目的与宗旨、嗣后协定及嗣后惯例,如果形成一致,则可以采用演变解释;如果不能达成一致,演变解释和当时意义解释各有支撑的证据,那么就应衡量两种解释方法解释后的结果影响,使其尽量符合条约的目的与宗旨,即用条约的目的与宗旨限制条约的演变解释;如果通过对条约术语性质考察适用的解释方法与依据缔约国的嗣后实践考察应适用的解释方法不一致,那么应该衡量两种解释方法对当下及长期的影响,决定适用何种解释方法。总而言之,笔者认为可以基于对条约术语性质的考察进行演变解释,但不宜将此方式绝对化(即只要符合两个条件就适用演变解释)。在符合两个条件的前提下,还应考察其他相关证据综合决定是否采用条约的演变解释。正如上文所说,条约的演变解释只是解释的方法或结果,具体的解释规则、资料仍应借助国际法解释通则进行综合考察。

五、结语

无论是对条约注重进行当时意义的解释还是注重进行演变的解释都有一定价值,二者并无优劣之分,只能根据个案考察决定。在司法实践中,各裁判机构一般通过三种方式对条约进行演变解释。这三种方式分别是,第一着重以条约的目的与宗旨为依据进行演变解释;第二侧重以缔约国的嗣后实践为据对条约进行演变解释;第三通过对条约术语性质的考察发现缔约国演变的意图。三种方式在实践中的发展程度不同,主要适用的条约类型也有差异。笔者认为对于第三种方式不应将其适用条件绝对化,仍应根据国际公法的习惯法解释规则进行解释,受到一定限制。

评分:90分。

点评:这是一个复杂的问题,兼具理论价值和现实意义。作者旁征博引,查阅了大量的资料和案例,对这个问题进行了厘清,并且提出了自己的观点。本文表现了作者很强的学术功底和抽象思维能力,理解精准,思路清晰,观察敏锐。加油!

浅议 WTO 报复的性质及改革方案

林 璐

摘 要 DSU 中的报复制度作为贸易争端救济的最后一种手段，被称作 WTO 的"牙齿"，是 WTO 区别于其他国际组织的一种重要标志。本文重点阐述对其性质的思考和对报复制度改革的拙见。

关键词 WTO 报复 改革

前言：安提瓜引发的思考

杨国华老师在世界贸易组织课程的第一次课堂上，就跟我们提起了安提瓜与美国的网上赌博案的新进展，谈及虽然安提瓜获得每年 2100 万美元的报复授权，但是实际上却无法找到有效实现报复、逼迫美国履行裁定义务的方法。安提瓜有正当的报复权，报复水平也清楚，但是面对美国这个庞然大物，却不知如何下手。这个实例不仅说明了在 WTO 争端解决机制中国力较弱小国家的无力，更体现出争端解决机制中缺乏强有力的补偿或制裁手段。报复作为 WTO 救济规则和程序中的最后一个环节，关系到 WTO 的救济力度和公平正义。① 虽然从 1999 年欧共体香蕉案美国申请报复到 2009 年美国棉花补贴案巴西申请报复期间，只有少数案例申请报复，但影响都很大，引发了许多对 WTO 中"报复"体制的思考。我当时在课堂上听完杨老师对安提瓜案件的介绍，心中就有报复权能否转让的想法，以此为兴趣点，我对 WTO 的"报复"制度进行了解研究，对其含义、程序和存在问题就不再多议了，仅在本文中提出自己对报复性质的疑惑和对改革的建议。

一、对报复性质的思考

DSU 第 22.1 条规定："补偿和中止减让或其他义务属于在建议和裁决未在合理期限内执行时可获得的临时性措施。但是无论补偿还是中止减让或其他义务，均不如完全执行建议以使一措施符合有关适用协定。"其中的"中止减让或其他义务"就是报复的形式。我对报复的性质存在很大的疑惑，认为其十分模糊，无法认定它是惩罚性质的措施还是补偿性质的措施。

DSU 第 22.4 条规定，DSB 授权的中止减让或其他义务的程度应等于利益丧失或减损的程度。从该条规定可以看出报复不能具有惩罚性，不能超出损害水平。WTO 竭力避免

---

① 傅星国：《WTO 争端裁决的执行机制》，上海人民出版社 2011 年版，第 318 页。

报复带上惩罚性的色彩,因为 WTO 协定中没有给予 DSB 或上诉机构对不执行裁决的惩罚权。因此,报复不是惩罚性质的措施。

在 WTO 执行程序中,已经遵守 DSB 的建议或裁定,败诉方就无须再履行其他义务,即使曾给对方造成了损害也无须赔偿。报复则是以现在的损害抵抗现在的损害,过去的损害不予追究。① 由于中止减让的直接目的在于剥夺被诉方的利益,其结果并不能使申诉方所受损失得到补偿。也就是说,申诉方损失的是过去的利益和机会,被诉方被剥夺的是以后的利益和机会。申诉方的中止减让措施并不能使利益再生,申诉方的生产商或出口商因为被诉方的措施而承受的损失并不能从中止减让措施中得到补偿。② 同时,DSU 第 3.7 条规定,如不能达成双方同意的解决方法,则争端解决机制的首要目标通常是保证撤销被认为与任何使用协定不一致的有关措施。从该条也可以看出报复非补偿性的特点

于是,报复的性质就无法确定了,它既不是补偿性质的,也不是惩罚性质的,但是似乎又同时具有两种性质。不是 A 也不是 B,是否有 C 的存在呢?现在也只能说,"WTO 报复既不是惩罚性制裁(punitive sanctions),也不是侵权法意义上的损害责任(liability and damages),更不是国际公法中的赔偿(reparation)"。③

二、改革方案刍议

1998 年开始,WTO 成员方就开始针对 DSU 的改革提出许多意见和建议,总结看来,有关改革报复机制的提案内容主要可分为"渐进式"和"激进式"两种。"渐进式"主张对 DSU 程序"微调"、"打补丁";"激进式"要求对现有 DSU 体制乃至 WTO 法进行"革命性"的改革。④ 我认为,报复制度的改革要基于报复的基本目的。从目前的制度来看,报复的目的在于促使败诉方执行裁决,平衡未来竞争关系,因此改革的方向应该要增强报复的效果,促进缩短败诉方实施裁定的时间。如果只是对 DSU 程序进行微调,是无法满足这个要求的,我赞成对现有 DSU 体制作出颠覆性的改革。

(一)反对"渐进式"改革

我反对"渐进式"改革的原因主要在于这种改革方式进程过于缓慢以及无法实质性改变报复制度实质上的缺陷。首先,虽然对报复制度改革的建议早已提出,但多年来,始终没有进行。多哈回合进行了十来年,停滞不前,前景堪忧,DSU 改革的谈判也一拖再拖。DSU 制度改革很难在短期内有所突破,即使开始谈判,报复制度改革也不一定能作为改革的"首发阵容"。在改革期限无限延长的基础上,不温不火的打补丁式的变化不能起到实质性效

---

① 李耀芳:《WTO 争端解决机制》,中国对外经济贸易出版社 2003 年版,第 108 页。
② 韩立余:《既往不咎——WTO 争端解决机制研究》,北京大学出版社 2009 年版,第 183 页。
③ 傅星国:《WTO 争端裁决的执行机制》,上海人民出版社 2011 年版,第 325 页。Allan Rosas, Implementation and enforcement of WTO Dispute Settlement Findings: An EU Perspective. Journal of International Economic Law(2001) p.140.
④ 傅星国:《WTO 争端裁决的执行机制》,上海人民出版社 2011 年版,第 347 页。Report by the Chairman on Special Session of the DSB to the Trade Negotiations Committee, TN/DS/9, 6 June 2003, Article 21bis.

果,会极大地影响成员国对报复改革的热情。

同时,从"渐进式"改革建议具体来看,主要是对报复制度中程序性问题的改善,如"就损害和丧失水平的早期仲裁"、"要求授权报复的前提条件"等,这些改革意见是无法改善报复制度的本质问题的。这就像是民法中存在法理性的错误,却企图通过改善民事诉讼法来解决一样没有实际意义。固然现有的报复体制中也存在许多程序性的问题,但再完美的程序,一旦建立在一个模糊错误的基础之上,也是没有意义的,最终还是要暴露出许多问题。一方面报复的性质、目的导致报复与WTO贸易自由化的宗旨背道而驰,这种"零和游戏"增加了对国际贸易的限制,无论是胜诉方还是败诉方都遭到了损害,制造了新的既得利益集团。另一方面,现有的报复无法提供有效的救济。弱小国家即使被授权报复也没有经济实力来实施报复,报复后可能还会导致发达国家在非贸易领域的反报复。对于发达国家,报复的效果也十分有限,如在欧共体牛肉荷尔蒙案中,美国1999年就实施了报复措施,但欧共体至今都没有执行裁决,可见,报复措施对争端的解决无法起到关键性的作用。其次,报复不仅无法对起诉方的受损产业提供任何实质救济,还将报复的副作用分摊到广大消费者和公众利益身上。因此,只有对报复制度作出颠覆性的改革,才能改善报复带来的实质性问题,达到促进败诉方实施裁决的目的,恢复竞争机会的公平。

(二)赞成"激进式"改革

采用"激进式"的改革,可以有两个方向,正向与反向。正向意味着增加强有力的报复措施,增强报复的有效性;反向意味着重建DSU有效的保障执行裁决机制,用其他方法将报复制度取代,或变更报复中的基本原则和性质。虽然我支持"激进式"改革,但我对归于此类的改革意见并不都持支持态度。相比起增加报复措施,我倾向于重建制度、原则,以防治标不治本。

1. 对几种改革建议的个人观点

(1)轮番报复

轮番报复(Carousal retaliation)首次出现在美国2000年通过的《贸易与发展法案》中,单方面地允许美国在首次实施报复的120天后及之后的每180天,对报复所涉及的产品清单进行修改。WTO仲裁机构并没有对能否轮番报复作出裁定,认为美国可以自行制定某一具体的所涉产品清单,但美国有义务遵照DSU第22.4条确保报复水平的等量。[①]

虽然轮番报复能保证报复的有效性,持续地施加压力,但我对其持保留意见。首先,这种报复措施违反了WTO透明、可预期的基本原则。WTO的多边贸易制度及其争端解决机制,其根本点在于为国际贸易活动提供稳定性和可预期性。[②] 在轮番报复的情况下,败诉方无法得知哪些国内产业将会遭到中止减让,也无从得知胜诉方对某一特定产业的报复程度,必然会对多边贸易体制稳定性和可预期性产生影响。其次,对等量原则的遵守将缺乏监督。如果给予胜诉方轮番报复的权利,每180天修改产品清单,如何确保每次修改的不超过

---

① 傅星国:《WTO争端裁决的执行机制》,上海人民出版社2011年版,第353页。Decision by the Arbitrators, European Communities—Measures Concerning States—Recourse to Arbitration by the European Communities under Article 22.6 of the DSU, WT/DS26/ARB, 12 July 1999.

② 韩立余:《既往不咎——WTO争端解决机制研究》,北京大学出版社2009年版,第185页。

仲裁裁定的损害水平,能否就报复水平及修改报复产品清单反复引用DSU第22.6条的仲裁?

美国在欧共体产品一案中曾对中止减让的目的作出论述:"DSB授权中止减让或其他义务的主要目的和宗旨,不是获取等同于损失的贸易金额的金钱补偿,而是将贸易限制在受不符措施影响的贸易的同等范围内。……与WTO一致的中止减让的主要目的,是使存在过失的成员国的其他利益集团卷入,以使该成员遵循有关规则。WTO授权中止减让或其他义务的最终目的,是消除违反规则的成员根据WTO享有的利益,并可能在某种程度上阻止贸易。"[1]从美国在此案中的论述可以看出,美国认为报复并不是补偿性措施,但也不应该是惩罚性措施,最终目的是重新平衡减让水平,平衡贸易竞争关系。但轮番报复却有惩罚性措施之嫌,因为其可能在某种程度上比平行报复甚至交叉报复更严重地影响败诉方国内经济稳定,而且过度强化了报复在政治上的杀伤力。

(2) 集体报复

由于发达国家和发展中国家在报复能力上的差别,报复对小国来说没什么,同时还有很大的副作用。所以在2002年的争端解决谅解协议(Negotiations on the Dispute Settlement Understanding)中,发展中国家小组(LDC Group)提议采取"集团责任原则"(principle of collective responsibility)将所有WTO国家作为一个整体,集体都有权利和责任执行报复。[2]

集体报复中首先要解决的问题是,这种报复权是成员国的权利还是责任? 如果将其视为权利,则大多数国家都不会行使,因为不管是出于经济利益还是政治利益的考虑,任何一国都不愿无缘无故与败诉方结仇,而且对于报复方来说,很难在不损伤自身商业利益的情况下实施报复。如果将报复视为责任,又会有更大的问题。

首先,一国对WTO的义务是不是对所有成员国作为一个整体的义务? 违反WTO规则是不是一种违反全局的违法问题? 在集体报复是一种成员国都要负担的责任的时候,怎么保证对等原则? 确定报复水平后如何在各成员国之间进行分配? 其次,报复的权利被视为平衡WTO义务的权利,如果成员国获得报复权,实质是对平衡的破坏。再次,《联合国宪章》中有关于集体报复的规定主要是针对"威胁或破坏国际和平与安全"的行为,并不包括对他国经济贸易的影响。而如何防止集体报复或制裁被滥用并对无辜受害者予以补偿,是联合国集体安全体制60多年来一直没有解决的重大难题。因此,我认为集体报复这一报复措施也存在很大问题,但我并不反对将"集体责任原则"引入WTO,此点容后再议。

(3) 报复权转让

报复权转让的建议是墨西哥在2002年的争端解决谅解协议(Negotiations on the Dispute Settlement Understanding)中提出的。[3] 大多数成员都表示了反对。在未对WTO报复制度进行了解时,我觉得转让报复权是弱小国家行使报复权的好方法。例如安提瓜就

---

[1] WT/DS165/R, para. 6.82

[2] 参见 Negotiations on the Dispute Settlement Understanding, TN/DS/W/17, 9 October 2002, para. 15.

[3] Negotiations on the Dispute Settlement Understanding, TN/DS/W/23, 4 November 2002, I(d).

可以将对美国每年2100万美元的报复权卖给其他有能力且希望报复美国的国家,或直接将报复权卖给美国,获得变相的补偿。但现在我却不这样认为,因为一旦报复权可以进行交易,这种权利就会变性为一种政治武器,导致争端解决的政治化,拥有报复能力的成员会一直拥有报复权。在这种情况下,报复权会成为一种变相的"核武器",会成为大国政治、经济"军备竞争"的一部分,就像我国的外汇储备一样。

2. 重建报复原则:一种构想

在现有的报复制度中,对等原则和不溯及既往是最为重要的两点,但这两点原则在实践中造成了许多的问题。我认为要重建报复制度,最关键的在于要厘清报复的性质,究竟是补偿还是惩罚。从之前的讨论可知,现有的报复制度既不是补偿性质,也不是惩罚性质,不溯及既往导致了胜诉方无法利用其获得补偿,对等原则又导致了败诉方不会因不履行裁定而受到惩罚。因此我认为对报复的性质如此含糊的定义,是导致其局限性的原因之一。因此WTO在改革报复制度前,应该明确报复的性质,便于围绕其设计制度。如果将报复的性质认定为补偿性措施,应该在对等原则的基础上承认报复的追溯性;如果将报复的性质认定为惩罚性措施,应该在不溯及既往原则上摒弃对等原则。

尽管既往不咎是WTO执行法律程序的主要特征,但我认为在救济程序中并不能简单的遵循。救济措施没有追溯力带来的最大负面效应就是违反WTO义务的成本较低,因为违规成员从采取违反WTO义务的措施到磋商、专家组程序、上诉程序,再到执行合理期限届满,整个阶段的时间大约2年至3年;在这期间,违规成员可以继续适用其违反WTO义务的措施,而受害方却没有任何救济。① 报复制度无法对过去的损失进行补偿,同时对促使败诉方履行裁定也效果有限。贸易和经济实力相当的成员之间可以通过贸易报复迫使败诉方履行DSB通过的裁决与建议,而许多发展中成员或最不发达成员却可能面临赢了官司却得不到实惠的尴尬。因此我倾向于摒弃报复,只留下补偿给胜诉方作为裁决未执行时可执行的临时性措施,并且应该将争端期间造成的损失也归入补偿的范围中。这样,WTO的救济措施就能与国际公法中"恢复原状"的救济原则等同起来。

同时,应该将促使败诉方履行裁定的义务归于DSU。正如国内裁决的由法院强制执行,DSU也应该将私力救济的报复制度改变为一种公力救济的报复制度,设立惩罚性质的"强制执行"制度。由仲裁机构根据对等原则要求败诉方对不履行的行为交纳罚金。

3. 对WTO性质的思考

随着WTO一些特性的变化,例如法律化的加强,准司法争端解决机制范围扩大到新的领域,我们应该对WTO的定位进行再思考。朱斯特认为,"不应该继续把WTO看作政府间双边协议的一个简单集合,而应把WTO看作一个真正的多变体制,能够提供法律规则的公共产品"。② 因此,WTO应该成为一种力量,应该将成员国更紧密更有效地捆绑到一起,不仅仅是在推动裁决的实施上,我们也应该对WTO裁决的效力问题、成员国违反WTO义务的性质、WTO裁定执行机构等问题再思考思考。

---

① 朱榄叶、贺小勇:《WTO争端解决机制研究》,上海世纪出版集团2007年版,第143页。
② 傅星国:《WTO争端裁决的执行机制》,上海人民出版社2011年版,第363页。

结 论

虽然"激进式"的改革能更大地促进成员国解决贸易争端,但是由于必须对DSU做众多而且重大的修改,基于WTO"一致通过"的制度和各国利益驱动,导致报复制度在近期有重大的变化是不可能的,然而其作为WTO最后的手段,其性质和价值导向取决于也决定着WTO组织性质。WTO发展到现在,存在许许多多的体制上的问题,要使其进一步发展,就要与时俱进,做出改变。希望WTO的变革时期能尽快到来。

评分:90分。

点评:深刻的思考和全面的论证。报复的有效性问题,显然是WTO争端解决机制需要面对的问题。作者认识到这个问题的重要性,查阅了大量资料,进行了比较深入的分析,并且提出了自己的观点,很有价值。加油!

浅议 WTO 与议会之比较

吴 若

【导入】华美的议事厅内,衣冠楚楚的绅士们正在唇枪舌剑地对某项规范性文件进行辩论并表决,一时相持,议事主持者只得宣布休会;休会期间强势团体如同重演"慕尼黑阴谋"一般将弱势团体拒诸门外,通过密室会议、密室午餐会等私下交易,最终定调,并对潜在的异见者施加压力,然后再次付诸表决,最后获得通过,成为一项对各与会者具有普遍约束力的以权利义务为内容的规范性文件。

也许有人立即联想到议会或者立法会之类机构,但是有翅膀的不一定是天使,骑白马的不一定是王子,笔者事实上描述的是 WTO 议事会议的一幕。

在此,我们抛开两种议事场合所议之事不论,但从外观上、从组织形态上、从议事原则、从表决制度等诸多方面来看,WTO 组织与议会也有着诸多可资比较、互相借鉴之处,试作一述:

一、形成背景比较

(一)形成原因

日本宪法学者美浓部达吉尝言道,"类似现今议会制度的人民之政治的集会,绝不是近代所特有的制度,也不是只在应该发达,而是在某种时代,为许多民族所通有的制度而已"①。议会是政治组织,WTO 是经济组织,但两者都是以民主的议事规则所组建,不仅在成立之初就追求着静态的民主,在运行过程中也在不断追求动态的民主;而民主对于数千年的人类史来说从不曾陌生,"在一切的原始民族,而又不过是成为小部落国家的时代,在这样的人民机会之下决定及评议共同大事,大抵是极普通的状态"②,所以议会和 WTO 都不啻为人类发展过程中因追求民主而发明并得以发达之社会制度。

但是,仅仅指出两者均系追求民主的动态过程中得以发明、发达,并不足以解释为什么人类一定要追求民主。诚然,在原始时代乃至于野蛮、蒙昧时代的社会中,人类意识到在大自然残酷的条件下,物竞天择,适者生存,若要生存和发展,就要成为真正的"百兽之王",同类相残式的原始丛林法则则必不可少地被抛弃,互助、团结的社会道德和其他规范则渐渐予以建立;随着人类文明不断发展,到了更为先进的阶段时,个体意志间的冲突逐渐开始阻碍了文明发展,以集体决策来处置人间事务的议会之雏形就产生了,后来逐渐形成了原始部落会议,伴随着人类文明的进一步发展,日耳曼式民会、西欧中世纪等级会议乃至于现代议会制度的鼻祖英国式议会就渐次建立了;WTO 的出现并不令人惊讶,盖系人类文明进化至更复杂形态,意志冲突冲出国境,古代社会刀刀见血的同类相残变成了现代社会杀人于无形的

---

① [日]美浓部达吉著:《议会制度论》,邹敬芳译,卞琳点校,中国政法大学出版社 2005 年版,第 4 页。
② [日]美浓部达吉著:《议会制度论》,邹敬芳译,卞琳点校,中国政法大学出版社 2005 年版,第 4 页。

贸易摩擦,此时便产生了一种跨国性的集体决策机制来处置人间事务了,于是 WTO 及其前身就在必然和偶然的碰撞中应运而生。因此,所谓议会和 WTO,本质上均是人类为处置人间事务而逐渐形成的集体决策机制的具体化表现,两者具有共同的"始祖"。

(二) 形成作用

当然,尽管说议会和 WTO 组织都是人类集体决策机制的产物,但它们之间仍存在明显的区别。以发挥的基础性作用为例,议会是一国政治的中心力量,一国的立法及一些重大事项,须经其决议然后施行,换言之议会的基础性作用是规范一个国家各个方面的基本关系;至于 WTO,按其官方说法,职能如下:"第一,负责多边贸易协议的实施、管理和执行,促进世界贸易组织目标的实现;第二,作为多边贸易谈判场所;第三,公正解决贸易争端;第四,审议成员的贸易政策;第五,与其他国际组织合作,参与协调全球性经济决策;通过各类援助项目,协助 WTO 的发展中成员和最不发达成员"①,其实罗列了这么多,一言以蔽之,WTO 的基础性作用就是规范世界经济贸易秩序若干个方面的基本关系,是以一个个成员为主体的集体决策机制,与一国议会的功能,存在很强的相似性。

(三) 发展趋势

既然明确了议会与 WTO 组织均脱胎于人类集体决策机制的母体,又均以正确地规范某些社会关系为己任,那么二者新近的发展趋势是更近了还是更远了呢?答案也许是后者。经济学理论认为,交易成本将随着交易参加方的增加而增加。在远古,集体决策机制对每个符合资格者,也就是最早的所谓"选民"开放,"是在国家规模极小,乃一村落、一市府,或是狭隘地方的部落,各自成为独立之政治团体的时代,与其说是议会雏形,就毋宁说是村落集会;反是,近代的议会,则存在于几百万、几千万甚至于几亿人口的大国家。如果近于村落的集合,那么便没有代表之必要,人民全体都能够自行集会,至在大国家方面,全体国民在一处集会的事体,绝对的不可能,因此,国民的集会,只有推荐代表才能做到"②,可见,随着人口规模的膨胀和地域空间的扩大,人类的集体决策机制已经不可能将每一个个体均纳入进来,于是有人创造性地发明了代表制,从希腊的五百人议事会,到罗马的元老贵族院,到现代西方国家的两院议员,均是遵循降低交易参与者数量的理念进行的制度优化;而反过来看 WTO,可以说一个个参见议事的自然人均代表了各自所在国家和地区的人民,而且单纯从数量来看,一百多个国家的代表也比大多数国家的议会人员数量要少,但由于 WTO 机制自身的独特性,它所要求的最佳决策主体数量的边际曲线是很低的,比议会还要低,在最佳均衡水平上每多增加一个就会多增减决策的交易成本。这种独特性的体现,打个比方,议会适用多数决机制,只要赞成的比反对或弃权之人要多到一定程度即可;而 WTO 适用全体一致机制,要通过某项决议决定,须得众人意见一致,个中难度可想而知,而受制于不能忽视小国利益的原则,在 WTO 议事规则中引入"多数决"机制又显得不近人情。

但人们并非就此束手无策。既要做到削减谈判主体数量为应有之义,又要做到人人参与,似乎还是可以回到"代表"二字上做文章。既然一个代表系作为一个国家之集团代表,对

---

① 沈四宝:《世界贸易组织法教程》,对外经济贸易大学出版社 2005 年版,第 20 页。
② [日]美浓部达吉:《议会制度论》,何勤华译,中国政法大学出版社 2005 年版,第 5 页。

外发表意思,为何又不能作为多个具有共同利益、共同意志的多国之集团代表,对外发表意思呢?所以,WTO议事规则本应继续制度优化的路径,探索允许具有相同或类似意志的国家共同委托少数谈判代表参加WTO议事,既可通过团结增强小国的谈判力量,又可通过缩减谈判参与人数提升WTO的议事效率。但WTO目前没有实施相关的方式,在制度革新不断的议会制度面前,WTO事实上已经相对停滞不前,所以总体来说WTO与议会之间,近年来的发展趋势是相背离而不是相靠拢的。

二、运行机制比较

接下来,我们从四个具体方面比较一下议会与WTO之异同:

(一)客体

议会,无论是在共和制国家,还是在君主立宪制国家,承担的最重要的功能就是立法功能,颁布一系列的法案是议会的日常职能。WTO及其裁判组织,与议会相比,有着似曾相识的功能,即颁布一系列的行为规范,那么WTO及其裁判组织所产出的东西,属不属于广泛意义上的"法"呢?法的经典定义,如果除去"由国家制定"这条,无非是"以权利义务为内容的,带有普遍约束力的行为规范",WTO的诸协议或裁判判例均有其特质,存在普遍的约束力,尤其是WTO具有制裁机制,所以,WTO的诸多协议以及裁判判例,对于一个个成员国而言,与广泛意义上的具有约束力的"法"相差无几。

打个比方来说,如果把议会与WTO都比作是承担了特殊任务的工厂的话,那么它们最后供给的产品,都是广泛意义上的"法"。

(二)主体

在WTO议事厅行走的,是一个个国家或者地区的代表,与议会相比,只不过议会议员代表所属选民,WTO议事者代表所在国家或地区罢了,我们甚至可以把WTO的成员国与地区看作成为一个个选区,而代表,则是该选区选派的"议员"。然而,两者虽同为集团代表,却有着实质性的区别,并进而影响到他们的行事动机和行事方式。美浓部达吉将"代表"按不同标准分类为人的代表和集团代表;基于委任的代表和法定代表;以及命令的委任代表和自由代表。

按照代表权来源的不同,WTO议事代表是基于国家委任的代表,须受国家指示行事;而议会议员虽然是基于选举产生,但并不是选民对议员的"委任",只是指定谁为议员的行为,议会的权能依照宪法是直接属于议会的,非因选民委任而来,因此应属法定代表。

而所谓命令的委任代表,是指代表人受本人命令,而受依照本人命令以行使代表权的拘束之谓;所谓自由代表,是指代表人依照自己的自由判断而行使代表权①。因此与代表权行使的自由度不同,议会议员是自由代表,而WTO议事代表则是基于命令的委任代表。

---

① [日]美浓部达吉著:《议会制度论》,邹敬芳译,卞琳点校,中国政法大学出版社2005年版,第63页。

(三)主观动机

由于代表性质的不同,所以两类代表在参与集体决策机制时的主观动机有所不同。议会议员由于换届选举退出机制的约束,故以自由代表之身份而仍顾忌于选民之意志,在参与集体决策时的自由裁量权无法完全发挥,但仍有很大的自主权,仍优于 WTO 议事代表;而 WTO 议事代表作为基于命令的委任代表,须得完全听从委任者(国家政府)之命令行事,缺乏主观能动性,大部分时候都要依本国政府的指令去办事,自主决定权很小,就好像是一国政府在 WTO 的"影子",不可能像议会议员那般在关键时刻抛弃党派利益、选举利益而达成于全体福利有益之决议,灵活性较差。

(四)客观行为

前已述及,议会议员在任期间的行为受到下届选举连任的"激励"和下台的"约束",必然更努力勤勉行事,发挥自己的聪明才智为本选区的人民谋福祉;相反,在 WTO 现有的体制下,不少弱国小国成员对于 WTO 议事内容漠不关心,缺乏积极性,主要原因即在于 WTO 没有创新出足够多的激励和约束机制,很多成员国办事完全出于被动,办事效率低下。在此,笔者建议到,可以尝试建立一些新的机制,譬如成员资格的退出机制,以改善如今之景象。

三、反思及对策

既然 WTO 与议会均是脱胎于人类集体决策机制,那么议会于世界上普遍成功的发达经验,自然也适于解决 WTO 面前面临的诸多制度困局,有很多精髓值得 WTO 借鉴,逐步靠拢而不是更加背离,具体建议如下:

第一,创建谈判组制度,允许在不同议题上有着类似利益、类似意见的国家组织起来,委托少量甚至一个议事代表参与 WTO 议事,并授权其代表所在国家集团发表意见、表决议题,增强弱小国家的话语权,以免单个弱小国家落入"集体行动陷阱"之虞,使得 WTO 各个成员国能够处于一个相对平等的地位;

第二,探索建立更具活力的 WTO 激励和约束机制,前者如对"遵纪守法"、"信用良好"的成员国实施一定程度的奖励或补贴,或允许其调整特定政策措施;后者如尝试建立退出机制,对"屡教不改"、"劣迹斑斑"的成员国降格为阶段性的观察员,结合其他报复措施予以惩戒。

二者相结合,推动各成员国更积极主动地事前注意调整国内措施,以符合 WTO 规范,使得 WTO 永葆生机与活力,真正实现 WTO 建立一个完整的,包括货物、服务、与贸易有关的投资及知识产权等内容的,更具活力、更持久的多边贸易体系的目标,为全球的经济发展做出贡献。

参考文献

1. [日]美浓部达吉著,邹敬芳译,卞琳点校:《议会制度论》,中国政法大学出版社 2005 年版;

2. 沈四宝:《世界贸易组织法教程》,对外经济贸易大学出版社 2005 年版;

3. 杨国华:《WTO 的理念》,厦门大学出版社 2012 年版;

4. 峇吉拉-劳-达斯著:《WTO 与多边贸易体系之过去、现在与未来》,第三世界网络(TWN)2004 年出版

评分:90 分。

点评:独特的视角,有趣的论证。

条约解释"本本主义"初探

郑至言

摘　要　约文解释的条约解释原则自 WTO 争端解决机制第一案中确立以来,一直作为 WTO 条约解释的主流规则,享有"正统"地位。约文解释以司法克制为指导,不免受到抨击,被冠以"本本主义"的高帽。实践中争端解决机构也运用了崭新而大胆的方式进行条约解释,但约文解释的魅力在于创造一个合理的国际经济秩序,因此它的地位很难也不应该被取代。

关键词　约文解释　司法克制　共同意志

条约解释,借用 1996 年国际法委员会报告中的话,在某种程度上是一种艺术,而不是一门严格的科学。条约解释如艺术一样,其美感来源其背后的价值观,打动我们的,往往就是这部分或温情,或理性的价值判断和选择。WTO 争端解决过程中的条约解释正是如此,上诉机构的解释推理过程的深情演绎、令人惊叹其实乃"真正的法律"。

那么争端解决机制中条约是如何解释的? 它解释了什么?

一、条约解释和 WTO 争端解决机制

长达八年的乌拉圭回合多边贸易谈判的突出贡献之一,就是各参加方实质性地改进了争端解决机制,在总结经验的基础上,制定《关于解决争端规则和程序的谅解》("DSU"),设立专家组和上诉机构作为争端解决机构,承担解释法律、化解争端,为多变贸易体制提供可靠性、可预见性的职责。然而专家组并非争端解决机制的常设机构,其成员由该机构从其掌握的专家组名单中聘请,对 WTO 规则的解释多带有个人色彩;上诉机构是争端解决机制的常设机构,对专家组报告中涉及的法律问题及专家组的法律解释进行审理[①],其解释构成 WTO 法律解释的精髓部分和学者持久回味的佳酿,理论界探讨的多是上诉机构的解释规则。

DSU 第 3.2 条规定,争端解决机构"按照解释国际公法的惯例澄清这些协议和现有规定。"在 WTO 首个争端解决案例——1995 年"委内瑞拉和巴西诉美国精炼与常规汽油标准案"中,引用《维也纳条约法公约》作为条约解释依据的做法得以确立,专家组和上诉机构认为《维也纳条约法公约》已成为解释国际公法的国际习惯,可以加以援引来澄清 WTO 协议。此后的争端解决过程中,上诉机构受到《维也纳条约法公约》鼓励,确立了这种约文解释,又

---

① 韩立余:《世界贸易组织规则的解释》,载《国际贸易问题》2000 年第 3 期。

被批评者称为"本本主义"的条约解释正统地位。

二、行动的原则——约文解释

约文解释的方式并不探寻当时国的意愿,通过词典对条约本身的文义及其上下文的联系加以解释。这种解释方式来源于《维也纳条约法公约》第31条的规定。它在经典的WTO案例中随处可见。例如,在双重救济案中,反补贴协定19.3条规定应当征收适当数量的反补贴税,上诉机构利用词典进行文义解释,从"appropriate amount"的通常意义(original meaning)出发,并联系19.2,19.2条和19.4条,分析上下文语境(context),最后结合反倾销的目的和宗旨——抵消补贴,依据了先例和其他辅助资料,得出美国实施了双重征收反补贴税行为的结论。

约文解释恪守条约字面含义,而不涉及条约缔结者的用意。"条约因此获得了与原处谈判国家之共同意思相对立的地位,易言之,条约约文本身获得了独立的生命。"[①]实际上,这种约文解释的方式是争端解决法律解释的主流规则。前上诉机构成员谷口安平在接受访问时谈到,"我觉得WTO采用的解释方法仍处在19世纪的水平,因为DSU规定评审团和上诉机构必须严格恪守字面含义"。

(一)约文解释的合理性

约文解释能最大程度克制上诉机构组成人员的司法行为,最大程度保护成员国主权。WTO是基于成员方政治谈判达成契约——WTO协定的基础发展起来的,其合法性来源于政治外交谈判,因此上诉机构不能凌驾于各成员国之上,只能严格恪守DSU3.2条"不能增加或减少WTO协议所规定的权利和义务"的规定,按照法律文本进行解释。更重要的是,专家组出现了错误,可以由上诉机构加以纠正,上诉机构裁决报告具有终局意义[②],一旦出现了错误,对当事国利益、国际经济秩序,以及今后的争端解决都会产生不利影响。

约文解释还承担着DSU3.2条为多边贸易体制提供可预测性和可靠性的职能,在出版物案和原材料案中,后者所涉《入世协定书》第11.3条因缺少类似前者所涉《入世议定书》第5.1条"without prejudice to China's right to regulate trade in a manner consistent with the WTO agreement"的规定,援引GATT20条一般例外条款作为抗辩却被专家组和上诉机构拒绝。因此,可以预测只要相关诉争条文自身含有"行为符合WTO协定"的语词,便可以在GATT20条之下予以保护。同时,上诉机构前任成员克劳斯·迪斯特·埃勒曼博士针对此项功能给过一个具有启发意义的评论,"那非常强烈的文本倾向的理由是确立上诉机构作为一个新机构的可信性,它试图能够尽量地客观,并避免那些可能使得国家政府谴责上诉机构由于偏向而造成的某种倾向的情况与活动"。

---

① 彭岳:《条约的解释——以DSB上诉机构的裁决为例》,载《南京大学法学评论》2004年秋季号,第36页。

② 吴启成:《WTO上诉机构和上诉复审制度》,http://www.bloglegal.com/blog/cgi/shownews.jsp?id=350002462,访问日期:2013年5月26日。

(二) 约文解释的反对声

然而,约文解释并非最完美的法律解释方式,其从被《维也纳条约法公约》确定以来便遭遇抨击。首当其冲的是早在上个世纪 50 年代关于"共同意志"的讨论。约文解释对于文本的依赖使其必然无法兼顾成员国的意愿。李浩培教授的观点是,《维也纳条约法公约》的"这两个规定把约文解释地位提得过高,准备资料的地位压得过低,该公约对这两种解释的规定失去平衡,其结果必然有损于对缔约各方共同意思的探求"①,而"共同意思",如民法契约解释规则,是契约成立的要件。约文解释很大程度上解释的是谈判后留下的文本,而非成员国在缔结条约时的意愿。

其次是对于约文解释本身的质疑。对文本的忠诚度越高,意味着 WTO 法的静止,不能随着社会道德、经济生活的变迁而发展。批评者希望对 WTO 协定的解释类似将美国宪法文本解释成自由的精神一样,而不是陷入一种"祖先崇拜"的停滞之中。

约文解释还会遇上一个严重的问题,即上诉机构考虑查找词典来确定条文的通常意义时,选用哪一部词典,词典中的含义如何取舍,是否有一定的标准,以及最后确定的含义是否能反映成员国的意志?

这些评论带给我们一个问题,这样的约文解释是否需要延续?

三、新的尝试——司法能动主义

不仅理论上不乏约文解释的批评者,实践中,上诉机构看似在坚持约文解释的同时已经有转向其他解释方式的倾向,这些方式表明司法能动主义开始绕过司法克制主义,崭露头角。

一方面,上诉机构对条约中避而不谈或使得条约中一些词语规定比较含糊的情形进行空白的填充,明显的例子如"双重救济案"中,上诉机构对 GATT 第 6 条的解释,认为第 6 条虽然缺少对国内补贴的规定,但遗漏有自身含义,"not necessarily dispositive"②,仍然可以作为规制征收双重补贴的辅助资料。

另一方面,上诉机构创造了"不容易落入《维也纳条约法公约》范围内的解释技术即所谓的'与时俱进'的解释方式。"③例如美国明虾案中,上诉机构借拯救濒危物种为理念,将活的动物解释为可能用竭的天然资源,受到了环保团体的广泛支持。这被称作"一个惊人的法理发展"。④

事实上,在 WTO 争端解决实践中,专家组和上诉机构也引用了维也纳条约法公约未明确提及的补充解释原则,试图突破"本本主义"的限制,如欧盟荷尔蒙案中体现出的"遇

---

① 王毅:《WTO 争端中的法律解释》,载《法学研究》2009 年第 5 期。
② WT/DS379/AB/R,para 367.
③ [美]约翰·H.杰克逊:《国家主权与 WTO——变化中的国际法基础》,赵龙跃、左海聪、盛建明译,社会科学文献出版社 2009 年版,第 218 页。
④ [美]约翰·H.杰克逊:《国家主权与 WTO——变化中的国际法基础》,赵龙跃、左海聪、盛建明译,社会科学文献出版社 2009 年版,第 219 页。

有疑义,从轻解释原则",韩国卤制品案,韩国鞋类案,美国汽油案体现的"有效条约解释原则"等①。

四、评论

约文解释真的过时了吗?

首先,约文解释是否损害了共同意志?笔者承认,约文解释注重条约自身前后逻辑,不固守起草者所持观念,只有在有限的情形下才求助于条约缔结的准备材料(《维也纳条约法公约》第32条)。但是,在国际法的语境下,我们是否能找到一个"共同意志"?我们知道,在条约缔结过程中,成员方都希望为自己争取更多的利益,但为了能够尽早结束冗长繁琐的贸易谈判,在书面上获得一个让谈判方比较满意的协定,条约中对一些事项采取避而不谈或含糊其意的做法,而非精确地对概念加以界定是非常必要的。而在这种情况下,共同意志是缺失,或者至少是模糊不明的,这样还能抨击约文解释是对共同意志的损害吗?我们再假设,成员国对谈判事项作出了精确的界定,问题是,"确定立法者在审判之时可能会对有关法规采取的看法同该法规通过是立法者所采取的观点是有区别的,所以这是一件碰运气的工作,其结果肯定是推测性质的"。②用"共同意志"来反驳约文解释似乎是站不住脚的。

其次,运用约文解释原则是否导致了WTO法的静止?我们以案例为证,发现并非如此。在双重救济案中,上诉机构推翻专家组对《反补贴协定》机械的、静止的解释,运用约文解释将所有的WTO协定纳入一个连贯、统一的大体系之内加以解释③,峰回路转,成功化解了新时期非市场经济国家在面临双重征收补贴税时的困境。一条静止的条文说话了,说出了自己对于正义的理解。

同时,词典解释的弊端不能作为否定约文解释的理由。"语言都是动态和鲜活的,法律语言也不例外,所以词典的使用应当仅被用作释义的起点而不是终点。"④这样一来,词典解释的弊端可以被约文解释的其他部分克服,因为上诉机构的条约解释并未脱离语境依赖孤立地解释语词的含义,而是从词典释义出发,结合上下文、目的和宗旨等确定争议词语的通常含义。

最后,背离"本本主义"的能动主义尝试只能停留在特定案件中,这些案件的特征都包含了特定的价值取向,例如双重救济案中上诉机构坚守的公平原则和明虾案中渗透出的对濒危物种的关怀。倘若上诉机构可以随心所欲地拿起法律解释的画笔,这些带有浓重浪漫主义色彩的作品将是对国家主权的侵犯,从长远上看,如今最具法律魅力,最有执行力的

---

① 彭岳:《条约的解释——以DSB上诉机构的裁决为例》,载《南京大学法学评论》2004年秋季号,第43~45页。
② [美]E.博登海默:《法理学——法律哲学与法律方法》,邓正来译,中国政法大学出版社2010版,第559页。
③ WT/DS379/AB/R,para.570.
④ 孙益武:《论WTO条约解释中的通常意义与词典释义——以TRIOS协定有关争端为例》,载《世界贸易组织动态与研究》2012年9月,第18页。

WTO争端解决机制亦会受到挑战而逐渐式微。

五、结论

约文解释代表了一种对合理秩序的期盼。"法律的基本作用质疑乃是使人类为数众多,种类纷繁,各不相同的行为与关系达成某种合理程度的秩序。"①我们虽然迷醉于华丽的言词与精湛的推理过程,但法律运行和古希腊智者们雄辩术或修辞学不同,他带给人们的是一种秩序井然的安全感,纵然偶尔可以有一些例外的突破,但总体的基调是固定的,只有在这样的环境中,世界贸易的进行和发展才有更多的可能性。这也许,就是约文解释背后的价值观吧。

参考文献

(一)著作类

[1]张文显:《法理学》,高等教育出版社2011年版

[2]陈欣:《WTO争端解决中的法律解释:司法克制主义 vs.司法能动主义》,北京大学出版社2010年版

(二)论文类

[1]韩立余:《世界贸易组织规则的解释》,载《国际贸易问题》2000年第3期

[2]彭岳:《条约的解释——以DSB上诉机构的裁决为例》,载《南京大学法学评论》2004年秋季号

[3]王毅:《WTO争端中的法律解释》,载《法学研究》2009年第5期

[4]孙益武:《论WTO条约解释中的通常意义与词典释义——以TRIOS协定有关争端为例》,载《世界贸易组织动态与研究》2012年9月

[5]房东:《对"文本"的扬弃:WTO条约解释方法的一种修正——以服务贸易具体承诺表的解释为分析起点》,载《法律科学(西北政法大学学报)》2011年第3期

[6]孙龑:《WTO条约解释中出现的问题——以法庭之友意见书为例》,载《法制与经济》2010年2月

[7][日]谷口安平、胡加祥:《WTO上诉机构处理案件的实践经验》,载《交大法学》2012年第2期

(三)译著类

[1][美]约翰·H.杰克逊:《国家主权与WTO——变化中的国际法基础》,赵龙跃、左海

---

① [美]E.博登海默:《法理学——法律哲学与法律方法》,邓正来译,中国政法大学出版社2010年11月第2版,第501页。

聪、盛建明译,社会科学文献出版社2009年版

[2][美]E.博登海默:《法理学——法律哲学与法律方法》,邓正来译,中国政法大学出版社2010版

评分:90分。

点评:优美而流畅的语言,严谨而充分的论证,丰富而多样的资料。加油!

专家组对国内法解释的权力及
该解释在国内的嗣后效力

房 慧

内容摘要 在 WTO 争端解决中,专家组对于国内法本身的触及是极其慎重的,但是应当承认的是专家组是有权对当事国涉及争端的国内法律进行解释的,这是主权国家在加入 WTO 时所作出的主权让渡,也是专家组要对涉及当事国国内法的案件作出裁决的必然要求。但是专家组根据自己所作的解释给出案件裁决,本裁决只对本案件具有约束力,该解释没有嗣后效力。本文将从知识产权案切入并对以上问题进行阐释。

关键词 专家组解释 国内法 国家主权 嗣后效力

在知识产权案中,美国坚持主张中国《刑法》第 217 条[①]和 218 条[②]以及相关司法解释在针对盗版和商标侵权行为进行惩罚时没有达到对于具有"商业规模"的侵权行为均进行惩罚,也就是我国的刑事门槛较高,不符合 TRIPS 协定第 61 条规定的"缔约方应规定,至少在以商业规模蓄意地假冒商标或者剽窃著作权的案件中适用刑事诉讼程序和刑事处罚。"但是中国坚持主张国内法的规定可以将具有"商业规模"的盗版和商标侵权行为均进行刑罚处罚,即我们的刑事门槛是符合 TRIPS 协定第 61 条的规定的。

针对双方的主张,焦点在于中国国内法的规定是否与 TRIPS 协定第 61 条的规定相符。于是专家组在对此案作出裁决之前,首先使用《维也纳条约法公约》对 TRIPS 协定第 61 条进行了解释,确定了"商业规模"的含义,然后对比中国刑法与之是否相符。那么要将二者进行对比就要厘清二者各自的内涵,所以专家组对于中国刑法相关规定肯定要进行理解和审查。

但是本案中专家组并没有直接对中国刑法进行裸露的解释剖析,而是利用"谁主张谁举

[①] 第二百一十七条 以营利为目的,有下列侵犯著作权情形之一,违法所得数额较大或者有其他严重情节的,处三年以下有期徒刑或者拘役,并处或者单处罚金;违法所得数额巨大或者有其他特别严重情节的,处三年以上七年以下有期徒刑,并处罚金:
(一)未经著作权人许可,复制发行其文字作品、音乐、电影、电视、录像作品、计算机软件及其他作品的;
(二)出版他人享有专有出版权的图书的;
(三)未经录音录像制作者许可,复制发行其制作的录音录像的;
(四)制作、出售假冒他人署名的美术作品的。

[②] 第二百一十八条 以营利为目的,销售明知是本法第二百一十七条规定的侵权复制品,违法所得数额巨大的,处三年以下有期徒刑或者拘役,并处或者单处罚金。

证"的思路裁定美国未能证明自己的主张,因此不支持美国的诉求。专家组虽然没有对中国国内法进行解释,但是专家组有没有权力对一国国内法进行解释呢?这种解释的效力如何呢?

一、专家组有无权力对一国国内法进行解释

事实上,我们极少看到专家组在争端解决中对当事国国内法进行解释,大量专家组报告表明专家组对待国内法的态度都是相当谨慎的,绝大多数情况都是将国内法当作事实问题来进行审查,看其是否与国际条约和习惯相符合,而不会轻易对其进行法律分析或者解释。但是我们可以肯定的是专家组对于国内法是有解释的权力的。原因有三:

(一)出于裁决需要

专家组将国内法作为事实问题进行审查也要有一个审查的标准,要对国内法进行理解和判断,再将其与国际条约、国际习惯进行对比,如果没有任何的理解和判断,那么就无法得到合理审查的结果也无法判断二者是否相符。因此在争端案件涉及国内法规定时,为了得到合理的裁决,专家组必须要对国内法进行理解和判断,实际上就是对国内法的解释。当然专家组对于国内法的解释要以该国国内宪法、法律法规和司法解释为依据,而不能使用国际条约等来解释国内法,这是国家主权决定的,一国国家立法和司法都是绝对独立的,如下文述。

(二)国家主权让渡的结果

主权国家在加入 WTO 时就让渡了一部分司法的主权,《建立 WTO 协定》第 16.4 条中规定:每一成员应保证其法律、法规和行政程序与所附各协定对其规定的义务相一致。之所以说加入国进行了主权让渡,是因为原本主权国家的立法权是完全独立的,立法不受任何非国内法的限制,但是既然承认要与"各协定对其规定的义务相一致"就说明愿意使本国的立法权受到一定的限制,即在一定程度上让渡了立法和司法主权。显然我们能够理解加入国的国内法是否与各协定相一致并非加入国自身的单方面解释就能完全成立的,如果这样的话就不会存在国内法违反国际法的情形了,所以加入国必须接受案件裁决和审理机构对于本国国内法的审查。专家组作为争端解决的裁决主体在涉及国内法的案件中就自然拥有了对国内法进行审查判断的合理依据。

(三)承认专家组裁决效力的逻辑一致

专家组的裁决对于争端当事国的法律效力是毋庸置疑的,即当事国承认专家组裁决的有效性,那么对于专家组在裁决中的论证也是认可的,这是逻辑上的一致。在涉及国内法的案件裁决中,由上述逻辑可知裁决中必然明确或隐含了专家组对于所涉及的国内法的审查和判断,即专家组的解释,那么如果当事国认可了专家组的裁决,当事国也就认可了专家组的解释。在国内法保留领域或与国内法无关的案件中不存在此类问题。如果说当事国没有接受专家组的裁决,那么原因应该是不同意专家组对于本国法的解释,即专家组的解释错误,而非专家组没有解释权;如果是认为专家组没有解释权的话,那么所有涉及国内法的案件都不会被当事国认可,因为此类案件裁决中均明确或隐含了专家组的解释。所以当事国

是承认专家组的解释权的。

从理论上来讲,鲜见专家组对国内法进行直接的解释原因在于专家组贯彻了争端解决机制的"司法克制"特色。"司法克制"的基本含义是,司法机关在审理案件的过程中采取诸如限制自身对法律的解释权、尊重立法机关和行政机关的意见、追求"司法经济"而回避"棘手问题"等"自我约束"的手法,以防止"司法能动主义"和"过度司法"而致的消极影响。① 司法克制的基本手法是自我约束和尊重主权,详细来说就是自我限制对 GATT 规则的解释权和尊重成员方政府对事实的认定调查。② 司法克制的直接动因是主权、资源、效率和公平,WTO 争端解决中保持适度的"司法克制"是对成员方主权的尊重。协调国际组织和国家权力分配的冲突,耗时八年的乌拉圭回合谈判的一大核心就是在国家经济主权问题上进行着限制与反限制的争斗、妥协与合作。③ 专家组在作出裁决时意识到不适当的专家组行动可能会疏远成员,并因而威胁到 GATT/WTO 争端解决程序本身的稳定性。国内当局常常对本国政策的出台具有合法的理由。专家组清楚,一个基础广泛的多边国际机构必须对付广泛的法律、政治以及文化价值观,这些都要求在解释那些条约义务时必须保持谨慎。④ 由此可知,专家组在解释国际条约义务时尚且慎重,更何况是解释一国国内的法律,自然更加慎重,更加克制。

二、专家组解释在国内的嗣后效力

上述已经阐明专家组对于涉及国内法的案件有权对国内法进行解释,专家组对于本案的整体裁决对该国具有约束力,专家组在该裁决中对国内法的解释对本案有拘束力,但是出现了一个问题,专家组的这一有权解释对于该国的嗣后效力如何?我们认为专家组的该次解释对该国没有嗣后效力。理由如下:

(一)专家组报告在专家组内部没有嗣后效力

针对专家组报告我们认为它在专家组内部,即专家组在处理后发的争端解决中起着指导作用,尤其是同一个专家组在处理相同争端的时候。这是思维上的惯性,尽管在非判例法国家,比如我国,前例也起着一定的指导作用。但是这也仅仅是指导作用,并不是像判例法国家一样遵循先例,所以尽管是同一个专家组处理相同的争端也可以根据具体情况具体分析、裁决,而不必遵循前例,即原裁决在专家组内部没有嗣后效力,不同的专家组就更没有理由一定遵循原报告,其不能被作为嗣后惯例适用。在国际法上,嗣后惯例必须是"一致的、普遍的和连续的"实践,任何孤立的单个行为,均不能作为嗣后惯例,因此以往单个专家组所作

---

① 朱广东:《国际贸易救济法律问题研究》,东南大学出版社 2011 年版,第 232 页。
② 朱广东:《国际贸易救济法律问题研究》,东南大学出版社 2011 年版,第 240 页。
③ 陈安:《世纪之交围绕经济主权的新"攻防线"》,载陈安主编:《国际经济法论丛》第四卷,法律出版社 2001 年版,第 80 页。
④ 李杰良:《WTO 专家组报告的法律效力探析》,载《法制与社会》2008 年 7 月(中),第 253 页。

的报告不可能被认为是嗣后惯例。① 专家组的裁决不具有"先例"效力。② 所以如果原报告中涉及对于国内法的解释问题,此解释也是没有嗣后效力的。

所以对于在专家组内部都没有嗣后效力的专家组解释,其在专家组外部,尤其在主权国家内部就更没有嗣后效力了,这里的主权国家既包括原裁决的当事国也包括其他国家,当然如果在判例法国家该报告和解释被法官自愿接受为判例,并赋予嗣后效力,这纯属该国的司法习惯和价值判断,而非该报告和解释本身天然具有嗣后效力。

(二)WTO专家组自身职能和性质的影响

WTO专家组的职能是协助DSB履行DSU和有关WTO协议所规定的职责。专家组应对审议的事项作出客观评估,包括对案件事实及有关适用协议的适用性和一致性进行客观评估,并做出可协助DSB提出建议或提出适用协议所规定的裁决的其他调查结果。③ 所以专家组是一个国际性质的机构,它的本质服务对象是WTO规则、国际条约、习惯,因此它对于上述对象中的规定和原则、精神的遵守是相对永恒的,但是对于一国国内法却不会采取相等的态度,因此这就使得它针对一个案件所作的对国内法的解释的效力只及于该案,而不可能在国内产生嗣后效力。

(三)专家组解释的性质决定的

在我国以及很多国家规定,国际条约、国际惯例作为法律渊源优先适用(保留领域除外),或者直接优先适用,或者作为准据法优先适用,至少也可以拥有与法律法规、立法解释、司法解释一样的效力,可以被适用。但是问题在于专家组解释不属于任何一种可以适用的情形,虽然前述阐明专家组有权解释国内法,但是专家组对国内法的解释与国内有权解释机构作出的立法解释、司法解释完全不同,专家组是一个主权国家之外的机构,与国内有权解释机构不同,其解释在该次争端裁决中有效,但是要在国内形成嗣后效力缺少的是主体机构的正当性,正如如果专家组解释被我国立法机构接受转化为国内法,那么这个解释就以法律的形式具有了嗣后效力。

而且国内的立法解释和司法解释是作为法律渊源形式存在的,但是专家组解释是针对个案作出的,不是法律渊源,这就决定了其不能被直接适用或依冲突规范适用,其解释相当于我国的前例,只有指导作用,没有强制约束力。在判例法国家可能将其赋予先例效力,但是同前所述,这纯属司法习惯和价值判断,并非专家组解释本身具有嗣后效力。并且"专家组和上诉机构的报告在性质上属于对条约的解释,而并非法律渊源的一部分。"④"专家组和上诉机构的报告即便在争端解决机构中获得通过,也不具有英美法上先例的效力,因而不能构成WTO的法律渊源。"⑤即专家组报告对于专家组来说都并非法律渊源,那么对于一个主权国家就更不是法律渊源了,所以没有嗣后效力。

---

① 姜涛:《WTO争端解决先例的法律效力》,载《司法论坛·人民司法·应用》2008年21期。
② 朱广东:《国际贸易救济法律问题研究》,东南大学出版社2011年版,第250页。
③ http://china.findlaw.cn/info/minshang/guojimaoyi/202479.html,访问日期:2013年5月23日。
④ 姜涛:《WTO争端解决先例的法律效力》,载《司法论坛·人民司法·应用》2008年21期。
⑤ 张军旗:《WTO国际法律责任制度研究》,法律出版社2012年版,第144页。

(四)国家主权决定的

国家主权是一个国家的固有属性,包括独立权、平等权、管辖权和自卫权。联合国大会通过的《国家权利义务宣言草案》第1条规定:"各国有独立权,因而有权自由行使一切合法权利,包括其政体之选择,不接受其他任何国家之命令。"国家的独立权显然包括立法和司法的独立。上述提到国家在加入WTO时让渡了一部分主权,使得专家组可以解释国内法,但是这个让渡仅限于该主权国家作为争端当事国之时,因为这是专家组完成裁决的必然要求,但是主权国家绝对没有完全让渡法律解释的权力。在该案之外,国家基于司法独立,在没有专家组这个第三方的时候,国内法院自然要遵循国内法进行案件审理,至少在我国目前没有法院遵循专家组裁决进行案件审理的法律依据,除非我国已经将专家组裁决转化为国内法,那么在这个意义上,法院依然是在依据国内法判案,而非专家组裁决,所以专家组对于国内法的解释是没有嗣后效力的。

在涉及国家根本利益的问题上,争端解决机构表现出对政府决策相当程度的尊重与遵从。[①] 专家组绝不是凌驾于主权国家之上的争端裁决机构,所以如前所述,鲜见专家组直接触及国内法本身,即使一定要作出解释,也会依据国内法进行解释,并尽量听取国内有权解释机构的意见,这是对于主权国家司法独立的尊重,也是对于争端解决程序稳定性和正当性的维护。我们知道国内法本质上是为国内案件服务的,即绝大多数案件都是国内案件,国内法是根据本国复杂的国情制定的,如果专家组的个案解释强制管辖国内案件,那么很有可能破坏国内秩序,这是对国家主权的侵犯(严重违反WTO各协定的国内法另当别论),所以专家组对国内法作出的个案解释在国内没有嗣后效力。

综上所述,专家组有权对争端解决中所涉及的国内法进行解释,但是该解释只对该案有法律拘束力,而对于当事国和其他国家都没有嗣后效力。尽管专家组解释和国内权威解释一致,我们知道国内审理案件时依据的是国内权威解释,而不会依据专家组解释,所以在这种情形下专家组解释仍然是没有嗣后效力的。

此时产生了一个问题,那就是如果主权国家在一次专家组裁决中因为专家组对于该国国内法的解释而被裁决承担不利后果,那么如果该主权国家不依照专家组解释进行国内立法或司法解释上的修改的话,那么该国在后来遇到同样状况的时候极有可能再次被裁决承担不利后果,此种情形如何处理?我们认为,以我国为例,我们必然要坚持内部司法的独立,坚持国内的立法和司法解释,因为这些都是基于我国的基本国情所作出的,是适应我国国内案件处理的,而且国内案件纠纷才是需要处理的主要对象,只要国内法没有严重违反WTO各协定规定的义务,那么国内法的性质本身就决定了其本土适应性和优越性才是第一位的。坚持国内法,这是对现实国情的尊重,也是对自己主权的捍卫。因此我们大可以接受专家组针对个案对我们作出的不利裁决,而不能根据专家组解释盲目修改国内法。

---

① 李杰良:《WTO专家组报告的法律效力探析》,载《法制与社会》2008年7月(中),第253页。

参考文献

著作类：

[1]朱广东:《国际贸易救济法律问题研究》,东南大学出版社2011年版

[2]陈安:《世纪之交围绕经济主权的新"攻防线"》,载陈安主编:《国际经济法论丛》第四卷,法律出版社2001年版

[3]张军旗:《WTO国际法律责任制度研究》,法律出版社2012年版

[4][美]约翰·H.杰克逊(John H.Jackson):《国家主权与WTO变化中的国际法基础》,社会科学文献出版社2009年版

[5]洪德钦:《WTO法律与政策专题研究》,中国人民大学出版社2004年版

[6][日]筱田英朗:《重新审视主权——从古典理论到全球时代》,戚渊译,商务印书馆2004年版

[7]杨泽伟:《主权论——国际法上的主权问题及其发展趋势研究》,北京大学出版社2006年版

论文类：

[1]李杰良:《WTO专家组报告的法律效力探析》,载《法制与社会》2008年7月(中)

[2]姜涛:《WTO争端解决先例的法律效力》,载《司法论坛·人民司法·应用》2008年第21期

[3]唐青阳:《论WTO争端解决机构的法解释效力》,载《广东社会科学》2005年第6期

评分:90分。

点评:独特的角度,深入的思考,充分的论证。

论国际条约行为规制机制的数学模型

柳 驰

摘 要 国际条约的法律冲突问题已经成为热点。而这一问题，在WTO上诉机构对363案的判决中，更是被各国法学名家直接判定为"复杂的法律问题"。笔者认为，数学作为运用抽象模型解决复杂逻辑关系的代表，有助于我们探讨国际条约之间错综复杂的逻辑关系。本文将从法律对行为的规制模式这一基础法理问题入手，将法律对行为的规制逻辑化，并将规制的法律后果量化，进而抽象出数理模型，最终为运用成熟的数学工具解决国际条约冲突铺平道路。

关键词 条约冲突　法律后果　数学化　条约函数

一、法律对行为的规制模式

"法律如何规制行为？"——这一问题，与其说是法学家的研究对象，不如说是社会学家、历史学家甚至哲学家的研究对象。法学家们对这一问题的解释，往往不涉及实质，而是多从法律规则的结构入手，从法律规范的形式角度探讨法律规制行为的模式。

德国法学家考夫曼认为，法律规范是在讲应该是什么或不应该是什么的效力规定或评价规范。一个完整或独立的法律规范，由构成要件、法律效果，以及效力规定所组成。[①]

另一位德国法学家齐佩利乌斯说：法律规范通常规定，在特定的条件下（当存在特定"事实构成"之时），会有特定的义务（作为"法律后果"）发生、变更或消灭。[②]

纯粹法学派代表人凯尔森认为，组成法律秩序的规范一定是规定强制行为，即制裁的规范。特别是，一般规范一定是依靠一定条件而形成的某种制裁规范，而这种依靠是用"应当"的概念来表达的。叙述意义上的法律规则，是一种对某些条件赋予某些后果的假设性判断。自然法则确认：如果甲事这样，乙事也就这样；法律规则则说：如果甲事这样，乙事就应该这样。[③]

苏联法学家阿列克谢耶夫认为法律规范是："由国家颁布和受国家保护的，有普遍约束力的行为规则，它赋予社会关系的参加者以某种法律权利，并给他们规定法律义务。"[④]

我国的张文显教授则认为："一个严谨的法律规则都有较为严密的逻辑结构，包括假定、

---

① ［德］考夫曼：《法律帝国》，刘幸义译，法律出版社2004年版，第153页。
② ［德］齐佩利乌斯：《法学方法论》，金振豹译，法律出版社2009年版，第39页。
③ ［奥］凯尔森：《法与国家的一般理论》，沈宗灵译，中国大百科全书出版社1996年版，第40～52页。
④ ［苏］阿列克谢耶夫：《法的一般理论》（下册），黄良平等译，法律出版社1991年版，第395页。

行为模式和法律后果三个部分。"①

综合上述观点,可以得出如下结论:法律直接规制行为的方式,是创设某一行为在某种情形条件下所享有的权利和所负的义务,并通过国家强制力的保障,赋予履行权利、履行或违背义务等行为相应的法律后果。

比如,某国的某条法律可以这样规定:在正当防卫的情况下,射杀他人处以徒刑以上、死刑以下的刑罚。这条法律中,正当防卫是情形条件,行为是射杀他人,而如果此行为经过确认,那么行为人的因此行为遭受审判之后得到的后果就是服刑。

进一步总结不难发现,虽然各个法学家对法律的表述各不相同,但都普遍认为,每一条直接规制某一种特定行为的法律,都由两个维度组成:条件和后果。其顺序是:条件——行为——后果。

二、法律后果的统一量化

笔者认为,对每一个行为来说,同一个条件下,法律后果是唯一确定的,且可以统一量化。这是同一行为下,法律设置的情形条件和相应法律后果之间关系的重要。具体论述如下:

首先,一个最基本的逻辑是:只要在某种情形下,某种行为在某些特定情形下被法律规制,那么这一行为本身,无论在何种情形下发生,实际上都受到了法律的规制。即法律要么彻底不管某一行为,要么就或多或少有所干涉。比如,两人互相辱骂,哪怕一方对另一方的辱骂,构成诽谤罪的门槛再高,法律实际上也对辱骂行为进行了某种程度的规制。反过来说,我们不能因为法律对某些情形下的辱骂行为不予理睬,就认为这些行为与法律毫无关联。因为法律对其规制范围的划定是双向的,一旦范围的界限划定,那么混沌中就产生了秩序。

其次,法律后果分为肯定性后果及否定性后果。这一结论实际上有两个层次:

第一,是否法律后果能分为不同的性质?笔者认为这一问题的答案是肯定的。何谓肯定性的法律后果?笔者认为,所谓"肯定性",实际上等价于"一致性",即某个行为所体现的价值,与法律所内涵固化的价值相一致。反之,如果一个行为与法律体现的价值不一致,就要否定其一致性,等价于"否定性"。

进一步说,法律后果的肯定/否定性质,与这种后果是否能够达到促进守法行为或纠正违法行为没有任何关系。不妨设想,某个国家的法律认为,刑事罪犯应当终身食素。虽然在一些素食主义者看来,此举极有利于罪犯的健康,无法达成惩戒的目的。从更广义一些的角度举例:对身体的残害,在大多数法律体系中,都作为否定性法律后果的内容。而在古代某些宗教性较强的国家,这反而可能是一种由神选中的人才能享有的特权,即肯定性法律后果的内容。

第二,是否法律后果必须在这两种后果中选择其一?笔者认为这一问题的答案也是肯

---

① 张文显:《法哲学通论》,辽宁人民出版社2009年版,第209页。

定的。首先,如果不去选择,那么就必须存在第三种性质的法律后果。但一个行为体现的价值与法律内涵的价值之间的关系,只有在"一致"、"不一致"两种性质上的差别。因此,第三种法律后果不能存在。其次,"一致"、"不一致"是互斥的,所以不可能存在兼具肯定性和否定性的法律后果。

同时,不同的条件会影响同一行为所受评价的肯定/否定性质。具体来说,比如,同样是殴打他人面部,如果是在打架斗殴的情形条件下发生,那么这一行为将使行为人遭受处罚甚至刑罚,即否定性的法律评价和法律后果。但如果是在保护公共财产的场合,那么这一行为将被认定为见义勇为,使行为人承担肯定性的法律评价和法律后果。

再次,在此基础上,法律在不同情形条件下,对同一行为赋予的后果的程度,也有所差别。同时,出于确定性以及后果可预见性的基本要求,法律不能对同样条件下的同一行为,赋予不同的法律后果。所谓"确定性",又称"安定性"。法律的这一性质,已经成为法学理论的基石之一,在此不予赘述。仅举一例——齐佩利乌斯在《法哲学》中写道:"只有法的稳定性才能够为将来提供导向确定性,以及为规划和处置提供基础。"①比如,同样是在打架斗殴的情形条件下,同样是殴打他人面部,如果除行为人外所有人都持枪持刀,只有行为人一个人赤手空拳,那么他所担负法律后果的程度显然要低于其他人。

在此,尤为重要的一个问题是,是否所有法律后果都能被量化,并可以用同一种标准进行排序。笔者认为,这一问题的答案是肯定的。因为如果法律后果不能被量化,那么法官就只能对行为事件作出定性判断,而仅仅对行为事实作出定性判断,却不在此基础上予以进一步的差别对待,不符合公平原则。所以,出于公平赋予每一行为相符法律后果这一目的,法律必须在为某一法律后果设置定性标准的同时,设置定量标准。此外,法律后果不可能是无限的,比如罚款、赔偿,或是奖励、许可,不可能因为一次行为就无限制地进行下去,所以法律不仅要设定定量标准,还要设定定量范围。而法律后果又必然有肯定性、否定性的差异,以及不同性质之下不同可量化的程度差异,那么不同的法律后果之间就必然能够从肯定/否定、程度大/程度小两个层次进行相互比较。

在此基础上,还要讨论法律后果是否能够运用同一种单位进行量化。笔者认为这一问题的答案也是肯定的。法律为了解决纠纷或预防可能的纠纷而存在。没有纠纷,法律就没有存在价值。而一切纠纷,要么涉及物质因素,要么涉及精神因素,或者二者兼有涉及。但无论其非物质性的因素占到纠纷比例有多大,在当前技术手段下,法律都无法直接调整精神本身,而只能通过调整物质的、客观存在的行为事物,间接地调整纠纷的精神方面。比如侵权行为可能导致精神损害,但法律却用损害赔偿金这样一种非精神的、物质的后果,对精神上受到侵害的法益予以补偿。再比如,国际法院对一国领土争端作出裁判,裁决某片领土归属于争端一方的某国。显然,即使在任何一个时间点,只要运用经济学模型,这片领土的经济开发价值都能够被评估出来。不仅如此,这个裁决引起的其他领域的非物质的后果,比如游行示威等,也能够通过评估经济损失,将其予以量化。

此外,行为性法律后果也可以被货币化。比如,服刑带来的损失,可以通过计算此人在

---

① [德]齐佩利乌斯:《法哲学》(第六版),金振豹译,北京大学出版社2013年版,第187页。

社会服务的机会成本予以量化。又如,一份刊登在报纸上的道歉声明,对败诉方产生的名誉影响,也可以通过复杂的经济、会计方法予以度量。再如,商标的撤换,可以通过对商标进行估值,对其经济影响予以评估。最后,甚至程序性的事项,比如举证责任的分配,也可以通过计算特定条件下败诉后果与无法证明风险之乘积,予以量化。

总结起来,在现有技术条件下,法律为了解决纠纷针对行为进行调整,无外乎以下两种手段:第一,对纠纷中物质性的部分,直接予以相应的物质性后果;第二,对纠纷中精神性的部分,人为地赋予物质性后果,间接地予以调整。而只要是物质性法律后果,就一定可以用一般等价物这一共同单位,予以估值量化。

三、法律规制相同行为模式的二维分析

所有可能赋予的法律后果与行为发生的情形,具有确定性、无序性与互异性。对于法律后果的分析,首先,如同前文所述,人类不可能对确定的事实赋予不确定的法律后果,这违背了法律的基本价值。其次,可能存在的所有法律后果是无序的。比如,我国刑法规定了五种主刑,一般教科书上的叙述顺序依次为管制、拘役、有期徒刑、无期徒刑、死刑。然而这并不意味着,颠倒这种叙述顺序,刑法规定的主刑种类就会发生变化。最后,一切可能的法律后果之间是互异的,没有等同或包含关系。比如,死缓不包含无期徒刑,而是可能减为无期徒刑;一次赔偿20001元,不能等同于分两次分别赔偿20000元和1元。

行为发生的情形自然不可能有完全重复的可能性,因此符合这三个特征。至于其是否能够被现有法律所涵盖,将在后文讨论。

综上所述,将这一模型抽象,归纳如下:

1. 法律规制的行为数量有限;
2. 同一行为在不同条件情形下发生的法律后果是确定、唯一且与该条件情形一一对应的;
3. 法律能赋予的法律后果种类有限;
4. 法律后果分为肯定性后果与否定性后果;
5. 法律后果可以用单一单位进行物质上的统一量化;
6. 统一量化后的法律后果有程度区别,并可以就肯/否定、程度大/小两个层次排序。

在此基础上,同一行为下,不同程度的法律后果与行为发生的情形条件,就产生了质、量上的一一对应关系并可以抽象为函数式①:

$$f(y)=z, y \in B z \in C=[m,n]$$

其中,y 表示行为发生的情形、z 表示相应的法律后果,B 表示所有可能情形的有限集,C 表示所有法律后果的有限集,m 为最为不利的否定性法律后果,n 为最为有利的肯定性法律后果。

由此,可以依照法律后果对其承担者造成影响的正负大小进行依次排列,将各个不同的、独立的情况连线,绘制二维关系示意图如下:

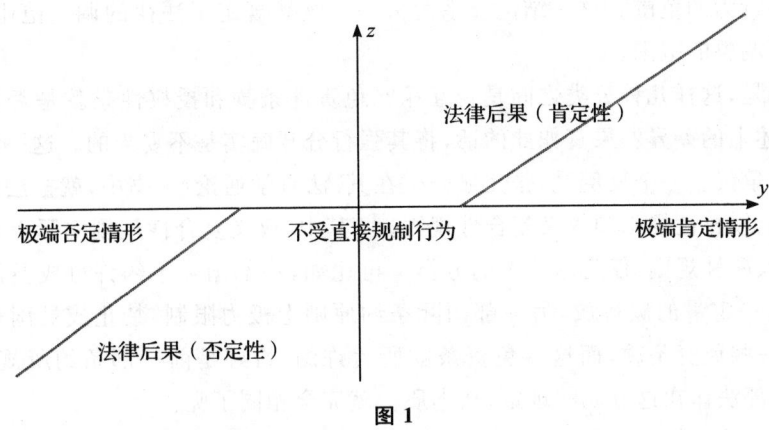

图 1

虽然法律后果可以量化,但量化是否完全、标准是否足够清晰、方法是否得当,都是需要讨论的问题,不过这些不在本文讨论范围之内。但我们还是可以提出一些假设以备日后讨论,比如:出于判决公正性、合理性与限制法官自由裁量权的必要性,法律是否只能赋予易于量化的法律后果? 又如:随着法经济学的发展,是否法律后果都能够通过货币这一单一参照物予以衡量? 甚至:法律之手是否只能触及物质的范围……

四、国际条约中法律后果的三维模型

鲍威林认为,国际条约中的法律规范在国际法上主要有四种功能——命令、禁止、授权和免责,不同功能性质的规则之间都可能发生冲突:命令性规则之间的冲突;命令性规则和禁止性规则之间的冲突;命令性规则与免责性规则之间的冲突,以及禁止性规则与授权性规则之间的冲突。①

注意到,这四种功能有着其内在的逻辑顺序:命令意味着主动强制行为主体执行法内行为,授权意味着允许行为主体进行法内行为,免责意味着允许行为主体进行法外行为,禁止意味着禁止行为主体进行法外行为。这是一个从法内到法外,依主动强制、主动许可、被动许可、主动排除的顺序构成的链条。其中,对于同一行为而言,命令和禁止是两个极端,授权和免责不过是在两个极端之间的情形。此外,命令和禁止没有程度之分,授权和免责有程度范围的差异。

依此,对这四种功能也可以进行数学赋值。不妨设命令为 1,既不授权也不免责为 0,禁止为 -1。则有如下示意图:

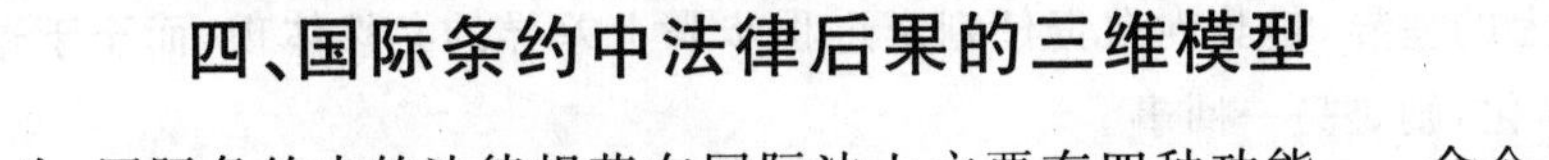

-1(禁止)　免责$(-1, 0)$　0(自由行为)　授权$(0, 1)$　1(命令)

图 2

由图不难看出,国际法上的法律规范,除了这四种功能外,还隐含地提供了第五种功能,

---

① [比]鲍威林:《国际公法规则之冲突:WTO 法与其他国际规则如何联系》,周忠海等译,法律出版社 2005 年版,第 210~217 页。

即划定了自由行为的范围。这一结论合乎逻辑——既然规定了法律的调整范围,也就同时规定了法律不调整的范围。

一个问题是,这样几种分类之间是否互斥?免责性条款和授权性条款是否实质上难以区分,仅有表述上的差异?果真如此的话,将其强行分开确实是不妥当的。这一问题在法理学上的确有所争议。一个反例是,张文显先生在其《法哲学通论》一书中,就把法律规则分为了义务性规则、授权性规则和权义复合性规则。① 其中,权义复合性规则实际上是在一条规则内,同时写入两种规则,仅为形式上的分类。再比如,一部国际条约许可成员国在某些情况下能够达到一定量的碳排放,另一部国际条约原则上极力限制、禁止成员国过量的碳排放,但给出了一些免责条款,而这些免责条款所允许的,恰好是前一部条约所规定的情形。那么是否这两部法律在这方面的规定,从本质上就完全相同了呢?

笔者认为,这是混淆了绝对值与实际数值的概念。绝对值是没有方向性的,而数值有。绝对值是个距离,实际数值则在距离的基础上,增加了一点对"往哪个方向走了这么多距离"的关心。同样的,法律后果相同,并不意味着得出后果的步骤和思路相同。比如,在比较免责和授权两者的过程中,仅从文本上就能发现:"免责"二字,仅在"有责"的情况下,才会被提及。这意味着,被免责的行为,要先遭受一次否定性的价值评价。无论这一评价是否被免责条款所撤销,这一评价的行为本身,已经烙印在历史之中。这个行为是法律推理过程中无法绕开的。这显然不能与授权相等同起来。甚至,与其说免责和授权是文本上的差异,倒不如说法律文本上的差异,是其内在责任判定过程步骤上差异的必然体现,而至于这种差异是否多余、需要简化,则是另一回事。

此外,这四种功能下,法律后果的程度也有所不同。最基本的常识是,法律不予规制的事项,自然没有法律后果可言。而法律强行规制的情形下,相应的法律后果往往程度高于法律授权的情形。

最后讨论一一对应的情况。确实,我们无法仅凭确定,法律后果是肯定的还是否定的,但这并不影响该种功能的法律与其相应后果之间一一对应的关系。因为,无论法律是赋予权利,还是免除义务,都只能对同一行为给予一个法律后果。否则,该法律就丧失了其确定性的基本要求。

据此,可以归纳法律四种功能与法律后果之间的关系。设经过赋值之后的法律功能种类为 X,设法律后果为 v,则有函数式②:

$$g(x)=z, x \in A=[-1,1], z \in [m,n]$$

其中,A 为上文提到的 X 的赋值区间,m、n 的含义与式①中相同,且有:

$$m=min\{g(x)\}, n=max\{g(x)\}$$

据此函数式,设 x 在 x 轴上,z 在 y 轴上,可绘制示意图如下:

---

① 张文显:《法哲学通论》,辽宁人民出版社 2009 年版,第 210~213 页。

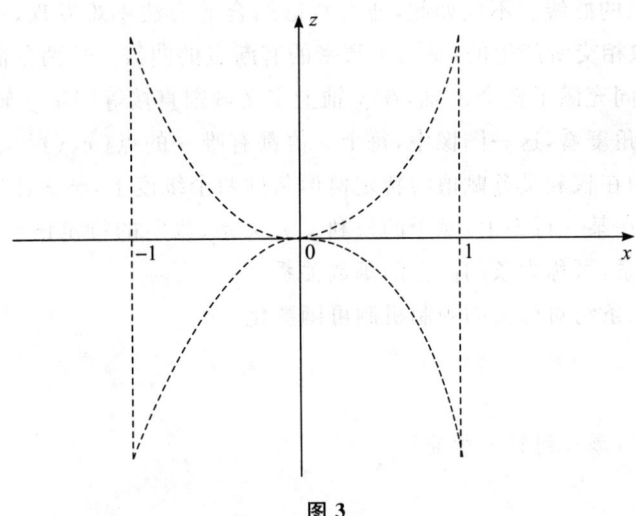

图 3

其中，蓝色、红色的线是虚线，但其在 x 轴上的投影点共同充满了整个定义域。

由式①、②，可知 z 同时受 x、y 两个变量限定，且与 x、y 之间为一一对应关系。因此，可以合成式③如下：

$$u(x,y)=z, x\in A, y\in B, z\in C$$

由式③可绘制针对国际条约中同一行为，情形条件、法律的五种功能、法律后果状态三维关系示意图如下：

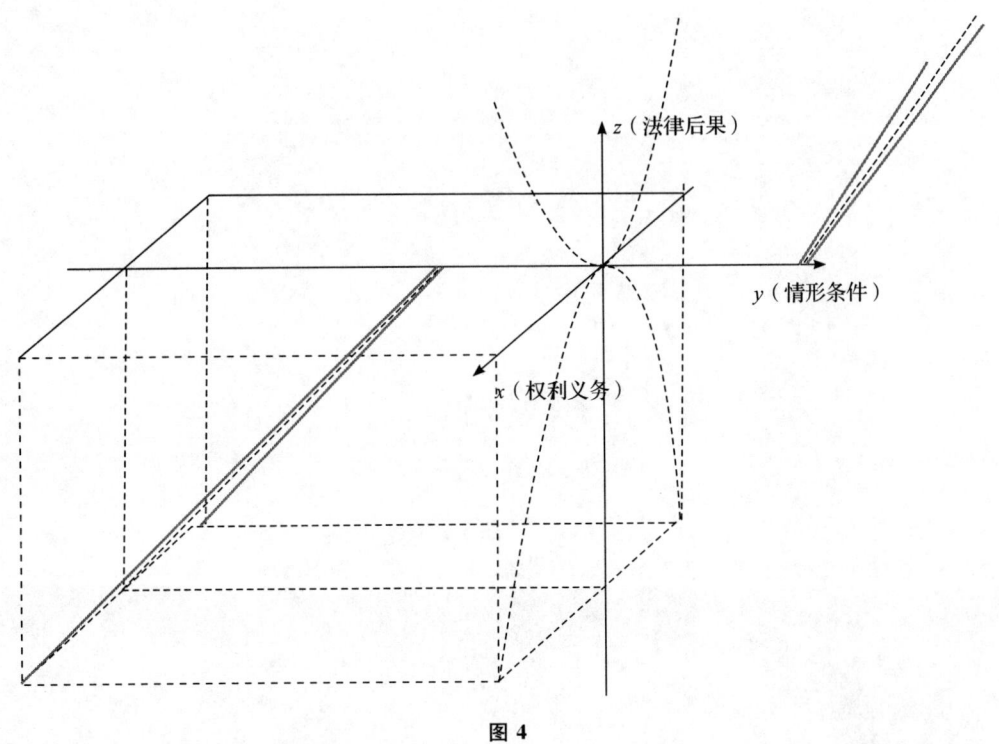

图 4

其中，绿色曲线表示：某一行为，在国际法规定的情形条件下、在国际法可能赋予的权利义务下,其法律后果的曲线。不仅如此,通过数形结合的方法不难发现,由 x-z 平面上的图像,与 y-z 上的图像相交所产生的,是两条致密的有断点的曲线。这两条曲线在 x 轴上的定义域相互交错但共同充满了整个 x 轴,在 y 轴上定义域则直接等同于 y 轴。

从数形结合的角度看,这一图像中,每个 z 值都有唯一的点 (x, y) 与之对应。即从图形角度可以验证,条约在权利义务赋值与特定情形条件两个维度上,与法律后果之间的一一对应关系。国际条约在某一行为上,赋予的权利义务关系、规定的特定情形条件,与法律后果之间的一一对应关系,可称为条约内在的函数关系。

综上所述,国际条约对行为的规制机制可函数化。

评分:95 分。
点评:内容新颖,形式创新。加油!

附录 2

北京师范大学 WTO 法课程调查问卷

调查问卷汇总（调查问卷是匿名的）

一、你觉得这门课程的上课方式与其他课程有何不同？

回答 1：大部分的课程是老师讲学生听的方式。但这门课程呢，老师一边讲课一边让学生们讨论的方式。让学生参与课程，思考，参与课程。老师倾听学生的意见。（这是韩国留学生的回答）

回答 2：这门课的讲课方式与我之前上的课确实很不同，这门课暂且不说是双语课，光上课方式，就很不一样了，老师给学生充分的自由发言权，鼓励学生自由表达，并且用一些激励措施，让每一个学生都能有机会，都敢表达自己的观点。并且，老师很尊重学生的观点，先让学生自己发言，而不先表达出自己的观点，并适当地循循善诱，让学生能朝着正确的方向思考下去。

回答 3：1. 从传统的以老师主动讲，转换到学生主动讨论；2. 学生的发言机会更多，没有条条框框的约束；3. 接触的事务比较前沿，与法律事务紧密联系，与实际没有太大的脱节。

回答 4：1. 这门课程与其他课程的最大不同在于学生掌握有最大的自由和主动权，学生有掌控上课内容方向的自由权和主动权，有决定自己参与方式的自由权和主动权，还有选择参与和不参与的自由权和主动权，同学们还有完全的讨论辩论权，几乎不受到老师的限制。2. 另外一大不同就是同学们完全是在用案例来参与课程，这与其他课程是完全不同的，我们不是判例法国家，不是用判例教大家法律知识，但是这门课程却采用了这种案例教学方法，以案例代法条，代知识点，让大家既能深入探讨知识点，又有生动深刻的优势。3. 还有一大不同就是有不同年级的同学参与，年级不同则知识广度和深度就不同，而且思维方式就有差异，视角更多元，有利于大家相互学习，相互借鉴，共同完善。

回答 5：1. 不讲授知识，只有自主讨论；2. 每堂课的内容完全由同学们自己把握，没有固定的内容；3. 以案例为主的学习方法；4. 以英文为主的课程材料。

回答 6：1. 学生主导，学生发言。这就需要学生在课前做足充分的准备，进行大量的阅读，个人认为这是最能促进学生水平提高的上课方式。

2. 学生发言是互相启发的讨论式。同学们主动站起来发表观点，没有绝对的对错，锻炼了表达能力的同时，互相启发与促进。

3. 授课教师起着方向引导的关键作用。尽管讨论是以学生为主,但也少不了杨老师的"点拨",这对讨论的成效起着关键作用。

4. 源于实践,归于实践。阅读材料都是中国涉诉案件的专家组或上诉机构的报告,课堂讨论的问题很多也类似于"如果你是法官,你怎么办"之类问题,这种以实践为导向的授课,能使学生迅速了解 WTO 的运作程序、案件的争议焦点以及初步了解中国在各个案件中存在的问题,不会使学生产生在以往"灌输式"课堂中经常出现的"学了很多但不知道有什么用"的困惑。

回答 7:首先:课程内容较为艰涩。世界贸易组织是一个被称为"经济联合国"的跨国性经济组织,他主要处理国家、地区之间的贸易纠纷,与我们普通的个人并没有很大的直接联系。试想,如果我们在商场上买了一部美国的 ipad,回到家没用多久就发现质量有问题,我们直接向苹果的售后服务商投诉即可,不可以以单个人的力量直接与世界贸易组织发生任何关联。因此,WTO 法作为 WTO 框架内的约束性机制,因为其自身的抽象、不接地气而较为艰涩难懂。

其次:全英文的阅读材料,课前预习的难度和工作量都比较大。在大学,可能大家都已经抛弃了以前上中学时期预习功课的传统方法。不管上什么课,大家只要准时来到教室,听老师讲过一段时间后就能够很好地融入到课堂中去,至少能够听明白老师在讲什么。尤其是我们文史类学科,注重概念性,忽视逻辑性和体系性,因此大家都很少会课前阅读、课前预习,但是这学期的 WTO 课则完全颠覆了以前的学习方式,老师在上课之前总会给大家布置好下堂课的阅读材料和讨论话题,而且阅读材料还往往是全英文的,这给我们每个本科阶段的同学提出了不小的挑战。

最后也是最重要的一点就是:自主性强,参与度高。这学期十三周的 WTO 法课完全落实了案例教学和自主学习的模式,老师把课堂的主导权交给学生,由学生主动学习、主动探讨,大家在相互激烈争论中擦出智慧和理性的火花,充分调动了学生的学习积极性和主动性。以前的法律课程也有一些是由学生主导的,比如大二学年的《比较行政法》、《法律文化》、《模拟法庭实验》等,但是这些课程采用的都是专题专章式的教学方法,由老师讲述课堂要点、布置学习任务,同学们下课后自己搜索资料、查阅相关书籍,最后以一个小组展示的形式将自己的学习成果和同学老师分享。这种教学方法和这学期的《WTO 法》课程还是有着不小的区别,《WTO 法》课程更加注重学生个人学习的能力,不容有半点滥竽充数;而之前的学生主导课程则更加注重学生团队学习的能力,最后的结果往往是团队中个别学习能力强、学习积极性高的同学承担了小组学习的绝大部分任务,这样也就不能很好地体现出每个同学的自主学习能力。

回答 8:1. 从传统教学中以教师讲授为主的教学方法,转变为以学生讨论为主、教师引导为辅。

2. 课前阅读材料较多,且多为英文;课后遗留问题较多,且多数无标准答案。

3. 授课教师本身为该领域的权威学者,且同时是曾经亲自参与办案的高级官员;一个完全可以独自讲授该课程的老师甘愿作为绿叶,全程担任助教;课程中会有诸多知名学者、律师或官员前来听课,这些都能形成有效的激励因素。

4. 杨老师对于学科的执着热爱,对于工作的认真负责,及其个人谦和、耐心、宽容的人格魅力。这并不是所有老师都能具备的。

回答 9:讨论式教学,相对于讲座授课,首先在能力培养上,激励学生阅读大量案例材料和学术评论,考验学生在课堂上的反应能力和表达能力,当然还有发现问题和解决问题的能力。其次是课堂氛围很好,用心准备过的学生会争取在其他人发言时找出观点和漏洞,然后站起来陈述自己的观点,因此也不容易分心。

回答 10:课堂讨论的方式很有西方法律教育体系下的味道。课前工作比较多,其他课程考前工作比较多……课上一直在思考,其他课程边听边思考就跟不上了……

回答 11:1. 在大三期间的其他部门法课程仍旧以老师讲授为主,这门课以讨论的方式开展。老师发挥着把握讨论方向的作用,具体问题的学习和把握都需要靠我们自己;2. 这门课程的学习资料全部为英文,与以往的课程有很大差别;3. 注重学习的过程而非结果。对于争议的案例很难有确定的结论,对于某些问题可以在讨论中达成一致,但大部分问题在案例讨论结束后也没有定论。

回答 12:1. 对学生的主动性要求很高,课堂气氛和讨论深度绝大部分取决于学生。2. 相对于以往参加过的讨论课,这门课程讨论的自由度更高,包容性更强,具体表现为时常出现的大幅度离题讨论……

回答 13:其他课程主要是老师讲,学生听,主导权在老师手里;这门课采用了讨论式教学法,学生之间以及学生和老师之间互动,充分发挥了学生的主动性。

回答 14:1. 案例教学,对法律条文的精细化诠释和文义解读做到了极致;2. 学生为主的课堂,对学生的积极性和主动性要求很多,课下需投入时间也较多。

回答 15:更像西方高校人文社科专业(尤其是法学院)的主流教学方法,课前要求学生做大量准备工作,阅读英文原版材料,课上以同学发言讨论为主,教师只是起到穿针引线的作用,必要的时候总结、启发、引导。同学们可以向老师、其他同学提问,也可以互相回答、阐释、辩驳,可以通过自己喜欢的任何一种方式表达自己的观点——画图表、举例子、打比方……

大陆的传统课堂上,更多的时候是一言堂,老师讲、学生听,专心做笔记,有针对性地回答老师提出的问题,互动性较差。

回答 16:此门课作为法学院的选修课之一,另辟蹊径,采用独特的课堂讨论学习法将学生和老师之间的距离拉近,极大地提高了同学们在课堂上的积极性。每一堂课的讨论内容都需要每一位同学在课前认真预习相关内容,这也为同学们提出了较高的要求,是提高同学们学习能力的重要手段之一。

作为一名大三的学生,课堂教学法可谓是一个极为新鲜的教学方法展示在我们面前。纵观之前的所有学科的教学,很多老师都采用高中式的满堂灌的教学方法,老师在讲台上讲,学生在下面听,讲完了内容这堂课也就随之结束了,不能调动同学们的积极性,从而投入到学习之中。这也是传统教学方式的弊端之一。本学期的教学方法的改进使得每一位同学

真正融入了课堂,获益匪浅。

回答 17：1. 引导式教学法；2. 课前大量自主阅读、自主学习；3. 知识体系缺失、要点零散、教师发挥作用很小。

回答 18：WTO 法这门课的授课形式有别于其他专业课程,老师更多的是在承担一个引导者和舵手的角色,课前提供案例供同学阅读思考,课中作为主持人主持同学们的讨论并适时进行引导和总结,课后总结问题供同学们反思,课程中同学独立思考并自发产生对问题的认识,从实际问题入手对专业(抽象)知识进行深入分析。

其他课程基本沿用比较传统的授课方式,老师主动讲解,同学被动接受,课程内容主要来自教科书和各种专业著作,比较抽象、偏理论,通过作业和考试的形式考核同学的学习情况,同学的思考空间比较小,但是可以在比较有限的课时限制内,让同学掌握大量的知识和技能,效率比较高,老师纠偏比较及时可靠。

回答 19：首先,这门课由杨国华司长来上课,给了我们很多新鲜感,不同于其他大学老师的一般思路；

其次,这门课采用了案例教学法,每节课都要讨论案例,给了我们很多的阅读任务,但在这其中通过阅读原汁原味的英文材料,不仅潜移默化地提高了我们的英语水平,同时也是我们积极思考的空间,这是与讲授式教学所不同的；

最后,这门课每节课都会整理课堂录音,使我们在课下也能够回忆自己在课上说了一些什么,可以更进一步地进行思考。

回答 20：本课程上课方式与其他课程很不相同,其他课程多数时候是以教师讲授为主,而本课程更重视学生的想法与表达,甚至可以说是主要由学生根据所想、所得,发表自己的意见和看法,很能启发我们思考,并锻炼语言表达能力。

回答 21：1. 本节课突破了以往老师在上面说,学生在下面听的尴尬局面,让学生真正成为课堂的主人,可以发表自己的见解；老师在课堂上起引导作用,并对个别问题的正确与否作以肯定或否定。

2. 课堂气氛活跃,很有欧美国家小班教学的风格,而对于那些喜欢发表自己看法的同学来说,实在是难得的展现自己的机会。

回答 22：我认为这门课的上课方式与其他课程的不同点在于：

1. 提前提供学习资料和教学进度,让学生充分了解课程安排。

2. 采取课堂讨论的方式,能够发散学生的思维。

3. 通过具体的 WTO 案例,启发学生思考一些法律问题,对学生掌握法律理论知识很有益。

4. 和其他课相比,课后的学习任务量很大。

回答 23：改变灌输模式。中国式教育的核心,在于排除外界干扰,强行灌输知识。学生因前者与社会脱节,丢掉了志向、眼界和判断力,因后者丢掉了创造力和自我教育的能力。这门开放式课程成功地扭转了这些局面。结果除了必需的知识之外,许多同学不仅能够自主学习,甚至都改变了自己考研的方向,立志研究国际经济商贸相关制度。

具体而言：

1. 没有墨守课本；
2. 没有灌输教学；
3. 阅读量恢复到了现代大学生应有的水平；
4. 比起谁都能背下来的理论知识，更强调法学独有的思维技能；
5. 让学生自己学习、互相学习。学生真的是来到课堂上学习的，而不仅仅是给个耳朵听课的。

回答24：1. 非常重视条约解释方法的学习，反复强调WTO专家组、上诉机构利用条约解释审理案件的方法；

2. 与同学的互动很强，与老师的互动比较少，老师多为指导或引导；
3. 没有指定教材，相关理论需要课后自己掌握。

回答25：1. 老师讲的很少；2. 很多材料要自己看；3. 问题要自己想，事情要自己做；4. 来的人很固定，虽然很少。

回答26：这门课在教学方式上进行了很大的创新，采用了老师引导，学生积极讨论的方式，充分保证了学生的参与性，而在传统的教学模式下，老师始终采用一种灌输的方式教给学生知识。可以说WTO课堂的教学方式极大地提高了学生的积极性，记忆的知识也比较深刻。我十分欣赏这种案例式的教学模式，希望他能得到推广。

回答27：我认为这门课与其他课程上课方式的最大不同在于"授课的方式"的不同。这门课采用的是"纯讨论式"的授课方式，而其他课程则基本上都是"讲授式"的授课方式或者"讲授式"与"讨论式"结合的授课方式。与"讲授式"授课方式中老师为主导，学生被动接受知识不同，本门课程中学生是主导，老师对课堂的"干预"较少。同学们是在自己学习——提出问题——相互讨论中解决问题——课后研究的过程中不断学习知识，提升能力。虽然接受的知识相较于教授式授课较少，但是同学们都能真正吸收相关"讨论出来的知识"。即使同为"讨论式"授课，本门课程学生的主动性也更大。在其他课程中的讨论式教学，多为一个简单的案例分析，有明确的问题，明确的答案，同学都是在老师的引导下回答、讨论。讨论的主体其实是老师和同学，而非同学和同学。而在本门课程中，讨论的问题大都是同学提出、发现，即使是老师预留作业，问题也都比较宽泛，没有明确答案。讨论的主体是"同学与同学"，而非"同学与老师"。正是由于讨论的问题没有明确答案，讨论的对象也为"平等"的同学，所以同学们的自主性和积极性都比较高。

回答28：这门课程最大的特色在于"讨论式教学"方式的采用，使得学生可以有机会以及有勇气表达自己的观点，而不必担心自己的发言承受不当的感受。而教师与学生之间的平等对话则给了学生更大的信心，进而激发起学生更大的学习兴趣。

本人一向认为，教育最大的意义并不在于传授学生具体知识，因为学生或许可以找到更加适合自己的其他获取知识的途径，而这些获取方式并不一定不如课堂上老师辛辛苦苦一遍一遍地讲述来的有效率，最大的意义在于学生可以收获一种习惯或者学习的能力，这种习惯或者能力可以使得学生自身真正的有所进步，有所提高，使其知识的积累不会因为课程的

结束而结束,而是产生了一种良性的引导,或者说是方向。

回答 29:同学们参与的多,老师传授的少。

回答 30:1. 这门课上课时的气氛比较轻松活泼;

2. 这门课课下需要很多时间进行阅读和预习;

3. 这门课上课时主要是同学在讲,老师进行评论;

4. 这门课的笔记需要根据自己对同学和老师的话的理解来记;

5. 这门课课下依然需要阅读材料;

6. 这门课很注重理解掌握,也很注重提高阅读水平;

7. 这门课学到的东西很踏实,对于学习习惯有影响。

回答 31:1. 这门课需要我们在上课之前已经阅读完材料,对要学的内容有一定的思考,是带着自己的想法和疑问来上课,不同于其他课程传统的填鸭式教学法;

2. 这门课以同学讨论为主,主要发挥大家的创造性,老师起主持和引导作用,老师和同学处于一个平等的位置。课堂气氛很活跃,大家互动得很好。每个人都可以自由地表达自己的想法。其他人或支持或反对或提出自己新的看法,课堂气氛很活跃,内容也很充实;

3. 这门课的方式很新颖。模拟 WTO 的方式,每个人有一个自己的牌子。想发表自己的看法举牌子就好,很别出心裁。给人的感觉就像我们也是与会代表一样。

二、你是否喜欢这门课程(一定详细阐述理由)

回答 1:对我来说,比较难。表达、听力能力差。这门课程是讨论形式的,我怕我准备的不符合讨论,散风。不是不喜欢,而是难以适应。看同学自由地表达自己的想法的样子,比只是听老师讲课更有收获。我听力、表达能力不好也感觉到老师特别了解 WTO 方面说的知识,又热情地跟学生讨论。(这是韩国留学生的回答)

回答 2:一定程度的喜欢吧:第一,这门课上课方式很与众不同,让学生自由表达,不拘于细节,而且老师不先提出自己的观点,让学生敢于表达出自己的观点,老师再一步步地指导学生深入分析下去;第二,这门课用大量的案例作辅导,通过分析案例、学习案例的方式进一步地去学习世界贸易组织法,能让学生更直观、更深入地了解并学习知识;第三,这门课课前准备很充分,能事先将课程的安排告诉大家,并且将课程计划、学生任务交代得很清楚,杨老师与廖老师很负责。唯一一点纳闷的就是,这门课的材料什么的都是英语,对于我这种对英语有点崩溃的学生来说,还是很有困难。

回答 3:说实话,有点不太喜欢。1. 讨论的案例盲目性很强,有时候一两节课,什么进展也没有;2. 环环相扣,一旦一节课不在,就会次次跟不上课;3. 发言比较局限。

回答 4:既喜欢也不喜欢。

喜欢的理由是这种自由讨论、互相学习的氛围很好,是一种令我产生兴趣,愿意表现自己想法的一种激励氛围。这种上课方式还能够激发我们自主学习的兴趣和动力,拓宽自己的知识范围,巩固知识,查漏补缺。还有就是能够让大家相互融合,相互了解,通过课堂拉近了大家的距离,而且这门课总体来说虽然不轻松,但是很自由。

不喜欢的理由是学习负担太重,当然这可能只是我个人的想法,因为读英文材料对我来说是一件非常困难的事情,我承认这其中有懒惰的因素,但是现在的我们有很多事情要做,压力也很大,所以时间是一个不可回避的问题。还有我个人认为这样的上课方式并不能满足大部分学生的知识需求,因为并不是大部分同学都能参与讨论,而是只有一小部分同学参与,又由于课堂十分自由,有时讨论的方向都不能被准确把握,最重要的是没有权威的补充解释,更不用说结论了,所以对于很多人来说在这个课堂上他们学不到东西,因为他们没有办法接受这种完全开放式的、没有针对性指导和讲解的知识输送,其实这当中我觉得老师讲得太少了,以至于我们并没有学到太多东西,我愿意认为我们收获了思维方式,开阔了眼界,但是实质效果还没有显现。我们会考虑是不是收获得太少了,这样的话会不会慢慢磨灭大家的热情?所以希望老师在以后的授课中还是要多做一些传统课堂上的工作,我们认为不会有学生反对的,因为我们的知识还不足以让我们那么自信,接受和汲取还是我们最应该做的。

回答5:不是很喜欢。1. 阅读材料太多,课下负担重;2. 有时讨论由于缺乏相关的基础知识显得很苍白;3. 有些讨论内容过于发散,让人感到一头雾水;4. 完全的自主讨论使我担心自己的一些错误概念得不到纠正。

回答6:喜欢。理由如下:

1. 在大学入学以来所有的课程中,我在这门课程中收获最多。尽管这门课程占用了我一个学期以来几乎全部的学习时间,但我觉得这种投入非常值得。具体的收获见"问题三"。

2. 欣赏这种"自主阅读——讨论——思辨"的学习方式。大学三年给我这样一种困惑:我听一个学期的课,最后考一个分,和我一个学期不去上课,考前狂背两周,照样考相同的分,那么这中间的"教育"跑到哪里去了呢?这门课程是我非常欣赏的一种授课方式,关注中国实践,逼自己去广泛涉猎,培养独立思考的能力,这是一个大学生应当去做的。

3. 专家组和上诉机构的报告本身很经典。平时较少看到如此精彩的论证,读起来觉得很有意思。

4. 杨司长人格魅力不可挡。

回答7:个人态度:比较喜欢。

1. 为什么喜欢:

(1)课程内容方面:鉴于前面陈述过的三个原因,这学期的《WTO法》的课程带给了我们新鲜的知识和完全西式的教学模式,虽然一开始的时候会感觉有点别扭,但最终还是会有很大的收获。比如说英语水平的提高,探讨WTO框架下相关实际案例能力的提高。还记得杨国华司长在《WTO法》第二节课的时候给我们展示了一些他自己在瑞士日内瓦工作的相片,杨司长语重心长地对我们说:我们学法律的同学一定要完成两个梦想:一个是去一次日内瓦——感受那里圣洁恬淡的自然风光;一个是阅读一个WTO案例——感受法律的严谨和美妙。如果说第一个梦想我们在看了杨司长给我们带回来的相片之后算"虽不能至而

心向往之"的话,第二个梦则通过近一个学期《WTO法》课程的学习圆满实现了。

(2)授课教师方面:本学期的《WTO法》的授课老师杨国华老师是我国商务部条约法律司副司长,杨司长既有扎实的学术功底又有丰富的实践经验。还记得第一次上课的时候,杨司长拿出几本介绍WTO的书籍和我们说:"这是我昨天从瑞士日内瓦带回来的。"简单的一句话却引起了同学们的无限向往,大家的学习热情也被调动起来。我想,这就是理论结合实践的最佳例证吧!

2. 为什么只是比较喜欢:纵观整个课程,我有一点体会,就是老师扮演的角色过少。如果只是完全的讨论式教学的话,大家极有可能会走向偏路,老师这时候应该及时扭正方向,一些地方还得详细讲述,告诉学生真相是什么、为什么。我认为一般的同学都更加注重课堂的内容,而对于课堂的形式并没有过高的要求。当大家觉得在课堂上的讨论没有多大实际意义或者已经走入歧途时,老师应该及时加以纠正。

回答8:喜欢。

1. 在以学生讨论为主的课堂上,课前准备的认真程度直接影响课堂上的表现。上课之前,英文材料看不看,看一遍还是看两遍、三遍,有没有阅读相关的研究资料、法条等,在很大程度上决定了你对问题的熟悉和掌握程度。课堂上,学生采取举牌发言方式展开讨论,那么谁下的功夫多、对问题把握得深,谁就有发言权。就我个人而言,如果草率准备便匆忙上阵,会感到整个堂课不知所云,时光漫漫。如果经过精心的准备和研究,便能够在同学面前发表更为准确和深入的见解,从中所获得的成就感和价值感无以言表。

2. WTO裁决报告本身魅力十足,激发研究的兴趣。裁决报告中的英语障碍,可以成为学习英语的契机。报告技术含量极高,其或拍案叫绝或令人费解,在形成障碍的同时,也带来克服障碍之后的愉悦感。杨老师常常为大家阐释报告的精妙之处,似乎在他眼中,读起报告来如饮甘泉,如赏美景。

3. 读了三年大学,如今真正发现了自己爱上了一门学科。这里问题很新,不像早已积累了数千年的民法或刑法;这里法律人很有用,能够通过自身能力去影响裁判结果;这里有挑战,英语、逻辑、表达等均构成学习的障碍,也激发征服的热情。

回答9:挺喜欢的。

首先是你大致明白了世贸组织是怎么回事,它是怎么解决争端的。以前总有一些先定的成见,诸如,中国入世太早,中国入世之后面临机遇和挑战这些人云亦云的话,我觉得这门课若是开成讲座课,学生永远记住的还会是这几句废话。大量的案例阅读让我们了解了贸易摩擦怎么来的,中国为什么处在一个相对弱势的地位,等等。这些认识的形成同样发生在讨论之中吧,有些同学的观点很吸引人,会启发你,你的思维情不自禁地跟着走了;还有些同学时不时会提出比较打破常规的问题,逼着你去反驳他,形成自己对特定问题的思考和体会。

其次是邀请国际经济法领域的官员、学者、律师等实务、理论工作者和学生分享经验,他们的到来在某种程度上使这个课程更加正式,学生也更加重视。

最后是最重要的,我觉得杨司很启发人,edifying,呵呵。有时候一些同学比较无厘头的发言在他的评论中有了生机和道理,有些说不通的裁决在他的解说下也显得情有可原。

回答 10:喜欢。

平时一些课程老师比较容易忽视学生的感受,一边讲一边翻课件,跟不上就一直跟不上了。有的老师提供课件有的不提供,有的提供了也看不懂,还有些是英文的也懒得看。这门课的形式督促大家课前阅读材料,课堂参与度比较高,大家说的话都能听懂,听不懂的交流起来也比较方便。

课堂实录很让人感动,尤其是跷了课以后……

回答 11:我本以为我会喜欢课程,因为我很崇拜廖诗评老师,也喜欢他上的课,因此他推荐的课我毫不犹豫地选了。

但是在真正上课的过程中,我感到很晕。虽然大量的英文阅读资料和整节课全部用来讨论的学习方式有助于我英文水平的提高和法律思维能力的培养。但由于我还不太能够适应这种自由的教学方式,因此在课堂上我有时听不懂其他人在说什么,更多的时候,我试图发言,但是当我想好了要说什么的时候大家已经不再讨论这个问题了……

我觉得这门课的教学方式非常新颖,是我个人的一些问题导致我在这门课程上的学习没有达到良好的效果,如果我能提高自己的英文水平、阅读速度、思考速度,我是会喜欢上这门课的。

回答 12:一般!原因有二:

略喜欢:

1. 自由度很高;
2. 讨论确实比较深入,很多问题会引发我的疑问和思考;
3. 领略到强大的法律思维和法理逻辑,有所收获;
4. 果然让我客观地领悟了一下自己的英语水平和法律思维……

不喜欢:

1. 这学期事多人烦,这门课来得突兀,而且课业负担着实不小;
2. 课程有期末考试或作业无可厚非,但先前有承诺之后又变动,为我所不喜,厌恶顿生;
3. 讨论的秩序要求常常让自己的思路难以为继,混乱不堪。

回答 13:比较喜欢。理由:1. 喜欢这门课的教学方式。2. 见识到了许多有趣的案例。3. 但是,这门课的英文材料太多,读起来有些困难。

回答 14:一定程度上喜欢,前提是有充足时间准备一个案例,而且课上的同学互动充分。

回答 15:喜欢!替没有选修这门课的同学感到遗憾,同时我认为这是四年法学院学习中课程体验最好的一门课。理由如下:

1. 授课教师是业内专家,让我产生一种本能的崇拜;而且杨司长为人谦和、平易近人,让我感觉课堂上没有拘束,可以畅所欲言。

2. 除杨司长和廖老师外,课堂上常有多位老师旁听,甚至有韩立余老师这种国内知名学者,让我感觉很激动,同时深感杨司长能量之大,更加崇拜。

3. 我喜欢表达,喜欢质疑,喜欢辩论。我认为中国传统教学没有教给人应该如何去表达、去质疑、去辩论,这一问题往大了说可以成为中国公民社会发育迟缓的一个重要原因。在这个课堂上,我们有机会理性地、心平气和地去表达观点、提出质疑、讨论争辩,感觉很好。

4. 学习材料为英文原版的专家组和上诉机构报告,让我感觉自己和WTO可以零距离接触,我所学习的是一个真真切切的存在。(国际法学科一般离我们生活较远,让学生觉得不真切。)

回答 16:就课堂的讲授内容而言,其答案是毋庸置疑的,我很喜欢这门课。世贸组织法的内容使我的眼界得以开阔,课堂上通过讨论所教给我的知识能让我得到极大的提高,无论是从法律层面还是从社会人文知识方面所给我的其实都是前面的课程所不曾带给我的。

但是就课前准备这一角度而言,我似乎又对其没有那么的热爱。每次讨论前所要准备的一百多页的英文材料内容让我变得手足无措。当然,这也使我的缺点在此无限放大,是因为个人的原因而不能跟上老师的节奏,也督促着我在这方面更加努力。

回答 17:既喜欢又不喜欢。
喜欢原因:
1. 启发自主学习热情;
2. 促使我能积极参与讨论,喜欢自由轻松不怕说错的课堂氛围;
3. 不需要考试;
4. 能够接触到"正常"WTO课堂上接触不到的新观点、"大人物"。

不喜欢原因:
1. 没有理论体系,讨论建立在空中楼阁中;
2. 教师针对学生发言不作学理性评价,不知自己观点对错;
3. 提出想知道答案的问题后,教师不作评论,而是让同学发言,导致问题不断跑偏……结果可想而知。

回答 18:比较喜欢:
喜欢的原因:
1. 学生独立思考,畅所欲言,形式开放自由;
2. 案例教学法,方便我们接触大量现实案例;
3. 课堂讨论,可以了解其他同学对争议问题的看法;
4. 英文案例,多少对英语阅读能力有帮助。

"比较"喜欢的原因:
1. 不按照校历上课,课程安排会占用正常休息时间;
2. 阅读资料太丰富,阅读量大,课业压力重;(就专业选修课而言)
3. 对于争议问题,老师较少发表自己的看法。(虽然课堂记录中有一些)

回答 19:我个人比较喜欢这门课程,起初是因为这门课上课方式的新颖给了我新鲜感,大量英文原文的阅读材料,虽然一开始因为专业词汇的缺乏导致阅读速度并不快,但是通过这么几个案例的阅读,发现自己的词汇量确实增长了许多,而且在阅读这些材料的过程中,一次次地被专家组和上诉机构的一些分析思路所震惊,感受到了他们逻辑的严谨程度,说理的严密程度,确实令人折服。而且杨国华司长在课上常常给予我们鼓励,即使我们的一些观点可能他并不认同,但是他从来都是耐心倾听并进行很好的引导,使我们更加有动力发言,老师给予我们的亲切感使我对这门课喜爱的程度有所加深;其次,是这门课所采用的独特的案例教学法,老师在课上从来不给我们灌输专业知识,而是让我们天马行空,虽然有时候我们确实会偏离方向,但是这也给我们很多不一样的灵感激发和思路的启迪,大家畅所欲言的思想碰撞使得课程十分的精彩。

回答20:喜欢本课程
1. 本课程老师有实务经验,给我们带来很多不同于高校教授的感受;
2. 老师人很好,经常带好吃的给我们,并和我们分享其在国外的所见所闻;
3. 课堂气氛活跃,能充分表达观点;
4. 案例新鲜,以前未接触过。

回答21:说实话,一般般。一方面,我很喜欢在课堂上发表自己的看法,与老师和同学们交流学习,提高自己的能力,而另一方面,前者论述的基础是在你了解本门课要讨论的要点的基础之上的,而老师每次课后给的英文和中文材料的确让我不堪重负。对于我自己来说,因为已经是大三下学期了,有考研和司法考试两大考试摆在面前,没有那么多的时间和精力投身于选修课上。刚开课的几周也有好好看过老师发的材料,但越到后期,随着自身事情的增多,就渐渐远离了课堂的讨论。而且有时候真的是读了材料,但苦于不知道该如何表述,所以也没有在课堂上有很好的表现。这可能是我对于学习听课方面的惰性,但希望这样形式的课程最好安排在大一大二,这样的话,我们就可以在享受课堂的同时获取更多的知识。

回答22:我很喜欢这门课。虽然平时上课时我并不怎么回答问题,英文材料也没有怎么看,但是我还是对课堂上老师和其他同学们讨论的问题很感兴趣。一般杨司关于案例的中文文章我都认真地读了,对案例还是了解的。同学们课堂上讨论的问题我很感兴趣,特别是从案例中抽象出来的法律问题,大家越讨论越深入,无论是在分析问题的方法上,还是在对法律知识和术语的认识上,都带给我很大的启发。

以上就是我喜欢这门课的理由。

回答23:非常喜欢,这是我上过最好的课。理由:

我一贯相信,在课堂上,教授学术方法重于教授学科思想,教授学科思想重于教授学术成果。已有的成果,任何一个智商正常的成年人,只要依照合适的顺序阅读合适的教材,都能够在较短时间内掌握。学科思想则比较抽象,需要反复理解、实践、修正。学术方法更是如此。

通过本课的学习,一群本科生已经能够达到自己看材料、选题、组织讨论、得出结论的程度。虽然基础知识仍无法与研究生相比,但这种集体研究的方法已经成型。这令我这个局内人既欣喜又惊异。常规课程哪怕穿插再多走过场的讨论,或是要求课后集体完成作业,学生在缺乏指导的情况下,很难摸索出来这些方法。

集体研究、集体讨论,涉及人与人之间如何互相作用,才能在思想、智慧上实现合作共赢的问题,而这毫无疑问是最顶尖的人类社会活动。这其实非常需要高人高密度的指点。我

想,以往大家认为,只有研究生甚至博士生的知识储备,才能够适应这种高级别社会活动的要求,而一群本科生往往会让讨论流于形式。但通过这个课程我也更深地了解到,前面的那种思路,实际上是本末倒置,自说自话。因为这种合作研究并不依赖于多么丰富的知识储备——这种方法本身就是用来让思想以最高效率增值的。

与通行的观点相反,我认为由学生自主学习、教师负责在方法上引导大家的这种讨论课程、开放课程,恰恰最符合思维活跃的本科生的学习需求和条件。实际上,每次看过材料后,我自己会提出各种问题,而为了搞懂这些问题,我又必须去查阅课本、搜索论文、寻找法规及解释,甚至还要钻研语法。一周之内,通过这种链式反应,我吸收的知识,甚至远大于常规课程中一个月所讲授的知识。

这门课临近结束之时,国际经济法刚刚讲到 WTO 法,我甚至觉得国经法课堂上的 WTO 知识,不过蜻蜓点水而已,充其量算个大纲。课上确实还有些规定、有些术语我并不十分熟悉,但仔细一想,不过是些特定的称呼而已,名词背后的内涵我早就理解了。如果按照传统的上课——理解——记忆——扩充——实践的模式,我恐怕连记忆这关都过不了。我想这就是服从学习规律,捋顺教学顺序带来的好处。顺便一提,我认为如果大部分课程都能够采用这种方式,学生不仅不会因工作量大而产生反感,反而会更有兴趣学习,学得更快更好。

回答 24:喜欢。

1. 对学习条约解释方法相当有帮助。之前每次学到法理上的法律解释方法时,总是觉得很枯燥,随便几眼跳过,但这次课程让我感受到了条约解释的强大作用;

2. 对学习英文或法律英语相当有帮助,尤其是一些常遇到的词汇,在不知不觉中就会背啦;

3. 与同学的交流让我受益匪浅。我从来不知道我们班的同学的思维如此敏捷与活跃,与同一级别的一起聊、一起思考,虽然常常会"歪楼",但仍然让人激动无比;

4. 领略到了这些国际性的法律文书的严谨性与逻辑严密性,相当震撼。

回答 25:总体上很喜欢这个课,虽然课堂记录里老师对我的评价略带负面,但是确实也反映出我自己存在的一些问题。比如总是在上课前一天才急急忙忙地看材料,查资料,想问题。从自己发言的内容上看,逻辑能力有所提高。

回答 26:很喜欢。

第一,这种教学模式下,我可以充分发表自己的观点,畅所欲言。

第二,老师人很好,而且学识渊博,很有人格魅力。

第三,只要平时好好学习,基本不担心期末考试

第四,平时学习很轻松,毫无压力。

回答 27:我喜欢这门课程,原因主要有以下几点。第一,这门课程给了我自主学习的动力。从小到大我似乎都不喜欢"老师讲什么就学什么"的模式,喜欢在老师讲授的基础上,自己思考提出一些不懂的问题、延伸问题并自己解决或者向老师请教。所以个人非常喜欢自主性比较强的学习方式,但是前提是能激发自己自主学习的动力。而上了大学后,由于课程本身的非重复性,进展快,加之学习压力很小,因而缺乏课下主动学习、探索的动力。而本门

课程恰恰提供了这种动力,如果课前不主动学习、思考,课堂上就会"如坐针毡",完全不知道说什么,也听不懂同学们在讲什么。第二,个人比较喜欢讨论式的授课方式。我是一个比较喜欢与他人相互讨论学习的人,在大学期间的其他讨论课堂上也比较积极。我觉得在讨论中相互学习比只听老师讲有趣多了。老师讲的内容只要认真听,谁都能懂,但是在相互讨论中总能发现自己一些不正确的观点,加深对一个问题的认识。第三,当自己所讲的观点得到老师和同学的肯定时,会有一种成就感,增强了自信。有了自信后,自己便会有再次讲自己观点的动力和积极性,如此便形成了一种良性循环。当然,如果自己觉得所讲观点没有得到同学、老师回应、认同,则可能会产生一种失落感,可能不再发表自己的观点。而这门课程本身没有所谓的"正确答案",每个人都可以各抒己见,老师对同学的观点也十分宽容,总是持鼓励态度。第四,这种课程能增强同学间的了解,也能展示每个同学的能力,同学们自我展示的机会多了,而不是一味的"看老师表演",会有一种"课堂主体"感觉。

回答 28:原则上是很喜欢的,这门课程让我在三年固定不变的教学模式中突然眼前一亮,心中的灵念突然般苏醒了,有一种"相见倾心"的感觉,而且事实上也让我有了一定的收获。

回答 29:我对这门课程谈不上太喜欢吧,因为一是我比较内向,二是我拖延症比较严重,经常上课时材料还没看完,因此上课的时候参与度并不算高。

回答 30:喜欢。

一开始阅读英文材料时很不适应,有种欲哭无泪的感觉,可以看懂材料的字面意思,但在理解透彻材料所表达的思想上有很大的困难。那时我便觉得这门课对于我会是一个挑战,坚持好好学一定会对我有很大的帮助,丧失信心则会让我在这门课上失败。当有了放纵失败的先例的时候,就可能会覆水难收。每次上课其实都会有一点自己的想法想说,但是总觉得自己想的东西有一些偏向了哲学而脱离了案例实际,没有案例依据,也没有任何支持的材料。其他同学回答的问题都很深刻,反映出了对材料的深刻理解,便总觉得自己的发言不但会耽误课程时间,而且还会打断大家原本很清晰很有序的讨论,所以一直都默默无言,然后记下每个人发言说的话,整理自己的小"课堂记录"。后来在同学和老师的开导之下,我决定不管自己的想法可能会有多么幼稚,多么浅显,还是应该向大家介绍一下自己的想法,证明一下自己的大脑也是在不停转动着的,也算是自私地打断大家的发言了吧。虽然想法很小,但是也是自己认真思索很久的小成果,也是小小的突破。这门课程转眼就要结束了,回想起来,也许是由于自己的阅读能力暂时不够,也许是自己看的书还不多,也许我对 WTO 这些案例的理解没有其他同学深刻,也许我表达的内容没有其他同学丰富,但是自己也认真地去学过,思考过。这门课带给了我很大的收获。它就像是钥匙一样,给了我一种思路,一种视野,还有一种思考问题的角度。也许是年级低一些吧,我相信其他同学曾经也有这样的一门课带领他们去思考,在 WTO 这门课上展示,而我有了这门课的指引,也一定会经过积累,在未来的某个时刻完全、自信地告诉大家我学到了什么,理解了什么,思考了什么。

回答 31:我挺喜欢这门课程的。

1. 这门课程,杨司长不仅给我们讲关于 WTO 的知识,还有一些他在国外的经历、风土人情。他曾经在课堂上给我们展示过日内瓦 WTO 总部的照片。瑞士是一个很美丽的国

家,让人向往。通过这样一种方式,培养了我们对WTO这门课程的亲近感,学习起来也更有主动性。

2. 这门课主要通过大家讨论的方式进行。在这里,每个人的观点无论是怎样的都会得到尊重。问题的思路很活。不像传统课程只有一个答案那么死板。在这里,大家的想法得到自由发挥。课堂气氛很轻松、很活跃。

三、你觉得上这门课程有哪些收获?

回答1:其实我对WTO无所用心。GATT更不知道。我自己查看有关WTO的资料。让我多想想。(这是韩国留学生的回答)

回答2:上这门课,我最大的收获,我觉得是能更加明白如何去学习一门课程,更加明白掌握一门课程不仅仅是知道了解课程知识,更多的是自己能够去思考,对课程里的知识能有自己的想法,提出疑问并自己探寻结果。

回答3:1. 接触到更多的WTO前沿的内容;2. 对真实的国际上的法律实务有了更多的了解;3. 接触到了新型的教学方式,感觉就像英美的教育模式一样。

回答4:老实说,我上这门课的收获并不多,因为阅读材料没有读太多,很多东西只能靠课堂上听大家的讨论,又因为很多时候听不明白很想得到一个比较明确的答复,但是老师又没有满足这一需求,所以有的时候就放弃了。

主要的收获应该有以下几点:

第一,老师给我们提供了这样一个环境,让我可以在自己有一些准备或者说有底气的时候敢于站出来表达自己的想法,而不是一味地惧怕和退缩,是环境让我做出了这种选择。

第二,让我更清晰地看到了自己与其他同学的差距,从课下的准备工作和讨论的深度来看,我看到了自己和其他同学有很大差距。

第三,锻炼了概括能力,因为课下准备不足,所以只能在课堂上听同学们的讨论,由于老师的指引很少,所以课堂几乎完全由学生掌控,以至于很多时候的讨论或者说很多人的表达很混乱,如果还在认真努力想要跟上思路,我就必须将混乱的思维和表述概括得清晰简练,使自己能够明白正在发生的状况,在这个过程中我倾听、学习、概括、吸收,其实这在课堂上对于我来说也是一件很艰难的事情。

回答5:1. 自以为对WTO的司法实践有了一定程度的了解;2. 对学习和阅读的耐心极大地提高了;3. 了解了其他同学的思维方式和学习能力,也看到了差距,对我今后的学习是个动力;4. 对WTO的法律问题和实践产生了一些兴趣,这个很出乎我的意料,可能是因为案例学习法的原因和受老师丰富的实务经验的感染。

回答6:1. 自主地了解了WTO及WTO法的相关知识;2. 了解了中国入世以来的相关法律实践及存在的问题;3. 了解了所讨论案例的争议点和专家组及上诉机构的裁决思路,加深了对相关法条的理解;4. 锻炼了逻辑思辨能力和表达能力;5. 读了不少英文,认识了很多单词。

回答 7：**首先**：我了解了 WTO 法的基本知识和法律适用过程中遇到的一些问题，增长了自己的学识，对世界贸易组织产生了一种后生的崇敬感。**其次**：我体会到了案例自主教学的强大魅力，它大大增强了我学习的积极性和自主性。**再次**：我锻炼了自己阅读英文案例和法律适用解释的能力。

回答 8：基础性的收获包括，对 WTO 法律基础知识的了解，WTO 案例研究的感性认识，WTO 法律解释方法的初步认识。当然，最大的收获仍是发现自己的热爱。详见二、3。

回答 9：讨论式教学，学生有机会接触大量案例，一方面了解专家组和上诉机构的裁判思路，领悟法律推理的魅力，让心中的法学思维开出花；另一方面，学生在讨论中观点相互碰撞、冲击、纠正，相互学习对方身上的优点，学会了倾听和分享。

回答 10：阅读能力提高……在一堆文字中提取信息……分析问题形成观点的能力……

回答 11：1. 通过阅读大量英文资料，我的英文水平得到提高；2. 通过对一个冗长的案例的整理，我的分析概括能力有一定提高，对于建立法律逻辑思维有一定帮助；3. 认识到自身的许多不足，自己已经习惯了接受填鸭式的教育，非常懒惰，不愿思考，头脑太慢了，以至于在这门课上不能适应。

回答 12：1. 思维的拓展；2. 法律思维和法理逻辑的一点点领悟；3. 大致了解了真正的学生主导的讨论课；4. WTO 的相应知识。

回答 13：1. 学到了 WTO 的相关知识，见识了许多经典案例。2. 锻炼了法学思维以及分析问题的能力。3. 认识了不少英文单词。

回答 14：对 WTO 有基本了解；对法律解释的方法论有一定程度的了解；对查找资料能力也有提高。

回答 15：1. 最重要的一点是克服畏难心理，能够尝试着顺利阅读英文原版材料，自信心大增。其实单就英语考试的成绩来说，我的水平尚可，只是因为不自信导致自视英语水平差，这也成了我的一个借口。上完这门课，我想我可以与这种"鸵鸟心态"告别了吧！

2. 对 WTO 法律制度有了一个基本的认识，感受到 WTO 法律的魅力。

3. 对课堂上讨论过的案例有了比较清晰、深刻的认识，对其中的法律问题、经济学问题有了比较好的把握。

4. 参与课堂的有学者、实务工作者、优秀的学长以及我们班的同学，不同的水平、视角和立场使我们的课堂异彩纷呈，十分火热。在这种热烈的气氛中我能够领略别人的风采，从别人身上看到很多优点，找到很多学习的榜样。

回答 16：首先极为明显的就是英语能力的极大提高，其次是对世贸组织法的内容有了更多的了解，再次就是在法律层面对相关的（无论是法理上还是法律规定上）内容有了极大的收获。

回答 17：1. 学会了通过阅读案例学习；2. 增强了自主学习能力；3. 有了课堂发言的勇

气;4.对WTO有了一个既模糊又深刻的认识。

回答18:上这门课获得的收获有四:1.阅读了一些WTO的实际案例材料;2.了解WTO争端解决程序等世贸法专业知识;3.英语能力可能有所提高;4.认识到中国在WTO面临的严峻形势,也认识到中国国内司法水平有待提高。

回答19:首先,是英文阅读水平的一些提高,在这个领域专业词汇的一些进步;

其次,是对于WTO的法律和争端解决机制有了初步的了解;

再次,对于我们讨论的这几个案例都有比较深层次的理解,而且我想与普通的教学方法不同的是,这些理解可能是很难再忘掉的;

最后,是对杨国华司长的人格的学习,他谦虚、亲切的态度一直影响和感染着我们,使我们对这门课的积极性更加增长。

回答20:了解了一些有关WTO的知识,通过案例精解,很能调动学生的至少是我的积极性。

回答21:这门课恰好是在我们专业必修——国际经济法正在学习时开授,就好像一本辅助参考书一样,在我们学习课本中死板知识的同时,了解了真实存在的案例,这样不至于像原来的主修课一样,在学完之后抱怨自己没有实践经验,从而将学过的东西一扫而光全部还给老师。

回答22:1.对WTO有了一定的了解,包括它成立的历史背景、宗旨、目的、组织机构等。

2.通过对几个典型的WTO案例的分析,初步了解了WTO专家组和上诉机构解决国家间争端的解决机制。

3.通过对案例的讨论,抽象出很多有意义的法律问题,如:法律模糊性问题、WTO先例的效力问题、法律解释问题,等等。通过对这些法律问题的思考,让我更加深了对一些法学知识的认识和理解。从实际案例到法律问题的过程,也让我感受到了逻辑分析的魅力和法律推理的魅力。

4.课程过程中,老师和同学的一些发言也给我一些激励和启发,让我知道"世上无难事,只怕有心人"。在这方面我做得还不够,要向其他同学学习。总之,还有一些心得体会会潜移默化地影响着我。我在这门课上收获很多。

回答23:1.知识内容:WTO相关法律、运行状况;国际商贸问题、理论焦点;法学理论和实践操作的方法,包括法律解释等。

2.学习技能:自学和讨论方法,包括资料搜集和筛选、讨论流程和注意事项等。

3.思想方法:逻辑分析判断的思路、同学在讨论中提供的独特视角。

回答24:1.对学习条约解释方法相当有帮助;

2.对学习英文或法律英语相当有帮助;

3.与同学的交流让我受益匪浅。可以说这门课让我更加了解我的同学了;

4.领略到了这些国际性的法律文书的严谨性与逻辑严密性,相当震撼;

5.学习到进行审判案件时的思维方式,灵活多变,一定要充分利用自己的优势;

6. 最后,就是我的表达能力有了明显的提高,之前总是有些表达不清不楚、显得啰嗦,后来吸取了教训,多次之后,学会了整理表达思路的方法,其实我觉得这应该是我得到的最大的收获了。

回答 25:阅读英文资料;逻辑思辨能力;表达能力。

回答 26:收获很大。

第一,锻炼了我的口才。

第二,提高了我的英语水平。课堂上选用的真实案例让我感到法律其实离我们很近,专家们其实也不是那么遥不可及,只要自己努力,一定会做得很好。

回答 27:珍惜的时光总是过得很快,转瞬间这门课已经结束了。回顾整个课程,虽然付出的比较多,但收获的更多。从最初必须频繁查字典,一句话看几遍,费尽九牛二虎之力才能勉强读懂英文材料到可以迅速、流利并更准确地领会材料的内容,我发现自己的英语阅读能力和专业英语的水平有了一个较大的提高;从最初不敢、不愿表达自己的观点到后来积极、主动阐述自己的意见,我发现自己渐渐地不再惧怕在公共场合讲话;从最初表达的含混不清、支支吾吾到后来能流畅地表达自己的观点并勉强让人听懂,我发现自己的表达能力似乎有了一个意外的提升;从最初对 WTO 除名字之外的一无所知到能随口讲出许多专业名词并知道一些原理、解释规则,我发现在国经课堂上学 WTO 法竟毫无压力,原来自己已经入门了;从最初不愿看材料到后来期待看材料甚至自己主动查找相关资料,我发现自己又重新找回了学习的乐趣;从最初自己一个人学习、课上分享观点到后来课前课后与同学们的热烈讨论,我发现同学之间居然形成了一个奇怪的"学习圈",人人都乐于分享。

这门课带给自己的远不止这些,还有许多说不清、道不明的收获。我只知道这门课在我大学的所有课程中即使不是最有意义、最有启发性的课,也是非常有意义、非常有启发性的一门课,而且也必将成为记忆最深的一门课。或许在多年之后大学所学的所有东西都淹没在了记忆的长河里,我仍然会记得在浮躁的大三下学期的每周六早上同学们都准时到场做"小白鼠",上一门"只听过却从未上过"的"讨论课"。

回答 28:首先,这门课让我有了方向,这个方向我觉得是这种授课模式,因为这种授课模式所给我的感觉让我觉得上课本应如此,让我觉得自己一直以来对于其他上课模式的喜爱以及厌恶的感觉都是正常的,也让我有了与其他课进行比较的对象。

其次,我感受到了一种学习习惯,那就是很基础的"踏实严谨,勤于思考",我相信,习惯的长时间化会让我有新的更加自信的能力。

最后,自然不得不提这门课程的内容,我从这门课程中获取了很多关于 WTO 的知识,这一点是很明显的。

回答 29:收获了法律思维和一种思辨的快乐。

回答 30:1. 对 WTO 有关知识有了了解和理解;

2. 阅读英文资料的能力和速度有一定程度的提高;

3. 思考问题的角度更加宽广;

4. 学习态度更加认真;

5. 性格更为开朗。

回答 31:1. 阅读英文资料的能力得到提高。对于中国学生来说,阅读全英文的东西,甚至是好几十页,是很痛苦的事。开始的时候,会很难。慢慢地读的多了,也不像最初那么棘手了。很多时候材料里的东西即使有些单词不认识也可以读懂。培养起了一定的英文语感。

2. 知识面得到拓展。通过学习这门课程,我了解了 WTO 的基本内容、知识产权协议、反倾销协议,等等,对这门课程有了更深入的理解。

3. 法律思维能力得到提高。从每个案例中都可以抽象出一些法律点。同时,通过阅读专家组报告和上诉机构裁决,可以让我们看到他们是怎么看这个案子的。条分缕析,环环相扣。法律是一门说理的课程。

四、你觉得这门课程有何不足之处?

回答 1:没有。(这是韩国留学生的回答)

回答 2:这门课的不足之处,主要还是在于课堂上的讨论,就是感觉讨论的时候比较分散,没能充分地运用法学知识,虽然材料上有些讲得很清楚了,但看材料就是完全地以看材料为主,等到讨论的时候就是没有事实根据,想当然地这么认为。还有,时间基本上都是用来给学生讨论了,老师把时间过多地给我们了,导致老师对我们的讨论没有提供清楚的、明白的意见或者说是方向吧。

回答 3:暂时没有。

回答 4:其实上面的回答中已经涉及了。概括来说主要有以下几点:

第一,课业负担太重,不太适合大三下学期这样一个特殊的时期,我明白这个学期的知识储备量是比较合适的,但是就像老师说的,在他的课堂上有大一新生、大二学生还有非法律专业的学生,所以也并不见得就一定要把这门课开设在大三下学期。但是无论这门课程开设在什么时段,我都觉得应该减少同学们的工作量,这样做的好处是会让更多同学参与到课堂中来,因为他们也能完成课下的准备工作了。

第二,课堂上老师引导太少,完全是由众多学生主导的课堂,因为思维方式的不一致性和表现欲望的不一致性,会导致课堂有时陷入混乱状态,这里是指思维的混乱,会导致一些问题不能被很好地解决,或者解决起来很困难,所以希望对于案件应该有针对性的讨论,这样讨论既有了方向,也会减轻大家的工作量,让其他同学参与进来,而且讨论会更有深度。

第三,老师的针对性讲解太少,如上所述,并不是所有人都喜欢,也不是所有人都适应这样的授课方式,而是只有一小部分同学参与,这些同学可能收获了更多。但是我认为也应该考虑其他大部分同学的想法和需求,不能从完全传统的授课方式一下跨越到完全不传统的授课方式,这样就会使很多学生掉队,所以考虑到这些,老师还是应该保留一些传统方式,课堂上还是应该有针对性的讲解,正确知识的灌输,这样才能让同学们感觉还是有东西可抓的,不至于因为觉得什么都学不到而逐渐失去热情。

衷心希望这门课程可以越来越适合大家,效果越来越好!

回答5:1. 阅读材料太多,在大三上学期开设显得负担尤其重;2. 基础知识不足,限制了讨论;3. 有时讨论太发散,可能适当增加教授。

回答6:1. 讨论有时太偏离主题,授课教师可适当调控;2. 在讨论之前大家对WTO相关的知识储备基本为零,尽管仍要以同学们的自主学习为主,但授课教师在关键概念和关键问题上可作适当解释;3. 仍有很多同学"游离"在讨论之外。那么问题出在哪?怎么调动更多同学的兴趣?

回答7:不足之处主要有两个:

1. 空有理论讨论让人总是有一种双脚不落地的感觉,建议老师今后开设此课程的时候可以增加一个环节,就是让大家看一看世界贸易组织讨论案例的真实场景的录像片,这样可以给大家一个更为直观的印象,激发大家学习的兴趣。而现场的讨论画面也能够给同学们更多的启发,启迪着同学们原来这个问题应该从这个角度去思考。

2. 就是老师扮演的角色过于简单,建议老师今后可以更为主动地参与到讨论中来,比如可以就同学的观点稍作点评而不是简单地复述,这样可以使得学生们及时地走出自己认识的误区,产生一种柳暗花明又一村的奇特效果。

回答8:1. 前来听课的学者、律师和官员太过酱油。其实,他们可以更多地参与课堂,例如以简短发言为形式的疑难解析、知识补充、个人见解,等等,5~10分钟足矣,不要仅限于吐槽、提问题,甚至仅限于笑而不语。

2. 建议在3、4节课后,加入一节课(50分钟左右)讲解世贸组织法研究方法。讲解如何下载裁决报告全文,如何查找英文文献,如何利用WTO网站找资料,等等。

3. 教师的引导可以加强。个人感觉,课堂讨论中有时过于游离和发散。

回答9:首先,有的时候话题会走得很偏,有的时候一个同学讲太长时间大家会开始神游。所以可以适当多地进行引导。

其次,不发言的学生占了一半,一部分是因为自信心不够觉得自己说得不好,另一部分是因为没有读材料。对于第一部分学生,我觉得老师可以尝试着鼓励这些学生提出自己的观点,因为不断锻炼和尝试才有可能更有勇气,只有自己的答案受到肯定,有了价值才可能找回信心。对于第二部分学生,我相信数量还是相比第一部分少的,可能是态度问题,或者偏好问题(如不喜欢这个法课程),老师可以在课堂上多谈谈当初求学经验或其他阅世的体会,或许能够吸引他们的加入。

回答10:首先还是在初次接触这种课程形式时不是每个人都能适应……一些人很活跃一些人很不活跃……不活跃的容易有种排除在外的感觉……

回答11:1. 我希望在每次讨论过后,老师能对整个案例进行梳理,给出一些关键问题的回答,这样在下次案例分析的过程中可以少走许多弯路;2. 希望给我们准备案例的时间更长一些。

回答12:1. 学生主导太过,思维发散到常常轻重点难分;

2. 举牌秩序等要求使得发言者之间前言难搭后语,让听者混乱;

3. 讨论时间安排似乎不合理,总感觉不懂的问题没有探讨清楚,明明白白的问题倒是拖了很久;

4. 期末作业不知道算不算突袭,总之让人不悦;

5. 讨论课对学生的学习研究能力提出很高要求,但心理素质要求也不低。完全自愿的发言,最后评定成绩,略略有些牵强。总觉得自愿和非自愿可以结合,只要自愿是绝大多数就好,这样课程效果应该会更好。

回答13:英文材料太多。

回答14:1. 开课学期不适,应置于较前期上课(否则学生考研的考研,工作的工作,精力难以集中);2. 前期准备时间再多一点,上课讨论时间则集中一点,如一周两次;3. 学习到一定程度应多组织比赛,参观之类,给予学生若干激励。

回答15:1. 比较小众,像是一个系列学术沙龙,能力在正常水平之下的同学可能无法从中找到乐趣而积极参与其中。(首先要明确一个前提,现在似乎没有人把国内的本科生教育视为精英教育。)

2. 工作量较大,需要学生投入大量时间精力,作为一个选修课性价比不高。(考虑到大三学生的心态)。

回答16:英文材料太多了吧……

回答17:1. 无基础理论体系,适合研究生或博士生;2. 讨论过于零散,教师的引导功能很重要,需要一个hold得住的老师;3. 学霸的天下。

回答18:也没什么不足,一种课程形式总会有利有弊,一些不足之处在适应并喜欢这种形式的同学看来,或许正是这门课程的迷人之处。

个人认为,本课程值得争议的方面在于:

1. 老师很少在课上即时对争议问题发表个人看法:利处是把时间留给同学讨论交流,并且避免同学们囿于老师的权威看法而减少个人思考,弊端是同学们不知道自己的看法是否偏颇,是否偏离了主题;

2. 偏重实际案例,较少理论知识:利处是同学们有自己思考的空间,可以从特殊案例中抽象出一般规律,加深对理论知识的理解,弊端是学习效率较低,有时候产生没学到什么东西的错觉;

3. 学生主导,思维太过发散:利处在于同学自主学习,尊重同学个人意见,激发学生学习积极性,培养同学自学能力,弊端是随意性大,有时候抓不住讨论的主题和核心,难以抓住学习重点。

回答19:案例教学法虽然有其必然的优势,但是肯定也不是十全十美的,这在课程中也显现得很明显,就是我们对专业知识的缺乏,由于我们是本科生,对于WTO法没有系统地学习过,所以在我们讨论一些案例的时候就缺乏一些基础专业知识所应有的高度,这可能也是一开始我们老是偏离方向的原因,还有就是希望杨国华司长如果能在课上说得更多一些的话会更好,毕竟由司长给我们亲自授课一学期这样的机会不多,大家不论是从理论方面还是实践方面都希望能够从杨司长身上学到更多,因此如果他能够再适当地更多分享一些我想会更好,大家也都十分喜闻乐见。

回答 20:课后要阅读大量的英文和中文材料,对课后时间不是很充裕的同学无疑是一个问题。

回答 21:觉得杨司长没有调动起全部学生学习的积极性,每次上课发言的也就是那么一些人,当有些问题大家都不发表看法时,杨司长点名叫到的也依然是原来上课发言比较积极的一些人。久而久之形成的局面就是——不爱看材料不爱参与讨论的人,依旧不爱干这些事,而那些经常发言的人,或由于自身感兴趣,或迫于压力不得不阅读材料,成为每堂课的中心人物。

至于授课的形式,真的没话说。我很喜欢!!

回答 22:我觉得这门课的不足之处有以下几点:

1. 英文材料过多,难度很大。有几次我也尝试阅读,但是觉得有些读不懂,读不完,后来就放弃了。我觉得很多同学都有这个问题,这也是同学们在课堂上讨论时参与度不高的原因之一。

2. 之前读《教育学》这本书时,知道了苏格拉底教育学生时发明了一种独特的方法,叫"产婆术",我觉得与杨司长上这门课时讨论的方式有异曲同工之妙,即:提出问题,不告诉学生答案,而是让学生讨论,自己得出答案,如果学生的思路或答案有误,则提出其他的问题引导学生得出正确答案。我觉得这种方法有很多优点,不多赘述,但缺点也很多。第一,老师是引导者,但是不能放任学生太过自由的发言,不然就会出现由一个学生主导或者跑题的现象出现。最严重的是导致同学们各说各话,A 同学讨论 1 问题,B 同学觉得 1 问题不好,讨论 2 问题,C 同学没听懂 A、B 的问题,也不感兴趣,又说 3 问题了……这样会浪费很多时间,效率不高。第二,每节课都是学生讨论,我认为是不是在课堂结束时,老师也发表一下对本次课所讨论问题的观点,因为老师并不只是引导者还应该是参与者,教学相长嘛,我个人也想听一下老师的想法,相信也能从中获得很大启发。

3. 我觉得最好的教学方式应该是讲授式和讨论式教学相结合。因为二者各有其优点和弊端,二者有机结合,或许能相互扬长避短。比如说,对于世贸组织法的基础知识(历史、目的宗旨、原则等),一些相关条约、术语在讨论课上无法学到。如果这些都需要同学们课下自学,学习量太大了,虽然是大三,但是很多同学还有六七门课,没有足够时间。而且这些基础性的知识我觉得还是老师讲授比学生自学的效果要好,效率更高。

以上仅是个人不成熟的观点。看了每节课的课堂记录,很感动,觉得杨司长是一个对学术和学生都很认真、负责的人。

回答 23:1. 考虑到本科生课程较多,可以考虑在已有文章列表之外,再增列一些有代表性的相关理论读物和论文,便于免去学生从头筛选资料之苦。

2. 给每个案子安排的课时稍微有点短,有时讨论不够完整。考虑到这门课的价值和深度,每周安排四个课时才比较正常。

3. 考虑到本科生的选题水平,建议对本科生期末作业采取半命题论文的形式。即确定范围+自选角度。

回答24:1. 缺乏基础理论知识的储备。我觉得老师可以在第一堂课跟我们大致讲一讲本学期会用到的或者WTO的相关理论框架,不用很详细,完全可以仅仅一些个标题、一些个关键词,接着具体的让我们自己独立查找了解;或者每一堂课前先布置下一堂课会用到的知识点。否则,自己单独找效率低还容易找偏了;

2. 希望老师的引导作用能更强些,因为我们总是不知不觉跑题了,这尤其表现在前几节课中,最后的那几个好些了。

回答25:1. 老师应该给出一个提示性的意见,比如老师自己的观点是什么,更进一步地希望老师也能把自己所倾向观点的原因进行详细的阐述。

2. 很多补充性的资料不知道能否提前准备,如反倾销/反补贴计算方法。

3. 课堂上的讨论如果涉及法律理论方面就很难继续展开,但是涉及法理的讨论在课堂中比较频繁,能否以后主要针对法律事实进行讨论。

4. 课堂上沉默的人比较多。

回答26:第一,课堂讨论有点乱,很难有重点;

第二,选用的案例有点长,很浪费时间;

第三,期末考试论文很不好写。

回答27:这门课从整体而言是一门比较成功的课,同学学到的"知识"虽然不多,但学会了自己思考、主动学习、在分享中学习,我们学到的知识将很难"忘记"。如果要说有什么不足之处的话,我个人觉得有以下几点。第一,参与的人数不多。当然这可能与讨论课的性质有关,人太多了反而不易讨论。第二,同学们学完后对WTO的知识仍然知之甚少。由于相关知识的缺乏,在课堂上的许多发言都太主观,或者说讨论不专业。最终学到的知识也仅限于几个案例涉及的知识。我个人觉得这种讨论课可以作为提升课与讲授式基础课同时上,将基础知识活学活用,同时讨论时遇到的问题促使同学主动学习基础知识,进而形成一种良性循环。因为如果没有一门基础知识课,同学们即使学会了"学习的能力",讨论课也不会有那么大的动力促使同学去学案例之外的知识。第三,有时课堂讨论的问题有点偏。虽然在讨论过程中同学提出的问题都很有讨论价值,但有些问题并不是同学们当场就能解决的。大家都只是在讲自己的感受,讨论也知道答案,个人觉得这一类问题可以作为作业,不用在课堂上反复讨论。第四,授课老师如果有自己的观点,在同学讨论到一定程度时,其实是可以提出来的。在有几次的讨论中,我发现同学都觉得已经讨论清楚了,但授课老师仍然纠结于此。我认为对于这些有明确答案的问题,如果同学们都讨论得差不多了,老师可以公布"正确答案",即时结束话题。第五,板书并不是越多越好,而是通过适当板书辅助自己表达观点,只有到了非板书不足以表达清楚自己观点时才用。我发现到最后板书已经不是表达的辅助工具了,而是成了同学的个人"讲授式"课堂,通常在一个同学讲授20多分钟时,同学们"听"的兴趣已经不大了,反而将之视为"放松"的好时机,讲完以后同学回应的兴趣已经不大。所以我个人认为只有涉及必须使用公式、图形、逻辑图来表达观点时才需板书。当然板书的使用也证明讲授者课下做了许多功夫,是一种主动学习的成果。但是如果时间过长的话,"分享"的效果可能会打折扣。

回答 28：这门课的不足确实让人很难说，如果非要让我说一些不足之处的话，我只能说：这门课程在授课模式的创新上不够彻底，在与学生的交流中不够全面，当然我说的未必是真的，老师不用当真。

回答 29：缺乏强迫性，导致此课有且仅有部分的积极同学。

回答 30：初步想……要是有一个讨论平台就好了，可以在课下写写自己对上一节课的内容，以及对下一节课要讨论的问题有什么看法。既可以汇集观点，又可以节约讨论时间。而且还可以开放讨论平台，让对 WTO 有兴趣的同学也有机会参与讨论。

回答 31：可能是对内容把握不够深入的缘故，接触每个案例的第一节课，我们的讨论都容易跑偏。希望同学能在课下多花时间研读一下资料，这样能推进更好的课堂讨论。

附录3

收 获
——对北师大法学院WTO专题课调查问卷的分析

一

如果一门课结束后,几位学生做出了如下评价,那么作为教师,你的感觉会是什么?

"在大学入学以来所有的课程中,我在这门课程中收获最多。""读了三年大学,如今真正发现了自己爱上了一门学科。""替没有选修这门课的同学感到遗憾,同时我认为这是四年法学院学习中课程体验最好的一门课。""这是我上过(的)最好的课。""与同学的交流让我受益匪浅。我从来不知道我们班的同学的思维如此敏捷与活跃,与同一级别的一起聊、一起思考,虽然常常会'歪楼',但仍然让人激动无比。""这门课程让我在三年固定不变的教学模式中突然眼前一亮,心中的灵念突然般苏醒了,有一种'相见倾心'的感觉,而且事实上也让我有了一定的收获。""这门课带给了我很大的收获。它就像是钥匙一样,给了我一种思路,一种视野,还有一种思考问题的角度。"

如果一门课结束后,每位同学都说有所收获,并且你发现这些收获可以归为以下几类,那么作为教师,你的感觉会是什么?

(一)法律知识

"对WTO有了一定的了解,包括它成立的历史背景、宗旨、目的、组织机构等。"

"1. 知识内容:WTO相关法律、运行状况;国际商贸问题、理论焦点;法学理论和实践操作的方法,包括法律解释等。2. 学习技能:自学和讨论方法,包括资料搜集和筛选、讨论流程和注意事项等。3. 思想方法:逻辑分析判断的思路、同学在讨论中提供的独特视角。"

"通过对几个典型的WTO案例的分析,初步了解了WTO专家组和上诉机构解决国家间争端的解决机制。通过对案例的讨论,抽象出很多有意义的法律问题,如:法律模糊性问题、WTO先例的效力问题、法律解释问题等等。通过对这些法律问题的思考,让我更加深了对一些法学知识的认识和理解。从实际案例到法律问题的过程,也让我感受到了逻辑分析的魅力和法律推理的魅力。"

"再次,对于我们讨论的这几个案例都有比较深层次的理解,而且我想与普通的教学方法不同的是,这些理解可能是很难再忘掉的。"

(二)思维能力

"上这门课,我最大的收获,我觉得是能更加明白如何去学习一门课程,更加明白掌握一门课程不仅仅是知道了解课程知识,更多的是自己能够去思考,对课程里的知识能有自己的想法,提出疑问并自己探询结果。"

"我了解了WTO法的基本知识和法律适用过程中遇到的一些问题,增长了自己的学识,对世界贸易组织产生了一种后生的崇敬感。"

"了解专家组和上诉机构的裁判思路,领悟法律推理的魅力,让心中的法学思维开出花。""1. 思维的拓展;2. 法律思维和法理逻辑的一点点领悟。"

"锻炼了法学思维以及分析问题的能力。""领略到了这些国际性的法律文书的严谨性与逻辑严密性,相当震撼。"

(三)学习兴趣

"对WTO的法律问题和实践产生了一些兴趣,这个很出乎我的意料,可能是因为案例学习法的原因和受老师丰富的实务经验的感染。"

"最大的收获仍是发现自己的热爱。"

"了解了一些有关WTO的知识,通过案例精解,很能调动学生的至少是我的积极性。""感受法律的严谨和美妙。"

(四)学习能力

"增加了自主学习能力。"

"对法律解释的方法论有一定程度提高;对查找资料能力也有提高。"

"对学习和阅读的耐心极大地提高了。""我锻炼了自己阅读英文案例和法律适用解释的能力。"

"阅读能力提高……在一堆文字中提取信息……分析问题形成观点的能力……"

"通过对一个冗长的案例的整理,我的分析概括能力有一定提高,对于建立法律逻辑思维有一定帮助。"

"认识到自身的许多不足,自己已经习惯了接受填鸭式的教育,非常懒惰,不愿思考,头脑太慢了,以至于在这门课上不能适应。"

"锻炼了概括能力,因为课下准备不足,所以这能在课堂上听同学们的讨论,由于老师的指引很少,所以课堂几乎完全由学生掌控,以至于很多时候的讨论或者说很多人的表达很混乱,如果还在认真努力想要跟上思路,我就必须将混乱的思维和表述概括得清晰简练,使自己能够明白正在发生的状况,在这个过程中我倾听、学习、概括、吸收,其实这在课堂上对于我来说也是一件很艰难的事情。"

(五)口头表达

"有了课堂发言的勇气。"

"锻炼了我的口才。"

"我的表达能力有了明显的提高,之前总是有些表达不清不楚、显得啰嗦,后来吸取了教训,多次之后,学会了整理表达思路的方法,其实我觉得这应该是我得到的最大的收获了。"

"老师给我们提供了这样一个环境,让我可以在自己有一些准备或者说是底气的时候敢于站出来表达自己的想法,而不是一味的惧怕和退缩,是环境让我做出了这种选择。"

(六)同学潜力

"让我更清晰地看到了自己与其他同学的差距,从课下的准备工作和讨论的深度来看,

我看到了自己和其他同学有很大差距。"

"了解了其他同学的思维方式和学习能力,也看到了差距,对我今后的学习是个动力。"

"同学们之间会有如此多的启发!"

"学生在讨论中观点相互碰撞,冲击,纠正,相互学习对方身上的优点,学会了倾听和分享。"

"参与课堂的有学者、实务工作者、优秀的学长以及我们班的同学,不同的水平、视角和立场使我们的课堂异彩纷呈,十分火热。在这种热烈的气氛中我能够领略别人的风采,从别人身上看到很多优点,找到很多学习的榜样。""与同学的交流让我受益匪浅。可以说这门课让我更加了解我的同学了。"

(七)英语水平

"读了不少英文,认识了很多单词。"

"通过阅读大量英文资料,我的英文水平得到提高。"

"首先极为明显的就是英语能力的极大提高。"

"最重要的一点是克服畏难心理,能够尝试着顺利阅读英文原版材料,自信心大增。其实单就英语考试的成绩来说,我的水平尚可,只是因为不自信导致自视英语水平差,这也成了我的一个借口。上完这门课,我想我可以与这种'鸵鸟心态'告别了吧!"

(八)综合评价

"收获了法律思维,和一种思辨的快乐。"

"1. 对WTO有关知识有了了解和理解。2. 阅读英文资料的能力和速度有一定程度的提高。3. 思考问题的角度更加宽广。4. 学习态度更加认真。5. 性格更为开朗。"

"课程过程中,老师和同学的一些发言也给我一些激励和启发,让我知道'世上无难事,只怕有心人'。在这方面我做的还不够,要像其他同学学习。总之,还有一些心得体会会潜移默化的影响着我。我在这门课上收获很多。"

"这门课让我有了方向,这个方向我觉得是这种授课模式,因为这种授课模式所给我的感觉让我觉得上课本应如此,让我觉得自己一直以来的对于其他上课模式的喜爱以及厌恶的感觉都是正常的,也让我有了与其他课进行比较的对象。其次,我感受到了一种学习习惯,那就是很基础的"踏实严谨,勤于思考",我相信,习惯的长时间化会让我有新的更加自信的能力。最后,自然不得不提这门课程的内容,我从这门课程中获取了很多的关于WTO的知识,这一点是很明显的。"

"1. 阅读英文资料的能力得到提高。对于中国学生来说,阅读全英文的东西,甚至是好几十页,是很痛苦的事。开始的时候,会很难。慢慢地读的多了,也不像最初那么棘手了。很多时候材料里的东西即使有些单词不认识也可以读懂。培养起了一定的英文语感。2. 知识面得到拓展。通过学习这门课程,我了解了WTO的基本内容、知识产权协议、反倾销协议等等,对这门课程有了更深入的理解。3. 法律思维能力得到提高。从每个案例中都可以抽象出一些法律点。同时,通过阅读专家组报告和上诉机构裁决,可以让我们看到他们是怎么看这个案子的。条分缕析,环环相扣。法律是一门说理的课程。"

"珍惜的时光总是过得很快,转瞬间这门课已经结束了。回顾整个课程,虽然付出的比较多,但收获的更多。从最初必须频繁查字典,一句话看几遍,费尽九牛二虎之力才能勉强读懂英文材料到可以迅速、流利并更准确地领会材料的内容,我发现自己的英语阅读能力和专业英语的水平有了一个较大的提高;从最初不敢、不愿表达自己的观点到后来积极、主动阐述自己的意见,我发现自己渐渐地不再惧怕在公共场合讲话;从最初表达的含混不清、支支吾吾到后来能流畅的表达自己的观点并勉强让人听懂,我发现自己的表达能力似乎有了一个意外的提升;从最初对WTO除名字之外的一无所知到能随口讲出许多专业名词并知道一些原理、解释规则,我发现在国经课堂上学WTO法竟毫无压力,原来自己已经入门了;从最初不愿看材料到后来期待看材料甚至自己主动查找相关资料,我发现自己有重新找回了学习的乐趣;从最初自己一个人学习、课上分享观点到后来课前课后与同学们的热烈讨论,我发现同学之间居然形成了一个奇怪的'学习圈',人人都乐于分享。""这门课带给自己的远不止这些,还有许多说不清、道不明的收获。我只知道这门课在我大学的所有课程中即使不是最有意义、最有启发性的课,也是非常有意义、非常有启发性的一门课,而且也必将成为记忆最深的一门课。或许在多年之后大学所学的所有东西都淹没在了记忆的长河里,我仍然会记得在浮躁的大三下学期的每周六早上同学们都准时到场做'小白鼠',上一门'只听过却从未上过'的'讨论课'。"

二

以上是我主持的北京师范大学法学院大三年级"WTO专题课"结束后,匿名"调查问卷"中同学们的原话。作为教师,我的感觉是:欣慰,惊喜。我欣慰于几位同学有如此高的评价,惊喜于所有同学有这么多的收获,大大超出了我的设计和想象。

然而,这一切是如何发生的? 短短一学期的课程,只有36学时12次课,同学们为何给予如此高的评价? 为何会出现如此奇迹般的收获?

作为教师,我想,从"调查问卷"中对课堂特点的总结中,应该能够见一些端倪。这些总结可以归为以下几类:

(一) 自主

"这门课的讲课方式与我之前上的课确实很不同,这门课暂且不说是双语课,光上课方式,就很不一样了,老师给学生充分的自由发言权,鼓励学生自由表达,并且用一些激励措施,让每一个学生都能有机会,都敢表达自己的观点。并且,老师很尊重学生的观点,先让学生自己发言,而不先表达出自己的观点,并适当地循循善诱,让学生能朝着正确的方向思考下去。"

"1. 从传统的以老师主动讲,转换到学生主动讨论;2. 学生的发言机会更多,没有条条框框的约束。"

"这门课程与其他课程的最大不同在于学生掌握有最大的自由和主动权,学生有掌控上课内容方向的自由权和主动权,有决定自己参与方式的自由权和主动权,还有选择参与和不参与的自由权和主动权,同学们还有完全的讨论辩论权,几乎不受到老师的限制。"

探索 WTO(二)

"1. 不讲授知识,只有自主讨论;2. 每堂课的内容完全由同学们自己把握,没有固定的内容。"

"1. 学生主导,学生发言。这就需要学生在课前做足充分的准备,进行大量的阅读,个人认为这是最能促进学生水平提高的上课方式。2. 学生发言是互相启发的讨论式。同学们主动站起来发表观点,没有绝对的对错,锻炼了表达能力的同时,互相启发与促进。3. 授课教师起着方向引导的关键作用。尽管讨论是以学生为主,但也少不了杨老师的"点拨",这对讨论的成效起着关键作用。"

"最后也是最重要的一点就是:自主性强,参与度高。这学期十三周的WTO法课完全落实了案例教学和自主学习的模式,老师把课堂的主导权交给学生,由学生主动学习、主动探讨,大家在相互激烈争论中擦出智慧和理性的火花,充分调动了学生的学习积极性和主动性。以前的法律课程也有一些是由学生主导的,比如大二学年的《比较行政法》、《法律文化》、《模拟法庭实验》等等,但是这些课程采用的都是专题专章式的教学方法,由老师讲述课堂要点、布置学习任务,同学们下课后自己搜索资料、查阅相关书籍,最后以一个小组展示的形式将自己的学习成果和同学老师分享。这种教学方法和这学期的《WTO法》课程还是有着不小的区别,《WTO法》课程更加注重学生个人学习的能力,不容有半点滥竽充数;而之前的学生主导课程则更加注重学生团队学习的能力,最后的结果往往是团队中个别学习能力强、学习积极性高的同学承担了小组学习的绝大部分任务,这样也就不能很好地体现出每个同学的自主学习能力。"

"讨论式教学,相对于讲座授课,首先在能力培养上,激励学生阅读大量案例材料和学术评论,考验学生在课堂上的反应能力和表达能力,当然还有发现问题和解决问题的能力。其次是课堂氛围很好,用心准备过的学生会争取在其他人发言时找出观点和漏洞,然后站起来陈述自己的观点,因此也不容易分心。"

"课堂讨论的方式很有西方法律教育体系下的味道。课前工作比较多,其他课程考前工作比较多…课上一直在思考,其他课程边听边思考就跟不上了…"

"1. 对学生的主动性要求很高,课堂气氛和讨论深度绝大部分取决于学生。2. 相对于以往参加过的讨论课,这门课程讨论的自由度更高,包容性更强,具体表现为时常出现的大幅度离题讨论……"

"其他课程主要是老师讲,学生听,主导权在老师手里;这门课采用了讨论式教学法,学生之间以及学生和老师之间互动,充分发挥了学生的主动性。"

"学生为主的课堂,对学生的积极性和主动性要求很多,课下需投入时间也较多。"

"更像西方高校人文社科专业(尤其是法学院)的主流教学方法,课前要求学生做大量准备工作,阅读英文原版材料,课上以同学发言讨论为主,教师只是起到穿针引线的作用,必要的时候总结、启发、引导。同学们可以向老师、向其他同学提问,也可以互相回答、阐释、辩驳,可以通过自己喜欢的任何一种方式表达自己的观点——画图表、举例子、打比方……大陆的传统课堂上,更多的时候是一言堂,老师讲、学生听,专心做笔记,有针对性地回答老师提出的问题,互动性较差。"

"此门课作为法学院的选修课之一,另辟蹊径,采用独特的课堂讨论学习法将学生和老师之间的距离拉近,极大地提高了同学们在课堂上的积极性。每一堂课的讨论内容都需要每一位同学在课前认真预习相关内容,这也为同学们提出了较高的要求,是提高同学们学习能力的重要手段之一。作为一名大三的学生,课堂教学法可谓是一个极为新鲜的教学方法展示在我们面前。纵观之前的所有学科的教学,很多老师都采用高中式的满堂灌的教学方法,老师在讲台上讲,学生在下面听,讲完了内容这堂课也就随之结束了,不能调动同学们的积极性,从而投入到学习之中。这也是传统教学方式的弊端之一。本学期的教学方法的改进使得每一位同学真正融入了课堂,获益匪浅。"

"1. 引导式教学法 2. 课前大量自主阅读、自主学习 3. 知识体系缺失、要点零散、教师发挥作用很小。"

"WTO法这门课的授课形式有别于其他专业课程,老师更多是在承担一个引导者和舵手的角色,课前提供案例供同学阅读司考,课中作为主持人主持同学们的讨论并适时进行引导和总结,课后总结问题供同学们反思,课程中同学独立思考并自发产生对问题的认识,从实际问题入手对专业(抽象)知识进行深入分析。其他课程基本沿用比较传统的授课方式,老师主动讲解,同学被动接受,课程内容主要来自教科书和各种专业著作,比较抽象、偏理论,通过作业和考试的形式考核同学的学习情况,同学的思考空间比较小,但是可以在比较有限的课时限制内,让同学掌握大量的知识和技能,效率比较高,老师纠偏比较及时可靠。"

"本课程上课方式与其他课程很不相同,其他课程多数时候是以教师讲授为主,而本课程更重视学生的想法与表达,甚至可说是主要由学生根据所想、所得,发表自己的意见和看法,很能启发我们思考,并锻炼语言表达能力。"

"1. 本节课突破了以往老师在上面说,学生在下面听的尴尬局面,让学生真正成为课堂的主人,可以发表自己的见解;老师在课堂上起引导作用,并对个别问题的正确与否座椅肯定或否定。2. 课堂气氛活跃,很有欧美国家小班教学的风格,而对于那些喜欢发表自己看法的同学来说,实在是难得的展现自己的机会。"

"这门课在教学方式上进行了很大的创新,采用了老师引导,学生积极讨论的方式,充分保证了学生的参与性,而在传统的教学模式下,老师始终采用一种灌输的方式教给学生知识。可以说WTO课堂的教学方式极大地提高了学生的积极性,记忆的知识也比较深刻。我十分欣赏这种案例式的教学模式,希望他能得到推广。"

"我认为这门课与其他课程上课方式的最大不同在于'授课的方式'的不同。这门课采用的是'纯讨论式'的授课方式,而其他课程则基本上都是'讲授式'的授课方式或者'讲授式'与'讨论式'结合的授课方式。与'讲授式'授课方式中老师为主导,学生被动接受知识不同,本门课程中学生是主导,老师对课堂的'干预'较少。同学们是在自己学习——提出问题——相互讨论中解决问题——课后研究的过程中不断学习知识,提升能力。虽然接受的知识相较于教授式授课较少,但是同学们都能真正吸收相关'讨论出来的知识'。即使同为'讨论式'授课,本门课程学生的主动性也更大。在其他课程中的讨论式教学,多为一个简单的案例分析,有明确的问题,明确的答案,同学都是在老师的引导下回答、讨论。讨论的主体其实是老师和同学,而非同学和同学。而在本门课程中,讨论的问题大都是同学提出、发现的,即使是老师预留作业,问题也都比较宽泛,没有明确答案。讨论的主体是'同学与同学',而非'同学与老师'。正是由于讨论的问题没有明确答案,讨论的对象也为'平等'的同学,所以同学们的自主性和积极性都比较高。"

"1. 从传统教学中以教师讲授为主的教学方法,转变为以学生讨论为主、教师引导为辅。2. 课前阅读材料较多,且多为英文;课后遗留问题较多,且多数无标准答案。"

"这门课程最大的特色在于'讨论式教学'方式的采用,使得学生可以有机会以及有勇气表达自己的观点,而不必担心自己的发言而承受不当的感受。而教师与学生之间的平等对话则给了学生更大的信心,进而激发起学生更大的学习兴趣。本人一向认为,教育最大的意义并不在于传授学生具体知识,因为学生或许可以找到更加适合自己的其他获取知识的途径,而这些获取方式并不一定不如课堂上老师辛辛苦苦一遍一遍的讲述来的有效率,最大的意义在于学生可以收获一种习惯或者学习的能力,这种习惯或者能力可以使得学生自身真正的有所进步,有所提高,使其知识的积累不会因为课程的结束而结束,而是产生了一种良性的引导,或者说是方向。"

（二）实务

"接触的事务比较前沿,与法律事务紧密联系,与实际没有太大的脱节。"

"源于实践,归于实践。阅读材料都是中国涉诉案件的专家组或上诉机构的报告,课堂讨论的问题很多也类似于'如果你是法官,你怎么办'之类问题,这种以实践为导向的授课,能使学生迅速了解 WTO 的运作程序、案件的争议焦点以及初步了解中国在各个案件中存在的问题,不会使学生产生在以往'灌输式'课堂中经常出现的、'学了很多但不知道有什么用'的困惑。"

（三）案例

"同学们完全是在用案例来参与课程,这与其他课程是完全不同的,我们不是判例法国家,不是用判例教大家法律知识,但是这门课程却采用了这种案例教学方法,以案例代法条,代知识点,让大家既能深入探讨知识点,又有生动深刻的优势。"

"案例教学,对法律条文的精细化诠释和文义解读做到了极致。"

"这门课采用了案例教学法,每节课都要讨论案例,给了我们很多的阅读任务,但在这其中通过阅读原汁原味的英文材料,不仅潜移默化地提高了我们的英语水平,同时也是我们积极思考的空间,这是与讲授式教学所不同的。"

（四）多样

"还有一大不同就是有不同年级的同学参与,年级不同则知识广度和深度就不同,而且思维方式就有差异,视角更多元,有利于大家相互学习,相互借鉴,共同完善。"

（五）英文

例如:"以英文为主的课程材料。"

"全英文的阅读材料,课前预习的难度和工作量都比较大。在大学,可能大家都已经抛弃了以前上中学时期的预习功课的传统方法。不管上什么课,大家只要准时来到教室,听老师讲过一段时间后就能够很好的融入到课堂中去,至少能够听明白老师在讲什么。尤其是我们文史类学科,注重概念性,忽视逻辑性和体系性,因此大家都很少会课前阅读、课前预习,但是这学期的 WTO 课则完全颠覆了以前的学习方式,老师在上课之前总会给大家布置好下堂课的阅读材料和讨论话题,而且阅读材料还往往是全英文的,这给我们每个本科阶段的同学提出了不小的挑战。"

(六)教师

例如:"这门课由杨国华司长来上课,给了我们很多新鲜感,不同于其他大学老师的一般思路。"

"(老师)他谦虚、亲切的态度一直影响和感染着我们,使我们对这门课的积极性更加增长。"

"授课教师本身为该领域的权威学者,且同时是曾经亲自参与办案的高级官员;一个完全可以独自讲授该课程的老师甘愿作为绿叶,全程担任助教;课程中会有诸多知名学者、律师或官员前来听课,这些都能形成有效的激励因素。杨老师对于学科的执着热爱,对于工作的认真负责,及其个人谦和、耐心、宽容的人格魅力。这并不是所有老师都能够具备的。"

(七)综合

例如:"1. 在大三期间的其他部门法课程仍旧以老师讲授为主,这门课以讨论的方式开展。老师发挥着把握讨论方向的作用,具体问题的学习和把握都需要靠我们自己;2. 这门课程的学习资料全部为英文,与以往的课程有很大差别;3. 注重学习的过程而非结果。对于争议的案例很难有确定的结论,对于某些问题可以在讨论中达成一致,但大部分问题在案例讨论结束后也没有定论。"

"我认为这门课的上课方式与其他课程的不同点在于:1. 提前提供学习资料和教学进度,让学生充分了解课程安排。2. 采取课堂讨论的方式,能够发散学生的思维。3. 通过具体的WTO案例,启发学生思考一些法律问题,对学生掌握法律理论知识很有益。4. 和其他课相比,课后的学习任务量很大。"

"改变灌输模式。中国式教育的核心,在于排除外界干扰,强行灌输知识。学生因前者与社会脱节,丢掉了志向、眼界和判断力,因后者丢掉了创造力和自我教育的能力。这门开放式课程成功地扭转了这些局面。结果除了必需的知识之外,许多同学不仅能够自主学习,甚至都改变了自己考研的方向,立志研究国际经济商贸相关制度。具体而言:1. 没有墨守课本;2. 没有灌输教学;3. 阅读量恢复到了现代大学生应有的水平;4. 比起谁都能背下来的理论知识,更强调法学独有的思维技能;5. 让学生自己学习、互相学习。学生真的是来到课堂上学习的,而不仅仅是给个耳朵听课的。"

"1. 非常重视条约解释方法的学习,反复强调WTO专家组、上诉机构利用条约解释审理案件的方法;2. 与同学的互动很强,与老师的互动比较少,老师多为指导或引导;3. 没有指定教材,相关理论需要课后自己掌握。"

"1. 老师讲的很少 2. 很多材料要自己看 3. 问题要自己想,事情要自己做 4. 来的人很固定,虽然很少"

"1. 这门课上课时的气氛比较轻松活泼;2. 这门课课下需要很多时间进行阅读和预习;3. 这门课上课时主要是同学在讲,老师进行评论;4. 这门课的笔记需要根据自己对同学和老师的话的理解来记;5. 这门课课下依然需要阅读材料;6. 这门课很重理解掌握,也很注重提高阅读水平;7. 这门课学到的东西很踏实,对于学习习惯有影响。"

"1. 这门课需要我们在上课之前已经阅读完材料,对要学的内容有一定的思考,是带着自己的想法和疑问来上课,不同于其他课程传统的填鸭式教学法;2. 这门课以同学讨论为

主,主要发挥大家的创造性,老师起主持和引导作用,老师和同学处于一个平等的位置。课堂气氛很活跃,大家互动地很好。每个人都可以自由地表达自己的想法。其他人或支持或反对或提出自己新的看法,课堂气氛很活跃,内容也很充实;3.这门课的方式很新颖。模拟WTO的方式,每个人有一个自己的牌子。想发表自己的看法举牌子就好,很别出心裁。给人的感觉就像我们也是与会代表一样。"

"这门课每节课都会整理课堂录音,使我们在课下也能够回忆自己在课上说了一些什么,可以更进一步地进行思考。"

三

以上这些总结,都是对课堂的真实描述。我的课堂,是以"人本主义"为理念的"学习共同体",采用的是"讨论式教学法"。这是一种与众不同的教学方法,同学们作为"当事人",已经生动而准确地描述了它的特点。关于这种教学方法,我另有专著(《讨论式教学法的理论与实践》,待出版)详论,此不赘述。

在调查问卷中,有一项提问是"是否喜欢这样的上课方式"。不少同学回答"喜欢",理由可以归纳为如下几个方面:

"第一,这门课上课方式很与众不同,让学生自由表达,不拘于细节,而且老师不先提出自己的观点,让学生敢于表达出自己的观点,老师再一步步地指导学生深入分析下去;第二,这门课用大量的案例作辅导,通过分析案例,学习案例的方式进一步地去学习世界贸易组织法,能让学生更直观,更深入地了解并学习知识;第三,这门课课前准备很充分,能事先将课程的安排告诉大家,并且将课程计划,学生任务交代得很清楚,杨老师与廖老师很负责。"

"欣赏这种'自主阅读—讨论—思辨'的学习方式。大学三年给我这样一种困惑:我听一个学期的课,最后考一个分,和我一个学期不去上课,考前狂背两周,照样考相同的分,那么这中间的'教育'跑到哪里去了呢?这门课程是我非常欣赏的一种授课方式,关注中国实践,逼自己去广泛涉猎,培养独立思考的能力,这是一个大学生应当去做的。"

"这种自由讨论、互相学习的氛围很好,是一种令我产生兴趣,愿意表现自己想法的一种激励氛围。这种上课方式还能够激发我们自主学习的兴趣和动力,拓宽自己的知识范围,巩固知识,查漏补缺。还有就是能够让大家相互融合,相互了解,通过课堂拉近了大家的距离,而且这门课总体来说虽然不轻松,但是很自由。"

"1.在以学生讨论为主的课堂上,课前准备的认真程度直接影响课堂上的表现。上课之前,英文材料看不看,看一遍还是看两遍、三遍,有没有阅读相关的研究资料、法条等等,在很大程度上决定了你对问题的熟悉和掌握程度。课堂上,学生采取举牌发言方式展开讨论,那么谁下的功夫多、对问题把握得深,谁就有发言权。就我个人而言,如果草率准备便匆忙上阵,会感到整堂课不知所云,时光漫漫。如果经过精心的准备和研究,便能够在同学面前发表更为准确和深入的见解,从中所获得的成就感和价值感无以言表。2.WTO裁决报告本身魅力十足,激发研究的兴趣。裁决报告中的英语障碍,可以成为学习英语的契机。报告技术含量极高,其或拍案叫绝或令人费解,在形成障碍的同时,也带来克服障碍之后的愉悦感。杨老师常常为大家阐释报告的精妙之处,似乎在他眼中,读起报告来如饮甘泉,如赏美景。3. 读了三年大学,如今真正发现了自己爱上了一门学科。这里问题很新,不像早已积累了数千年的民法或刑法;这里法律人很有用,能够通过自身能力去影响裁判结果;这里有挑战,英语、逻辑、表达等等均构成学习的障碍,也激发征服的热情。"

"首先是你大致明白了世贸组织是怎么回事,它是怎么解决争端的。以前总有一些先定的成见,诸如,中国入世太早,中国入世之后面临机遇和挑战这些人云亦云的话,我觉得这门课若是开成讲座课,学生永远记住的还会是这几句废话。大量的案例阅读让我们了解了贸易摩擦怎么来的,中国为什么处在一个相对弱势的地位等等。这些认识的形成同样发生的讨论之中吧,有些同学的观点很吸引人,会启发你,你的思维情不自禁地跟着走了;还有些同学时不时会提出比较打破常规的问题,逼着你去反驳它,形成自己对特定问题的思考和体会。其次是邀请国际经济法领域的官员、学者、律师等实务、理论工作者和学生分享经验,他们的到来在某种程度上使这个课程更加正式,学生也更加重视。最后是最重要的,我觉得杨司很启发人,edifying,呵呵。有时候一些同学比较无厘头的发言在他的评论中有了生机和道理,有些说不通的裁决在他的解说下也显得情有可原。"

"平时一些课程老师比较容易忽视学生的感受,一边讲一边翻课件,跟不上就一直跟不上了。课件有的老师提供有的不提供,有的提供了也看不懂,还有些是英文的也懒得看。这门课的形式督促大家课前阅读材料,课堂参与度比较高,大家说的话都能听懂,听不懂的交流起来也比较方便。课堂实录很让人感动,尤其是跷了课以后……"

"替没有选修这门课的同学感到遗憾,同时我认为这是四年法学院学习中课程体验最好的一门课。理由如下:1. 授课教师是业内专家,让我产生一种本能的崇拜;而且杨司长为人谦和、平易近人,让我感觉课堂上没有拘束,可以畅所欲言。2. 除杨司长和廖老师外,课堂上常有多位老师旁听,甚至有韩立余老师这种国内知名学者,让我感觉很激动,同时深感杨司长能量之大,更加崇拜。3. 我喜欢表达,喜欢质疑,喜欢辩论。我认为中国传统教学没有教给人应该如何去表达、去质疑、去辩论,这一问题往大了说可以成为中国公民社会发育迟缓的一个重要原因。在这个课堂上,我们有机会理性地、心平气和地去表达观点、提出质疑、讨论争辩,感觉很好。4. 学习材料为英文原版的专家组和上诉机构报告,让我感觉自己和WTO可以零距离接触,我所学习的是一个真真切切的存在。(国际法学科一般离我们生活较远,让学生觉得不真切。)"

"就课堂的讲授内容而言,其答案是毋庸置疑的,我很喜欢这门课。世贸组织法的内容使我的眼界得以开阔,课堂上通过讨论所教给我的知识能让我得到极大的提高,无论是从法律层面还是从社会人文知识方面所给我的七十(其实)都是前面的课程所不曾带给我的。"

"1. 启发自主学习热情;2. 促使我能积极参与讨论,喜欢自由轻松不怕说错的课堂氛围;3. 不需要考试;4. 能够接触到"正常"WTO 课堂上接触不到的新观点、"大人物"。"

"1. 学生独立思考,畅所欲言,形式开放自由;2. 案例教学法,方便我们接触大量现实案例;3. 课堂讨论,可以了解其他同学对争议问题的看法;4. 英文案例,多少对英语阅读能力帮助。"

"我个人比较喜欢这门课程,起初是因为这门课上课方式的新颖给了我新鲜感,大量英

文原文的阅读材料,虽然一开始因为专业词汇的缺乏导致阅读速度并不快,但是通过这么几个案例的阅读,发现自己的词汇量确实增长了许多,而且在阅读这些材料的过程中,一次次地被专家组和上诉机构的一些分析思路所震惊,感受到了他们逻辑的严谨程度,说理的严密程度,确认令人折服。而且杨国华司长在课上常常给予我们鼓励,即使我们的一些观点可能他并不认同,但是他从来都是耐心倾听并进行很好的引导,使我们更加有动力发言,老师给予我们的亲切感是我对这门课喜爱的程度有所加深;其次,是这门课所采用的独特的案例教学法,老师在课上从来不给我们灌输专业知识,而是让我们天马行空,虽然有时候我们确实会偏离方向,但是这也给我们很多不一样的灵感激发和思路的启迪,大家畅所欲言的思想碰撞使得课程十分的精彩。"

"1. 本课程老师有实务经验,给我们带来很多不同于高校教授的感受;2. 老师人很好,经常带好吃的给我们,并和我们分享其在国外的所见所闻;3. 课堂气氛活跃,能充分表达观点;4. 案例新鲜,以前未接触过。"

"虽然平时上课时我并不怎么回答问题,英文材料也没有怎么看,但是我还是对课堂上老师和其他同学们讨论的问题很感兴趣。一般关于案例的杨司长的中文文章我都认真地读了,对案例还是了解的。同学们课堂上讨论的问题我很感兴趣,特别是从案例中抽象出来的法律问题,大家越讨论越深入,无论是在分析问题的方法上,还是在对法律知识和术语的认识上,都带给我很大的启发。以上就是我喜欢这门课的理由。"

"这是我上过最好的课。理由:我一贯相信,在课堂上,教授学术方法重于教授学科思想,教授学科思想重于教授学术成果。已有的成果,任何一个智商正常的成年人,只要依照合适的顺序阅读合适的教材,都能够在较短时间内掌握。学科思想则比较抽象,需要反复理解、实践、修正。学术方法更是如此。通过本课的学习,一群本科生已经能够达到自己看材料、选题、组织讨论、得出结论的地步。虽然基础知识上仍无法与研究生相比,但这种集体研究的方法已经成型。这令我这个局内人既欣喜又惊异。常规课程哪怕穿插再多走过场的讨论,或是要求课后集体完成作业,学生在缺乏指导的情况下,很难摸索出来这些方法的。集体研究、集体讨论,涉及人与人之间如何互相作用,才能在思想、智慧上实现合作共赢的问题,而这毫无疑问是最顶尖的人类社会活动。这其实非常需要高人高密度地指点。我想,以往大家认为,只有研究生甚至博士生的知识储备,才能够适应这种高级别社会活动的要求,而一群本科生往往会让讨论流于形式。但通过这个课程我也更深地了解到,前面的那种思路,实际上是本末倒置,自说自话。因为这种合作研究并不依赖于多么丰富的知识储备——这种方法本身就是用来让思想以最高效率增殖的。与通行的观点相反,我认为由学生自主学习、教师负责在方法上引导大家的这种讨论课程、开放课程,恰恰最符合思维活跃的本科生的学习需求和条件。实际上,每次看过材料之后,我自己会提出各种问题,而为了搞懂这些问题,我又必须去查阅课本、搜索论文、寻找法规及解释,甚至还要钻研语法。一周之内,通过这种链式反应,我吸收的知识,甚至远大于常规课程中一个月所讲授的知识。这门课临近结束之时,国际经济法刚刚讲到 WTO 法,我甚至觉得国经法课堂上的 WTO 知识,不过蜻蜓点水而已,充其量算个大纲。课上确实还有些规定、有些术语我并不十分熟悉,但仔细一想,不过是些特定的称呼而已,名词背后的内涵我早就理解了。如果按照传统的上课——理解——记忆——扩充——实践的模式,我恐怕连记忆这关都过不了。我想这就是服从学习规律,捋顺教学顺序带来的好处。顺便一提,我认为如果大部分课程都能够采用这种方式,学生不仅不会因工作量大而产生反感,反而会更有兴趣学习、学得更快更好。"

"对学习条约解释方法相当有帮助。之前每次学到法理上的法律解释方法时,总是觉得很枯燥,随便几眼跳过;但这以课程让我感受到了条约解释的强大作用;对学习英文或法律英语相当有帮助,尤其是一些常遇到的词汇,在不知不觉中就会背啦;与同学的交流让我受益匪浅。我从来不知道我们班的同学的思维如此敏捷与活跃,与同一级别的一起聊、一起思考,虽然常常会'歪楼',但仍然让人激动无比;领略到了这些国际性的法律文书的严谨性与逻辑严密性,相当震撼。"

"第一,这种教学模式下,我可以充分发表自己的观点,畅所欲言。第二,老师人很好,而且学识渊博,很有人格魅力。第三,只要平时好好学习,基本不担心期末考试。第四,平时学习很轻松,毫无压力"

"第一,这门课程给了我自主学习性的动力。从小到大我似乎都不喜欢'老师讲什么就学什么'的模式,喜欢在老师讲授的基础上,自己思考提出一些不懂的问题、延伸问题并自己解决或者向老师请教。所以个人非常喜欢自主性比较强的学习方式,但是前提是能激发在自己自主学习的动力。而上了大学后,由于课程本身的非重复性,进展快,加之学习压力很小,因而缺乏课下主动学习、探索的动力。而本门课程恰恰提供了这种动力,如果课前不主动学习、思考,课堂上就会'如坐针毡',完全不知道说什么,也听不懂同学们在讲什么。第二,个人比较喜欢讨论式的授课方式。我是一个比较喜欢与他人相互讨论学习的人,在大学期间的其他讨论课堂上也比较积极。我觉得在讨论中相互学习比只听老师讲有趣多了。老师讲的内容只要认真听,谁都能懂,但是在相互讨论中总能发现自己一些不正确的观点,加深对一个问题的认识。第三,当自己所讲的观点得到老师和同学的肯定时,会有一种成就感,增强了自信。有了自信后,自己便会有再次讲自己观点的动力和积极性,如此便形成了一种良性循环。当然,如果自己觉得所讲观点没有得到同学、老师回应、认同,则可能会产生一种失落感,可能不在发表自己的观点。而这门课程本身没有所谓'正确答案',每个人都可以各抒己见,老师对同学的观点也十分宽容,总是持鼓励态度。第四,这种课程能增强同学间的了解,也能展示每个同学的能力,同学们自我展示的机会多了,而不是一味的'看老师表演',会有一种'课堂主体'感觉。"

"这门课程让我在三年固定不变的教学模式中突然眼前一亮,心中的灵念突然般苏醒了,有一种"相见倾心"的感觉,而且事实上也让我有了一定的收获。"

"一开始阅读英文材料时很不适应,有种欲哭无泪的感觉,可以看懂材料的字面意思,但在理解透彻材料所表达的思想上有很大的困难。那时我便觉得这门课对于我会是一个挑战,坚持好好学一定会对我有很大的帮助,丧失信心则会让我在这门课上失败。当有了放纵失败的先例的时候,就可能会覆水难收。每次上课其实都会有一点自己的想法想说,但是总觉得自己想的东西总是有一些偏向了哲学而脱离了案例实际,没有案例依据,也没有任何支持的材料。其他同学回答的问题都很深刻,反映出了对材料的深刻理解,便总觉得自己的发言不但会耽误课程时间,而且还会打断大家原本很清晰很有序的讨论,所以一直都默默无言,然后记下每个人发言说的话,整理自己的小'课堂记录'。后来在同学和老师的开导之下,我决定不管自己的想法可能会有多么幼稚,多么浅显,还是应该向大家介绍一下自己的

想法,证明一下自己的大脑也是在不停转动着的,也算是自私地打断大家的发言了吧。虽然想法很小,但是也是自己认真思索很久的小成果,也是小小的突破。这门课程转眼就要结束了,回想起来,也许是由于自己的阅读能力暂时不够,也许是自己看的书还不多,也许我对WTO这些案例的理解没有其他同学深刻,也许我表达的内容没有其他同学丰富,但是自己也认真地去学过,思考过。这门课带给了我很大的收获。它就像是钥匙一样,给了我一种思路,一种视野,还有一种思考问题的角度。也许是年级低一些吧,我相信其他同学曾经也有这样的一门课带领他们去思考,在WTO这门课上展示,而我有了这门课的指引,也一定会经过积累,在未来的某个时刻完全,自信地告诉大家我学到了什么,理解了什么,思考了什么。"

"1. 这门课程,杨司长不仅给我们讲关于WTO的知识,还有一些他在国外的经历、风土人情。他曾经在课堂上给我们展示过日内瓦WTO总部的照片。瑞士是一个很美丽的国家,让人向往。通过这样一种方式,培养了我们对WTO这门课程的亲近,学习起来也更有主动性。2. 这门课主要通过大家讨论的方式进行。在这里,每个人的观点无论是怎样的都会得到尊重。问题的思路很活。不像传统课程只有一个答案那么死板。在这里,大家的想法得到自由发挥。课堂气氛很轻松、很活跃。"

四

形式新颖,收获多多,同学们喜欢这门课,应属自然而然、意料之中的。然而,在"调查问卷"中,还有以下几类观点。作为教师,我一直在苦苦思考:如何理解这些"负面"评价?"讨论式教学法"有缺陷?如何弥补?

(一)英文

"这门课的材料什么的都是英语,对于我这种对英语有点崩溃的学生来说,还是很有困难。"

(二)盲目

"1. 讨论的案例盲目性很强,有时候一两节课,什么进展也没有;2. 环环相扣,一旦一节课不在,就会次次跟不上课;3. 发言比较局限;"

"我感到很晕。虽然大量的英文阅读资料和整节课全部用来讨论的学习方式有助于我英文水平的提高和法律思维能力的培养。但由于我还不太能够适应这种自由的教学方式,因此在课堂上我有时听不懂其他人在说什么,更多的时候,我试图发言,但是当我想好了要说什么的时候大家已经不在讨论这个问题了……"

"讨论的秩序要求常常让自己的思路难以为继,混乱不堪。"

"这门课的不足之处,主要还是在于课堂上的讨论上,就是感觉讨论的时候比较分散,没能充分地运用法学知识,虽然材料上有些讲得很清楚了,但看材料就是完全地以看材料为主,等到讨论的时候就是没有事实根据地,想当然地这么认为。还有,时间基本上都是用来给学生讨论了,老师把时间过多地给我们了,导致老师对我们的讨论没有提供清楚的、明白的意见或者说是方向吧。"

（三）负担

"学习负担太重，当然这可能只是我个人的想法，因为读英文材料对我来说是一件非常困难的事情，我承认这其中有懒惰的因素，但是现在的我们有很多事情要做，压力也很大，所以时间是一个不可回避的问题。"

"这学期事多人烦，这门课来得突兀，而且课业负担着实不小。"

"一方面，我很喜欢在课堂上发表自己的看法，与老师和同学们交流学习，提高自己的能力，而另一方面，前者论述的基础是在你了解本门课要讨论的要点的基础之上的，而老师每次课后给的英文和中文材料的确让我不堪重负。对于我自己来说，因为已经是大三下学期了，因为有考研和司法考试两大考试摆在面前，没有那么多的时间和精力投身于选修课上。刚开课的几周也有好好看过老师发的材料，但越到后期，随着自身事情的增多，就渐渐远离了课堂的讨论。而且有时候真的是读了材料，但苦于不知道该如何表述，所以也没有在课堂上有很好的表现。这可能是我对于学习听课方面的惰性，但希望这样形式的课程最好安排在大一大二比较好，这样的话，我们就可以在享受课堂的同时获取更多的知识。"

"工作量较大，需要学生投入大量时间精力，作为一个选修课性价比不高。（考虑到大三学生的心态）。"

（四）参与

"我个人认为这样的上课方式并不能满足大部分学生的知识需求，因为并不是大部分同学都能参与讨论，而是只有一小部分同学参与，又由于课堂十分自由，有时讨论的方向都不能被准确把握，最重要的是没有权威的补充解释，更不用说结论了，所以对于很多人来说在这个课堂上他们学不到东西，因为他们没有办法接受这种完全开放式的、没有针对性指导和讲解的知识输送，其实这当中我觉得老师讲得太少了，以至于我们并没有学到太多东西，我愿意认为我们收获了思维方式，开阔了眼界，但是实质效果还没有显现。我们会考虑是不是收获的太少了，这样的话会不会慢慢磨灭大家的热情？所以希望老师在以后的授课中还是要多做一些传统课堂上的工作，我们认为不会有学生反对的，因为我们的知识还不足以让我们那么自信，接受和汲取还是我们最应该做的。"

"首先，有的时候话题会走得很偏，有的时候一个同学讲太长时间大家会开始神游。所以可以适当多地进行引导。其次，不发言的学生占了一半，一部分是因为自信心不够觉得自己说得不好，另一部分是因为没有读材料。对于第一部分学生，我觉得老师可以尝试着鼓励这些学生提出自己的观点，因为不断锻炼和尝试才有可能更有勇气，只有自己的答案受到肯定，有了价值才可能找回信心。对于第二部分学生，我相信数量还是相比第一部分还是较少，可能是态度问题，或者偏好问题（如不喜欢这个法部门），老师可以在课堂上多谈谈当初求学经验或其他阅世的体会，或许能够吸引他们的加入。"

"首先还是在初次接触这种课程形式时不是每个人都能适应……一些人很活跃一些人很不活跃……不活跃的容易有中排除在外的感觉……"

比较小众，像是一个系列学术沙龙，能力在正常水平之下的同学可能无法从中找到乐趣而积极参与其中。（首先要明确一个前提，现在似乎没有人把国内的本科生教育视为精英教育。）

"觉得杨司没有调动起全部学生学习的积极性,每次上课发言的也就是那么些人,当有些问题大家都不发表看法时,杨司长点名叫到的也依然是原来上课发言比较积极的一些人。久而久之形成的局面就是——不爱看材料不爱参与讨论的人,依旧不爱干这些事,而那些经常发言的人,或由于自身感兴趣,或迫于压力不得不阅读材料,成为每堂课的中心人物。至于授课的形式,真心没话说……我很喜欢!!"

（五）老师

"老师的扮演的角色过少。如果只是完全的讨论式教学的话,大家极有可能会走向偏路,老师这时候应该及时扭正方向,一些地方还得详细讲述,告诉学生真相是什么、为什么。我认为一般的同学都更加注重课堂的内容,而对于课堂的形式并没有过高的要求。当大家觉得在课堂上的讨论没有多大实际意义或者已经走入歧途时,老师应该及时加以纠正。"

"1. 没有理论体系,讨论建立在空中楼阁中。2. 教师针对学生发言不做学理性评价,不知自己观点对错。3. 提出想知道答案的问题后,教师不做评论,而是让同学发言,导致问题不断跑偏……结果可想而知。"

"案例教学法虽然有其必然的优势,但是肯定也不是十全十美的,这在课程中也显现得很明显,就是我们对专业知识的缺乏,由于我们是本科生,对于WTO法没有系统地学习过,所以在我们讨论一些案例的时候就缺乏一些基础专业知识所应有的高度,这可能也是一开始我们老是偏离方向的原因,还有就是希望杨国华司长如果能在课上说得更多一些的话会更好,毕竟由司长给我们亲自授课一学期这样的机会不多,大家不论是从理论方面还是实践方面都希望能够从杨司长身上学到更多,因此如果他能够在适当地更多分享一些我想会更好,大家也都十分喜闻乐见。"

"1. 缺乏基础理论知识的储备。我觉得老师可以在第一堂课跟我们大致讲一讲本学期会用到的或者WTO的相关理论框架,不用很详细,完全可以仅仅一些个标题、一些个关键词,接着具体的让我们自己独立查找了解;或者每一堂课前先布置下一堂课会用到的知识点;否则,自己单独找效率低还容易找偏了;

2. 希望老师的引导作用能更强些,因为我们总是不知不觉跑题了,这尤其表现在前几节课中,最后的那几个好些了"

"1. 老师应该给出一个提示性的意见,比如老师自己的观点是什么,更进一步的希望老师也能把自己所倾向观点的原因进行详细的阐述。"

（六）综合

"1. 阅读材料太多,课下负担重;2. 有时讨论由于缺乏相关的基础知识显得很苍白;3. 有些讨论内容过于发散,让人感到一头雾水;4. 完全的自主讨论使我担心自己的一些错误概念得不到纠正。"

"我对这么课程谈不上太喜欢吧,因为一是我比较内向,二是我拖延症比较严重,经常上课时材料还没看完,因此上课的时候参与度并不算高。"

"第一,课业负担太重,不太适合大三下学期这样一个特殊的时期,我明白这个学期的知识储备量是比较合适的,但是就像老师说的,在他的课堂上有大一新生,大二学生还有非法律专业的学生,所以也并不见得就一定要把这门课开设在大三下学期。但是无论这门课程开设在什么时段,我都觉得应该减少同学们的工作量,这样做的好处是会让更多同学参与到课堂中来,因为他们也能完成课下的准备工作了。第二,课堂上老师引导太少,完全由众多学生主导的课堂,因为思维方式的不一致性和表现欲望的不一致性,会导致课堂有时陷入混乱状态,这里是指思维的混乱,会导致一些问题不能被很好地解决,或者解决起来很困难,所以希望对于案件应该有针对性的讨论,这样讨论既有了方向,也会减轻大家的工作量,让其他同学参与进来,而且讨论会更有深度。

第三,老师的针对性讲解太少,如上所述,并不是所有人都喜欢,也不是所有人都适应这样的授课方式,而是只有一小部分同学参与,这些同学可能收获了更多。但是我认为也应该考虑其他大部分同学的想法和需求,不能从完全传统的授课方式一下跨越到完全不传统的授课方式,这样就会使很多学生掉队,所以考虑到这些,老师还是应该保留一些传统方式,课堂上还是应该有针对性的讲解,正确知识的灌输,这样才能让同学们感觉还是有东西可抓的,不至于因为觉得什么都学不到而逐渐失去热情。衷心希望这门课程可以越来越适合大家,效果越来越好!"

"1. 讨论有时太偏离主题,授课教师可适当调控;2. 在讨论之前大家对 WTO 相关的知识储备基本为零,尽管仍要以同学们的自主学习为主,但授课教师在关键概念和关键问题上可做适当解释;3. 仍有很多同学'游离'在讨论之外。那么问题出在哪？怎么调动更多同学的兴趣?"

"不足之处主要有两个:1. 空有理论讨论让人总是有一种双脚不落地的感觉,建议老师今后开设此课程的时候可以增加一个环节,就是让大家看一看世界贸易组织讨论案例的真实场景的录像片,这样可以给大家一个更为直观的印象,激发大家学习的兴趣。而现场的讨论画面也能够给同学们更多的启发,启迪着同学们原来这个问题应该从这个角度去思考。2. 就是老师扮演的角色过于简单,建议老师今后可以更为主动地参与到讨论中来,比如可以就同学的观点稍作点评而不是简单地复述,这样可以使得学生们及时地走出自己认识的误区,产生一种柳暗花明又一村的奇特效果。"

"1. 我希望在每次讨论过后,老师能对整个案例进行梳理,给出一些关键问题的回答,这样在下次案例分析的过程中可以少走许多弯路;2. 希望给我们的准备案例的时间更长一些。"

"1. 学生主导太过,思维发散到常常轻重点难分;2. 举牌秩序等要求使得发言者之间前言难搭后语,让听者混乱;3. 讨论时间安排似乎不合理,总感觉不懂的问题没有探讨清楚,明明白白的问题倒是拖了很久;4. 期末作业不知道算不算突袭,总之让人不悦;5. 讨论课对学生的学习研究能力提出很高要求,但心理素质要求也不低。完全自愿的发言,最后评定成绩,略略有些牵强。总觉得自愿和非自愿可以结合,只要自愿是绝大多数就好,这样课程效果应该会更好。"

"1. 无基础理论体系,适合研究生或博士生;2. 讨论过于零散,教师的引导功能很重要,需要一个 hold 得住的老师;3. 学霸的天下。"

"我觉得这门课的不足之处有以下几点:1. 英文材料过多,难度很大。有几次我也尝试阅读,但是觉得有些读不懂,读不完,后来就放弃了。我觉得很多同学都有这个问题,这也是同学们在课堂上讨论时参与度不高的原因之一。2. 之前读《教育学》这本书时,知道了苏格拉底教育学生时发明了一种独特的方法,叫"产婆术",我觉得与杨司长上这门课时讨论的方式有异曲同工之妙,即:提出问题,不告诉学生答案,而是让学生讨论,自己得出答案,如果学

生的思路或答案有误,则提出其他的问题引导学生得出正确答案。我觉得这种方法有很多优点,不多赘述,但缺点也很多。第一,老师是引导者,但是不能放任学生太过自由的发言,不然就会出现由一个学生主导或者跑题的现象出现。最严重的是导致同学们各说各话,A同学讨论1问题,B同学觉得1问题不好,讨论2问题,C同学没听懂A、B的问题,也不感兴趣,又说3问题了……这样会浪费很多时间,效率不高。第二,每节课都是学生讨论,我认为是不是在课堂结束时,老师也发表一下对本次课所讨论问题的观点,因为老师并不只是引导者还应该是参与者,教学相长嘛,我个人也想听一下老师的想法,相信也能从中获得很大启发。3. 我觉得最好的教学方式应该是讲授式和讨论式教学相结合。因为二者各有其优点和弊端,二者有机结合,或许能相互扬长避短。比如说,对于世贸组织法的基础知识(历史、目的宗旨、原则等),一些相关条约、术语在讨论课上无法学到。如果这些都需要同学们课下自学,学习量太大了,虽然是大三,但是很多同学还有六七门课,没有足够时间。而且这些基础性的知识我觉得还是老师讲授比学生自学的效果要好,效率更高。以上仅是个人不成熟的观点。看了每节课的课堂记录,很感动,觉得杨司长是一个对学术和学生都很认真、负责的人。"

"这门课从整体而言是一门比较成功的课,同学学到的'知识'虽然不多,但学会了自己思考、主动学习、在分享中学习,我们学到的知识将很难'忘记'。如果要说有什么不足之处的话,我个人觉得有以下几点。第一,参与的人数不多。当然这可能与讨论课的性质有关,人太多了反而不易讨论。第二,同学们学完后对WTO的知识仍然知之甚少。由于相关知识的缺乏,在课堂上的许多发言都太主观,或者说讨论不专业。最终学到的知识也仅限于几个案例涉及的知识。我个人觉得这种讨论课可以作为提升课与讲授式基础课同时上,将基础知识活学活用,同时讨论时遇到的问题由促使同学主动学习基础知识,进而形成一种良性循环。因为如果没有一门基础知识课,同学们即使学会了"学习的能力",讨论课也不会有那么大的动力促使同学去学案例之外的知识。第三,有时课堂讨论的问题有点偏。虽然在讨论过程中同学提出的问题都很有讨论价值,但有些问题并不是同学们当场就能解决的。大家都只是在讲自己的感受,讨论也知道答案,个人觉得这一类问题可以作为作业,不用在课堂上反复讨论。第四,授课老师如果有自己的观点,在同学讨论到一定程度时,其实是可以提出来的。在有几次的讨论中,我发现同学都觉得已经讨论清楚了,但授课老师仍然纠结于此。我认为对于这些有明确答案的问题,如果同学们都讨论的差不多了,老师可以公布'正确答案',即使结束话题。第五,板书并不是越多越好,而是通过适当板书辅助自己表达观点,只有到了非板书不足以表达清楚自己观点时才用。我发现到最后板书已经不是表达的辅助工具了,而是成了同学的个人'讲授式'课堂,通常在一个同学讲授20多分钟长时,同学们"听"的兴趣已经不大了,反而将之视为'放松'的好时机,讲完以后同学回应的兴趣已经不大。所以我个人认为只有涉及必须使用公式、图形、逻辑图来表达观点时才需板书。当然板书的使用也证明讲授者课下做了许多功夫,是一种主动学习的成果。但是如果时间过长的话,'分享'的效果可能会打折扣。"

"缺乏强迫性,导致此课有且仅有部分的积极同学。"

"初步想……要是有一个讨论平台就好了,可以在课下写写自己对上一节课的内容,以及对下一节课要讨论的问题有什么看法。既可以汇集观点,又可以节约讨论时间。而且还可以开放讨论平台,让对 WTO 有兴趣的同学也有机会参与讨论。"

五

在这些评价中,有些似乎是相互矛盾的。例如,在"英文"部分,有些同学说英文资料太难,但是另外一些同学却说英文水平得到了提高;在"负担"部分,有些同学抱怨负担太重,另外有些同学却说投入时间值得。有些似乎是内在抵触的。例如,在"盲目"部分,没有发散,就没有思维和知识的开拓;在"老师"部分,老师说多了,就会抑制学生的思考。此外,在这些评价中,关于知识的系统性和学生的参与度似乎比较突出,但是在本文开头谈收获的部分,同学们却说学到了丰富的知识,其中主要是在同学的课堂发言和自己的课外阅读中获得的,而对于有些同学不发言的问题,却有人认为听其他同学讨论也收获很大。

也许其中一位同学的评价比较公允。"一种课程形式总会有利有弊,一些不足之处在适应并喜欢这种形式的同学看来,或许正是这门课程的迷人之处。个人认为,本课程值得争议的方面在于:老师很少在课上即时对争议问题发表个人看法:利处是把时间留给同学讨论交流,并且避免同学们囿于老师的权威看法而减少个人思考,弊端是同学们不知道自己的看法是否偏颇,是否偏离了主题;偏重实际案例,较少理论知识:利处是同学们有自己思考的空间,可以从特殊案例中抽象出一般规律,加深对理论知识的理解,弊端是学习效率较低,有时候产生没学到什么东西的错觉;学生主导,思维太过发散:利处在于同学自主学习,尊重同学个人意见,激发学生学习积极性,培养同学自学能力,弊端是随意性大,有时候抓不住讨论的主题和核心,难以抓住学习重点。"

关于如何理解这些评价,我想不清楚,也说不明白。我心中经常将这种讨论式教学法与传统讲授式教学法进行比较,觉得后者肯定不会得到同学们如此高的评价,也不会让同学们有如此大的收获。至于"缺陷",后者的缺陷可能比前者更大,更加无法弥补。例如,关于知识的系统性和学生的参与度问题,老师系统地讲出来,不等于学生系统地学进去,而在讲授式课堂上,学生的参与度几乎为零。

我想,世界上也许没有十全十美的教学法,能够照顾到方方面面,让每一个人都感到满意;但是,如果短短一学期的课,同学们能有这样大的收获,并且有些同学的评价是"这是我上过(的)最好的课,""或许在多年之后大学所学的所有东西都淹没在了记忆的长河里,我仍然会记得在浮躁的大三下学期的每周六早上同学们都准时到场做'小白鼠',上一门'只听过却从未上过'的'讨论课',"那么作为教师,我就应该心满意足了。当然,我也在提醒自己:不要夸大"正面评价",也不要忽视"负面评价";教学无止境,因为教学的对象,是朝气蓬勃、处于人生最为美好阶段的年轻人,教师无论多么尽心,无论多么投入,都没有最好,只有更好!

2013 年 6 月 9 日

我们没学到什么?

(代后记)

廖诗评

这是一门特殊的课程。

这门课程的主讲教师,并不是一名大学教师(尽管他曾是中学教师),也没有太多教学一线的"实践经验",而是一名厅局级政府官员,这使得这门课程从一开始就具有"看上去很美"的色彩,甚至有些"作秀"的成分("厅局级干部深入基层教学一线")。但是,就是这样一名主讲教师,凭着他对WTO法的热爱和对人才培养的热情,硬是完全征服了选课的学生,并使得他们开始自主地查阅资料和组织讨论,探索WTO法的奥妙,初步形成了一个"学习共同体",从而初步实现了很多大学课堂都无法实现的目标,进行了真正意义上的教学改革。

这是一门特殊的课程。

在这门课程中,我们没有学到如何去疯狂地记笔记,没有学到去索要授课老师的PPT和教案,没有学到考试前复习的各种突击战术,也没有学到在考前借阅同学的笔记,更没有学到以各种方式向授课老师套问"考试重点"或者"考试范围",而只是学到了课前阅读材料、课堂积极讨论和提出新的问题,以及课后进一步查找资料。课程结束了,但课程似乎又没有结束。

但是显然,我们没有学到的,还有很多。

是的。我们也许还没有学到,如何在信息量极大的WTO网站上,快速进行浏览并获取相关资料;我们也许还没有学到,保障措施和特殊保障措施的区别到底是什么;我们也许还没有理解,上诉机构面对同样的问题为什么会得出截然相反的裁决?

是的。我们还没有学到,如何充分而清楚地表达自己的每一个观点,从而降低讨论与沟通的时间成本;我们还没有学到,如何在他人表达不够清楚或者不够充分的时候,通过认真的倾听和理性的判断,迅速地抓到他人的中心观点,与其开展沟通;我们还没有学到,如何将自己心中所想(无论是清晰的还是不清晰的,无论是有逻辑的还是凌乱的),用准确的文字表达出来,从而有助于他人发现自己思路的问题,并提出相关的意见。

不过,我们无需过分焦虑,也无需垂头丧气,这些看起来还没有学到的东西,完全不会构成我们前进的阻碍,我们不是一个人在学习,不是一个人在研究,因为我们拥有自己的"学习共同体"。

感谢北京师范大学法学院硕士研究生付凉洁、赵洋、孙珩、卢夏意、王雅男和胡秀娟的辛勤劳动,她们付出了大量的时间和精力,将每次课的课堂录音内容初步整理成文字,这才使得大家在课堂讨论过程中的点点滴滴不至于成为一闪即逝的火花,从而为本书的付梓提供了坚实的基础。感谢中国人民大学韩立余教授、中国政法大学史晓丽教授、对外经贸大学石静霞教授、中伦律师事务所蒲凌尘律师,他们在各自旁听课程之余,与主讲教师针对教学方法进行了多次的讨论,主讲教师因此也不再是"一个人在战斗"。

(课程背景介绍:世界贸易组织法是北京师范大学本科生培养方案中设置的一门选修课

程,一般于大学三年级下学期开设,主讲教师为北京师范大学法学院廖诗评副教授。课程的选修人数稳定在50~60人之间,由于北师大法学院每年招收的本科生也就是60人左右,所以几乎是所有的大三本科生都会选修这门课程。但在本次给2010级本科生开设课程之前,廖诗评老师在2012年12月的时候,就向这些学生介绍了这门课的课程方案,并且分发了所有的阅读材料。到2013年2月底这门课实际开设的时候,不出所料,由于不习惯大量阅读英文材料,很多学生并没有选修这门课程,课程的实际选修人数是35人。而在上课过程中,我们发现,坚持来上课的学生人数稳定在25人左右,而其中有15人左右则是课堂讨论的"主力"。)

图书在版编目(CIP)数据

探索 WTO(二)/杨国华,廖诗评编著.—厦门:厦门大学出版社,2013.11
(世界贸易组织法律与实务教学研究文丛)
ISBN 978-7-5615-4826-4

Ⅰ.①探…　Ⅱ.①杨…②廖…　Ⅲ.①世界贸易组织-研究　Ⅳ.①F743

中国版本图书馆 CIP 数据核字(2013)第 261300 号

厦门大学出版社出版发行
(地址:厦门市软件园二期望海路 39 号　邮编:361008)
http://www.xmupress.com
xmup @ xmupress.com
南平市武夷美彩印中心印刷
2013 年 11 月第 1 版　2013 年 11 月第 1 次印刷
开本:787×1092　1/16　印张:21.75　插页:2
字数:515 千字　印数:1~1 200 册
定价:48.00 元
本书如有印装质量问题请直接寄承印厂调换